泸溪县志（一）

图书在版编目（CIP）数据

泸溪县志. —/泸溪县史志办公室编.—北京：方志出版社，2017.8
ISBN 978-7-5114-2512-3

Ⅰ.①泸… Ⅱ.①泸… Ⅲ.①泸溪县—地方志 Ⅳ.①K296.44

中国版本图书馆CIP数据核字（2017）第220032号

泸溪县志（一）

编　　者：泸溪县史志办公室
责任编辑：冯　松

出 版 人：翼祥德
出 版 者：方志出版社
地址：北京市朝阳区潘家园东里9号（国家方志馆4层）
邮编：100021
网址：http://www.fzph.org
发　　行：方志出版社图书经销中心
电话：（010）67110500
经　　销：各地新华书店
印　　刷：吉首蓝天印刷厂

开　　本：889X1194　　1/16
印　　张：52
字　　数：989千
版　　次：2017年8月第1版　　2017年8月第1次印刷
印　　数：001～800册

ISBN　978-7-5144-2512-3　　全套定价：650.00元

《武溪工业园志》编纂领导小组

组　　长：李云信

副 组 长：向梦华

成　　员：王必好　唐黎明　张春梅　田熙学　陈方生
　　　　　糜和伏　符　明　戴业煌　刘本章　李　蓉
　　　　　谭子瑛

主　　编：唐黎明

执行主编：许世和

编　　辑：许世和　张宗南　陈生国　张海生

文字后期统筹:许世和　张宗南

照片编辑：张宗南　许世和　谭子瑛　李　强

审　　校：许世和　张宗南

编　　务：李　蓉　谭子瑛

审　　定：刘忠明　李雄野

▲ 武溪工业园规划鸟瞰图

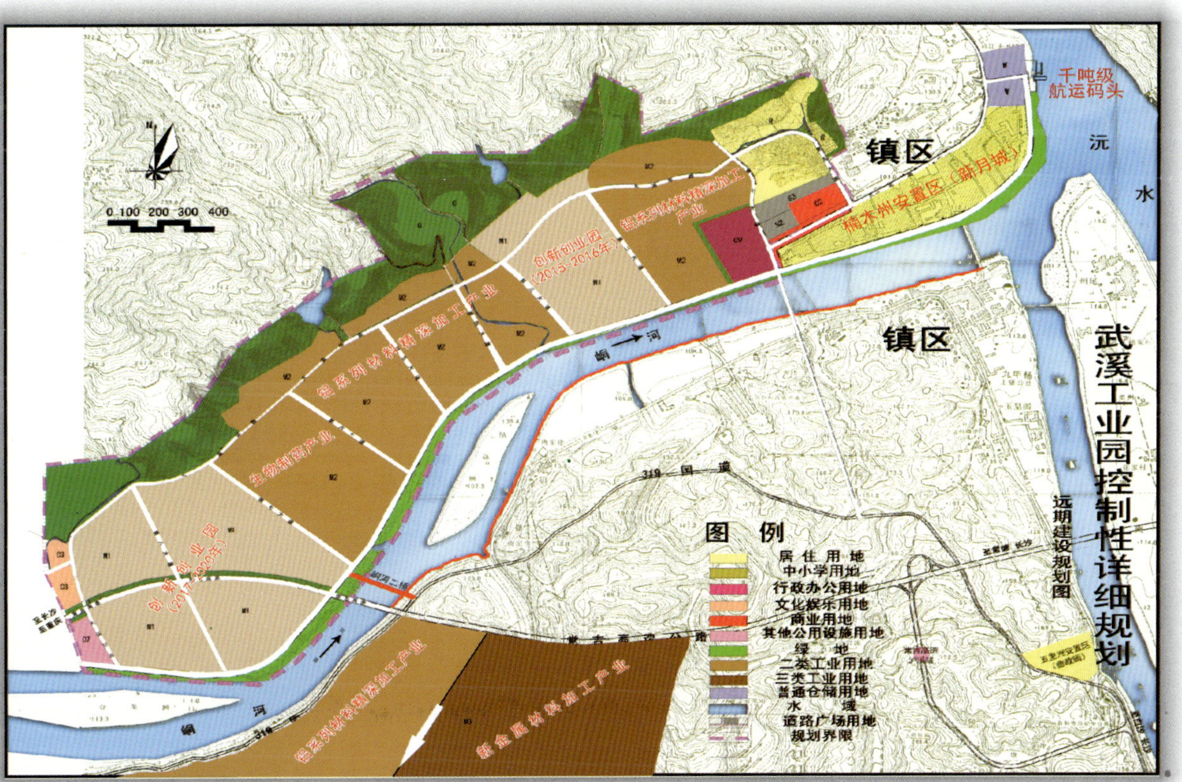

▲ 高新技术产业发展规划图

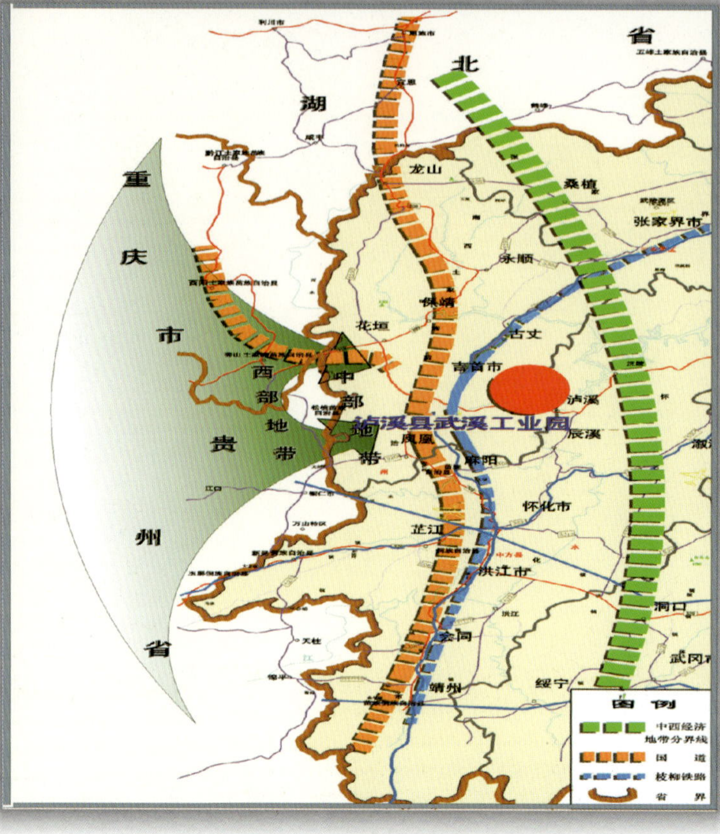

▲武溪工业园在中西经济地带的位置图

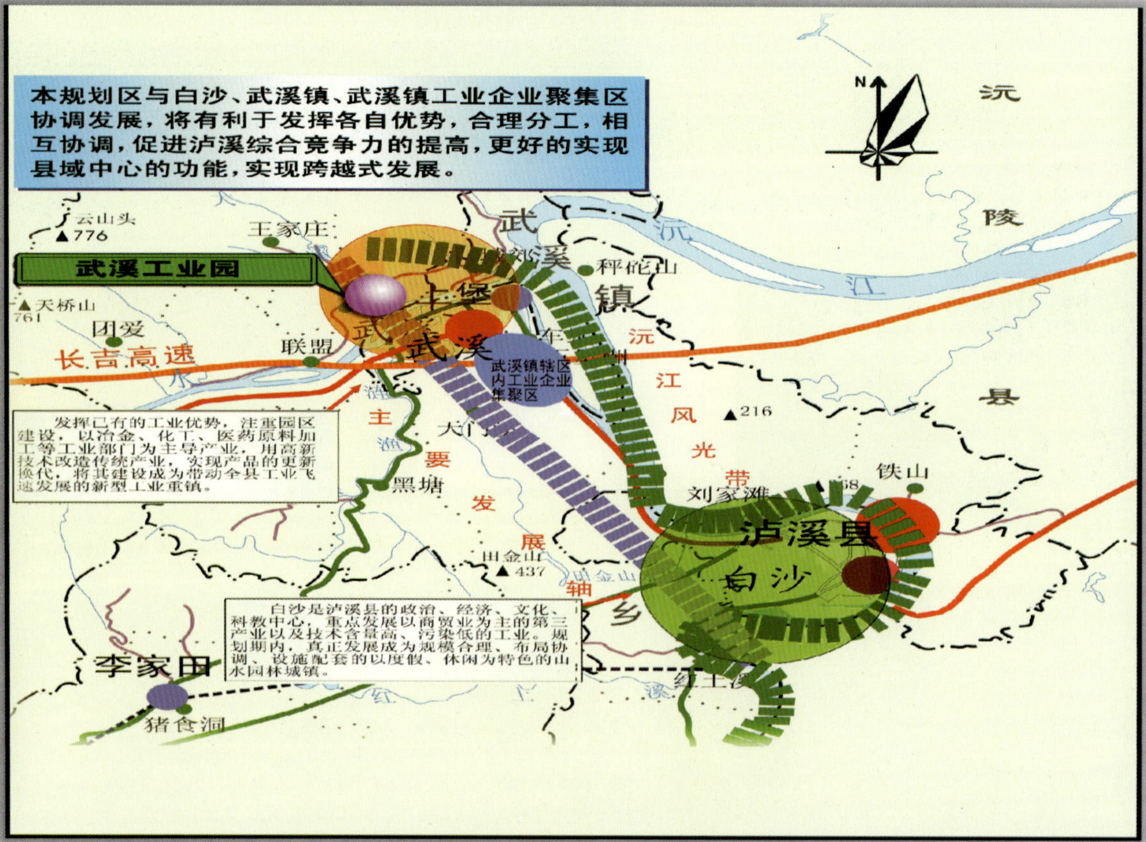

▲武溪工业园与白沙、武溪镇功能协调规划图

武溪工业集中区

园区标准厂房

▲ 泸溪省级工业集中区

▲ 泸溪县科技企业孵化基地

2007年4月26日，园区举行开工建设奠基仪式，县委书记董清云主持

园区建设开工奠基

开发初期场地远眺

工业园建设开工建设

楠木洲填高工程工地

工业园厂房
基础建设工地

工业园北区标准厂房

不断发展壮大的工业园

城南防洪堤工程

北区千吨级深水码头

楠木洲客运码头

建设中的峒河二桥

贯通园区的滨江大道

滨江南路绿道

▲ 工业园南区保障房建设工程

▲ 工业园南区廉租房住宅小区

工业园楠木洲新区全貌

工业园北区一角

▲2014年1月10日，州委书记叶红专（前排右一）在武溪工业园银阁铝业公司考察

▲2009年9月11日，湘西州经济工作现场会与会人员参观武溪工业园

2016年4月27日，县委书记杜晓勇（右三）、县委副书记李云信（右二）调研园区企业

2013年2月26日，县委副书记、县长向恒林（前排一）调研园区企业安全生产情况

▲ 管委会主任王必好(右三)主持园区招商引资调度会

▲ 党的群众路线教育实践活动

▲"两学一做"活动动员大会

▲园区服务企业协调会

▲ 技能培训会

▲ 园区表彰绩效考核先进工作者

管委会主任王必好(左二)在武溪镇高大坪村与农户座谈

工业园驻武溪镇高大坪村扶贫工作队帮助贫困户制订发展计划

工业园帮助扶贫村维修村部楼

▲ 工业园驻村工作队为贫困户送温暖

▲ 管委会对干部职工进行革命传统教育

▲ 武溪工业园北区环评会

奖牌

◀ 管委会主任王必好(前排左二)与入园企业签约

▲ 园区创新创业园

▲ 金天铝业高科技股份公司厂房

鑫兴冶化公司

金旭冶化公司

金瑞冶化公司

▲ 众鑫新材料科技股份公司

▲ 鑫海环保科技公司厂区

▲ 蓝天高科公司

▲ 金昊新材料公司

▲ 武陵阳光生物科技公司

▲ 金源粉体材料公司

▲ 劳动密集型企业

▲ 恒裕新材料科技发展公司

南区220千伏安变电站

汇祥矿业公司

高阳伞业公司

湘亚鞋业生产车间

金思璇鞋业生产车间

高阳伞业生产车间

▲ 武溪老城 （县档案局提供）

▲ 古镇留痕

龙溪口古桥

高大坪古村落

佛道合一的天桥山

香炉山寺

茅屋界千年古银杏

天桥山摩崖石刻

军亭界大峡谷

全体编辑人员左起：李蓉、符明、康启忠、陈生国、唐黎明、张宗南、许世和

序 一

泸溪物华天宝，人杰地灵，既是湘西土家族苗族自治州建县时间最早的地方，也是湘西州工业经济发展最早的县。西汉时期手工业萌芽，元代时期淘金于白沙滩，明清时期冶铁业兴于浦市；抗日战争时期，沦陷区各地工厂大批内迁，泸溪始有现代工业。上世纪五十年代以后，泸溪致力于工业发展，建成了一批省、州有名的工业企业，培养了一批工业管理和技术人才，成为湘西州工业生产基地。

二十一世纪初，泸溪工业在经过改革改制的“阵痛”之后，县委、县政府审时度势，制定了“工业强县、产业富民、环境创优、民生改善”发展战略，明晰了“推进五大工程，打造五个泸溪”发展思路，泸溪的工业能人利用自身技术、人脉、资金等方面资源，在优惠政策和良好环境召唤下再度创业，武溪地区重新聚集了一批有一定规模的工业企业，为整合资源、拓展发展空间，武溪工业园应运而生。经过十二年时间锻造，武溪工业园被誉为省级高新技术产业开发区，泸溪工业如凤凰涅槃浴火重生，像一道靓丽的风景出现在人们面前，成为泸溪经济发展一张响亮名片。

忆往昔，峥嵘岁月；望前景，光辉灿烂。武溪工业园今天的成就，靠的是经济发展的历史机遇，靠的是党中央改革开放政策，靠的是工业能人的经天纬地，靠的是干部职工恪尽职守，靠的是人民群众鼎力支持。夙兴夜寐，披荆斩棘，终于唤醒沉睡千年的荒山，成为投资兴业的一方热土。

《武溪工业园志》全面记载园区十二年建设历程，既有成功的喜悦，也有发展的深思，是武溪工业园乃至泸溪工业发展的历史教科书。我相信，这部志书不仅对人们了解工业园区乃至泸溪工业发展有很大帮助，而且对推进泸溪域内经济社会全面进步具有一定的借鉴作用。

总结过去，是为了开拓未来。在新的起点上，既有机遇也有挑战，只要我们认准发展方向、把握发展机遇，紧紧依靠三十二万勤劳勇敢的泸溪人民，一个政治安定、经济发展、文化繁荣、社会和谐、全面小康的新泸溪必将在我辈手中建成，让我们万众一心，用智慧和汗水继续谱写泸溪历史的华丽篇章！

是为序。

杜晓勇

2017 年 6 月

序　二

泸溪县历史悠久、泸溪工业源远流长，从西汉时期手工业萌芽到上世纪初近、现代工业出现，再到今天的新型工业化建设，泸溪工业风雨兼程已走过了二千多年的漫长历史。

时间的年轮转到二十一世纪初，国有企业改革改制后，形势严峻，泸溪工业走到了“十字路口”，在何去何从的关键时刻，县委、县政府领导班子做出了“工业立县”战略决策，选择在武溪镇建立工业园区，为泸溪工业开拓新的发展空间，至今已走过了十二个年头。

十二年，在泸溪发展历史长河中只是一瞬间，就是在这短短的十二年时间内，泸溪工业经济发生了瞬间嬗变。

在十二年时间里，武溪工业园沐浴改革开放春风，聚集国内外资源，解放思想、深化改革、抓住机遇、创新创优、后来居上，开创了泸溪工业发展历史的新局面。昔日的荒山野岭、篱笆农舍变成了具有一定竞争力的省级工业集中区和高新技术产业开发区；武溪镇从一个百业待兴的库区移民小镇向创新型、生态型、幸福型城镇发展。靓丽厂房毗连成片，宽敞马路纵横成网，楼宇绿地嵌映成景，时尚住宅错落成群，走出了一条工业现代化、城乡一体化的发展道路，再次成为泸溪人口大镇和全县经济政治文化中心。

十二年的瞬间嬗变，来之不易，饱含着党和国家的政策指引、人民群众的大力支持、投资创业者的辛勤汗水和园区工作人员的无私奉献。

这一瞬间嬗变，已经作为历史载入《武溪工业园志》。

伟大的时代给予我们建功立业的历史机遇，也赋予我们开拓创新的历史责任。我们将励精图治，与时俱进，争先进位，努力推进工业园区又快又好发展，为泸溪改革开放和新型工业化建设作出更大贡献。

是为序。

向恒林

2017 年 6 月

序　三

“一个地区发展，离不开工业。”明清以来，泸溪依托沅水运输优势，逐渐成为大西南地区联系沟通外界桥头堡，武溪、浦市等地商贾云集、工业渐兴。特别是建国以后，泸溪人“干”字当头、“创”字争先，依托丰富磷、铝、金、石煤等资源，创建以浦市化工总厂、泸溪铝厂为代表的一批厂矿企业，将泸溪工业推向一个发展高峰，泸溪成为引领湘西工业经济发展龙头。

“发展工业，园区是主战场。”2005 年，为进一步加快推进工业经济发展，县委、县政府提出“工业强县、产业富民”发展战略，决定在老城武溪筹建武溪工业园。十二年来，武溪工业园从无到有、从有到大、从大到优，规模越来越壮大，影响越来越突出，效益越来越明显。目前，园区面积 7.33 平方公里，进驻企业 67 家，其中规模企业 33 家，实现工业总产值 58 亿元，带领周边 1.2 万群众创业就业，先后被评为全省承接产业转移、发展加工贸易示范区、省级新材料产业出口培育基地，升级为省级工业集中区。武溪工业园成为带动泸溪工业发展引擎、成为带动县域经济发展的“龙头”，成为带动全县人民创业就业“宝地”。特别是在当前经济发展新常态下，泸溪深入推进供给侧结构性改革，坚持向改革要发展、向转型要发展、向创新要发展，工业园成功实现由传统产业向高新技术产业集群转变，被省政府认定为“省级高新技术产业开发区”，成功树立全州工业园区转型发展榜样。这是武溪工业园发展史上一件大事，更是全县经济发展史上一件大事，必须要有所纪、要有所证。《武溪工业园志》在这个特殊时期应运而生，恰恰起到修史明志作用，既客观全面阐述武溪工业园发展全程，记载武溪工业园发展荣光，又详实生动描写泸溪人创业艰辛，记载泸溪人民创新拼搏背影。这必将成为后人了解武溪工业园发展的宝贵财富，学习武溪工业园精神的重要借鉴，壮大武溪工业园规模的有效激励。

浩渺行无极，扬帆但信风。有千千万泸溪儿女作支撑，有“工业强县”战略理念作引导，有美丽幸福泸溪梦作目标，未来泸溪高新区必将乘着改革开放的东风，越行越远、越行越好；未来泸溪工业必将乘着加快发展东风，越行越远、越行越好；未来泸溪人民必将乘着全面小康东风，越行越远，越行越好！

扶卷有感，以为序。

李云信

2017 年 6 月

序 四

《武溪工业园志》经过全体编纂人员的共同努力，终于付梓成书，这是武溪工业园政治、文化生活中的一件大事，值得庆贺。

历经千年风雨，终就炼成一方热土。在唐初就有了行政建制的武溪，历经数次漫长变迁，终于在2005年迎来了前所未有的历史性发展机遇，武溪工业园落户于此。十二载的风雨兼程，十二载的坎坷崎岖，十二载的酸甜苦辣，武溪工业园的建设者们围绕“工业强县”发展战略，立志坚守，奋发进取，使得园区建设取得骄人成绩，泸溪工业也进入了一个快速的发展时期。

《武溪工业园志》的出版发行，使读者对武溪工业园发展历程有了进一步了解。首先它是历史书。《武溪工业园志》全方位记录了园区从酝酿、建立和建设的一段历史，展示了其起始、发展、提升过程。其次它是地情书。园区地处武溪镇，这里是千年古镇，文化灿烂，积淀深厚，《武溪工业园区志》对其都有阐述，不失为一本极好的乡土教材。同时它又是园区经验推荐书。读它必有启迪和收获，从中领悟园区的成功奥秘。

在《武溪工业园志》出版之际，寥叙数语，以为序。

向梦华

2017年6月

序 五

《武溪工业园志》的付梓出版，是泸溪工业发展史上的一件可喜可贺的大事，对于总结历史经验，促进泸溪工业跨越式发展具有十分重要意义。

武溪是湘西最古老县治，是泸溪县城的所在地，工业发展历史悠久，是湘西州重要的工业基地。2005年，县委、县政府根据全县工业发展态势，抉择“工业立县”发展战略，选择在武溪镇建设工业园区。随着园区设施建设的不断完善，入园企业逐渐增多，工业产值逐年攀升。至2016年，入驻园区企业57家，拥有固定资产近百亿元。有铝、磷、锰、锌、服装、鞋业、食品加工、生物制药和新金属材料等9大集群30多个品种，年产值56亿元。园区先后被确定为湖南省“承接产业转移特色基地”“省级工业集中区”“中小企业信用体系建设示范园区”“省级高新技术产业开发区”，成为泸溪县乃至湘西州新型工业化建设重要平台。

“宝剑锋从磨砺出，梅花香自苦寒来。”武溪工业园从过去荒凉的山坡蜕变成今天沸腾的工业基地，得益于各级党委、政府领导的关心和支持，也蕴含着园区建设者辛勤劳动的汗水，倾注了企业家投资兴业、艰苦创业的心血，见证了相关单位和乡镇为优化园区发展环境所提供的无私支持和帮助。这些，应该被历史所铭记。也是我们修编《武溪工业园志》的初衷。

寥记数语，以为序。

王必好

2017年6月

前 言

斗转星移，沧海桑田。在短暂的十二年时间里，昔日破旧不堪的武溪老城蜕变成现代化气息新型城镇；过去荒凉的山丘演变为今天整洁的工业园区。武溪工业园拓荒者在县委、县政府领导下，不仅创造了泸溪工业发展的辉煌业绩，而且积淀了园区建设大量珍贵的历史资料。在县史志办和园区管委会努力下，编纂《武溪工业园志》，经过两个年头辛苦编纂，终于付梓成书。不得不说这是武溪工业园历史上的一件大喜事。

我是《武溪工业园志》的第一位读者。该志书图文并茂，以详细的资料向读者介绍了园区发展历史和现状，使读者认识园区、了解园区，支持园区建设和发展。《武溪工业园志》记下了我们的经验和深思，录下了我们的艰辛与欢乐，也为后来人留下了珍贵且真实的历史资料。

在此，我代表园区管委会，向为《武溪工业园志》出版付出辛勤劳动的全体编纂人员表示最诚挚的谢意！

田熙学

2017 年 6 月

凡 例

一、本志书以马克思列宁主义、毛泽东思想、邓小平理论、“三个代表”重要思想、科学发展观为指导，贯彻落实习近平总书记系列讲话精神和治国理政新理念新思想新战略，坚持辩证唯物主义和历史唯物主义的立场、观点、方法，据实记载武溪工业园建设发展状况，力求全面准确地反映园区12年变化发展的历史轨迹。

二、本志书是记录泸溪县武溪工业园创立和发展的专志，叙述的是在特定年代、特定地区、特定工作中的人和事，时间上限为事物发端，下限至2017年6月。

三、本志结构采用章节体。述、记、志、图、表、录综合运用，以文字为主体，图表穿插其中，照片集中于志首扉页后。

四、本志统计资料以统计部门的数据为准，统计部门未作统计的，采用主管部门的数据，数据使用国家规定的计量单位。

五、本志数字使用阿拉伯数字，文字用国务院公布的简化汉字。

六、本志中叙述的机构名称，第一次出现时使用全称，以后出现时采用被广泛使用又力求规范的简称。

七、本志书中采用的图片资料，除署名的外，均由许世和、张宗南及武溪工业园办公室拍摄提供。

目 录

概　述

武溪镇坐落在湖南省泸溪县东北部，地处沅江和峒河的交汇处。武溪镇随着泸溪县县治形成而建立。泸溪县建于隋末萧铣鸣凤三年（唐武德二年，619），距今1398年，有着悠久的历史文化。在这块土地上曾经留下始建于西汉的伏波庙、清代的忠勇宫、宋朝的东洲书院及驰名湘西的“七头八景”等历史人文和自然景观。

武溪地理位置优越，修建于1937年的湘川公路（今319国道）穿境而过；2008年建成通车的杭瑞高速公路泸溪至吉首段横贯西东，西距湘西自治州府吉首市城区41公里，东至长沙347公里，状如网格的公路与周边县市紧密相连。水上交通便利，武水与沅江在此汇合。溯沅江而上，经怀化市进入黔贵高原，顺江而下过常德市入洞庭到长江通海洋。

这里，是湘西工业发祥地，泸溪县工业摇篮；这里，是武溪工业园所在地。

一

泸溪县手工业在五溪地区源远流长。木工在春秋战国时萌芽，汉代出现纺织业。五代时期彭瑊率百工入五溪，给五溪地区增添了手工业力量。元代时开始淘金于白沙滩。进入明代，泸溪县手工业有很大发展，出现工业雏形。明朝初年，朝廷对手工业实行专业管理。是时，在浦市大朝山一带开采朱砂，每年向朝廷进贡朱砂十六两。据《文氏族谱》记载：“洪武之初遇于城，一子入上坊为军户，一子入下坊为匠户。”文氏入下坊匠户的是以刻字印刷为业，文氏家藏木版很多，有皇历版同及祈神纸马、奏疏等木版，说明明代泸溪县已有木版印刷行业。同时，炼铁业在武溪镇上游浦市镇兴起，因炼铁而发家致富的有数十家。上起大码头，下至红桥溪口，沿河一带铁渣堆积如山，可见当时浦市炼铁业兴旺情景。铁业兴旺带来航运业的发展，航运业又促进造船业的发展，作为县城的武溪镇当时已能造一千至二千石（约合现在五十至一百吨）大船。之后，冶铁业衰败于清朝道光、咸丰年间。但随着桐油成为市场俏货，泸溪又发展桐油加工业，武溪城内及周边农村处处有榨油房。清光绪年间，江苏客商在县城西建起一座闻名湘西的洪油加工厂，为桐油包装服务木业桶行及竹器篓行业因而相继发展。民国初年，泸溪县一度是黔军、川军过境必经之地。军阀敲诈勒索和官府苛捐杂税使泸溪工业受到摧残，市场日趋萧条。1937 年“七七”事变之后，东南沿海各地工厂大批内迁，泸溪县因水陆交通方便而成为内迁工厂选择厂址理想之地。1938 年，国民党军政部军工厂纱厂迁来泸溪县城，有织布机 300 台及发电设备，泸溪县由此出现现代工业。是年，国民政府建兵工厂于白沙，建酒精厂于岩龙头，设机械修配所于上堡，开煤矿于麻溪口，在城西草坪头发电照明。抗战胜利后，武溪地区相继创办电动打米厂等新企业。

中华人民共和国成立后，武溪地区工业得到蓬勃发展，特别 20 世纪 60 至 80 年代，县政府在武溪镇区域内相继建起泸溪机械厂、植物油厂、造纸厂、州船舶厂、州洗溪磷肥厂等一批工业企业，产品畅销国内多个省市，有的产品远销海外。90 年代，又有泸溪铝厂、金天铝业高科有限责任公司等工业企业相继建成。泸溪铝厂拥有固定资产 3.2 亿元，是湖南省百强企业，属湘西州重点大型国有企业。金天铝业高科有限责任公司成为全县第一家高科技工业企业。21 世纪初，武溪地区共有各种所有制工业企业 35 家，工业类别涉及化工、建材、冶金、制药及农产品加工等行业。工业产值连年增加，为泸溪县工业发展奠定坚实基础。

二

20 世纪 90 年代末期，在县域经济特别是全民所有制企业发展的同时，危机也伴随市场经济发育而凸显并日趋严重，制约着工业经济发展。1995 年，国家经济体制进入深层次改革后，县域工业一时适应不了市场经济体制，加之泸溪县 1994 年至 1996 年连续三年遭受特大洪涝灾害，作为五强溪库区的武溪地区多次被淹没，工业企业特别是国有工业企业生产遭受严重损失，生产一度受阻。1997 年，全县国有工业企业亏损面 66.6%，武溪地区州洗溪磷矿、泸溪铝厂等骨干企业纷纷停产。为扭转工业企业严重亏损局面，县委、县政府于 1997 年 7 月 31 日召开全县深化工业改革动员大会，贯彻“抓大放小”和“三改一加强”(改革、改造、改组和加强管理)工业企业改革方针，对全县 22 家国有工业企业制定了“一户一策”战略性改革方案。采取以租赁经营形式为主改革方式，加快企业民营化改制进程。

在国有集体企业改制同时，县委、县政府对泸溪县工业企业未来发展思路进行决策。1998 年，县委、县政府制定出台《加快发展民营经济的若干规定》等文件，明确提出发展民营经济是今后一个时期内经济发展首要任务，《规定》提出民营经济发展优惠政策和提供宽松环境。至 2001 年底，全县 22 家国有企业改革面 100%，已停产的县铝厂和州洗溪磷矿等大、中型国有工业企业通过租赁承包等形式重新恢复生产，盘活国有资产 4 亿元，安置下岗职工 4000 人，全县工业生产出现恢复性发展。是年，全县工业产值 5.26 亿元，是 1985 年 12 倍，工业产值占全县工农业产值 57.7%，域内工业再现生机。进入新世纪后，随着国家经济体制进一步转变和深入改革及民营企业崛起，全民所有制工业企业陆续实行改革改制破产，依照《中华人民共和国企业破产法》，全县 25 家国有企业有 21 家依法宣告破产，武溪镇域内只有水电公司、自来水公司、电力公司和金天公司以内部改制形式继续运行。

这一时期，泸溪县工业经济出现两种形态：一方面，国有集体企业大部分停产，下岗职工多达 6000 人，企业运转举步维艰。另一方面，自全县第一家民营企业白沙冶化厂建成投产后，生产经营红红火火，一片生机。通过国有集体企业改制破产拍卖，一批民营企业应运而生，民营企业在工业经济发展中彰显出蓬勃生机和活力。面对这个时期工业经济形势，县委、县政府决定加快国有集体企业改制破产，并根据国家、省、州有关文件精神，制定系列政策，采取多种措施，竭尽全力发展民营经济，为泸溪县工业企业发展找出一条符合县情实际发展道路。2004 年，县委、县政府在全县范围开展发展工业企业、促进经济发展的学习讨论活动。在实践中，县委、县政府主要领导意识到，地处贫困落后山区，发展县域经济实现强县富民，必须发展工业经济，而发展工业逐步走上工业化道路，应该从机制、功能、构架上寻代一条正确发展途径。经济落后地区固然有种客观因素，但深层次原因是思想观念落后。怎样解放思想，转变观念？必须要走出去，向经济发达地区、向沿海开放地区学习，换脑筋、找思路。于是，县委、县政府选派一批批党政干部到发达地区挂职学习，县领导和县直相关部门负责人到沿海工业重镇学习考察，参加培训。通过思想观念上转变化为实际行动，将泸溪工业推向新的发展轨道。是年 9 月 12 日，县委召开常委会议，专题研究工业企业改革改制问题，制定《关于深化县属国有企业改革改制若干政策措施的意见》，对国有企业改革改制破产提出总体要求，从产权转让、职工安置、改革改制优惠政策等方面制定具体措施，为传统企业发展创新开辟新的通道。通过一系列措施，泸溪县重点发展工业经济成为县委、县政府重点工作并形成共识。在行动上采取“两手抓”：一手抓国有集体企业改制破产，一手抓工作机制建立和完善，推进民营企业发展。至年末，所有的国有集体企业全部完成改革改制和破产工作，民营企业发展到26家。是年，26家民营企业固定资产投资3.6亿元，实现工业产值7.40亿元，实现销售收入6.60亿元，上缴税金3100万元，泸溪工业甩掉历史包袱，发展势头向好。

2004年至2005年初，“工业立县、产业富民”发展方略在县委、县政府决策层首次提出，并成为全县经济社会发展行动导向。2005年1月17日，县委、县政府做出《关于实施“工业立县”战略的决定》，提出“加大工业园区建设的力度，构建两区一廊工业发展平台”，按照“政府引导、市场定价”的原则，实现工业产品结构由“两高一低”向“两低一高”转变，引导聚集发展，努力建设好武溪冶金工业园、浦市工业园和白沙、洗溪工业长廊，使之成为具有一定规模和特色、产业关联度高、辐射带动力强工业聚集区域。

武溪镇辖区内工业企业发展迅速，已形成泸溪县工业聚集区。但由于武溪镇辖区内工业企业聚集在武溪镇南侧，建设用地发展空间不大，不能承载工业企业更高层次，更大规模发展，需再择址新建工业园区，并使成为有机体。县委、县政府决定在武溪镇大溪村一带开发建设武溪工业园北区，开发建设武溪工业园区战略决策最终形成。2005年3月，县委、县政府从各部门抽调15名干部成立武溪工业园区建设协调领导小组。5月9日，县委办公室、县人民政府办公室联合下发《关于成立县“两区一廊”工业园区建设协调领导小组的通知》。7月25日，县人民政府批复武溪工业园区建设协调领导小组提出《关于武溪工业园区总体规划的请示》。批准园区规划为：“园区总面积由原来266.80万平方米扩大到439.02万平方米，把武溪工业园建成拥有一定规模、产业关联度高、辐射带动力强的工业发展平台和科学、规范、清洁、特色于一体的现代化工业园区。”2006年11月2日，县委、县政府决定成立泸溪县武溪工业园管委会筹备组，王必好任组长。12月30日，武溪工业园管理委员会正式成立，核定编制15人，王必好任管理委员会主任。12月31日，成立武溪工业园管委会党委，向光武任党委书记，王必好任党委副书记，李长清、毛永兴任党委委员，同时，毛永兴任纪委书记，至此泸溪县武溪工业园区正式诞生，泸溪工业进入新的发展时期。

三

武溪工业园建立后，园区管委会一班人贯彻落实县委、县政府“工业立县”决策部署，按照“政府引导、市场运作、分步实施”和“边引进，边建设”的建设指导思想，坚持以项目建设为核心，以扩量、增效为重点，以工业园区建设为载体，以招商引资为手段，走有泸溪特色的新型工业化道路，不等不靠，借力发展，采取“有钱大上，稍有眉目提前上，没钱也要设法上”的超前方式，千方百计上项目。多措并举，分步实施，加强园区开发建设。在园区规划上，及时提请县委、县政府批准园区实施建设规划。2006 年，在县政府批复园区规划后，管委会聘请湖南省城市规划研究设计院专家对园区进行总体规划和可控性详细规划，于 2007 年初完成《武溪工业园总体规划》和《武溪工业园控制性详细规划》。总体规划分为北区、南区，规划面积 7.33 平方公里，其中北区面积 3.13 平方公里，南区面积 4.20 平方公里，土地储备保有量 205.44 万平方米。形成工业发展与滨江景观轴、东西两端配套服务区、中部工业和仓储用地区“一轴三区” 功能结构。用地布局在规划区建设用地范围内，主要有工业用地、仓储用地、居住用地、公共设施用地、绿地、道路广场用地、市政公用设施地等 7 类用地。规划工业用地面积为 139.59 公顷。在基础设施建设上，设立武溪工业园开发建设有限责任公司和泸溪县富强农业综合开发有限公司，开辟融资渠道，多方筹集资金实施基础设施建设。2007 年 4 月，武溪工业园北区开发建设正式破土动工。至 2016 年，园区累计投资 5.96 亿元，完成“三横九纵”园区道路网建设，建成千吨级深水码头，增建 2 座 220KV 的变电站。峒河二桥、危货码头等一批园区基础设施正在建设中，园区建设基本定型。“用小钱办成了大事”，改善基础设施，为招商引资和项目入园提供条件。招商引资创新模式，运用“亲情招商、乡情招商”，引导企业创业；采用上门招商，有选择性地引进好项目；重点攻关，对有意向的战略投资者驻点跟踪，在“长三角”“珠三角”建商业信息平台。武溪工业园通过上门驻点招商，以商招商，取得很好成效，至 2016 年，协议投资金额 185 亿元，到位资金 65 亿元，在泸溪县乃至湘西山区经济发展中起到重要龙头示范作用。是年，园区内工业企业发展到 57 家，拥有固定资产 56 亿元，其中进入“新三板”高科技企业 4 家。

2007 年 11 月，县委、县政府制定《关于加快推进工业园区建设的实施办法》，对工业园区优化发展环境作出详细规定。园区管委会致力于打造优质高效服务环境，贯彻落实首问责任制、全程代办制、限时办结制等“六项制度”。凡新上项目需到州以上部门办理手续的由园区管委会全程代办，费用由县财政承担。在“诚信”上下真功夫，把优越的经济环境打造成武溪工业园名片，在用地、税收等方面给予入园企业前所未有优惠，吸引外地企业商户在工业园投资兴业。

2010 年，县委县政府提出“工业强县、产业富民、环境创优、民生改善”发展战略，武溪工业园取得又快又好发展。2010 年 4 月，被确定湖南省首批“承接产业转移特色基地”，2012 年 11 月成功晋为省级工业集中区，2013 年 10 月被列入湖南省首批“中小企业信用体建设示范园区”，2015 年成功申报湖南省科技产业示范园区。至 2016 年，武溪工业园区累计完成基础设施建设投资 13.44 亿元，拥有固定资产 65.8 亿元。57 家企业主要产品有铝、磷、锰、锌、生物制药和新金属材料等大集群品种 30 个，其中过亿元的企业 21 家，年产值高于 5000 万元的企业 31 家，高新企业 4 家。是年，园区实现工业产值 64 亿元，完成税收 3.20 亿元。泸溪省级工业集中区（武溪工业园）已经成为湘西地区有一定规模、产业关联高、辐射带动能力强推进，新型工业化和承接产业转移重要平台，成为一方投资兴业的沃土。

工业园区的快速发展，带动武溪地区城镇建设，建园前由于连续三年洪涝灾害，加之县城迁址白沙新区，传统工业企业破产，武溪镇城区人口大幅下降，城区街道狭窄，杂乱无章，到处呈现断壁残垣，萋萋芳草。2007 年，当第一台挖掘机驶进北区开工建设后，象征着武溪镇镇区开始进入大规模改造阶段。至 2016 年，武溪工业集中区投入建设资金，对城区溪河进行全面整治，修建宽 20 米南北滨江大道 8350 米；修建城南九条道路和两条大溪环路；新建 220 千伏变电站一座；修建武溪污水处理厂，日处理污水 2 万吨，铺设城镇居民区和工业园区给排水管网 1.80 万米；实施楠木洲填设工程，城区面积扩宽 50000 平方米；修建 20000 平方米“德政园”，安置征地拆迁户 150 户 620 人；南区 6 栋高层建筑的公租房正在建设中，是目前全县最高最集中的建筑。城镇人口大幅度增长，由于镇区基本设施日趋完善，城区容量扩张。2015 年在全县行政区划再次调整时，白沙镇整体并入武溪镇，全镇人口由 2014 年 4798 户 24520 人增加到 2016 年 22261 户 60547 人。居民收入大幅增长，园区为当地居民常年提供近 1.20 万个就业岗位。居民可支配收入 16800 元，农村居民可支配收入 5700 元。

四

武溪工业园从无到有，从小到大，其建设发展启迪引人深思。

坚持“发展是硬道理”思想不动摇。2005 年初，县委、县政府确定“工业立县”发展战略，并把建设工业园区作为“工业立县”战略重要载体，得到全县广大干部群众拥护，但也出现一些议论。一些同志对园区开发建设不理解，认为泸溪地处湘西大山区，只能“坐山吃山”，搞工业出路不大。也有人认为武溪地区基础条件差，选址不合理，如果不顾客观条件硬要建设，肯定是没有发展前途。对此，县委、县政府就工业发展组织开展解放思想大讨论，以此活动进一步统一思想认识。经过为期三个月的解放思想大学习、大讨论，统一干部群众思想认识，认为改革是时代主旋律，发展才是硬道理，泸溪县只有走工业化道路才是出路，才能振兴泸溪经济，推进社会发展。在县委、县政府坚强领导下，园区党委、管委会干部职工团结一心，坚持发展是硬道理的思想毫不动摇，带领园区创业者拼搏奋进，在泸溪县发展史上创造不平凡业绩。

狠抓软硬环境建设不松劲。工业园区建设离不开良好投资环境，园区管委会坚持环境就是生产力理念，按照建设绿色园区，建设花园式园区，建设基础设施完善、布局合理、平安和谐园区工作思路，狠抓软硬环境建设，创造良好投资环境和发展环境，加快园区各项事业发展，12 年来一脉相承。如今，无论是北区还是南区都按照总体规划设计，投入财力物力，实行分步实施，取得丰硕成果。厂区内厂房林立，机声隆隆，“三横九纵”道路布局合理，河道整修、深水码头与城镇建设相互配套，浑然一体，武溪镇总体面貌发生天翻地覆变化。武溪工业园管委会注重加强软环境建设，从建立健全促进市场经济发展运行机制出发，制定和完善政策优惠激励、奖优罚劣管理、上下协调配合、强化社会服务、依法管理治理等制度，形成园区软环境工作机制。实现以“软”补“硬”、以“软”促“硬”良性循环发展。“一个屋里办公，一次会议审定，一支笔审批，一个桌上盖章”服务办理程序就在这种运行机制下形成。

抓住招商引资龙头不放手。项目是工业园区的立区之本，是工业园区成败的关键，也是工业园区可持续发展源泉。建区 12 年来，不论在任何情况下，园区管委会始终把招商引资作为各项工作龙头常抓不懈，择优引进技术含量高、附加值高、创汇能力强大项目、好项目进入园区。具体方法上，对招商人员实行和招商项目挂钩竞争上岗制，向全社会实行招商引资重奖制度，在机关内部实行全员招商责任制，在域内外实行代理招商制，形成“同心协力抓招商、全力以赴引项目”良好局面。以情招商，以诚招商，以商招商，形成招商引资主要措施，亲商、安商、富商、帮商、扶商，成为全县干部群众共识。

勇于开拓创新不停步。武溪工业园区是深化改革产物，从始至终都贯穿着创新这条红线。建设工业园区涉及观念创新、机制创新、科技创新。首先是观念创新，园区作为全县经济社会发展的火车头，必须树立跨越式发展理念，在思想上超前，摒弃无作为、不敢闯、不敢冒陈旧观念。武溪工业园每年都坚持目标考核，尽管完成这些奋斗目标困难很多，但由于充分发挥全体人员主观能动性，千方百计地做工作、想办法，任务年年都能超额完成。其次是体制创新。园区机构设置一目了然，办事程序简单清晰，高效快捷，工作人员责任明确，面对困难上下一心。园区对入区企业的管理，主要体现在“服务”二字上。园区服务口号是：“把困难留给自己，把方便让给企业。”为了办好企业事情，园区干部职工节假日不休息，致力办好企业事情，任劳任怨。工业园区总是充满青春和活力，这是工业园区不断取得成功动力所在。再次是科技创新。面对新技术革命挑战，面对市场竞争，园区坚持做到，努力构建发展高新技术平台，构建高新技术产业基地，建立企业科技创新体系，加快建立科技创新的激励机制。可以说没有创新就没有工业园区，更没有园区 12 年辉煌。

经过 12 年奋力拼搏和艰苦努力，武溪工业园创业者已经变得更加成熟，园区建设基本成型。园区管委会将在县委、县政府正确领导下，致力于推进新型工化建设，按照“工业强县，产业富民，环境创优，民生改善”发展战略，实施国家“十三五”发展规划纲要和国家关于加快西部大开发发展战略，用不断创新精神克服重重困难，努力把武溪工业园打造成名副其实高新技术产业开发区，成为湘西州南部区域工业经济中心。

大　事　记

2005 年

1 月 17 日　泸溪县委、县政府出台《关于实施“工业立县”战略的决定》，提出“工业立县、产业富民”发展方略。

5 月 9 日　县委办公室、县政府办公室以泸办发〔2005〕41 号文件发出《关于成立县“两区一廊”工业园区建设协调领导小组的通知》。

7 月 25 日　县人民政府批复武溪工业园区建设协调领导小组《关于武溪工业园区总体规划的请示》，规划面积由原来 266.67 公顷扩大到 438.80 公顷。提出把武溪工业园建成拥有一定规模、产业关联度高、辐射带动力强工业发展平台和“科学、规范、清洁”特色于一体现代工业园区。

9 月 5 日　省委助理巡视员卓群在县长刘时进、副县长刘华等陪同下深入磷矿石中式基地、武陵阳光制药厂、金天铝业公司、金旭公司和通程公司考察调研泸溪县工业基地建设情况、生产情况和项目建设情况。

△县委书记董清云在通程铝业公司、科达公司、武陵阳光生物科技公司调查研究，了解企业投资、生产和项目建设情况。

2006 年

3 月 1 日　县委办、县政府办印发《2006 年度全县规模工业企业及重点工业项目目标管理考核办法》，要求县直各有关单位、各规模工业企业贯彻执行。

11 月 2 日　县委、县政府决定成立泸溪县武溪工业园筹备组，王必好任筹备组组长。

11 月 19 日　县长刘时进主持召开县长办公会议，专题研究武溪工业园区规划工作。副县长余庆友、刘华出席会议，县委常委、武溪镇党委书记李芸列席会议。

县政府办、经济局、发改局、国土局、财政局、建设局、环保局、林业局等单位主要负责人参加会议，会议听取省城市规划研究设计院专家关于《泸溪县武溪工业园(北区)控制性详细规划方案》介绍，就相关问题进行讨论研究，形成一致意见。

12月8日　县长刘时进主持召开武溪工业园(北区)规划方案征求意见报告会。会议听取省城市规划研究设计院专家关于《泸溪县武溪工业园(北区)控制性详细规划方案》介绍，就有关问题讨论研究，形成一致意见。会议原则同意武溪工业园区(北区)规划方案，认为该方案总体上切实可行，具有因地制宜、最佳效益、和谐持续、操作灵活、科学合理五大特点，既经济实惠又极具有地方特色。

12月15日　州委书记童名谦、州委秘书长向兴仁带领州发改委、州经委、州统计局、州环保局负责人，在县领导董清云、刘时进、包太洋陪同下，到鑫海公司、金旭公司、汇祥公司、中美合资鑫汇新材料、经达公司调研生产经营情况。

12月26日　县编办发出《关于印发泸溪县武溪工业园管理委员会职级配置、内设机构和人员编制规定的通知》。

12月30日　武溪工业园管理委员会成立，定编15人，王必好任管委会主任。

12月31日　县委同意成立中共泸溪县武溪工业园管理委员会党委。任命向光武任县武溪工业园管理委员会党委书记，王必好任县武溪工定园管理委员会副书记，李长清任工业园管委会党委委员，毛永兴任工业园管委会党委委员、纪委书记。

2007年

2月1日　泸溪县机构编制委员会办公室发文，同意设立县国土资源局武溪工业园国土资源所，为全额拨款事业单位，定编3人，属县国土资源局派出机构。

2月12日　日资企业普利司通投资有限公司董事、总经理田岛将典在副县长刘华等陪同下考察鑫海公司。

△县委决定彭延红任中共武溪工业园党委委员。

2月21日　泸溪县人民政府发文，决定王必好任县武溪工业园管委会主任，免去其县人民政府办公室副主任职务；李长清任县武溪工业园管委会副主任，免去其县农机局副局长职务。

2月25日　泸溪县人民政府任命彭延红任武溪工业园管委会副主任。

3月4日　省委常委、常务副省长肖捷率省直相关部门负责人在州委书记童名谦、县委书记董清云、县长刘时进陪同下考察调研通程铝业公司、金天铝业公司。

3 月 15 日　湖南省环保局环境工程评估中心发文，对《泸溪县武溪工业园环境评价大纲》提出三个方面七点评估意见。

3 月 25 日　县人民政府发文批复，同意武溪工业园管委会制定的《泸溪武溪工业园控制性详细规划》，工业园规划面积由 4.20 平方公里扩大到 7.33 平方公里。

3 月 26 日　县财政局发文，同意成立泸溪县武溪工业园开发建设有限责任公司。公司性质为国有独资，注册资本 500 万元，王必好任董事长兼总经理，向光武任董事会主席。

4 月 5 日　州委副书记、州长杜崇烟在州政府秘书长李平、县委书记董清云、县长刘时进陪同下到洗溪镇、武溪镇椪柑大户，以及县椪柑精品园、县椪柑公司、鑫鸿氧化锌公司、武溪工业园进行调研产业和工业项目建设。

4 月 12 日　县委中心学习组第一季度集中学习报告会，邀请著名经济学家、湖南师范大学教授朱翔作《区域经济和推进新型工业化建设》专题讲座。

4 月 12 日　县人民政府办公室发出《泸溪县人民政府办公室关于印发泸溪县武溪工业园征地拆迁补偿安置暂行办法的通知》。

4 月 17 日　县人民政府发出《泸溪县人民政府关于武溪工业园区招商引资实施优惠政策的通知》，对入园企业制定 7 项优惠政策。

4 月 26 日　县委、县政府举行武溪工业园建设开工奠基仪式，县委书记董清云主持仪式，县长刘时进致辞，州领导李德清、向兴仁、秦湘赛等参加奠基仪式。

△新加坡喜丰有限公司、晓园生物科技有限公司、贵阳沅昊铝业有限公司举行项目入园签约仪式。

5 月 19 日　县委、县政府出台《关于加快推进工业园区建设的实施办法》。

5 月 21 日　县人民政府同意成立泸溪县富强农业综合开发有限公司，性质为国有独资，注册资本 150 万元，董事会董事由王必好、李长清、彭延纪三人组成，监事会由向光武、毛永兴、董明刚、谭子瑛、孙小华五人组成，王必好任董事长。

5 月 22 日　县长刘时进到武溪工业园现场办公，县委常委、武溪镇党委书记李芸，副县长余庆友以及县政府办、发改局、商务局、县农行等部门负责人参加会议。会议对工业园管委会提出的拆迁问题、工业报批问题、招商引资问题、融资问题进行讨论，并做出相应决定。

6 月 28 日　中共武溪工业园委员会表彰先进党支部 2 个，优秀共产党员 9 人。

6 月 22 日　湖南省湘西地区开发办主任陶世桥等一行，在州委发改委主任欧阳旭、副主任秦建平和县领导刘时进、杨官湖、王庭坚等陪同下，实地考察鑫海公司、金旭公司、金天公司、鑫兴冶化厂、武溪工业园、椪柑批发大市场，调研督查湘西地区项目开发和资金落实情况进行。

6月28日　贵州省铜仁市人民政府副市长龚永华带领该市发改局、经济局、环保局、国土局等相关部门负责人在副县长张金桥陪同下到武溪工业园考察。

7月15日　金利化工公司硫酸生产一期工程年产能5万吨生产线建成投产，二期工程年产能5万吨生产线同时开工。

8月20日　湖南省环境保护局下发《关于泸溪县武溪工业园环境影响报告书的批复》，提出开发建设与生态环境保护并重原则，科学规划，合理布局，高标准建好工业园。园区建设日常环境监督管理工作由湘西自治州环保局和泸溪县环境局负责。

9月6日　县长刘时进到武溪工业园现场办公，常务副县长向恒林、副县长康启全、余庆友、姚元喜、王庭坚以及县政府办、经济局、发改局、国土局、建设局、城投公司、武溪工业园等主要负责人参加会议。会议要求加快滨江大道建设进度，确保工程质量，园区内工业企业规划，布局进一步规范化、合理化、科学化。

12月18日　湖南省湘西开发办副主任何祖清在州开发办副主任田建新、副县长张金桥陪同下，到金天公司、鑫兴公司、金旭公司了解重点项目建设进展情况。

2008年

1月14日　州人民政府发出《湘西自治州人民政府关于表彰2007年度重点建设先进项目、先进个人的通报》，泸溪县武溪工业园被评为全州重点建设项目先进单位，李芸、王必好被评为先进个人。

5月21日　州委常委、州纪委书记王超群在县委书记董清云等陪同下，走访鑫海等9家规模企业和武溪工业园区，调研优化经济发展环境。

6月5日　全州加速推进新型工业化现场会在泸溪县召开。会议强调全力推进新型工业发展，加快富民强州步伐。县委书记董清云在会上就泸溪工业发展作经验介绍，州委副书记彭武长、副州长曹世凯对泸溪县新型工业化发展给予充分肯定。

11月11日　怀化市芷江县县委书记胡和平率考察团一行到泸溪，考察新型工业化和招商引资工作。县委副书记向恒林介绍泸溪县推行新型工业化和招商引资情况。

2009 年

2 月 2 日　湘西州人民政府发出《湘西自治州人民政府关于表彰 2008 年度重点建设先进项目、先进个人的通报》。武溪工业园建设被评为全州重点建设先进项目，王必好被评为先进个人。

2 月 15 日　副省长甘霖在州委副书记、代州长叶红专，副州长曹世凯，县委副书记、县长刘时进等陪同下，到武溪工业园区、金天公司、金旭公司调研。

3 月 10 日　州委副书记彭武长带领州委办、州经委相关人员调研泸溪县各大企业新型工业化建设。在县委副书记、县长刘时进等陪同下，彭武长一行先后到蓝天、金瑞、金天公司、武溪工业园、金旭工业小区等了解企业发展情况。

3 月 14 日　县长刘时进在武溪工业园召开县长办公会议，常务副县长向恒林、副县长刘华以及武溪工业园、县发改局、县环保局、县电力局、县国税局、县地税局、武溪镇等主要负责人参加会议，会议专题研究项目建设资金、园区内拆迁、职能部门职能平移三个问题。

3 月 18 日　州委副书记、代州长叶红专，州委副书记彭武长，州人大常委会副主任秦湘赛，州政协副主席张官仁带领全州县市委书记、县市长、专职副书记、分管工业副县长、全州工业强乡强镇书记和乡镇长、全州 30 家重点企业负责人、州直相关部门负责人以及各县市经信局局长等参加全州加速推进新型工业化会议的 150 人到武溪工业园区参观考察。

3 月 25 日　省委副书记梅克保，副省长陈肇雄带领省纪委、省民政厅、省劳动保障厅、省国土资源厅、省电力公司等负责人，在州委副书记彭武长，副州长曹世凯，县委副书记、县长刘时进，县委副书记包太洋，副县长张金桥等陪同下，到县调研新型工业化工作，考察金利、金瑞、金天、长青公司及武溪工业园、金旭工业小区。

4 月 15 日　贵州省铜仁地委书记廖国勋率领铜仁地区党政考察团到泸溪县考察新型工业化建设和招商引资工作。州领导李德清、向兴仁、贾高飞及县领导刘时进、包太洋等陪同，先后到武溪工业园区、金旭工业小区及金瑞、蓝天、长青公司等企业参观考察。

4 月 17 日　县委副书记、县长刘时进主持召开县委常委会议，研究县直部分单位特殊岗位进人计划情况，其中武溪工业园招聘 1 名全日制本科建筑设计专业人员。

5 月 11 日　省政协主席胡彪率调研组到金旭工业小区和武溪工业园区调研

考察。

6月25日　县长刘时进在武溪工业园就飞跃不锈钢项目召开县长办公会议，县委副书记包太洋、副县长余庆友、武溪工业园管委会主任王必好、飞跃公司代表邓守纪参加会议。会议议定：在武溪工业园区沿滨江大道第六大道至第七大道间由县政府征收6.67公顷土地，支持飞跃公司不锈钢项目建设。

8月28日晚　县委书记刘时进召开会议，专题研究引进派斯特实业有限公司金属产业项目事项。

9月17日　县委书记刘时进，县委副书记、县人民政府代县长杜晓勇到武溪工业园、长青公司现场办公。

12月3日下午　副县长余庆友主持召开会议，专题研究县富强农业综合开发有限责任公司1万平方米钢结构标准厂房相关问题。县纪委、县监察局，武溪工业园，县审计局，县发改局，县建设局，县财政局、县招标办等负责人参加会议。

2010年

1月4日　泸溪县人民政府任命孙辉任县武溪工业园管委会副主任。

1月19日　湘西自治州人民政府发出《湘西自治州人民政府关于表彰2009年度湘西自治州重点建设先进项目和先进个人的通报》，武溪工业园建设项目、泸溪县金旭工业小区建设项目被评为全州重点建设先进项目。

2月20日　县委书记刘时进到武溪工业园召开现场办公会议。会议议定：县直相关职能部门职能必须平移到工业园区，抓实融资工作，破解资金瓶颈，加大招商引资力度；给予工业园增加2名规划编制，规划部门相关人员到工业园区上班工作。

4月14日　县长杜晓勇在县政府三楼会议室主持召开县政府常务会议，会议听取武溪工业园鑫丰公司土地出让金、武溪工业园富强农业综合开发公司贷款抵押土地及相关出让金土地评估费缴纳、武溪工业园土地问题三个项目用地国土手续办理情况汇报。研究富强农业综合开发公司申请银行贷款需县财政局出具还款承诺函问题。

4月27日　县委书记刘时进召开会议，专题研究兴业冶化有限公司拟建10万吨/年不锈钢熔炼生产项目事项。

4月30日　县长杜晓勇在县政府三楼会议室主持召开县政府常务会议，研究武溪工业园规模工业企业耕地占用税征收工作。会议决定：按照国家规定耕地占用税征收标准，每平方米征收耕地占用税22元。加大财政规模工业企业支持力度，按企业所用耕地每平方米18元标准支持扩大再生产。县国资局要进行资产和资金登记，按国家资本金登记入账。财政支持规模工业企业扩大生产优惠政策，实行一年一议定。

5月1日　经县十五届人大常委会第十五次会议审议，同意县人民政府决定由泸溪县富强农业综合开发有限公司参与武溪农副产品加工园给排水管道工程项目建设，项目投资734.42万元，由县财政出资。

5月26日　县人大常委会召开第二十三次会议，听取和审议县人民政府关于武溪工业园建设情况报告，就相关问题做出决议。

5月28日　由贺宗华等组成的北京科技大学专家团在州委副书记彭武长、副州长龙靖波、何新波陪同下到金天铝业公司、派斯特公司、金旭公司等企业调研，县委书记刘时进陪同。

6月1日　泸溪县委免去彭延红武溪工业园管委会党委委员职务，转任浦市工业园管委会党委书记。

6月18日　县委书记刘时进主持召开县委常委办公会议，专题研究申报20万吨/年不锈钢项目相关问题。

9月30日　泸溪县委决定陈方生任县武溪工业园管理委员会党委委员、纪委书记，免去毛永兴武溪工业园管委会党委委员、纪委书记职务。

11月2日　县委书记刘时进主持召开第7次县委常委会议，听取县编办关于相关部门职能平移到“一区一园”情况汇报，会议原则同意县编办提出的县政府相关职能部门向“一区一园”实行行政职能平移工作意见，要求结合本县实际，进一步修改完善。

11月18日　泸溪县人民政府办公室发出《泸溪县人民政府办公室关于成立泸溪县武溪工业园中小企业信用体系试验区建设领导小组的通知》。

11月29日　泸溪县人民政府任命文雯任武溪工业园管理委员会副主任。

11月30日　县委书记刘时进到金天铝业高科技有限公司，就新增项目用地问题现场办公。会议对金龙公司新增项目用地问题、金龙公司土地出让问题、金天公司宿舍建设用地问题做出相关决定。

12月22日　州委副书记、州长叶红专，州委副书记、州委统战部部长郭建群，州人民政府副州长龙靖波率州政府办，州发改委等部门负责人到蓝天、金瑞、金旭等企业调研。

12月26日　泸溪县委决定孙辉任县武溪工业园管理委员会党委委员。

2011年

4月10日　县委书记刘时进主持召开会议，研究和兴特钢公司入园事宜。

6月27日　县委书记刘时进主持召开会议，专题研究湖南金昊铝业股份有限公司拟建10000吨/年微细球形铝粉生产线和铝粉光伏产品精加工生产线项目。

7月31日至8月1日　省委副书记梅克保带领省委副秘书长龚文密及省经信委、省教育厅、省国土资源厅、省林业厅、省扶贫开发办负责人在州委书记何泽中，州委副书记、州长叶红专等陪同下，到武溪工业园、金源粉体材料有限公司、金旭集团、县第一中学等调研新型工业化建设工作。

8月16日　县委书记刘时进主持召开会议，专题研究武溪楠木洲土地置换问题。

8月29日　县委副书记向恒林主持召开会议，专题研究明天电力公司北区变电站项目相关事宜。会议决定：项目土地办证问题按照第2次县委常委会议议定的1.33公顷用地予以办理；项目"三通一平"按武溪工业园测评方案实施；项目办理国土、规划等相关证件及手续费用由武溪工业园承担。

8月30日　县委书记刘时进主持召开县委常委会议，听取金旭公司上市工作具体问题汇报。会议议定：同意金龙公司放弃优先认购权，金龙公司所持股份由增资前20%变为增资后13.71%；同意将武溪工业园第六大道240米区域13.73公顷土地作为金天铝业新增项目用地。

10月17日　广东省湘籍企业家商会党委书记、广东省湘籍企业家商会会长、广东省合通集团董事长龚少林带领广东省湘籍企业家商会常务副会长、大愚家具公司总经理甘不愚、广东省湘籍企业家商会副会长　珠海海迅软性多层板公司董事长李凯、中恒集团副总裁刘明亮、珠海海迅软性多层板公司总经理高明辉、深圳索博电子公司吴向东、广东省湘籍企业家商会会员龚益民等一行8人就园区建设、投资环境及中草药生产与加工等项目到武溪工业园考察。县领导刘时进、杜晓勇、向恒林等陪同。

10月23日　县委书记刘时进主持召开会议，听取武溪工业园管委会关于楠木洲用地规划情况汇报。会议议定：原则同意武溪工业园安置区规划；同意由武溪工业园管委会牵头对楠木洲已填土的6.54公顷剩余土地进行拍卖，所得资金用于弥补武溪工业园区基础设施建设资金不足；同意楠木洲二期开发回填土从众鑫公司后13.60公顷区域范围取土。

10月28日　泸溪县委决定刘本璋任武溪工业园工会主席。

12月5日　泸溪金旭集团公司“沸腾炉燃烧硫磺还原二氧化锰”项目经省科技厅组织专家鉴定，技术成果领先国际水平。

12月15日　县委书记刘时进主持召开县委常委办公会议，研究群祥有限公司相关事项。会议议定：同意武溪工业园区为群祥公司供地50亩；同意群祥公司享受招商引资相关优惠政策。

2012年

3月6日　州委正厅级领导彭武长、副州长龙靖波带领州经信委、州环保局、州委办、州政府办等单位负责人，就新型工业化建设到县专题调研，帮助破解加快推进新型工业化进程中存在困难和问题。

3月30日　县委书记杜晓勇到武溪工业园现场办公。会议听取武溪工业园开发建设情况汇报，研究工作中存在突出问题，安排部署相关工作，议定具体事项。

4月10日　泸溪县人民政府制定《泸溪县武溪工业集中区发展规划(2011～2020)》。

4月17日　县长向恒林主持召开县长办公会议，专题研究武溪工业园重点项目推进工作，就征收众鑫公司后坡12.06公顷土地、县信用联社800万元项目用地贷款、滨江大道建设、群祥公司1.2万吨/年铝合金、盛鑫公司2000吨镨钕、嘉美澄旅游休闲、众鑫化工钒氮等方面问题进行讨论研究，议定相关问题。

5月2日　县委书记杜晓勇等县领导率国土、财政、环保等相关部门负责人深入和兴特钢、群翔伞厂、金昊等公司开展现场办公，排解企业建设进展中困难，推进武溪工业园重点项目建设进展。

5月14日　县委书记杜晓勇主持召开县委书记办公会议，研究武溪工业园承接产业转移有关工作，议定具体事项。

6月13日至14日　省开发区协会会长赵淑珍、省发改委副巡视员唐新华等省直相关部门领导及专家一行16人到县，评审武溪工业园申报省级工业集中区规划。

6月18日　省林业厅副厅长柏方敏率领省考核验收组考察泸溪县域经济发展情况，考察组在州人大常委会副主任罗天明、县委书记杜晓勇等陪同下到武溪工业园、金天公司、金昊公司考察。

6月18日　县人民政府批复武溪工业园《关于富强公司以土地储备及平整项目申请农发行第三期贷款的请示》，原则同意富强公司扩大经营范围，增加土地储备及平整项目，以便向农发行申请第三期贷款。

6月20日　县委常委、常务副县长石泽龙主持召开武溪工业园北区110KV输电线路工程建设有关问题协调会。

7月7日　泸溪县千吨级码头项目正式开工。项目投资6300万元，建造2个500吨级泊位，设计能力50万吨/年吞吐量，工期预计28个月，资金来源为国家投资及银行贷款。

8月7日　泸溪县人民政府免去文雯武溪工业园管理委员会副主任职务。

9月10日　泸溪县委决定陈树强任县武溪工业园管理委员会副主任科员。

9月10日　泸溪县委免去陈方生县武溪工业园管理委员会纪委书记职务。

9月12日　湖南省发展和改革委员会、湖南省产业园区建设领导小组发《关于泸溪工业集中区发展规划(2011-2020)的批复》，原则同意《泸溪工业集中区发展规划(2011-2020)》。

10月12日　县委副书记向恒林，县委常委、常务副县长梁君，副县长向明江带领县政府办、财政局、国土局负责人到武溪工业园现场办公，排解园区建设中困难。

10月31日　泸溪县武溪工业园经省发改委、省产业园区建设领导小组下文批复为省级工业集中区。可享受省级开发区相关财税、土地资源配置、投资、融资、招商引资等优惠政策，为加快推进工业化进程打造更高平台。

11月23日　湖南省人民政府办公厅发《湖南省人民政府办公厅关于设立安仁工业集中区等29家省级工业集中区的通知》，武溪工业园被列为湖南省级工业集中区。

11月30日　县长向恒林主持召开县长办公会议，研究储备土地报批、省级以上投资综合整治项目招投标、异地占补土地开发项目等三项工作，议定相关问题。

12月30日　武溪工业园管委会被州委、州政府评为2012年度机关效能建设和优化经济发展软环境满意单位，王必好被评为先进个人。

12月30日　武溪工业园区基础设施建设项目被州委、州政府评为2012年度州重点建设优秀项目，陈方生被评为先进个人。

2013 年

1 月 31 日　泸溪县召开工业企业负责人座谈会。杜晓勇、石泽龙、梁君、向生平、向梦华等县领导和重点企业 30 多位负责人参加。杜晓勇在会上指出今后一年着力打造实力泸溪，在整合锰锌企业同时发展铝粉、铝颜料产业，培育新的经济增长点，破解电力、资金、资源三大瓶颈。

2 月 4 日　县委书记杜晓勇，县委副书记石泽龙，县委常委、常务副县长梁君，县委常委、县委办主任向生平，副县长向梦华带领县财政局、国土局、经信局、环保局等部门负责人，到武溪工业园部分重点项目开发建设现场调研。

2 月 28 日　县委书记杜晓勇主持召开县委常委会议，听取武溪工业园管委会关于泸溪工业集中区招商引资优惠政策方案情况汇报。会议要求工业园管委会根据会议要求对方案进行修改完善，经杜晓勇、向恒林、石泽龙、梁君、向梦华等县领导审定后执行。

4 月 10 日　县委书记杜晓勇、副县长向梦华、县政协副主席张忠成带领县相关部门负责人到武溪工业园区调研工业企业发展状况。

4 月 29 日　县长向恒林到武溪工业园现场办公，县委副书记石泽龙、副县长向梦华及县直相关单位负责人参加现场办公会。会议议定：工业企业在县内办理相关手续要简化程序，及时办结，行政性收费只收取工本费，服务性收费按最低限额 20%收取。同意启动楠木洲安置区二期工程建设，国土局按最新湖南省征地补偿标准，尽快起草泸溪县 2013 年征地补偿细则。

7 月 12 日　县委副书记、县长向恒林到武溪工业园就项目建设情况现场办公，调度项目进展情况，协调解决有关问题。县委常委、县委统战部部长、副县长毛家，副县长向梦华与相关部门负责人陪同检查。向恒林一行在群祥公司、银阁铝型材建设项目施工现场了解项目建设进度，召开座谈会，听取项目负责人汇报，详细了解工业园基础设施建设和项目入园进展等情况，并就楠木洲安置户建房安全隐患问题、施工环境、入园企业在建设发展过程中亟待解决相关问题与各有关部门探讨，商议解决方案。

7 月 30 日　县委书记杜晓勇到武溪工业园调研，帮助企业解难题，推进发展。

8 月 15 日　湖南众鑫化工有限公司年产 1000 吨钒氮合金项目建成投产。该公司是全省最大的钒系列铁合金产品专业出口企业，产品主要用于航空航天、化学、光学、电池、玻璃、医学、颜料等众多领域，年产值1.8亿元，年实现利税2500万元。

8月30日　县委书记杜晓勇主持召开会议，听取武溪工业园管委会工作汇报。会议要求：坚持发展自信、切实增强发展信心；增强责任感，切实抓好工业项目用地；加强领导，切实增强服务意识。

9月2日　泸溪县总工会发《关于武溪工业园工会更名的批复》，武溪工业园工会委员会更名为武溪工业园工会联合会。

9月6日　县长向恒林到武溪工业园和武溪镇现场办公，专题研究武溪镇建设规划工作。

9月6日　县长向恒林召开县长办公会议，研究武溪工业园管委会提交的《关于解决入园企业财政扶持资金的请示》，会议议定：原则同意武溪工业园《关于解决入园企业财政扶持资金的请示》，对派斯特科技有限公司3000吨／年环保水性材料项目所缴纳土地出让金额564.62万元和银阁铝业有限公司5万吨／年铝型材项目所缴纳土地出让金650万元全额返还，支持企业发展。

10月8日　中国人民银行长沙中心支行授予武溪工业园“湖南省中小企业信用体系建设示范园区”称号。

10月9日　湖南金马铝业有限责任公司在第二届中国创新业大赛（湖南赛区）暨首届“兆富创业杯”湖南省创造业大赛活动中以“超细粉末冶金法生产碳化硅颗粒增强铝基复合材料”创新项目参赛。经初赛和复赛晋级初创业组25强，是全州推荐6家参赛企业进入决赛的唯一企业。产品投产后，年产值将逾6亿元，利税8000万元以上，对铝粉下游产品升级及企业转型意义重大。

△县长向恒林主持召开县长办公会议，审定县经信局提交《泸溪工业集中区2013-2018年建设项目汇总表》。会议议定：原则同意《泸溪工业集中区2013-2018年建设项目汇总表》内容，按照本次会议提出意见进一步修改完善。

△县政府办公会议审定武溪工业园管委会提交的《关于解决银阁公司财政扶持资金的请示》，原则同意请示报告，对银阁公司年产5万吨节能隔热铝合金型材项目，返还所缴纳土地出让金650万元，支持该企业发展。

10月11日　县委副书记李云信组织县纪委、县委政法委、县公安局、县经信局、县信访局、县国土局、县环保局、县气象局、武溪镇和武溪工业园等单位负责人，就优化工业园区企业发展环境、搞好环境整治等工作召开协调调度会议。县领导向宽宇、董琦、王辉、向梦华参加会议。

11月8日　县长向恒林到武溪工业园现场办公，专题研究武溪工业园相关工作和城南保障性住房规划工作。

11月22日　县长向恒林主持召开县长办公会议。会议议定:武溪工业园内众鑫化工有限公司用地拟出让土地面积27.62公顷，铝材公司拟出让地面积25.93公顷,均为工业用地,采取挂牌方式出让合理定价。

11月28日　湘西州铝产业专家对接活动在泸溪县举行,邀请中南大学化学化工学院博士生导师、教授叶红齐,湖南大学材料科学与工程学院博士生导师、教授张辉到金天铝业等企业现场指导,并在县政府召开由州科技局局长彭图瑜主持的对接会,张辉教授作了相关学习讲座。

12月23日　县长向恒林主持召开县长办公会议,研究武溪工业园管委会提交的《关于解决众鑫公司财政扶持资金的请示》,会议议定:原则同意武溪工业园提交的《关于解决众鑫公司财政扶持资金的请示》,众鑫公司累计缴纳土地出让金1050万元,全部返还支持企业技术改造与发展。

2014年

1月10日　州委推进新型城镇化工作现场会在泸溪召开。州委书记叶红专，州委副书记、州长郭建群,州委副书记刘小明,州人大常委会主任彭武长,州政协主席龙德忠等领导及全州各县市委书记、县市长出席会议。县委书记杜晓勇汇报泸溪县推进新型城镇化建设工作经验和做法。

2月7日　县委书记杜晓勇到武溪工业园现场办公,听取工作汇报。

3月17日　县人民政府下达2014年重点项目建设目标管理考核办法,其中武溪城镇防洪开发工程、武溪工业园基础设施建设、武溪老城提质改造、银阁铝型材公司5万吨/年节能隔热铝合金、派斯特1500吨/年铝颜料、金昊公司二期5000吨/年铝粉、众鑫公司二期1000吨/年钒氮合金、盛鑫公司4000吨/年镨钕合金等七个项目,为全县重点建设项目,列入重点项目建设目标管理考核。

4月4日　州人大常委会副主任刘昌刚一行到武溪工业园,就加快推进新型工业化建设,落实州委"一强化""两转变""三结合"工作调研。

7月10日至13日　泸溪境内连续强降雨,引发多处洪涝、滑坡、塌方等自然灾害。武溪工业园管委会启动应急预案,采取四条措施,积极开展抗洪抢险工作:

迅速对园区进行一次安全隐患大排查，园区主要领导、分管领导带领建设办4名工作人员对园区道路及两侧山坡、溪河护岸、滨江大道下水管道、公共渣库等全面排查，对可能引发滑坡、塌方的地段重点观察；疏防结合，防患于未然。在地质灾害隐患点设立警示牌、提醒车辆行人绕道行走，疏通排水管道，确保排水畅通；全天候值班，园区干部分为三个组，由班子成员带班，24小时轮流值班，重点安全隐患点两小时一巡查，发现问题及时报告、及时处理。点验园区抢险大队，衔接抢险机械，确保人员在岗到位，随时应对突发事件。

8月5日　州委常委、副州长龙靖波一行到泸溪县，调研工业园区建设、工业经济运行情况、企业安全生产工作。

9月10日　泸溪县恒裕新材料科技发展有限责任公司荣获第三届“中国创新创业大赛”地区赛长沙综合赛区复赛第二名，是湘西州唯一进入全国大赛企业。

9月15日至16日　株洲冶炼集团、五矿集团有色中心副总监邵凯旋一行考察武溪工业园区，并与县委、县政府商谈泸溪承接株冶产业转移事项。

10月21日　副省长黄兰香带领省通信管理局、经信委、国资委等省直部门相关负责人，到武溪工业园调研新材料企业发展建设情况。省政府副秘书长陈仲伯，州委常委、常务副州长邝邹飞，州委常委、副州长龙靖波等陪同调研。在县领导杜晓勇、向恒林、李云信、毛家、向梦华等陪同下，黄兰香一行到金昊铝业有限公司、银阁铝业有限公司和众鑫公司等企业工厂车间了解生产建设情况，听取企业负责人汇报。金昊铝业有限公司是一家专业从事特细球形铝粉、锰、锌及相关有色金属产品生产及技术研发的高新技术企业，公司拥有年产10000吨的特细球铝粉生产线，引进氮气雾化法微细球形铝粉生产新工艺，为国内最先进氮气雾化制粉技术。黄兰香认真察看公司生产产品，了解产品技术含量特点，希望企业继续发扬不断创新精神，抓好安全生产工作不松懈，将高新技术产品推向更广阔的市场。

2015年

1月9日　县长向恒林到武溪工业园现场办公。会议议定：同意对园区企业建设加强支持。工业园管委会制定《关于进一步支持园区企业建设的意见》初稿要详细提出在企业工程报建、质监、安全、环保等方面政策允许范围内，如何给予最大支持，并提交县政府研究，再按程序办理行文。县发改局在工程立项、项目申报方面予以支持。县林业局协助园区做好标准厂房用地油茶苗移植和包干办好土地储备林业许可证工作。县移民局做好上堡村五强溪水库淹没线下土地确认工作；县国土局做好 66.67 公顷储备土地及标准厂房用地报批工作。同意按入园协议给银阁公司铝型材项目一次性奖励 50 万元。同意县农发行 2 亿元土地储备贷款用于武溪工业园建设，本息由武溪工业园区负责偿还。同意县财政安排 2015 年招商引资工作专项经费 100 万元。

1 月 15 日　县委书记杜晓勇主持召开县委常委会议，研究审定《关于加快推进新型城镇化的意见(送审稿)》《关于加快推进新型工业化的意见(送审稿)》两个文件。

1 月 22 日　县长向恒林到武溪工业园、武溪镇现场办公。会议议定：关于高阳伞厂建设选址武溪工业园区第三大道末端靠右侧区域，面积 2 公顷；选址区域内油茶育苗移栽由县林业局负责，于 3 月底前完成；0.90 公顷土地征收由武溪工业园区负责，武溪镇全力配合，于 3 月底完成；1 公顷土地报批由县国土局负责，于 3 月底前完成报批；高阳伞厂 3 月底前开工建设。滨江大道亮化工程参照白武公路亮化设计方案实施，由武溪工业园区具体负责落实，于次年 3 月底前完工；滨江大道绿化工程制订方案由县园林局负责落实，道路补栽树种以胸径 12 至 15 厘米带树冠的樟树为主，堤上新栽以杨树、梧桐、柳树为主，树种苗木由县财政统一采购，县园林局负责栽种和管护。武溪城北社区背街小巷改造主要有排水排污、绿化亮化、消防道通畅、管理制度健全等工作，以武溪镇为主体，县住建局、县执法局等单位给予支持；县住建局负责制定城北社区背街小巷排水、排污以及路灯安装设计方案，《方案》于 3 月底前完成。

2 月 12 日　县长向恒林主持召开县长办公会议，研究关于解决湖南恒裕新材料科技发展有限公司财政扶持资金的请示。湖南恒裕新材料科技发展有限公司是武溪工业园 2014 年引进的高新科技重点项目，2014 年 9 月开工建设，正在建设主厂房及购置设备，预计 2015 年 3 月份建成投产。为进一步推进该项目建设，根据泸溪县工业经济发展有关鼓励政策，相关部门应积极给予支持。会议议定：为鼓励支持该项目建设，按照湖南省恒裕新材料科技发展有限公司与工业园签订的入园协议，县财政根据该项目开工建设、设备进场、投产营运三个阶段分期解决相应比例扶持资金。

2 月 25 日　县委书记杜晓勇在县武溪工业园现场办公，听取相关工作情况汇报。会议议定：抓规划。按照“一区四园”要求，科学编制好武溪工业园南区规划，在 2015 年上半年搞好工业园南区详规与控制性规划。园区基础设施建设重点抓好“五个一”即：一座武溪峒河二桥、一批标准厂房、一条城南滨江大道延伸道路、一条武溪城北滨江大道绿化、一条武溪城北防洪堤建设，严格按照州相关规定推进工程建设。

3月4日　武溪工业园管委会公布滨江大道绿化工程苗木中标结果，采购项目名称为泸溪县武溪工业园滨江大道绿化工程；苗木采购项目预算金额93.55万元。

3月23日　县长向恒林主持召开县长办公会议，研究县国土局《关于将原盛基公司不锈钢项目用地出让给标准厂房建设用地的请示》。会议议定，原则同意《关于将原盛基公司不锈钢项目建设用地出让给标准厂房建设用地的请示》内容，原则同意将13.33公顷土地挂牌出让，用于标准厂房建设。

3月26日　县长向恒林在武溪工业园和武溪镇现场办公。专题研究工业发展情况和武溪镇镇区改造相关事宜。会议议定：电解铲手续办理由副县长向子照牵头到省环保厅汇报协调；同意加强对武溪南、北工业区进行环保监测服务；工业企业紧缺劳务用工问题由武溪工业园管委会协调处理。

4月5日　武溪工业园管理委员会对泸溪县城四水治理武溪工业园武水左岸堤防工程(泸溪县老县城保护圈防洪工程)项目施工公开招标。招标金额1000万元，招标范围为新建武水左岸堤1259米，堤型为均质土堤，堤顶宽度8米，含2座自行排水涵等，建设工期为6个月。

4月22日　武溪工业园管委会发布滨江大道亮化工程中标公告，采购中标单位为湖南马尔斯电子科技有限公司、神州交通工程集团有限公司、深圳市洲明科技股份有限公司。

4月23日　省政协主席陈求发、副主席武吉海、秘书长袁新华在州领导刘小明、龙德忠、何益群、宋清宏等陪同下到工业园考察调研，在金昊公司、银阁公司与企业负责人座谈，了解企业生产经营情况。

5月8日　武溪工业园发布洞河二桥工程招标公告。项目长度280.28米，其中桥梁231米，峒河二桥设计断面宽度为2.25米人行道+8米行车道+2.25米人行道，桥型：(25+3×30)米+(3×30+20)米连续预应力T梁，沥青混凝土路面结构。

5月14日　县长向恒林主持召开县长办公会议，审定武溪工业园管委会《关于解决富强公司财政扶持资金的请示》。会议议定，富强公司是政府平台公司，为加强平台融资，原则同意《关于富强公司财政扶持资金的请示》。即泸溪县富强公司竞买 33.52 公顷工业用地所缴纳入土地出让金 12223 万元，支持该公司进行项目征地拆迁及楠木洲建设发展工程。

△县长向恒林主持召开县长办公会议，审定武溪工业园管委会《关于银阁铝业公司财政扶持资金的请示》。会议原则同意《关于银阁铝业公司财政扶持资金的请示》，即湖南省银阁铝业公司 5 万吨 / 年节能隔热铝合金型材项目新增用地所缴纳土地出让金 1075 万元，缴纳契税后，全部返还支持企业技术改造与发展。

5 月 11 日　益阳市委书记魏璇君率益阳市党政代表团，在州委书记叶红专、副州长艾可知陪同下，考察武溪工业园发展情况。

5 月 15 日　泸溪县机构编制委员会办公室发《关于增加武溪工业园管理委员会编制的通知》。武溪工业园管理委员会增加全额拨款事业编制 2 名。编制来源从县电力行政执法大队空余全额拨款事业编制划入 2 名。编制调整后，武溪工业园管理委员会全额拨款事业编制 17 名。

5 月 24 日　武溪工业园发布滨江南路道路工程施工招标公告(第二次)。项目起点位于金天路与武水大桥交汇处，终点与武水南路相交，长 1261.64 米(含火龙溪桥)，全路段采用城市次干道 -III 级标准，设计速度为每小时 30 公里，路幅组成为 2×3 米(人行道)+2×7 米(行车道)，全宽 20 米，路面为沥青混凝土路面；火龙溪桥全长 46 米，桥长 31.50 米，结构为预应力混凝土(后张)T 梁，全桥下部采用桩基式桥台。计划工期 180 日历天，合同定价 1212.90 万元。

5 月 30 日　武溪工业园重点建设项目泸溪县城四水治理武溪工业园武水左岸堤防工程项目(泸溪县老县城保护圈防洪工程)在中国采购与招标网、湖南省招标投标监管网、湖南省水利工程招标投标公共服务平台上发布招标公告，以网上报名、网上投标方式招投标。这是园区首次采用网上报名方式公开招投标，是园区项目建设招投标创新和尝试。

5 月 30 日　武溪工业集中区公布招商引资优惠政策。

6 月 4 日　县长向恒林主持召开县长办公会议，研究园区保障性住房融资工作。会议议定：原则同意将泸溪县富强公司竞买的 33.52 公顷亩工业用地用途变更为商住用地，土地价款按原成交价交付。原则同意由武溪工业园办理规划、国土相关手续。融资工作由县委常委、常务副县长毛家牵头调度。

6 月 11 日　武溪工业园峒河二桥工程施工监理公开招标。监理工程规模：峒河二桥工程项目线路长 280.28 米，监理范围为项目施工准备阶段、施工阶段、缺陷责任期全过程监理服务。监理费投标报价上限值53万元，下限值49万元。

6月19日　泸溪县委决定田熙学任武溪工业管委会党委委员，糜和伏任武溪工业园管委会党委委员。

7月18日　湖南省人民政府办公厅发《关于印发湖南省省级以上产业园区名录的通知》，武溪工业园被列为省级工业集中区。

7月21日　湖南众鑫新材料科技股份有限公司在北京成功挂牌“新三板”，股票名称为“众鑫科技”，是泸溪县首家上市民营企业。

8月19日　县发改局下达专项用于武溪镇大溪村扶贫搬迁项目总投资430万元，其中中央预算内投资380万元、地方配套50万元。

9月9日　县长向恒林主持召开县长办公会议，审定县国土局《关于拍卖武溪镇楠木洲国有建设用地使用权出让的请示》。会议原则同意《关于拍卖武溪镇楠木洲国有建设用地使用权出让的请示》，即对武溪镇楠木洲B块土地按规划设计条件实行公开、公平、公正拍卖出让，土地总面37308平方米，土地用途为商住用地，出让年限商业40年，住宅70年。

9月17日　县长向恒林主持召开县长办公会议，研究银阁铝业公司试生产前期相关工作。会议认为，银阁公司属招商引资企业，投资额度大，建设规模大，投入生产后，是泸溪工业经济新亮点，各级各部门要进一步优化服务，全力支持企业发展。会议议定：武溪工业园明确一名工作人员专门帮助协调处理银阁公司试生产前期相关工作，重点协助办理相关手续；银阁公司钢结构厂房验收完毕后，县住建局要予以补办相关手续；县气象局要与州气象局协调在收费方面予以减免或优惠，帮助银阁公司办理好气象方面的相关手续；关于缴纳二期尚未投入使用2.87公顷土地使用税问题，县地税局按政策给予减半收取；关于办理二期2.87公顷土地规划许可证问题，县规划局按程序于本周内办理完毕；关于办理生产许可证问题，待安全许可证和环评手续办好后，县质量技术监督局要尽快予以办理。

10月14日　泸溪工业集中区创新创业园10万平方米多功能标准厂房建设服务中标结果，服务采购预算金额2.68亿元，成交供应商为开元泸溪投资有限责任公司。

11月9日　参加全州经济工作现场推进会的八县市县委书记、县市长和州直相关部门负责人，在州委书记叶红专带领下，参观考察泸溪县武溪工业园、重点工程建设等情况。

9 月 30 日　县长向恒林主持召开县长办公会议，研究武溪千吨级航运码头委托建设工作，会议原则同意武溪工业园管理委员会为武溪千吨级航运码头陆域工程建设业主，负责航运码头陆域工程建设工作，武溪工业园尽快与酉沅公司签订委托建设协议，将武溪千吨级航运码头产权办到武溪工业园名下，提前谋划航运码头营运工作。

9 月 30 日　县长向恒林主持召开县长办公会议，研究关于支持蓝天公司、众鑫公司重点项目建设工作。会议原则同意支持蓝天公司项目建设资金 550 万元，资金来源主要由有关部门向上级部门积极争取部分资金，本级财政从工业发展资金中安排部分，在蓝天公司 5 万吨电解锌投产后到位部分，其余等项目全部验收后到位。原则同意支持众鑫公司厂房建设中购地安置费 50 万元，由县委常委、常务副县长毛家协调安排。

10 月 27 日　县长向恒林主持召开县长办公会议，研究泸溪县创新创业孵化基地建设工作。创新企业孵化基地建设是推动大众创业、万人创新的有力举措，是鼓励创业、带动就业的有效途径，为广大创业者提供实践平台和创业基地。县人社局要加快创新创业孵化基地建设步伐，对照孵化基地建设的相关标准和要求，规划功能区域、培训指导人员、制定管理制度、吸纳公司入驻。县直相关部门要积极配合扶持，确保创新企业孵化基地切实满足创业者需要，为创业者提供创业服务。会议原则同意把泸溪县创新企业孵化基地建设在武溪工业园标准厂房综合楼。给予创新企业孵化基地建设费用保障，县财政局和县人社局测算，按照节俭原则保障到位。

10 月 27 日　县长向恒林主持召开县政府常务会议，听取县科技局关于泸溪县高新技术产业开发区创建工作情况汇报，议定有关事项。创建省级高新区，将提升泸溪工业集中区综合实力，对园区招商引资、项目争资和工业经济转型升级具有重要意义。经过前期大量工作，武溪工业集中区创建高新技术产业开发区条件基本成熟，具备申报条件，应该积极申报。县科技局、武溪工业园牵头做好申报资料整理工作。县直有关部门要提高认识，按照职责分解任务全力做好配合工作。县政府办公室要向州政府汇报，请求州政府向省政府和省科技厅汇报，主动争取省科技厅和省政府支持。原则同意县科技局制定的申报方案，给予创建工作安排必要经费。

11 月 17 日　县长向恒林主持召开县长办公会议，审定武溪工业园《泸溪县武溪工业园标准厂房管理办法》。会议议定，《泸溪县武溪工业园标准厂房管理办法(送审稿)》送县政府法制办进行合法性审查。工业园管委会根据本次会议意见修改完善。

11月17日　县长向恒林主持召开县长办公会议，研究武溪工业园《关于划拨拆迁户安置区建设用地的请示》。会议原则同意《关于划拨拆迁户安置区建设用地的请示》，即对武溪镇楠木洲6.67公顷拆迁安置区建设用地办理划拨供地手续，对一、二期已经建房申请办证的拆迁户统计名册，由副县长向子照牵头负责。

12月9日　张春梅任武溪工业园管委会党委书记。

12月26日　县政府建立泸溪县创业园区工作联席会制度，总召集人毛家、副召集人向梦华、向明江，县直相关单位主要负责人为成员。

12月30日　武溪工业园被湖南省经济和信息化委员会公布为第三批省级新型工业化产业示范基地。

2016年

4月28日　武溪工业园全体党员干部在管委会主任王必好带领下，到扶贫村高大坪村调研精准扶贫工作，并与帮扶对象沟通交流，对接和落实年初制定的帮扶措施。通过调查，确定通组公路维修等多项基础设施扶助项目，对75户异地搬迁脱贫对象户房屋勘察拍照，落实5户25万元养殖种植扶贫贷款。

5月12日　武溪工业园组织班子成员、机关全体党员干部和园区非公企业党员职工召开专题会议，部署“两学一做”学习教育工作。党委书记张春梅组织学习州、县两级有关会议精神和《武溪工业园党委关于在机关及非公企业党员中开展“两学一做”学习教育实施方案》，对“两学一做”工作提出具体要求。园区党委组织全体党员学习《中国共产党章程》和《中国共产党廉洁自律准则》《中国共产党纪律处分条例》等党内法规。

5月24日　县发改局发文批复武溪镇滨江路扩建工程公开招标项目，改扩工程总造价1207.11万元，采取“公开招标、合理定价、评审抽取法”评标办法。

6月25日　园区安全生产领导小组组织园区企业安全生产责任人及各建设项目施工单位和项目监理单位主要负责人召开安全生产专题会议，传达全县安全生产会议精神，部署园区安全生产工作。园区安全生产领导小组副组长、管委会副主任糜和伏对安全生产工作提出具体要求：明确安全生产主体责任，在思想上持续紧张，高度重视，加强安全生产管理，建立健全台账管理制度。各企业和各项目施工单位及监理单位近期必须进行一次全面细致的安全生产自查，对自查发现的隐患和问题，要及时上报，采取“零容忍”态度，制定整改措施逐个销号，由园区安全生产领导小组督查落实。

7 月 1 日　湖南省人民政府办公厅发文，省政府同意设立泸溪县高新技术产业开发区，泸溪工业集中区管理委员会更名为泸溪高新技术产业开发区管理委员会。

10 月 21 日　泸溪县委决定王必好任县经济和信息化局党组书记，免去武溪工业园管委会党委副书记职务。

△泸溪县委决定田熙学任泸溪工业集中区管理委员会党委副书记。

△泸溪县委免去张春梅武溪工业园管委会党委书记职务。

11 月 18 日　泸溪县人民政府任命田熙学任武溪工业集中区管理委员会主任。

第一章 建园决策

武溪镇位于沅江与武水交汇处，优越地理位置和水运条件孕育工业基础。1937年湘川公路三角坪至茶洞段建成通车，交通条件加速泸溪与其他地区交往，一批能工巧匠或迁徙入住或逃难避乱进入武溪地区从事工业生产，本地物产源源输出，先进技术不断引进。又有一批批行船跑马至外地务工经商学艺泸溪人学成或完成一定资金积累后，带着技艺和资金回乡经商办企业，使得泸溪县尤其是武溪、浦市两镇工业得以发展，并领先湘西州内其他地区。1949年11月，泸溪县人民政府成立，发展经济成为历届县委、县政府工作重点。自20世纪50年代始，县委、县政府致力于发展工业经济。特别是改革开放以来，始终把发展工业放在县委、县政府工作首位，强力推进落实，使得泸溪县工业尽管遇到曲折，但仍然始终保持良好发展势头，并成为湘西自治州工业基地。

在经历1996年至2000年国有集体企业破产改制“阵痛”之后，县委、县政府审时度势，顺应时代发展，将工业经济发展转向发展民营企业，重振工业雄风。2006年，根据白沙、武溪、浦市三个重镇定位和民营企业发展态势，县委、县政府制定“工业立县”发展战略，并决定在武溪镇设立工业园区，将其作为容纳全县工业企业发展载体和承接沿海产业梯度转移桥头堡。经过多年建设，武溪工业园已经成型。园区沿峒河分为南区、北区两个片区，南区面积4.20平方公里，北区面积3.13平方公里。武溪镇成为全县工业重镇，武溪工业园成为省级工业集中区、省级高新技术产业开发区。

第一节 工业基础

泸溪地域，古属武陵郡。汉时，为交赋税，城乡普遍纺纱织布，开设米粉、米酒等食品加工作坊。宋时，邑民已掌握锻冶水银、朱砂、印染点蜡花布等工业技艺。城里及沿河一带乡村掌握造船技术，造船业兴起。明清时，出现缝纫、铁工、木工、竹编、五金制作、榨油、造纸等行业。使用铜、铁、瓷器生产生活用具日渐普及。民国时，出现电力、制糖、酿酒、皮革、酱果等工业产业。1937 年，途径泸溪湘川公路建成通车，陆路交通给泸溪工业带来发展契机，新出现一批近代制造业。与此同时，素有"小南京"之称浦市镇，工业企业随着商业兴起得到发展，出现造船、造纸、炼铁、鞭炮、煤矿等一批工业企业。手工业普及和工业萌芽为泸溪工业发展奠定基础。1949 年，全县工业产值 72.53 万元(1980 年价)，占工农业产值 3.87%。

一、全面创业

1949 年 11 月，泸溪县人民政府成立后，在百废待兴时期，把发展工业企业作为经济建设工作重心。1950 年 7 月，县政府为手工业者投入贷款扶助恢复和发展城区手工业。1954 年 11 月，成立手工业管理科。1956 年 10 月，成立工业科，加强对手工业、工业厂矿领导和社会主义改造。是年起，县委、县政府决定以武溪镇、浦市镇为工业建设重点地区，利用本地矿藏资源发展工业企业。1958 年，全县发展工矿企业 472 个，职工 4800 人，生产生铁、焦煤、水泥、耐火材料、鼓风机、打米机、帆船、农药、化肥等 24 种产品。1961 年，贯彻中央"调整、巩固、充实、提高"八字方针，县办厂矿缩为 16 个，工人 1206 人。1965 年 5 月，湘西州政府在武溪镇城南建湘西土家族苗族自治州泸溪化肥厂。1966 年 12 月，泸溪县在浦市镇建浦市磷矿；1967 年，州政府在县城东北郊暮江头建州交通机械厂（后更名船舶厂）。1970 年，泸溪县在麻溪口建县水泥厂。是年全县工业产值占全县工农业产值 10%。1971 年，在浦市镇古里岩建县氮肥厂，1974 年建成投产。1976 年，全县工业产值 1606.49 万元，占工农业产值 28.0%。1979 年，贯彻"调整、改革、整顿、提高"方针，促进工业生产发展，工业经济在国民生产总值中比重逐步提升。至 1985 年，全县工业集中在浦市、武溪两镇，浦市地区有浦市化工总厂、氮肥厂、麻溪口水泥厂、耐火材料厂等 18 家工业企业。武溪地区有全民、集体工矿企业 33 个，职工 1869 人。武溪地区工业企业除州洗溪磷矿、大米厂分布在南区外，其余均分布在北区城区内。1985 年，全县工业产值 4391 万元，占工农业产值 46.4%。是湘西自治州主要工业集中区。

(一)骨干企业

1.州洗溪磷矿。1965 年 5 月，州政府在城南建湘西自治州泸溪化肥厂，当年投产，产值 33.10 万元，盈利 1.37 万元。1966 年，改名湘西自治州泸溪磷肥厂。1970 年，盈利 6 万元，后连年增盈。1974 年，改为自治州洗溪磷矿。1978 年，执行改革开放政策，生产开发快，经济效益增加。固定资产原值由1978年310万元增加到1985年960万元。钙镁磷肥产量由1978年2.60万吨扩大到1985年6.80万吨。1985年，建成年产黄磷1000吨电炉一座。工业产值由1978年430万元增加到1985年1012万元，利润由1978年47.80万元增加到1985年216.88万元，上缴税金由1978年7.90万元增加到1985年34.30万元。

2.浦市化工总厂。1966年12月10日，县委决定开发浦市五斤坡磷矿，成立浦市磷矿筹建处，由黄大才带领八个职工开采露天矿石。1967年，浦市磷矿筹建处正式命名浦市磷矿，产矿石4800吨，收入36.45万元。1971年，浦市磷矿由国家投资1050万元建成年产矿石15万吨矿井一座，由省化工厅直接管理。1973年7月，划归泸溪县管理。矿区面积9.70平方公里，储量4000万吨，品位在25-28%之间。1976年，改人力采矿为机械化采矿。1977年，建成年产3万吨过磷酸钙车间，生产过磷酸钙。1979年，采矿月掘进624米创全国矿山岩巷独头掘进最高纪录，企业11人到北京参加全国化工系统先进代表会。但由于单一生产磷矿石，经济效益不高。自建矿到1979年，累计完成工业产值1612万元，累计实现利润126万元。1980年，矿党委决定走“以矿山为基础，以磷化产品为目标，进行综合加工，一业为主，多种经营”路子，开发新产品，生产能力扩大。1982年，州政府批准浦市磷矿组建浦市化工总厂，辖氮肥厂、黄磷厂、普钙厂、矿山等单位，确定为县团级单位和中型企业。至1985年，陆续开发出黄磷、磷酸、赤磷、硫酸、轻质碳酸钙、钙镁磷肥、三元素复合肥、涂料、电解金属锰等16个新产品，1985年工业产值上升到2253万元，利润由1978年6.40万元增加到1985年534.50万元，税金由1978年7万元增加到1985年309.50万元，职工年平均收入由1978年600元增加到1988年1500元。职工总数由1978年970人增加到1988年1600人，全员劳动生产率由1980年2700元增加到1985年12951元。在扩大生产同时，兴办职工医院、幼儿园、子弟学校和养猪、养鸡、养鱼场及副食品加工厂。由建厂时单一矿山变成拥有9个分厂的化工总厂，为化学矿山综合开发利用创造成功经验，成为省、州和国家化工先进企业。

3.湘西州船舶厂。1967年，在县城东北郊暮江头建厂，初名湘西州交通机械厂，有职工50人。1970年，改名为州船舶修制厂。1977年4月，试制成功全州第一艘钢制输油船，载重120吨，船长33米，宽7米，排水量180吨。1981年，产值82万元，厂地面积2万平方米，建筑面积9672平方米，固定资产68.50万元。主要设备有造船台 5 个，产品销往州内各县及常德、长沙等地。从 1977 年至 1985 年，累计制造 60 吨至 120 吨的钢质船舶 65 艘 4580 吨位。1985 年，产值 197 万元，缴税 6.40 万元，盈利 35.50 万元。

4.县氮肥厂。1971 年，在浦市镇古里岩建厂，1974 年建成投产，设计能力年产合成氨 3000 吨。1975 年，全省在该厂召开小氮肥厂生产现场会。1976 年、1977 年两年连续被评为“大庆式”企业。1979 年，年产碳酸氢铵 13936 吨，产值 282.77 万元。1980 年，经过挖潜改造增加锅炉、造气炉，年增产能 5000 吨合成氨。1985 年，厂房建筑面积 13340 平方米，有干部职工 329 人，固定资产 229.30 万元，1974 年至 1985 年，生产碳氨 15.53 万吨，产值 3061 万元。从 1978 年到 1985 年上缴利润累计 20.50 万元。

(二)全县工业企业

1985 年，全县县以上工业企业 27 个，其中州属 3 个，县属 18 个，县属集体企业 6 个。工业企业资产 5447 万元，工业产值 4315 万元(不变价)，占全县国民生产总值比重 45.63%。上缴税金 72.40 万元，实现利润 200 万元。形成冶金、化工、采矿、建材、电力、机械、轻工、食品等工业体系。泸溪县工业发展出现强劲势头，步入州内工业先进行列。

1985 年全县主要工业企业一览表

企业名称	企业属性	建厂时间	主要产品
州洗溪磷矿	州属企业	1965 年	磷矿石、磷肥、黄磷
州船舶厂		1970 年	木船、水泥船、铁舶船
州船舶维修厂		1970 年	船舶修理
浦市化工总厂	县属企业	1966 年	磷矿石、磷肥、黄磷等
氮肥厂		1971 年 11 月	液氨、氮肥
水泥厂		1969 年 10 月	硅酸盐水泥
耐火材料厂		1975 年 3 月	耐火泥(砖)、黄磷石等
机械厂		1959 年 12 月	碾米机、打米机、机耕船
印刷厂		1957 年 1 月	铅字印刷

续表

酒厂	县属企业	1958 年	泸溪水曲、盘瓠酒
纸厂		1958 年 4 月	机制纸、包装纸
汽修厂		1976 年	各种机动车修理
水电厂		1964 年	电力
副食品一厂		1954 年	糖果、糕点
副食品二厂		1966	糖果、糕点
肉联厂		1970	肉食加工
植物油厂		1951 年	桐油、菜油、茶油
泸溪大米厂		1958 年	大米、面粉、饲料
浦市大米厂		1958 年	大米、面粉、饲料
自来水公司		1970	生活用水
饮料厂		1985 年 5 月	金樱子饮料
庆丰鞭炮厂	县属集体企业	1980 年	鞭炮、花炮
县航造船厂		1958 年	木制船、水泥船
县砖瓦厂		1980 年	机制砖
武溪豆腐厂		1981 年	豆腐
泸溪县塑料厂		1982 年	塑料编织袋
浦市塑料加工厂		1978 年	塑料编织袋
27			

二、结构调整

1986 年前，县境工业虽然领先全州县市，但经济总量偏小，基础仍然薄弱，产品结构比较单一，工业产值在国民生产总值中所占比例还未达到 50%。据此，县委、县政府及时调整经济发展思路，突出发展地方工业企业，进行产业结构调整。

(一)做大做强既有企业。1986 年始，县政府通过向上争取项目资金投入、协调金融部门贷款支持、出台促进工业发展机制等方式，对机械厂、植物油厂、纸厂、酒厂等小型企业进行扶持，全县各个企业生产进入全盛时期，全县工业经济稳步增长。重点对浦市化工总厂、州磷矿、氮肥厂、县机械厂、造纸厂、植物油厂等 18

家工业企业进行产业结构调整，扶持企业进一步发展壮大。

1986年，浦市化工总厂进行一系列扩产增容。7月，年产300吨金属锑项目正式投产，产品填补湘西冶金工业空白。9月，年产400吨电解金属锰生产线竣工投产，11月，年产150吨铝银粉产品车间项目竣工投产。是月，由原2000吨三元复合肥料改造为年产10000吨三元复合肥项目工程竣工投产。至12月，相继建成年产3.2万吨硅酸盐水泥、精干麻厂、年产600吨电解金属锰产品二期工程和年产100吨工业硅等项目。1987年，完成工业产值1119.33万元，上缴利润31.90万元，上缴税金125.24万元，固定资产原值1832.43万元，全员年劳动生产率为8799元/人，有干部职工1343人。1988年4月21日，年产4.5万吨钙镁磷肥项目在矿山原选矿车间旧址破土动工。是年，工业产值1839.28万元，上缴利润32.68万元，上缴税收137.58万元，固定资产2468.99万元，全员劳动生产率12740元/年人。首次实现产品出口创汇131万美元。厂长田昌家被湖南省人民政府授予“优秀企业家”称号，被化工部授予“行业标兵”称号。1989年2月，年产100吨五氧化二矾项目破土动工，9月初竣工投产。是年，完成工业产值2796.16万元，上缴利润43.64万元，上缴税收233.27万元。1990年12月，通过制定依靠科技进步和调整产品结构一系列措施，工业产值4758.09万元，上交税金208.17万元，全员劳动生产率为14973元/年人，有干部职工1661人。1994年12月，国务院经贸办给总厂核批颁发产品自营进出口权证书。1995年6月，年产15万吨第二采区接替工程经过2年施工竣工投产，经化工部矿山局等上级业务主管部门和专家验收，符合设计标准，准予投入生产运行。1995年，湘资企〔94〕32号和湘〔94〕17号文件核批浦市化工总厂成为国家级大II型化工原料工业企业。

1986年，州洗溪磷矿调整产品结构。3月，黄磷2号炉和黄磷“三废”治理工程经湘西自治州经委批准立项，企业自筹资金163.75万元，建年产1000吨黄磷2号炉。同时，建造“三废”治理工程从黄磷泥中回收磷酸，用时100天竣工投产。1988年，企业实行经济承包责任制，对所辖洗溪矿区、磷肥分厂、化工分厂、修配分厂、电修分厂和机关各科室实行工资含量承包经济责任制；对全矿786名职工113个岗位分为3个等级9个层次，拉开分配档次，提高一线工人效益工资，建立内部管理机制。是年，完成工业产值1231万元，实现利润270.70万元，上缴税金44.30万元。1990年，黄磷获“双江牌”商标、钙镁磷肥获“砣山牌”商标成功注册并获省优质产品称号。是年4月，矿党委书记、矿长赵继成被省人民政府授予“湖南省劳动模范”，被中华全国总工会授予“全国‘五一’劳动奖章”，同时被授予“全国优秀经营管理者”称号，省总工会予以记特等功一次。1991年10月，利用磷矿石进行重介质选精矿工业试验。该项试验属湖南省“八五”期间重点科研攻关项目，项目投资342万元。经数月试验选矿工艺技术实验成功。经专家鉴定验收，各项技术指标达到国内先进水平，是中国选矿工艺重大突破。1992年5月10日，在洗溪矿区建成年产10万吨选矿场，磷矿石五氧化二磷含量16.67%通过精选，五氧化二磷含量提升到25%。是年，化工部批准为国家中Ⅰ型企业。至1993年，企业有干部职工930人，固定资产1600万元，厂区占地面积15万平方米。先后被化工部授予“全国小磷肥生产红旗单位”“全国化肥生产有突出贡献先进单位”“企业管理先进集体”“全国化工安全生产先进企业”和省政府授予“全省三电工作先进单位”“湖南省文明建设先进单位”“全省先进企业”“重合同守信用企业”等荣誉称号。

1992年9月，为缓解工业用电压力，县政府与怀化电业局协商达成供电协议。10月28日，成立泸溪电力联合经营公司。联营双方供电区域实行统一调度、统一规划、统一经营、统一管理。1993年，泸溪电力联营公司销售电量2.3亿千瓦时，工业用电得到保障。

(二)新建工业企业。县委、县政府根据县情实际，作出扩大工业企业建设决策，推进县域经济发展。至1995年，先后新建铝厂、卢州化工厂、电石厂、皂素厂等4家国有集体企业。在此期间，还相继投资建设泸溪县冶金化工厂和武溪皂素厂。

铝厂　1986年，县政府决定由县计划委员会主任牵头筹建年产2400吨铝锭生产线。1987年1月10日，获得项目立项批文。10月，企业破土动工，投入资金1500万元(其中农行贷款580万元，社会集资920万元)，1989年10月1日竣工试产，1990年8月28日正式投产，成为湘西州最大有色金属冶炼企业。是年，企业工业产值2800万元，实现税利95万元。1991年初，决定拉长铝锭产品生产链，对铝锭进行深加工，开发铝系列新产品。6月，年产3000吨铝杆生产线竣工投产。1992年8月，年产2000吨铝银粉生产线竣工投产。是年，工业产值4400万元，实现利税135万元。1993年，新建电解金属锰生产线，12月，年产4500吨电解金属锰项目及与之相配套投资100万元年产2000个金属锰包装桶项目、投资180万元年产10000吨碳酸锰粉项目相继竣工投产。1994年，新建年产6000吨铝锭生产线项目竣工投产。10月1日，该厂列入湖南省百强企业，晋升为中Ⅰ型企业。是年，工业产值8437万元，实现利税734万元。1995年，有干部职工1200人，拥有9个分厂、8个分公司，固定资产原值9800万元，工业产值1.59亿元，实现销售收入1.19亿元，实现利税1296万元，其中利润512万元。是年，县铝厂被湖南省工商局授予省级"重合同守信用"企业。

卢州化工厂　1988年3月，县移民办利用移民开发资金在天门溪村兴建县卢州化工厂。卢州化工厂是全州第一家移民综合型国有化工厂，原为县乡联办集体所有制企业，建厂时有干部职工300人，其中移民工183人。1994年，经州批准由集体所有制企业定为全民所有制企业，属县移民办主管。厂区占地面积2.23万平方米，其中生产区占地1.83万平方米。1988年3月，第一期年产10000吨硫酸生产线破土动工，投入资金298万元，1989年5月竣工投产。是月，第二期年产1200吨电解金属锰生产线破土动工，1990年3月竣工投产。后相继兴建年产600吨和年产900吨金属锰生产线，批量产品销往国际市场，外贸、外商将该厂列为定点生产厂家之一。1993年8月，年产2700吨金属锰分厂建成投产，分厂与州外贸公司联营。卢州化工厂建设累计投资1032.20万元，其中县移民办移民周转金投资490.20万元，州外贸公司投资285万元，贷款357万元。

三、企业管理

1986年12月，全县工业贯彻落实国务院《关于深化企业改革、增强企业活力的若干规定》，贯彻落实企业自主权、推行多种形式承包经营责任制、制止对企业摊派、企业自主决定内部分配、缩减企业指令性计划、目标管理、年终结算、超收还贷等经济责任制。各企业采取计件工资、吨工资含量、定额超产计奖、定产量超欠产奖罚制、联产联利计酬、计时工资等形式，完善内部经济责任制，激发职工劳动热情，取得明显效果。是年，全县国营工业企业产值4347万元，比1985年增长26.8%。1987年后，全县工业改革重点转向落实国有企业"两权分离"、推行多种形式承包经营责任制和健全完善企业经营机制。1988年，根据泸溪县工业企业发展和企业管理状况，县委县政府研究决定，全面推行深化企业改革工作。1月22日，成立县深化企业改革领导小组，由11人组成，常务副县长任组长，下设办公室。对各国营企业实行"包死基数、逐年递增、确保上交、超收分成（或全留）、欠收自补"承包经营责任制，明确厂长是第一责任人。1989年，8户国有工业企业全部实行厂长负责制。在劳动、人事、分配制度改革上，对职工推行合同制，对中层干部实行聘任制，对国有企业实行工资总额同经济效益挂钩等办法。1990年，全县国有集体工业企业劳动、人事、分配制度改革面100%。1991年，全县工业围绕转换企业经营机制，建立现代企业制度，继续推进企业改革工作。1992年，贯彻落实国务院《全民所有制工业企业转换经营机制条例》，落实企业14项经营自主权。是年，全县国有企业完成工业产值1.40亿元（1990年不变价）。1993年，县委、县政府制定六条扩大企业自主权具体政策，全面实行责、权、利挂钩。帮助企业落实14项经营自主权，促使企业走向市场。是年，所有国有工业企业都实施各种不同形式内部改革，转变企业内部机制，县铝厂等6户国有工业企业有18名工人被聘任为企业管理干部。在内部分配上，生产工人实行计件或多种形式包干工资制，管理人员在分配上拉开档次，建立分配激励机制。1994年，全县国有工业探索国有资产多种营运方式。首先，划小核算单位，实行逐级承包。浦市化工总厂、县铝厂、州洗溪磷矿等单位将车间改为分厂，将经营科室改建成公司，将辅助生产车间、职工福利部门、后勤服务部门转为经济实体，实行"独立核算，自负盈亏，全员风险抵押，奖罚兑现"经营管理方式。各企业赋予下属独立核算单位（分厂）相应权利，使其成为企业二级法人，独立自主从事生产经营。其次，探索一厂多制资产经营方式。县铝厂装潢公司通过集资入股成立内部股份制单位；县纸厂将老生产线承包给厂里一名职工经营。其三，开展股份制试点。县铝厂金属锰分厂按照股份合作制形式进行经营管理，召开股东大会，通过企业章程，选举7人组成董事会、5人组成监事会，由董事会聘任厂长，内部发行记名股票，是全县第一个股份有限责任公司。

1995年，全县国有工业产值3.50亿元（1990年不变价），占全县国民生产总值66.54%。

第二节　工业改革

一、企业改革

20世纪90年代，国家经济体制进入深层次改革，县内工业一时不适应市场经济体制，并且全县在1994年、1995年、1996年连续遭受特大洪灾袭击，工业企业直接经济损失2亿元。国有企业历史负债沉重、亏损严重，生产难以为继。1997年，全县国有企业亏损面66.6%，累计净亏2487万元，工业企业开工面61%，工人下岗64%。全县22家县以上国有工业企业剔除无效资产，平均资产负债率94%。工业企业拖欠电费、银行利息、税金、养老保险金1.3亿元，拖欠职工工资

6300万元。1998年，全县工业产值2.52亿元，比1995年减少1亿元，上缴税金925万元。工业企业开工仅6家，6000名工人下岗。县财政困难，入不敷出，国家公职人员连续三年不能按时发出工资。面对困境，县委、县政府按照上级部署，结合县情实际，及时作出决策，采取全面改革改制和依法破产措施，推进国有企业深化改革改制工作。

至2000年，泸溪县铝厂对各分厂实行租赁经营，形成泸溪县电解铝厂、泸溪县武溪铝厂、泸溪县群兴铝材厂、家山食品有限公司、泸溪县电解锌厂、泸溪县振兴电解锰厂、泸溪县金属材料厂7家国有民营企业。浦市化工总厂实行分块租赁经营，形成总厂磷肥厂、五丰化肥厂、龙泉化工厂、民族化工厂、畅达运输公司、星星化工厂、天祥包装厂、浦市磷矿、双丰化肥厂、矿山食堂、楚龙公司、八方公司、湘威建材厂、科龙公司、国利化工厂、沅水机械厂、双兴机械厂、电化厂、复兴电解锰厂、无机化工厂、正兴磷肥厂等21家国有民营企业。县氮肥厂、麻溪口水泥厂、县机械厂等工业企业也改制成国有民营企业。

卢州化工厂前身为“泸溪县硫酸厂”，1989年5月建成投产，主要生产硫酸。1992年后，扩建金属锰项目。1994年，经州计委批准有县属集体企业转为全民企业，更名为卢州化工厂。全厂拥有固定资产576.70万元，资产总额998.03万元，占地面积6公顷，有干部职工452人。至1995年，负债3436.96万元，资不抵债。1996年1月10日，该厂以“国家经济体制发生变化、管理体制不顺、规模小且人员过多、亏损严重和资不抵债”等为由，向主管部门县移民领导小组办公室和县人民政府递交《关于申请破产的请示》，提出依法破产。县移民办于14日批复同意破产，15日，县人民政府批复“由县人民法院按有关程序受理”。1月29日，县法院经过审查后予以立案，下达《受理案件通知书》。3月14日，县法院下达《民事裁定书》，宣告卢州化工厂破产还债。3月18日，成立卢州化工厂破产清算组，破产工作进入法律程序。卢州化工厂是全县第一家依法破产国有企业。经过历时2年破产清算、资产评估等工作，1998年5月5日，委托吉首市拍卖公司将电解锰1-4号车间和硫酸分厂厂房、机械设备及附属设施进行拍卖，原浦市化工总厂职工邓守纪和周金有分别以98万元拍得该厂拍卖标的。经过破产安置和分配等程序后，县法院于2000年4月25日下达破产终结裁定书，破产工作全部完成。

1997年7月31日，县委、县政府召开深化工业企业改革动员大会，各企业、县直机关单位、乡镇负责人500人参加会议。对全县工业企业改革进行部署，全县进入工业企业改革攻坚战阶段。制定“抓大放小”和“三改一加强”工业改革方针，实行“整体推进、重点突破”。会后对22家县以上国有工业企业制定一户一策改革方案。是年，对县内较大工业企业组建企业集团，对中、小企业全面放开搞活。其中县铝厂实行公司制，公司更名为“湖南省泸溪县铝业集团公司”。县造纸厂进行合资经营，浦市化工总厂、州洗溪磷矿、县饮料厂、县机械厂实行内部租赁经营，全县国企改革面90%。

1998年，为做好国有企业改革和脱困工作，州、县先后制定一系列企业改革与发展文件。提出“不求所有，但求发展”改革政策。县委、县政府制定《关于深化企业改革的若干规定》和《关于加快民营经济发展的试行办法》。全县国有工业企业按照“依法破产，适度出售，强化外引，狠抓内联”改革思路，实行一厂一策，实施以租赁经营为主改革形式。是年底，县属22户国有工业企业有3户实行公司制，1户依法破产，1户合资经营，15户实行分块租赁、整体租赁或局部租赁，国有企业改革面91%。工业企业民营化进程加快，新组建33家租赁经营企业，国有工业企业盘活70%存量资产。1999年，国有民营改革改制成效明显。县铝厂通过分块租赁后全线恢复生产，州洗溪磷矿各分厂全部实行租赁经营，原有职能科室全部撤销，重新成立综合性办公室。是年，全县90%工业企业实行民营化改造，国有民营工业企业工业产值占全县工业产值50%。

全县22户国有工业企业改革面达100%，国有工业企业固定资产4.21亿元，在册职工6227人，工业产值3.47亿元，销售收入3.35亿元，上缴税金1172万元。已关停的县浦化总厂、州洗溪磷矿等大中型企业恢复生产，盘活国有资产400万元，安置下岗职工4000人。

至2001年底，全县22户国有工业企业破产重组企业1户(县卢州化工厂)、股份合作制2户(县耐火材料厂、县铝材厂)、股份公司1户(湖南金天高科技有限公司)、港商合资1户(县造纸厂)。不同形式租赁经营13户(县浦市化工总厂、县铝厂、县氮肥厂、县水泥厂、县机械厂、县酒厂、县印刷厂、县饮料厂、县汽修厂、县大米厂、县肉联厂、县副食品一厂、县副食品二厂)、内部经营目标管理4户(县水电公司、泸溪电力联营公司、县自来水公司、县植物油厂)。是年，全县工业产值5.27亿元，工业总产值占县工农业产值57.72%，域内工业出现转机。

二、政策措施

(一)企业改制文件

2002 年 3 月 29 日，州委办、州政府办发出《关于国有企业改革改制若干政策措施的意见》，对全州国有企业改革改制政策作出规定，继续推行“两个置换”，严格规范工作程序，鼓励破产企业进行资产重组。

2004 年 9 月 20 日，县委办、县政府办制定《关于深化县属国有企业改革改制若干政策措施的意见》。对深化国有企业改革，加快国有企业产权制度改革做出政策规定。

(二)企业改制措施

1.产权转让

审批程序。国有资产产权转让由产权单位初审，报国有资产管理机构审批。国有划拨土地使用权出让，国有资产转让使国家不再拥有控股地位或涉及政府公共管理事项的，由国有资产管理机构审核，报同级政府审批。

审计评估程序。转让国有资产产权在产权主体组织清产核资和审计基础上，由国有资产管理机构委托中介机构进行资产评估，评估结果由批准国有企业改制及转让国有资产产权单位核准。

产权交易监管。企业产权转让须采取拍卖、招投标、协议转让方式进行。

转让价款管理。转让国有资产价款原则上应一次结清。一次结清确有困难的，经转让和受让双方协商，可采取分期付款方式，但首期付款不得低于总价款的 70%，其余价款在 3 个月内付清。

2.职工安置

(1)在职职工安置

①距正常退休年龄五年以内(含五年)的职工实行提前退休。凡符合提前五年退休条件的职工不再享受其他安置政策。改制企业提前退休职工，经社会养老保险经办机构核准，由改制企业或清算小组一次性缴纳其距正常退休年龄(男年满 60 周岁，女年满 50 周岁)单位所需缴纳养老保险费，以及按基本养老金标准计算的退休费，报同级劳动保障部门核准，由社保机构按基本养老金标准予以发放。

②男职工工龄满 30 年。女职工工龄满 25 年，且缴费年限达到 15 年(含 15 年)的，由本人申请，企业职工大会或职代会讨论通过，可选择以下其中一种安置办法：办理退养手续。由改制企业或清算小组一次性缴纳其距正常退休年龄所需缴纳养老保险费以及按基本养老金标准计算的退养金，超过提前 5 年期的退养金和应由单位缴纳的基本养老保险费由破产清算组或改制企业和个人各承担

50%；与社保机构签订保留社会保险关系协议，由改制企业或破产清算组一次性代缴距正常退休年龄的养老保险费，解除与国有企业的劳动关系，不享受一次性安置费；领取一次性安置费或经济补偿金，解除与国有企业劳动关系。

③对实行劳动合同制以前参加工作的全民所有制职工，发放一次性安置费或经济补偿金，解除与国有企业劳动关系。企业资产变现收入能足额安置职工的，安置费标准人平按不超过全州全部职工上年月平均工资36个月计算，发放时应体现工龄差别。职工领取一次性安置费即解除与国有企业劳动关系，不再保留全民所有制职工身份，不再享受失业救济金待遇；企业资产(包括国有划拨土地)变现收入不足以安置职工的，经企业职工大会或职代会讨论通过，可以降低安置费标准。按"有多少，分多少"原则发给经济补偿金。职工领取经济补偿金即解除与国有企业劳动关系，不再保留全民所有制职工身份。

④对实行劳动合同制以后参加工作，且劳动合同期未满的合同制职工，按"有多少，分多少"原则发给经济补偿金，解除劳动合同关系。解除劳动合同的职工可按规定申请享受失业救济金待遇。

⑤对劳动合同期满的合同制职工，应依法终止劳动合同，并按规定支付生活补助费。终止劳动合同职工可按规定申请享受失业救济金待遇。

⑥对继续留在改制为国有控股企业的职工，不支付一次性安置费或经济补偿金，改制后的企业应当与职工依法变更或重新签订劳动合同。以后改制企业需与其解除劳动合同时，对符合支付经济补偿　金条件的职工，计发经济补偿金。

⑦有以下情况之一的，可给予补助。获得州级以上劳模称号的，增加一定补偿。其中国家级的另给5年工龄的经济补偿，省级的另给3年工龄的经济补偿，州级另给2年工龄的经济补偿；对企业法人代表任职三年以上的，另给5年工龄的经济补偿，任职未满三年的另给3年工龄的经济补偿，企业党委(党支部)书记比照法人代表补偿。对企业副职(含相当正、副职)另给1至3年工龄的经济补偿；获得高级职称的人员，按实际聘用年限年满一年另给0.4年工龄的经济补偿；符合国家计划生育政策的孕期、产期和哺乳期女职工，另增加一定补偿。女工解除劳动关系时，在孕期的按当地当年最低工资标准增加补偿最多不超过8个月；在产期和哺乳期的按当地当年最低工资标准增加补偿最多不超过12个月；服义务兵兵役的职工，按当地上年度国有地方企业职工月平均工资标准，计算补偿到本人兵役期满止。

⑧特殊工种认定。职工与国有企业解除劳动关系前,应对特殊工种进行清理登记,报县劳动和社会保障局审核认定。职工与企业解除劳动关系后不再进行认定。特殊工种认定依据以档案记载为准。

⑨职工工残待遇。企业在实施破产或改制过程中,需要申报职工工伤(含职业病)认定和劳动能力鉴定的,须在职工解除与国有企业劳动关系前完成。解除劳动关系后,不再进行此项认定和鉴定。破产或改制企业职工工残待遇由劳动和社会保障部门制定实施意见。

⑩经劳动能力鉴定委员会鉴定,因病或非工伤完全丧失劳动能力的,达到因病提前退休年龄的应车理提前退休手续,未达到提前退休年龄的,解除劳动关系时由破产清算组或改制企业根据企业资产变现情况另给 1-2 万元因病或非工伤补助费。

(2)离退休人员安置

①破产清算组或改制企业应为退休人员预留医疗费,国有企业退休人员医疗费每人预留 1 万元,丧葬费每人预留 2000 元。资产变现不能确保此标准的可提交职化会表决降低标准。

②企业改制前已鉴定为工伤职业病的退休职工,其工残待遇由劳动和社会保障部门制定实施意见。

③离休干部交由原企业主管部门负责管理,原企业按国家和省有关部门规定享受的各项政策性补贴及有关经费,由改制企业或破产清算组一次性预留 5 万元,交由原企业主管部门负责管理并发放,经费不足部分由同级财政弥补;各项医疗费按县人民政府有关规定执行;丧葬费由民政部门按有关规定办理。

3.社会保险费清缴及续保

(1)养老保险费的清缴。企业职工因病或非因工致残按国家政策规定办理提前退休手续的,改制企业或清算小组应为其缴纳提前退休期间的单位缴费部分。缴费基数为本人提前退休当年的缴费基数;经劳动和社会保障部门认定为特殊工种的,由改制企业或清算小组为其缴纳特殊工种提前退休期间的养老保险费,缴费基数为本人解除劳动关系前最后一次的档案工资;提前退休期间缴纳养老保险标准是:缴费基数为本人提前退休当年有缴费基数缴费比例为 28%。其中个人缴费比例为 8%;对改制企业的离退休人员按现行离退休费留足 10 年计算预留。对预留确有困难,可由企业报劳动和社会保障局审核,经政府批准同意,作部分挂欠处理;企业资产(包括国有划拨土地)变现收入在安置职工后,对历年所欠缴的养老保险费必须予以现金清偿。对清缴确有困难的,在缴清职工基本养老保险个人账户应缴部分后,统筹基金部分可由企业报劳动和社会保障局审核,经政府批准同意,作挂欠处理。

(2)改制企业欠缴失业保险等社会保险金须在安置职工后一次性清偿。

(3)企业与职工解除劳动关系续保。与企业解除劳动关系的人员,保留其养老保险关系,并按规定继续缴纳基本养老保险费。继续按城镇企业职工养老保险规定缴纳基本养老保险费的,待达到法定退休年龄后享受企业职工基本养老保险待遇;按私营企业和个体工商联户从业人员养老保险办法规定缴费的,退休后享受私营企业和个体工商户从业人员基本养老保险待遇;与企业解除劳动关系人员,解除劳动关系前基本养老保险费继承办法按原规定执行,之后由个人按规定缴纳基本养老保险费,退休前死亡的基本养老保险费可以全额继承,退休后死亡未支付完的基本养老保险个人账户余额可以继承。

4.清偿职工工资福利

(1)欠发职工工资。指提供正常劳动的职工,根据企业当时工资分配制度确定工资标准应发而未发足部分。

(2)欠发离退休人员的基本养老金。

(3)欠职工医药费用。包括企业宣告破产或进入改制程序前,按企业职代会决定职工医疗费管理制度未足额报销部分;企业破产期间,每人每月限额10元的门诊医药费;企业破产期间,职工因病住院医疗费按企业宣告破产前最后一次职代会讨论通过的医药费报销管理办法执行。

(4)独生子女费用。按有关政策规定标准计算到破产后宣告裁定的当月。

(5)职工集资款或借款。属于借款性质的,原则上只还本金;属于投资性质的,计入破产财产;住房集资款不属于偿还范围。

5.鼓励职工重新就业

(1)改制重组企业应根据企业需要优先录用符合条件原企业职工。

(2)职工解除与国有企业劳动关系后重新就业的,用人单位应依法与其签订劳动合同,并按规定到当地劳动保障部门办理手续,重新确立劳动关系。

(3)各有关职能部门要认真落实各项再就业优惠政策一对解除劳动关系的职工经本人申请,可以领取再就业优惠证,享受再就业优惠政策。

⑷各乡镇人民政府必须按属地管理原则，切实担负破产改制企业社区管理责任，执行州政办发〔2003〕23 号文件。

6.企业改革改制优惠政策

⑴土地转让优惠政策。改制和破产企业的国有划拨土地，由同级人民政府依法收回，土地处置收益(含土地出让金)用于安置国有企业职工；土地使用权按法定的最高出让年限出让；改制和破产企业的国有土地处置所需收取的交易费、评估费、测绘费按省物价局核定的收费标准从低从优收取，按规定收取土地出让业务费，可从低从优收取或包干收取，权属调查费和土地登记费按工本费收取，其他费用一律免收；改制和破产企业的国有土地的处置由土地交易机构按相关规定实行公开拍卖或挂牌出让；划拨土地出让，其土地出让价格不得低于评估总额 70%。

⑵资产评估优惠政策。国有企业产权转让评估，中二型(含中二型)以上企业按不超过 1 万元的标准收取，小型企业按不超过 6000 元的标准收取。

⑶房产交易优惠政策。房产权属清楚、证明齐全的，办理交易手续按交易费总额的 1‰收取，办证费由房产部门按每证 50 元标准一次性收取换证工本费；房产权属不清或原未办理房产权证，需补办或完善有关手续的，由房产部门按每证 50 元标准收取办证工本费；企业房产整体需重新测绘的，按省物价局核定的收费标准的 1/3 收取；房地产交易过程中的营业税一律免征。

⑷档案移交的优惠政策。企业职工档案按每人 100 元标准移交给同级就业服务管理部门统一保管，文书档案、会计档案和技术档案按企业总人数每人 50 元标准交同级档案部门管理。

⑸其他优惠政策。新设立企业由产权所有者提供资料后，在企业改制前原核准的有关部门核发营业执照，进行税务登记及审核纳税资格，所涉及部门为其办理各类证照，只收取工本费；破产企业诉讼费，按破产企业财产总值 2.5‰标准收取，但最高不超过 1 万元；国有企业土地资产用于安置职工，土地和房屋权属转让，不征收契税；破产重组企业扩大生产规模可以享受西部开发有关政策。

7.企业改制后移交社区管理

⑴凡企业依法破产或整体改制的，集中居住人口超过 200 户，属地政府应新组建居委会，除每户企业按每户 100 元交纳替理费外，由企业或政府对新建居委会给予一定补助。

⑵企业破产、整体改制或职工一次性安置后，集中居住不足 200 户，由企业

按每户100元交纳管理费后，就近移交当地居委会管理。

(3)对已移交居委会管理的与企业解除劳动关系的职工及家属，各居委会按社区管理权限，搞好社会综合治理、公共卫生、计划生育、优抚政策、公益事业、党建及精神文明建设等。按照政策规定，符合低保条件的全部纳入保障范围，做到应保尽保。

(4)与企业解除劳动关系的职工，公安部门要积极帮助办理户籍迁移手续。

三、企业改制破产

根据国务院、省、州政府关于国有企业改制破产部署和要求，县委、县政府审时度势，做出国有集体企业全面改制破产决策。2001年10月下旬，县委、县政府召开全县国有企业改革工作会议，全面推行企业产权置换和职工身份置换"两个置换"。之后，相继对浦市化工总厂、县铝厂、州洗溪磷矿、县水泥厂、县氮肥厂等企业编制"两个置换"方案。

1996年，卢州化工厂取得破产工作经验。2002年后，结合《中华人民共和国破产法》，按照州委、州政府和县委、县政府文件精神进行破产改制，破产处置程序是：企业管委会编制方案—召开职代会通过—报县政府或主管部门批准—向人民法院提出申请破产—法院受理做出裁定，指定清算组破产清算—对破产资产进行评估拍卖，依法分配—法院宣告破产终结。在整个破产改制工作中，做到及时化解矛盾纠纷，妥善解决问题，职工情绪稳定，没有发生集体越级上访和群体性闹事事件。

2000年破产企业。始建于1987年县冶金化工厂(电石厂)，至1997年底，有干部职工155人，1998年9月停产，拥有资产361.40万元，负债1006.90万元，负债率295.2%。2000年，根据泸溪县冶金化工厂申请，县人民法院依法对泸溪县冶金化工厂破产案立案，按照法定程序实行破产还债。至2002年6月28日破产终结。

2002年破产企业。2002年6月，县氮肥厂向县经贸局请示该厂破产还债，7月3日，县经贸局批准同意。7月22日，县法院作出裁定，裁定该厂破产还债。该厂资产价值2892万元，负债6849.60万元。经过破产程序，2003年1月23日，县法院宣告破产终结。

2003年破产改制企业。2003年，全县申请破产企业有县机械厂、特种铝材厂、泸溪县武沅铝业(集团)有限公司(原泸溪铝厂)，申请改制企业有县副食品一、二厂，申请置换企业有大米厂。

县机械厂由于产品结构不合理，缺乏市场竞争力，内部管理混乱，导致严重亏损，1998年-2002年处于停产状态。全厂干部职工222人，其中在职129人，退休93人，资产505万元，负债714万元，负债率145%。2003年7月3日，向县经贸局递交破产申请书，申请破产。获批后，于8月3日向县人民法院呈交《关于泸溪县机械厂破产申请》。县法院受理立案，于9月12日下达《民事裁定书》，宣告破产还债。经过资产清算、资产评估及拍卖、资产分配及职工安置等一系列法定程序，于2004年10月20日终结。

泸溪县武沅铝业(集团)有限公司属于中Ⅰ型生产厂家。1998年起，实行租赁经营，但是诸多遗留问题制约发展。至2002年，固定账面净值7501万元，负债19604万元，负债率261%。2003年12月28日，改公司向泸溪县法院申请破产。2004年2月18日，县法院下达《民事裁定书》，宣告武沅铝业(集团)有限公司及其下属20家全资子公司破产还债。2004年9月9日，完成破产工作，宣告破产程序终结。

是年6月，县粮食局对大米厂进行置换。8月，县商业行管办对县副食品一、二厂进行改制。

2004年破产改制企业。2004年，申请破产企业有泸溪县印刷厂、州洗溪磷矿，泸溪县食品公司进行置换。

州洗溪磷矿从1985年到2004年9月，累计亏损5402.89万元，企业在职职工385人，账面资产5368.10万元，负债7055.70万元，负债率130.99%。2004年11月16日，州经贸委批复，同意破产。12月8日，州中级人民法院下达《民事裁定书》，裁定破产还债。2008年8月6日，州中级人民法院裁定破产终结。是年，县商业行管办对县食品公司进行置换。

2005年破产改制企业。2005年全县破产企业有浦市化工总厂、县水泥厂、县植物油厂、县酒厂、州交通工业总公司。

县植物油厂自1986年至1999年，有职工97人，企业总产值1200万元，负债1743万元，企业全面停产。2005年8月28日，该厂向县法院申请破产。9月27日，县法院立案，下达《民事裁定书》宣告破产还债。至2006年3月2日破产终结。泸溪县酒厂自1990年起至2005年破产时，有职工226人，累计亏损711万元，负债率403.90%。2005年9月26日，该厂向县法院申请破产。县法院于10月11日下达《民事裁定书》，宣告破产还债。至2007年4月5日终结。

州交通工业总公司(原州船舶厂)1990 年至 2004 年 12 月,有职工 221 人,公司资产 277.44 万元,负债 287.02 万元,负债率 103.89%。2005 年 9 月 2 日,州人民政府批复同意破产。州中级人民法院于是月受理破产。2007 年 1 月 30 日裁定,破产程序终结。

自 2000 年 6 月至 2007 年 5 月,全县对所有国有集体工业企业进行破产改制。其中破产 17 家,改制 2 家,置换 2 家,股份制 1 家,其他形式 3 家。

至 2009 年,全县破产企业有县纸厂、县汽车大修厂、县耐火材料厂、县食品饮料厂等。至此,全县国有企业和集体企业破产改制全部完成。

2000—2009 年泸溪县工业企业改制情况表一览表(一)

企业名称	职工人数	其中		资产合计(万元)	负债合计(万元)	改制形式	立案时间
		在职	离退休				
浦市化工总厂	1930	1123	807	7966	1884	破产	2005.3.13
泸溪县武沅铝业有限公司	532	476	56	7501	19604	破产	2004.2.18
泸溪县氮肥厂	399	172	227	2892	6873	破产	2002.7.23
泸溪县造纸厂	312	274	38	14668	2470	破产	2006.12.27
泸溪县耐火材料厂	181	141	40	797	1913	破产	2007.5.16
泸溪县机械厂	222	129	93	505	714	破产	2003.9.1
泸溪县植物油厂	97	75	22	1200	1743	破产	2005.8.22
泸溪县水泥厂	273	228	45	199	3895	破产	2005.5.10
泸溪县卢州化工厂	452	452	/	832	3171	破产	1996.3.14
泸溪县冶金化工厂	156	156	/	361	1006	破产	2000.6.13
泸溪县酒厂	276	226	50	21	309	破产	2005.10.11
泸溪县特种铝材厂	82	82	/	310	501	破产	2003.10.14
泸溪县食品饮料厂	73	73	/	297	215	破产	2009.12.25
泸溪县第一副食厂	64	46	18	110	200	改制	2003.8.10
泸溪县第二副食厂	78	41	37	150	131	改制	2003.8.5
泸溪县印刷厂	87	47	40	90	251	破产	2004.4.16

续表

泸溪县大米厂	21	21	/	57	52	置换	2003.6.10
泸溪县汽车大修厂	131	111	30	344	225	破产	2006.12.11
泸溪县食品公司	97	62	35	254	113	置换	2004.6.17
湘西自治州交通工业总公司	21	175	46	277	287	破产	2005.9.2
湘西自治州洗溪磷矿	783	385	398	5368	7055	破产	2004.12.9

2002—2009年泸溪县工业企业改制情况表一览表(二)

企业称名	受理单位	终结时间	改制总费用（万元）	其中	
				职工安置费（万元	欠缴养老基本金（万元）
浦市化工总厂	泸溪县法院	2009.10.15	6470	1196	2329.27
泸溪县武沅铝业有限公司	泸溪县法院	2004.9.9	1765	916	449.16
泸溪县氮肥厂	泸溪县法院	2003.1.23	2169	557	1412.46
泸溪县造纸厂	泸溪县法院		1479	217	841.11
泸溪县耐火材料厂	泸溪县法院	2009.9.8	835	142	485.87
泸溪县机械厂	泸溪县法院	2004.10.20	877	85	537.11
泸溪县植物油厂	泸溪县法院	2006.3.2	414	167	160.00
泸溪县水泥厂	泸溪县法院	2007.12.19	817	190	417.36
泸溪县卢州化工厂	泸溪县法院	2000.4.25	800	450	
泸溪县冶金化工厂	泸溪县法院	2002.6.28	200	93	
泸溪县酒厂	泸溪县法院	2007.4.5	685	91	285.73
泸溪县特种铝材厂	泸溪县法院	2004.11.17	377	100	257.83
泸溪县食品饮料厂	泸溪县法院		180	100	
泸溪县第一副食厂	泸溪县商业行管办	2004.12	286	85	158.80

续表

泸溪县第二副食厂	泸溪县商业行管办	2004.12	458	131	308.60
泸溪县印刷厂	泸溪县法院	2004.12.14	559	200	279.53
泸溪县大米厂	泸溪县粮食局	2003.12	97.8	57	37.8
泸溪县汽车大修厂	泸溪县法院	2007.12.19	739	348	339.48
泸溪县食品公司	泸溪县商业行管办	2004.12.31	847	90	498.69
湘西自治州交通工业总公司	州法院	2007.1.30	710	388	122.69
湘西自治州洗溪磷矿	州法院	2008.8.6	5195	790	2878.48
合计			25959.8	6393	11799.97

四、民营企业发展

(一)民营企业发展决策。1996年后，由于各种原因，全县曾辉煌一时的工业企业运转极度艰难，经济指标连续下滑，走入低谷。面对困境，县委、县政府领导深入调查，认真分析，统一思想，认为问题症结关键是改革滞后，跟不上体制改革步伐。县委、县政府根据泸溪实际情况做出决策，明确全县工业企业改革方针是坚持“不问所有，但求发展”，提出“强农兴工抓基础、活商建市抓民营、着力打好三个攻坚战”发展战略。突出发展民营经济重点，对县属国有企业实施民营化改革。同时，充分利用老工业基地培养和造就的一批工业人才资源，动员有能力并有意创业的人才兴办民营企业。1998年，县委、县政府出台《加快发展民营经济的若干规定》等文件，为民营经济发展提供优惠政策和宽松环境。《加快发展民营经济的若干规定》明确在发展民营经济方面政策：在财税支持方面，县政府每年设立民营经济发展专项资金，用于扶持农业、工业、商贸流通等企业贷款担保、贴息，用于支持企业自主创新、科技成果产业化项目等资金补助。在金融服务方面。建立企业贷款风险救助机制。对银行金融机构给民营企业贷款形成损失，由县财政按损失额20%给予补偿，每年最高不超过20万元。对融资性担保公司为民营企业贷款且担保费率低于2%的，县财政给予担保费总额1.5%，不超过10万元。在培育高新技术企业方面，被新认定为省级高新技术企业的，县政府一次性奖励5万元，并从获利年度起2年内免征所得税。对企业所得税年增长50%民营企业，县财政将其增量地方留成部分50%奖励给企业用于研发和技改。对自主开发的发明、实用新型专利授权后形成产业化经营，年新增税收50万元以上的，县政府一次性奖励企业5万元。在发展环境方面，健全投诉处理制度和责任追究制度，拓宽民营经济投诉处理渠道，县监察局设立专用投诉电话，做好投诉处理工作。建立民营经济服务责任追究制度，对乱摊派、乱检查、乱收费、乱罚款、故意刁难、妨碍企业生产经营造成严重影响的单位和个人，依法依规追究责任。建立健全考核机制。将服务民营经济发展纳入对乡镇和县直部门班子考核内容。

(二)民营企业萌芽。1992年8月，已安置在移民企业卢州化工厂工作的原上堡乡刘家滩村党支部书记刘集贵辞去卢州化工厂工作，邀约本村村民刘海金、张克金等6户村民，采取集资入股形式，建起全县第一家民营股份制工业企业白沙冶化厂。该厂厂址在距白沙镇2.5公里七里湾小婆溪319国道内侧，建厂时占地0.33公顷，有电石生产炉2座，安置移民70人。该厂的建立为库区移民安置拓宽渠道，缓解县里移民安置工作压力，为全县兴办民营工业企业提供经验。

1996年，卢州化工厂依法率先破产。1998年5月，浦市化工总厂下岗工人邓守纪、卢州化工厂下岗工人周金友筹措资金196万元购买卢州化工厂，兴办鑫兴化工厂和湘锰化工厂两家民营企业。经过投入和发展，鑫兴化工厂资产额8208万元，湘锰化工厂资产额4995万元。7月，州洗溪磷矿职工米先发在武溪镇兴建武溪电解锰厂，资产额2932万元。11月，张麟在武溪镇兴建东宇锰业化工厂，资产额1285万元。12月，浦市化工总厂职工印兴祥在浦市镇兴建泸溪县电化工厂，资产额3200万元。至1998年底，全县出现6家民营企业，为泸溪工业经济再度振兴打下良好基础。

(三)民营企业崛起。进入21世纪，泸溪县在工业发展上坚持“两手抓”：围绕“两个置换”(通过产权转让，置换企业国有性质；通过一次性补偿，置换职工全民身份，解除职工对企业依赖关系，让职工走向市场)，抓国有集体企业改制破产。继2000年泸溪冶化厂宣告破产后，浦市化工总厂、氮肥厂、武沅铝业集团公司、州洗溪磷矿等21家国有集体企业陆续宣告破产。与此同时，县委、县政府制定支持民营企业发展的相关规定。根据老工业基地企业管理和技术人才存量大，有一定人才优势特点，鼓励这些对象投身于民营企业发展。由于县委、县政府在发展民营企业方面优惠政策和企业发展宽松环境，全县民营企业应运崛起。至2005年，全县国有集体企业改制破产基本完成，民营企业发展到 26 家，其中武溪地区 21 家，武溪地区自然形成工业聚集区。

(四)化解用电矛盾。2004 年上半年，规模工业企业累计完成产值 34580 万元，增幅与上年同比下滑 43.10 个百分点；实现工业增加值 9824 万元，同比下降 5.5%。在主要产品产量中，除硫酸、水泥，微细铝粉略有增长外，磷肥、铁合金、铝锭、铝杆下降幅度平均 46.30%。工业产品产量下降主要原因是电力供应不足，电价上涨，同时电解锰、电解铝、电解锌等价格下降较快，产品销售不畅，工业产品销售率为 98.5%，同比下降 4.5 个百分点。电力问题成为制约工业经济发展主要因素，全县工业用电价格本来就高于周边地区，从是年 6 月份起，用电价格再上调 0.1 元／千瓦时，达到 0.72 元／千瓦时，库区优惠电价取消，造成生产成本上升，缩小工业盈利空间，生产难以为继。上半年，工业用电同比回落 4.8 个百分点，70% 的企业相继停产。泸溪县电力供应已远不能满足工业增长需求，电力供求矛盾日益突出，直接影响 2005 年工业生产。

为缓解电力供应紧张和解决电价偏高的矛盾，2006 年 1 月，县政府支持泸溪县金旭公司、泸溪县湘锰化工厂、泸溪县鑫兴冶化公司、泸溪县顺天公司四家民营企业合资组建明天电力发展有限公司。从怀化电力集团辰溪县火马冲镇引电，架设高压输电线路至武溪工业聚集区，修建变电容量 10 万千伏安的 110 千伏输变电站一座。除供应四家合资企业用电外，还为其他 9 家企业提供电力。2007 年 3 月，一期工程投运供电，每年输变电量 3 亿千瓦时，实现销售收入 1.3 亿元，上缴税金 350 万元。2009 年 4 月，二期工程投运供电，年输变电量 6 亿千瓦时，销售收入 2.6 亿元，上缴税金 700 万元。提供就业岗位 60 个，公司资产额 7000 万元。为 17 家企业提供电力供应，缓解电力供应紧张矛盾。泸溪县明天电力发展有限公司是以输变电、供电及电力投资开发为主的一家民营企业，是湖南省第一家和唯一的民营电力公司，优化泸溪县电力结构和质量，打破电力独家垄断，进一步规范市场经济的运行和平等竞争，缓解工业用电矛盾。

(五)规模以上重点民营企业

湖南金旭冶化集团　前身为 1992 年建成的泸溪县金旭冶化有限责任公司，由国家重点工程五强溪水库移民集资兴建。集团组建于 2007 年 10 月，组建后的集团公司发展成集矿山开发、冶金、化工、高科技和外贸、房地产及输变电等行业于一体大型综合性集团民营科技企业。下设金旭冶化、金杭工贸、金源粉体材料、金泉工贸、金久矿业、金鼎综合开发公司，控股泸溪县明天电力公司，参股泸溪县三维担保公司和泸溪金瑞公司。主营产品有年生产能力为：硫酸 10 万吨、电解锌 3 万吨、电解锰 3 万吨、微细球形铝粉 2000 吨、金属镉 300 吨、电池锌饼 5000 吨、锰粉 20 万吨。集团注册资金 5537 万元，资产 2.5 亿元，员工 1500 人，其中各类技术人员及管理人员 300 人。集团母公司于 2005 年通过 ISO9001:2000 质量管理体系认证和 ISO14001:2004 环境管理体系认证，享有自营出口经营权。2004 年公司被湘西州委州政府授予"明星企业"，被湖南省银行协会授予"守信用企业"。2005 年，省政府授予"优秀企业"，被省工商局授予"湖南省私企 100 强"，排名 59 位，评为"省私企 AAA 诚信企业"，被省科技厅授予"湖南省高新技术企业"，被国家工商总局授予"全国守合同重信用单位"。集团董事长刘集贵被评为"湖南省劳动模范"，当选湘西州人大代表、湖南省人大代表。集团 2005 年销售额突破亿元，2007 年销售额 7 亿元，上缴税金 5500 万元，连续三年成为泸溪县第一纳税大户和湘西州企业纳税第二名。

泸溪县鑫兴冶化有限公司　建于 1998 年 5 月，注册资本 900 万元，公司董事长周金有，总部位于武溪镇工业园南区。拥有资产 3.2 亿元，企业员工 1255 人。公司下设 7 个分公司，其中泸溪县有 3 个分公司，重庆秀山有 1 个分公司，广西靖西县有 3 个分公司。2003 年，公司获得国家自营进出口权；通过"ISO9001"国际质量管理体系认证和"IS14000"环境认证。2007 年，公司被授予"湖南省民营科技企业"。在县内主要产品和生产规模：电解金属锰 2 万吨 / 年；浮选磷精矿 20 万吨 / 年；高纯电解金属铬 1000 吨 / 年和高纯电解金属铁 1000 吨 / 年。在广西靖西县主要产品和生产规模：电解金属锰 30000 吨 / 年；锰矿石 15 万吨 / 年。在重庆秀山县的主要产品和生产规模：电解金属锰 15000 吨 / 年；锰矿石 6 万吨 / 年。境内公司 2005 年度完成产值 3.90 亿元，上缴税收 761.91 万元。

泸溪县兴业冶化有限责任公司　位于武溪镇工业园区，前身为 1998 年 6 月建成的湘锰化工厂，公司于 2007 年 6 月组建。由泸州化工厂破产重组私营企业发展成为集冶金、化工、开采、电力、服务、农业为一体综合性现代民营独资企业，属湘西州和县重点企业。主要产品为年产 6 万吨硫酸、2 万吨电解锰、3 万吨电解锌。在湘西州内自行配置有铅锌矿开采量为 20 万吨 / 年生产规模。占地面积 30 万平方米，注册资金 1380 万元，拥有总资产 2 亿元，员工 876 人，其中高、中级技术人员 50 人。自 1998 年以来，连续多年被省、州、县评为"纳税先进"和"民营先

进企业”、湘西州“重合同守信用单位”。2002 年进入湖南省“500 强私营企业”。2005 年实现工业产值 2.39 亿元，上缴税金 325.47 万元。

湖南金天铝业高科技有限公司　公司是经湖南省湘投控股集团公司和县政府批准，于 2000 年 1 月以 6:4 股份比例组建而成。公司资产 1.1 亿元，占地面积 8.67 公顷，有员工 130 人。公司主要从事金属粉体新材料的研发、生产经营，主导产品为“金天牌”微细球形铝粉，年产能为 1.1 万吨。公司已通过 ISO9000 质量和 ISO14000 环境管理体系认证。

泸溪县鑫海锌品有限公司　鑫海锌品有限公司始建于 2001 年 5 月，拥有固定资产 5000 万元，员工 300 人，高级专业技术人员 20 人，大专以上学历 45 人，主要产品有年产 1.6 万吨电解锌，5000 吨超细氧化锌粉。2002 年，通过 ISO9001:2000 国际质量体系认证，获得质量通行绿卡。2005 年，获得进出口经营权，产品远销日本、欧洲等国家和我国台湾地区。公司坚持“抓质量、强管理、重营销、保安全、上台阶”方针。2005 年，完成产值 2.85 亿元，上缴税金 280.71 万元。

1992——2005年规模以上民营工业企业一表

单位名称	建厂时间	法人代表	主要产品	资产总额（万元）	员工数	企业所在地
泸溪县白沙冶化厂	1992.8	刘富花	硫酸	2087	65	白沙镇刘家滩村
泸溪县鑫兴化工厂	1998.5	周金有	电解锰、电解铝、电解铁	8208	325	武溪镇
泸溪县湘锰化工厂	1998.5	邓守纪	电解锰、硫酸、锰矿加工	4995	665	武溪镇
武溪电解锰厂	1998.7	米先发	电解锰	2932	168	武溪镇
泸溪县东宇锰业化工厂	1998.11	张麟	电解锰	1285	105	武溪镇
泸溪县电化厂	1998.12	印兴祥	电解锰、硫酸锰	3200	235	武溪镇
湖南省金天铝业高科技有限公司	2000.4	朱本益	微细铝粉、铝颜料等	11670	135	武溪镇
泸溪县永兴化工厂	2000.5	王永德	电解锰	1500	138	武溪镇
泸溪县鑫海锌品有限公司	2001.5	刘海金	电解锌、氧化锌	6092	275	武溪镇
泸溪县科龙化工有限公司	2001.10	曾科斌	硫酸、碳素、硅锰	6176	300	白沙桥东
泸溪县金马粉体材料有限公司	2001.11	李代水	铝粉	1500	100	武溪镇
泸溪县锰业化工厂	2002.4	文辉	电解锰	2023	112	武溪镇

续表

单位名称	建厂时间	法人代表	主要产品	资产总额（万元）	员工数	企业所在地
泸溪县金利锰业材料厂	2002.5	杨富田	中碳锰铁	1500	63	武溪镇
泸溪县金旭冶化有限责任公司	2002.6	刘集贵	电解锰、电解锌、硫酸	47757	1507	白沙镇刘家滩村
泸溪县金源粉体材料有限责任公司	2002.6	梁晓斌	微细铝粉	4980	110	武溪镇
泸溪县林峰有限公司	2002.10	邓胡林	硅锰合金、高碳锰铁	1000	80	武溪镇
泸溪县洗溪水泥厂	2002.10	符忠祥	水泥	1200	60	武溪镇
泸溪县沅昊铝材有限责任公司	2003.5	李杰	铝板材	2639	50	武溪镇
泸溪县金丰铝颜料有限公司	2003.7	李先国	铝银浆	1422	145	武溪镇
泸溪县众力锰业有限公司	2005.4	张大群	电解锰	3331	192	洗溪镇甘溪桥电站
泸溪县武陵阳光生物科技有限公司	2005.4	宋守强	青蒿素	1109	68	武溪镇
泸溪县熙邦科技有限公司	2005.7	田熙文	无硒电解锰、添加剂、钝化剂	2310	68	武溪镇
泸溪县富态生物科技开发有限公司	2005.8	陈青先	果汁加工	1026	130	白沙镇桥东
泸溪县鑫星磷肥厂	2005.11	唐林菊	钙镁磷肥	517	265	浦市镇
泸溪县新星化肥厂	2005.11	吉中靠	钙镁磷肥	315	195	浦市镇
泸溪县鸿星水泥有限公司	2005.12	唐胜军	水泥	689	95	浦市镇

第三节 工业园的建立

一、“工业立县”战略的确立

(一)前期调研。1998年,县委、县政府制定下发《加快发展民营经济的若干规定》后,优惠的发展条件和优越的发展环境,促进全县民营企业发展,泸溪工业经济出现良好发展势头。针对工业发展总量偏小,结构不合理,市场竞争力不强问题,县委、县政府根据国家、省、州有关文件精神,制定系列发展政策,采取多种措施,提倡和鼓励发展民营经济,全县工业企业再度出现新的发展势头。至2001年,全县已有11家民营企业在武溪、浦市建厂,工业经济开始复苏。在工作实践中,县委、县政府主要领导意识到,泸溪优势在工业,出路在工业。贫困落后山区发展县域经济,实现强县富民,首要条件是发展工业经济,而发展工业逐步走上工业化道路,应该从机制、功能、构架上寻找一条正确发展途径。为找出一条符合本县实际发展道路,县委、县政府在全县范围开展发展工业企业、促进经济发展的解放思想大学习、大讨论活动。在大讨论中,县委、县政府领导班子认为,经济落后地区固然有各种客观因素,但深层次原因是思想观念落后,地理位置虽然不可改变,但好环境可以打开资源优化组合空间,市场经济就是环境经济,招商引资就是环境比拼。振兴泸溪工业经济,必须解放思想,必须发挥优势,必须注重人才,必须优化环境。解放思想,转变观念必须走出去,向经济发达地区、向沿海开放地区学习,换脑筋、找思路。通过开展解放思想大讨论活动,统一思想认识,明确发展思路。发展泸溪工业经济的议题成为县委常委会议、县政府常务会议主要内容。全县形成工业是立县之本、富县之策、强县之基,只有加快发展工业,才能扩充县域经济总量,才能增加就业岗位,才能增加群众收入的工作思路。是年起,县委、县政府定期选派一批党政干部到发达地区挂职学习,县委、县政府主要领导和县直相关部门负责人相继到沿海工业重镇学习考察,参加培训,招商引资。2004年9月12日,县委召开常委会会议,专题研究泸溪工业企业改革改制问题,制定出台《关于深化县属国有企业改革改制若干政策措施的意见》,对国有企业改革改制提出总体要求,从产权转让、职工安置、改革改制优惠政策等方面提出具体实施方案,为传统企业创新发展开辟新通道。是年,全县工业产值9亿元,同比增长18.60%,在

一、二、三产业中所占比重为 40.56%。全县财政收入 7212 万元，其中工业产业提供税收占 65.30%。工业经济在全县国民经济发展中发挥重要作用，“工业立县”战略已经彰显。泸溪县民营企业快速发展，为振兴泸溪经济、增加财政收入打下良好基础，“吃饭财政”开始向“民生财政”转移。虽然泸溪县在发展工业企业方面有着优惠政策和优越发展环境，但是，快速发展工业企业与狭小发展空间不相适应。金旭集团公司不得不选择在白沙镇七里湾山坡上选址建厂，由于兴沙社区居委会和红土溪村屋场坪组因地界不清，导致在地界上争执不休，多次阻工，影响工程建设进程。纠纷虽经相关部门解决，并成功建厂，但公司花费不少补偿费用，同时，由于地理位置不优，土建和基础设施建设工程耗资不少。湘锰化工厂（兴业公司前身）囿于发展空间，则选择在贵州省铜仁市、重庆市秀山县、广西壮族自治区等地建厂发展。同样，鑫兴化工厂也选择到外地发展。一些有意愿在泸溪兴办工业企业老板，由于没有建厂条件不得不放弃投资。据此，县委、县政府多次派出考察组出外考察工业园区建设、下厂调研征询民营企业老板对工业发展意见和建议、召开会议专题讨论等形式，探索泸溪工业发展方向。领导层密集调研，相关部门和企业出谋划策，一段时期，发展泸溪工业企业成为全县议论最多话题。经过一番探索，全县统一思想认识，最终形成泸溪县工业经济发展思路。2005 年初，县委、县政府根据全县县域经济发展态势，审时度势，明确提出“工业立县、产业富民”作为发展方略。1 月 17 日，发布《关于实施“工业立县”战略的决定》，提出“加大工业园区建设，构建‘两区一廊’工业发展平台”工作思路，按照“政府引导、市场定价”原则，实现工业产品结构由“两高一低”向“两低一高”转变，引导聚集发展，建设武溪冶金工业园、浦市工业园和白沙、洗溪工业长廊，使之成为具有一定规模和特色、产业关联度高、辐射带动力强工业聚集区域。

（二）“工业立县”措施

1.发展思路及目标。按照“突出工业立县、加快三大建设，发展三种经济，实现三个增加，建设小康泸溪”总体要求，以扩大经济总量为首要目标，以发展民营企业为根本出路，以矿产品和农产品精深加工为主攻方向，以招商引资为根本途径，以工业化带动农业产业化、城镇化，实现财政增效、群众增收和扩大就业。全县工业增加值增速保持在 20%以上，产业结构进一步优化，到 2010 年，第二产业占 GDP 比重 60%以上，工业企业实现税收对全县财税贡献率 80%以上。2005 年完成工业产值 10 亿元以上，2007 年、2010 年分别达到 16 亿元和 20 亿元以上，规模工业增加值占全县 GDP 比重分别达到 23%、28%和 36.5%，基本实现初级工业化。

2.确定七个方面工作重点

调整结构，实现“三个转变”。通过与科研单位、大专院校和大企业集团联合，引进先进实用技术和高新科技，改造提升传统冶金、化工工业，实现产品结构由“两高一低”向“两低一高”转变；通过引导工业聚集发展，在武溪、浦市两个园区分别形成冶金工业和磷化工工业两个产业群，实现增长方式由粗放型向集约型转变；通过开发利用铝土矿、磷矿、石煤矿以及椪柑等优势资源，延长产业链，实现资源优势向经济优势转变。

开发利用优势资源，做强四大特色产业。以铝土矿为依托，建设 5—10 吨氧化铝加工和 2 万—5 万吨电解铝冶炼，精深加工铝产品，形成铝产业链，建成全省最大铝产业基地。以磷矿石资源为依托，突破磷矿石浮选技术，加大磷矿石后续产品开发和加工，做大做强磷产品加工业。以石煤资源为依托，加快石煤发电开发，提高石煤综合利用。通过对椪柑深加工，发展绿色食品业。

建设工业园区。按照“政府引导，市场运作”原则，建好武溪冶金工业园、浦市工业园和白沙至洗溪工业长廊。做好园区总体规划，储备工业用地，逐步完善园区道路、供电、供水等基础设施建设。拓展招商引资领域，创新招商引资手段方式，落实招商引资责任，兑现招商引资奖励制度，力争年招商引资 1 亿元。注重工业项目库建设，动态管理项目储备，确保常年有 10 个以上可供招商引资项目。

加快以产权制度改革为核心的国企改革改制。推进现代企业制度建设，通过在民营企业中逐步建立以“公司治理结构”为核心现代企业制度，实现投资主体多元化，扩大企业规模，提升企业经营管理水平和整体效益。到 2010 年，建成销售收入过亿元企业 6 家，过 3 亿元企业 2 家，过 5 亿元企业 1 家。税收过 2000 万元 3 家，过 1000 万元 5 家，过 500 万元 10 家。

实施“五资联动”，增加工业投入。通过争取重点工业项目进入国家和省产业引导资金和技改贴息资金支持笼子，加大上级政府投入；通过招商引资，引入县外资金投入；启动民间资金和本地企业老板对工业项目投入；加大财政对工业投入，确保工业发展基金不少于财政总收入 2%，用于产业引导；鼓励金融机构增加工业投入，对金融机构贷款期限 1 年以上，年度给工业企业新增贷款 500 万元以上 3000 万元以内由受益财政按 3‰奖励，3000 万元至 5000 万元按 5‰奖励，5000 万元以上按 6‰奖励。

加强工业人才队伍建设。在政治上关心企业家，提供参政议政和办好企业平台，激励本地和外地企业家在泸溪兴企办厂。解决企业家后顾之忧，对连续两年上缴税金达 200 万元以上企业法人，优先安排其子女就业，政府为其购买养老保险，使其达到退休年龄后可按月领取养老金。鼓励行政事业单位干部职工领办工业企业，其职级待遇和工资关系不变，促使其成为企业家。

3.从五个方面优化发展环境

优化基础设施环境。加快交通建设，确保常吉高速公路泸溪段顺利施工。争取浦市至辰溪公路改造项目审批立项建设，拉近浦市工业园区与辰溪火车站运输距离。搞好水运码头建设，恢复水路运输，缓解陆路运输压力。加快城乡电网改造，新建洗溪镇 11 万伏变电站，解决供电质量问题。

优化政策环境。对新上工业项目，在用地上，投资者主要承担按政策支付给农户土地补偿费用和地面建筑物搬迁费用，对国土耕地开垦费、新增建设用地有偿使用费、防洪保安基金三项费用，林业、规划等部门费用按最低标准由县财政解决。土地出让金经政府常务会议研究实行缓交，待企业投产后所交税金达到土地出让金标准时再予以免交。在税收上，耕地占用税按最低下限缴纳，所得税一律按 15%税率计征，除酒烟业外农业产业化龙头企业，税收实际上缴地方财政部分三年内全额返还。鼓励企业用利润扩大再生产和新上其他项目，其固定资产投入总额以税务机关正式票据为准，可在税前列支。在行政事业性收费上，建设期间涉及相关部门行政事业性收费，属县内的一律免收，属国家和省里的在规定幅度范围内从低收取。在基建税费上，工程建设过程中各种税费按基建总投资 8%包干计算，由工业项目办一次性收取。

优化政务环境。推行首问责任制，企业在相关部门办事，由第一个接待人员带其找主管领导和经办人员。实行一票收费制，对固定资产投资总额在 200 万元以上新上工业项目，在基建投资期间和企业公司注册登记过程中发生行政事业性收费和服务性收费，由县政务服务中心按投资项目预算和物价部门核定收费标准下限收取，行政事业性收费按 30%、服务性收费按 50%开出暂收单据一次性收取，然后分解到各职能部门，待项目决算时，开具正式缴费单据，实行多退少补。推行审批代理制，对新办工业项目实行手续全程代办制，项目经规划选址、环保评估、国土测绘，投资者在按政策补偿农户土地、地面建筑物搬迁费用后，即可开工建设，其他相关手续由工业项目办全程代办。推行限期办结制，凡需到省、州审批手续，国土、林业、环保等部门在规定时限内办理完结，凡属县内审批的，从收到符合要求申报材料之日起5天内办妥手续。实行检查报批制，凡至工业企业开展业务检查，须事先经联系企业县级领导批准，并报县工业主管部门备案。实行收费"一票制"，凡涉及工业企业行政事业性和服务性收费，由工业项目办实行"一票制"收取，然后再按一定比例分配给相关部门，任何单位不能进入企业收取费用。对违反上述五项规定追究当事人和领导责任，情节严重给予党纪政纪处分。

优化法治环境。执法部门树立"保护企业家就是保护生产力"观念，严格按程序执法，严禁搞行业垄断，把严格执法与促进发展有机结合，保护企业和经营者合法权益。司法部门全面落实警务、检务、审务公开制度，提高透明度、杜绝"暗箱操作"。加强对工业企业和重点工业项目周边环境专项治理。企业按照现代企业管理机制要求，学习和熟悉相关法律，既做到合法经营，又会运用法律武器保护自身合法权益。

优化诚信环境。强化诚信意识，领导要带头讲诚信，切实做到"言必行，行必果"。强化为企业服务意识，县级领导要把联系工业企业责任落到实处，乡镇主要领导要为辖区内工业企业搞好服务，县直相关部门"一把手"要经常亲自抓过问本单位人员到企业开展工作情况，确保企业权益不受侵害。培育公众诚信意识。结合实施《公众道德建设实施纲要》，开展信用宣传和诚信教育，增强公众信用意识。强化企业信用意识。企业要树立"信用就是资源和财富"理念，按期还本付息，依法照章纳税，强化环保意识，注重可持续发展。

二、建立武溪工业园

（一）园区诞生。从2002年起，武溪镇辖区内工业企业迅速发展，辖区内工业企业集聚区是全县工业最集中区域之一，至2005年有各类企业31家，其中规模以上工业企业21家，主要以金属铝、锰、锌的冶炼以及铝材板、铝杆、铝管、微细铝粉、铝浆深加工、制药等为主，固定资产投资3.6亿元。2005年，完成工业产值10.19亿元，实现销售收入8.83亿元，上缴税金3508万元，"工业立县"初步彰显效果。由于武溪镇辖区内工业企业集聚区所处的武水武溪段南侧建设用地发展空间不大，不能承载工业企业更高层次，更大规模发展，需再择址新建新工业园区，使之成为名副其实工业重镇。2005年3月，根据《关于实施"工业立县"战略的决定》精神，县委、县政府研究决定在武溪镇城北大溪村一带选址新建工业园。从各部门抽调15名工作人员组成武溪工业园区建设协调领导小组。5月9日，县委办、县政府办发《关于成立县“两区一廊”工业园区建设协调领导小组的通知》。7月25日，县人民政府批复武溪工业园区建设协调领导小组《关于武溪工业园区总体规划的请示》，园区面积由原来266.67公顷扩大到438.80公顷，把武溪工业园建成拥有一定规模、产业关联度高、辐射带动力强的工业发展平台和“科学、规范、清洁”特色于一体的现代化工业园区。2006年11月2日，县委、县政府决定成立泸溪县武溪工业园筹备组。12月30日，武溪工业园管理委员会正式成立，同时成立中共武溪工业园管委会。至此，武溪工业园区正式诞生，泸溪工业进入新的发展时期。

(二)园区规划。武溪工业园管委会成立后，牵头组织国土局、住建局、规划局、环保局、经信局等部门，组成规划测绘组，对园区建设范围进行确定和规划，县政府派出一名副县长专门负责园区建设工作。经过选址等一系列程序，最终确定南至峒河，东至移民村，北至大溪群力、团结水库，西至上堡村为园区建设范围。园区控制面积3.21平方公里，其中建设用地面积2.57平方公里。2006年，园区管委会聘请专家对武溪工业园规划红线内进行规划，制定《武溪工业园总体规划》，至2007年初完成。规划坚持立足现实、长远着眼原则，站在全县发展和整体布局角度上看待远景与现实之间问题，兼顾未来发展与现实需要，在重视宏观控制、综合引导前提下，结合现有实际条件和既有状况，使规划具有更好的可操作性。坚持综合效益最佳原则，重视经济效益、社会效益、生态效益并重，塑造具有幽雅环境和鲜明个性特色空间，并在此基础上充分注重开发建设投资效益，增大投资吸引力，促进工业园建设展开。坚持尊重自然现状，保持生态环境特色原则，尽量保留原有地形地貌，避免过多大挖大填，合理利用地形，减少填挖方量，减少工程造价。坚持与自然和谐共存原则，充分考虑生态环境容量，最大限度降低园区对局部景观和水文背景、区域生态系统环境造成影响。坚持区域发展原则，将园区与城镇发展和地方特色经济相结合，将园区建设与区域生态环境综合整治相结合。通过培训教育、工业开发、住房建设、城镇建设等，加强园区与城镇间联系，将园区规划纳入全县社会经济发展规划，并与区域环境保护规划方案相协调。规划设计确定近期和远期目标，近期发展目标是：经过3-5年时间，构筑工业园区基本框架，形成以本地资源转化和深度加工工业以及生物制药为主工业园区，并注意培植其研发能力，为后续发展和产业升级奠定基础。实现工业产值25亿元，利税1.5亿元。远期发展目标是：经过10—15年时间，工业园区基础设施配套完善、功能配套齐全，成为资源转化和深度加工生产基地，成为湖南省工业园区体系的重要组成部分，实现工业总产值100亿元，利税8亿元。

(三)园区定位。《规划》基于园区已经呈现四个方面优势进行定位，确定定位原则。这四个方面的优势是：矿产资源优势。武溪工业园南区20家各类企业中有90%左右工业企业为矿产资源加工企业，矿产资源优势影响全县工业经济。工业存量优势。至2005年底，武溪镇辖区内集聚企业50万元资产以上有21家，民营企业综合竞争力明显增强，形成铝、锰、锌系列产品优势特色产业，成为县财政税收主要来源，为武溪工业园发展奠定基础。发展环境优势。在工业发展上，县委、县政府高度重视，部门协作服务意识和能力强，措施有力，工业发展环境良好，为工业园区招商引资创造良好条件。文化生态优势。武溪文化底蕴深厚，旅游资源丰富，自然景观、人文景观与民族风情相辅相成。全县森林覆盖率65%，生态价值高，生态优势明显。《规划》确定武溪工业园是全省铝、磷产品重要加工基地，全州新型工业化重要依托，"工业立县"战略实施主要载体，是以增加县财政收入、构建和谐社会为目标环境友好型工业园区的总体定位。在功能定位上，以低污染、高附加值新型工业为主导，配套建设物流、居住、公共设施城镇产业组团。在产业定位上，根据国家标准《城市用地分类与规划建设用地标准》，一类工业用地指对居住和公共设施等环境基本无干扰和污染工业用地；二类工业用地指对居住和公共设施等环境有一定干扰和污染工业用地；三类工业用地指对居住和公共设施等环境有严重干扰和污染工业用地。武溪工业园以发展二类工业为主，有选择性地发展三类工业。在工业发展方向上，重点发展铝产品加工、磷产品加工、锰锌产品深加工，发展生物制药，绿色食品加工业，走资源节约型、环境友好型新型工业化道路。《规划》测算园区就业岗位，武溪镇辖区内工业企业集聚区2005年已安排就业岗位3124人，人均创造工业产值26万元。随着工业企业资金与技术含量提高，人均创造产值将上升，预计2010年人均创造工业产值达30万元，远期将达40万元。近期工业园产生就业岗位0.8万人，远期产生就业岗位2.5万人。

(四)园区发展政策。2007年11月，根据武溪工业园工业企业快速发展形势，县委、县政府制定《关于加快推进工业园区建设的实施办法》，对园区发展作出具体规定：

1.确立发展目标。《实施办法》明确工业园区发展以"工业园区化、产业集群化、布局城镇化"为目标，以基础设施建设为中心任务，以招商引资为根本途径，以特色产业为主攻方向，发展循环经济，加大政策和资金支持力度，把工业园区建设成为具有一定规模、产业关联度高、辐射带动力强的工业发展平台。确立工业园区“一年起好步，三年打基础，五年成规模”建设进程。

2.确定发展重点。《实施办法》确定发展重点是：基础设施建设、筹融资、优惠政策、招商引资、项目入园建设、循环经济等方面。

加强基础设施建设。重点开发建设滨江大道和峒河二桥。2007 年，完成滨江大道路基建设，峒河大桥工程开工建设。利用招商引资项目“边入园边建设”，实现以项目带动主干道等基础设施建设，同时，进行电力、自来水、通信网络、有线电视、给排水系统设计等配套设施建设。

多方开展筹融资。增加财政对园区投入，县财政在工业发展基金、基本建设资金、高新技术引导资金及产业专项资金等方面增加对园区投入。深化投资体制改革，组建投资开发公司，以投资公司为平台，拓宽园区建设融资渠道。发挥政府专项资金带动作用，将工业园区道路、供水、电力、电信、桥梁、土方及办公设施等工程细化、量化，依靠发改局、财政局、经济局、交通局、建设局、环保局、水利局、电信局、移民局、电力公司等相关部门上报项目，争取上级部门专项资金支持。

落实优惠政策。立足特殊优惠政策、特别保护政策和特有诚信政策“三特”政策，抓好优惠政策落实。

①特殊优惠政策。凡固定资产投资经审核在 800 万元以上新上工业项目，享受的优惠是：在征地上，征地补偿费用先由投资方垫付，实现税收后由财政返还；国土、林业、规划手续办证由县政务中心协调代办，费用由县财政解决；土地出让金经政府常务会议研究实行缓交，待企业投资后所交税金达到土地出让金标准时再予以免交，根据企业需要提前办理土地确权手续。在税收上，耕地占用税按最低下限缴纳，所得税一律按 15%税率计征，前三年实际上缴地方财政税收部分全额返还。鼓励企业用利润在县内扩大再生产和新上其他工业项目，其固定资产投入总额经税务部门核准后可在税前列支。在行政事业性收费上，按照“一票收费制”规定执行。在 800 万元以上新上工业项目，由县政务服务中心按投资项目预算和物价部门核定的收费标准下限，行政事业性收费按 30%，服务性收费按 50%开出暂收单据一次性收取，再全部分解到各职能部门。

②特别保护政策。按县委、县政府文件规定，将首问责任制、一票收费制、全程代办制、限时办结制、检查报批制、责任追究制“六项制度”落实执行到位。执法

部门要把严格执法与促进发展有机结合起来，保护企业和经营者合法权益。

③特有诚信政策。强化领导诚信意识，县级领导及部门负责人带头讲诚信。广泛招商引资。秉承“亲商、安商、便商、富商”宗旨，营造良好招商引资氛围，力争年招商引资 1 亿元。统一对外宣传口径，规划对外宣传标识，制作园区开发模型和招商网站、编印招商引资指南，推进园区招商理念；建立动态项目库，确保常年有 10 个以上可供招商引资的项目；采取“一事一议”制，加快项目建设进度，以高效办事效率招商，切实加快招商引资进程。

加快项目入园建设。以本地资源优势为基础，结合南区工业发展、构筑产业集群，形成以铝、磷、生物科技、合金新材料和椪柑加工五大特色产业链为主导产业生产基地。合理适度开发，按照布局集中、用地集约和产业集聚原则，合理规划安排园区企业用地。注重以项目促开发，坚持节约与开发相协调，提高园区土地资源利用率，严格控制项目占地面积，提高单位土地面积上投资量。产业布局综合考虑产品卫生安全、环境污染、居民影响等因素，合理分类，优化布局。尤其是农副产品加工、食品、制药等轻工业要与冶金、化工等重化类产业分开，分别布局。发展循环经济。根据省政府《加快工业循环经济发展的决定》要求，从 2006 年起，在工业园区全面实行循环经济试点。按照“减量化、再利用、资源化”原则，以清洁生产和资源综合利用为突破口，推行可用废弃资源化，提高能源、矿产等资源开发深度，实现资源的高效循环利用，建成“零排放”企业。在园区建设和企业布局时，提前安排园区企业废水、废气、废弃物集中处置，实现园区工业与节约资源、生态环保协调发展。

3.强化服务措施。《实施办法》从组织领导、部门协作、改进监管、奖惩制度四个方面落实服务措施。规定园区由县政府直接管理，园区管委会接受县政府垂直管理，除县委、县人大、县政府、县政协外，其他县直部门不得对园区管委会下达指令计划。继续实行园区企业和产业项目县级领导挂点责任制，推动日常议事制度，定期召开县委常委会议和政府常务会，听取园区汇报，决策重大事项，解决重大问题。根据园区发展需要，不定期召开县委书记和县长办公会议。通过现场办公，及时排解园区建设过程中突发的各种矛盾。成立工业园区开发建设协调领导小组，加强工业园区在开发建设进程中的协调服务工作。规定各相关部门加强对园区业务指导，及时了解园区涉及投资、劳动、规划、土地、城建、环保、安全生产、工商、税务等方面存在问题。在园区规划、环境评价、征地和拆迁过程中，建设局、环保局、国土局、林业局、移民局、武溪镇等相关部门要做到目标相同，标准一样，口径一致。各有关职能部门协调服务园区在项目建设过程中涉及相关职能部门办证事务。改进监管机制，县委、县政府督查室及时收集和分析园区经济信息，了解园区工作进展。工业园区每月向政府上报主要工作情况及经济指标。县委县政府“两办”督查室将相关部门协调服务工作按园区要求进行细化量化。将协调服务工作纳入部门目标管理考核范围，作为干部绩效考核的重要依据。

在落实奖惩制度方面作出具体政策规定：完善招商引资激励机制，奖励金额按招商引资不同来源，由县政府分别给予到位资金总额一定比例奖励。属于无偿投资的，按到位资金总额20%兑现奖励。引进有偿建设资金的，按到位资金总额2%兑现奖励。属于对外招商项目，资金总额在300万元以上至1000万元人民币以下，按到位资金2%奖励；1000万元以上按到位资金5%奖励；对金融机构贷款期限1年以上，年度给工业企业新增贷款500万元以上3000万元以内的，由受益财政按3%奖给行长，3000万元至5000万元的，按5%奖给行长，5000万元以上的按6%奖给行长。《实施办法》还规定奖励程序。健全协调服务奖励制度，协调服务工作先进单位除授予奖牌外，给予一定数额奖金，具体标准为乡镇10000元，县直单位5000元。

《关于加快推进工业园区建设的实施办法》出台后，各级各部门认真贯彻落实，加强宣传工作，推进园区工业发展进程。至2008年，园区建设基本成型。

三、“工业强县”的转变

2005年，县委、县政府全面实施“工业立县”发展战略，全县新型工业化快速推进。县委、县政府领导既是工业立县决策者，也是实现工业立县目标执行者。坚持每季度带相关部门负责人到企业现场调研，帮助企业解决发展困难，增强企业老板发展信心和决心。制定和落实优先发展工业措施。2006年，对《关于实施“工业立县”战略的决定》规定的首问责任制、一票收费制、全程代办制、限时办结制、检查报批制、责任追究制“六项制度”进一步完善，形成文件下发并贯彻落实。“六制”措施出台是园区发展“催化剂”，推进工业企业发展。对部门单位是一道“紧箍咒”，规范部门单位对工业企业发展服务管理制度，促进管理部门改进服务态度，提高服务质量，变管理贯穿于服务全过程。同时，出台土地征收让利、所得税让利、任务目标管理奖励、生产用电优惠、大项目政府统一办理立项批文、企业融资担保、工业园区建设等举措，推动新型工业化快速发展。落实工业项目，抓住工业项目建设不放，多次走出去推介泸溪，主动邀请县外老板来泸溪投资兴业，使一批县外老板来泸溪投资上工业项目。主动拜访泸溪籍在外老板，用诚信和激励动员他们回乡投资创业。这些项目投入促进全县新型工业经济快速发展。2008年，全县工业持续快速增长，规模工业由2007年的38家增至42家，产值过亿元骨干企业由6家增至7家。实现工业产值38.30亿元，工业增加值12亿元(其中规模工业增加值11.2万元)，比上年分别增长52%、29.8%，工业企业对经济增长贡献率89%，对税收贡献率78%，拉动整个财政收入快速增长。全县实现财政收入2.26亿元，比2007年增长37.6%，增速和增长绝对数名列全州第一。曾被州委、州政府定名为"泸溪现象"在全州推介，泸溪工业经济出现强劲发展势头，工业强县基本形成。面对"工业立县"战略的有效实施和显著成效，县委、县政府审时度势，及时调整工作思路，对武溪、浦市、白沙三镇区域经济社会发展重新布局定位：武溪镇以工业园区为载体重点发展工业企业，形成工业重镇；浦市镇以千年古镇为载体，重点发展旅游产业，打造历史文化名镇；白沙镇以园林城市为载体，重点加强城市建设，彰显生态靓镇。决定将"工业立县"战略提升为"工业强县"战略，确定全县经济社会发展方略是"工业强县、产业富民、环境创优"。

在工业园发展和建设同时，县委、县政府注重优化经济发展环境，实现发展硬环境和软环境相配套，从五个方面优化经济发展软环境。

(一)优化政策环境。制定优惠政策，2008年出台《关于进一步完善优化经济发展环境工作机制的意见》《关于建立健全经济调节制度的意见》《关于建立健全政府干预机制的意见》等一系列优化经济发展软环境政策。设立工业发展基金，及时兑现各种奖励与优惠政策，确保"项目落地、政策落实、承诺兑现"。完善制度建设，县委常委会、县政府常务会多次研究部署软环境建设工作，及时将工作任务分解到相关单位，明确提出建设效能型、服务型、责任型和法治型"四型"政府目标。建立"党委统一领导，行政首长负责，纪检监督协调，部门各履其职，社会广泛参与"领导机制和工作机制。制定《泸溪县机关效能建设和优化经济发展软环境考核评议暂行办法》，把效能建设和优化经济社会发展软环境作为党建和政权建设重要内容，纳入领导班子和领导目标管理，与经济建设、精神文明建设和其他业务工作一起部署、一起落实、一起检查、一起考核，把责任制落到实处。

(二)优化政务环境。深入开展服务型机关创建活动，主动服务、超前服务，及时为企业和重大项目建设提供全方位、全过程服务，提升行政效率。加强县政务中心建设，县内各有关行政许可、审批职能集中在政务大厅，推行首问责任制、一票收费制、全程代办制、限时办结制、检查报批制、责任追究制“六制服务”。对需在州以上部门办理国土、林业、环保等手续工业项目一律由县内主管部门全程代办。落实行政问责，对影响优化经济发展环境案件予以严肃查处，做到“三个必查”：即上级交办案件必查，群众反映大的案件必查，影响重点工程环境案件必查。强化对重点部门作风检查和效能监督，增强服务意识，优化政务环境。

(三)优化服务环境。推行县级领导干部联系企业制度，坚持对企业开展优质服务。坚持企业“宁静日”制度，每月1-25日不准下企业检查，制定服务企业“十项禁止性规定”(禁止利用职权向企业“吃、拿、卡、要、报”；禁止利用职权指定中介服务，强制企业购买指定产品、保险和服务，强制企业参加学会、协会等社团组织；禁止以拉赞助、打广告、订业务报纸杂志或违反国家规定组织培训、考评等形式加重企业负担；禁止接受企业和服务对象的礼金、会员卡、宴请、游玩等；禁止未经办理涉企检查备案手续对企业进行各类检查；禁止未经领导班子集体研究随意进行上限处罚；禁止未经法定程序查封和冻结企业资产、账户，扣押财物，违法限制或非法剥夺企业法人代表人身自由；禁止违反服务承诺制度超时办结各类政务服务事项；禁止以负面宣传要挟企业或服务对象；禁止对投诉或反映问题的企业或个人打击报复)。行政执法部门在管理同时加强优质服务，注重文明执法，树立管理就是服务理念。

(四)优化法治环境。定期组织整治企业及周边治安环境专项行动。政法机关以武溪工业园区为重点，以经济“110”为主体，定期开展企业周边治安整治，确保企业周边无重大刑事案件。县委政法委确定1名副书记负责武溪工业园环境协调工作，组建企业维稳工作组调解涉企纠纷，及时打击处理群体性阻工闹事违法犯罪。协助企业建立治安保卫组织，对企业保安人员进行业务培训，在重点企业安装电子探头60个，强化企业人防、物防和技防措施。在打击涉企犯罪、整治企业周边治安秩序同时，加强企业法制宣传教育，提高业主、管理人员及员工法律素质，依法管理，守法经营。规定企业老板“只能发财，不许养人(打手)”，若有违法犯罪，依法追究刑事责任。

(五)优化人文环境。优化招商引资环境，改变招商引资观念，注重以情招商、以商招商，以优雅居住环境和良好安全稳定环境吸引各地商家老板。关心关怀企业业主，县委、县政府每年为规模以上工业企业主免费进行一次体检；每年春节前召开企业老板团拜会，并到外商投资企业总部拜访。落实优秀企业家政治待遇，将优秀企业业主推选为人大代表、政协委员。至2016年，累计有28人次被推选为省、州、县人大代表、政协委员。

四、转型升级发展新兴产业

2008年，全面实施“工业强县”战略，县委、县政府决定把发展新兴产业推进新型工业化作为第一推动力，力求把工业园区建成中南地区最大金属材料加工基地，实现由县域经济小县向县域经济强县跨越。以项目建设为核心，以扩量、增速、增效为重点，以工业园区为载体，以招商引资为手段，以转变增长方式为保障，推进产业集群化。以承接东部产业转移为重点，围绕优势资源和矿产品加工业延伸加工及产业集群配套，重大项目招商和产业链招商，形成一批新的经济增长点。突出节能减排增效，提高节能降耗和资源综合利用水平，坚持横向扩能配套发展，壮大锰锌优势产业集群，开发锰锌深加工项目，拉长产业链，提高附加值，提升产业层次。建立和完善金融服务、人力资源、物流服务、创新支持体系，激发一切活力。积极推进企业自主创新，加快推广应用高新技术改造传统产业，加快科技创新成果引进、吸收、再创新和产业化步伐，提高工业经济科技含量。2009年，全县规模工业完成产值35.38亿元，比上年增长16.21%，规模工业增加值完成11.65亿元，比上年增长41.2%，增速位居全州第一。被省委、省政府评为“全省发展非公有制经济先进县”，跨入“全省经济强县”行列。2011年，全县实现全部工业产值90.16亿元，比上年增长40.98%。其中，规模以上工业产值83.36亿元，增长38.5%。实现全部工业增加值29.5亿元，增长20.8%，其中规模以上工业增加值27.8亿元，增长20.6%。

2011年后，县委、县政府根据全县经济社会发展状况，不断完善发展方略和工作思路，提出“工业强县、产业富民、环境创优、民生改善”的发展战略。工业发展以武溪工业园为承接产业转移载体，通过整合锰锌产业，淘汰高能耗高污染产品等措施，向新型工业化转型。园区形成以电解锰、电解锌、硫酸、铁合金为主导工业体系。2013年，受国家节能减排政策和市场变化影响，泸溪工业再次经历“阵痛”，是年，全县工业产值56.50亿元，同比减少14.30亿元，工业经济持续滑落，经济形势严峻。面对这一难题，县委、县政府提出“调结构、转方式”发展新材料产业、加速企业科技创新等工业发展思路。痛下决心关停一批锰锌企业，进行产业整合，强化生产要素集中配置，提高抵御市场风险能力。出台包括财政补贴、财政扶持、优惠电价在内九项锰锌整合激励措施，营造优良整合环境。并在整合过程中，引导企业实施战略重组，使企业走出重围。加强技术改造，创新工艺，降低产品成本，提高企业产品附加值。同时，利用标准厂房平台引进玩具、服装、家具、电子等劳动密集型产业。冶金、化工两大传统产业改造升级，传统高能耗产业锰锌酸占全部工业比重从72%下降到60%，能源、建材、食品加工、生物医药等相关产业初具规模。

2013年12月15日，县委、县政府发布《关于加快推进全面建成小康社会的实施意见?》，提出抢抓武陵山片区区域发展与扶贫攻坚试点机遇，全力实施发展战略，扎实“推进五大工程、打造五个泸溪”（推进核心工程，打造实力泸溪、推进亮点工程，打造特色泸溪、推进重点工程，打造魅力泸溪、推进民生工程，打造幸福泸溪、推进保障工程，打造平安泸溪），抢抓机遇，奋力开拓，建设小康泸溪。在工业发展上，以推进新型工业化为核心工程，打造“实力泸溪”。重点发展以铝粉、铝型材、镨钕合金、铬基合金、钒氮合金为主新材料产业，做大做强新材料产业集群。深化生物制药、农产品加工结构调整，开发新产品，发展绿色环保型产业。综合开发利用铝土矿、磷矿石、石煤等优势资源，培育新兴产业。做好锰锌产业整治整合，实现资产重组、产能优化，促进锰锌传统产业转型升级。继续加强园区基础设施建设，完善园区招商引资机制，优化园区产业布局，构建泸溪工业集中区、新材料产业园、农产品加工和生物制药产业园、锰锌产业园、物流产业园“一区四园”格局，提升产业集约化水平。在措施上，加强与经济发达地区对接与合作，扩大招商引资，坚持产学研结合，深化企业与学校合作，鼓励企业加快自主创新，深化融资体制改革，加快做实政府融资平台，实施人才培育和人才引进战略。在项目建设上，树立“发展靠项目支撑，工作靠项目推进，面貌靠项目改变”理念，抢抓西部大开发、武陵山片区区域发展与扶贫攻坚试点等重大战略机遇，重点在基础设施、产业建设、民生事业、生态保护等方面争取和实施一批事关全县长远发展重大项目。在发展环境上，继续加强服务型机关创建，推行“六制”服务，健全县级领导“四联”（ 联系重点项目、重点企业、乡镇、扶贫村）责任制。深入开展重大项目、重点企业及周边环境专项整治行动，依法维护市场经济正常秩序。落实工业废弃物达标排放制度和项目建设“三同时”（建设项目中防治污染设施与主体工程同时设计、同时施工、同时投产使用）制度，打造良好生态环境。

县委、县政府化困境为机遇，提出创建创新创业产业园、调整产业发展方向的工业新战略，决定以创新创业园为孵化平台，引进铝系列精深加工、新金属材料等高新项目，引进玩具、晴雨伞、电子、服装、家具等劳动密集型企业，用产业调整之手走出困境，再次崛起。

为提高园区竞争力，园区全面落实"工业强县"发展方略，加大工业投入。完善基础设施建设，滨江大道、纵向第二、第三、第五、第七大道、滨江大道与深水码头接线道路、公共渣库、千吨级深水码头、220 千伏变电站、楠木洲拆迁户安置区等基础设施累计投资 7 亿元，完善了项目承载平台。实施仙人溪改道、武溪老街改造、峒河二桥、防洪堤、老街亮化绿化、深水码头至白渡溪道路等市政设施，与县城白沙"同建同治同管"，助推城镇扩容提质，提供良好的生产生活环境。创新创业孵化平台，2014 年，投入资金 1.5 亿元，与企业共建设标准厂房 9.5 万平方米。2015 年，投入资金 3 亿元，建设 10 万平方米标准厂房。在打造硬件的同时，县委、县政府制定入园项目、租赁厂房优惠政策，为入园企业高管及中层管理人员提供公租房居住，就近解决其子女上学等便利条件，扶持高新企业和劳动密集型产业的落户和发展。继续开展"经济 110"服务企业行动，有效化解企业用地难、融资难、审批难问题。从县委政法委、县公安局抽调 5 名人员组建企业周边环境整治领导小组，专门调解企业周边矛盾，为企业保驾护航，为园区企业创造优越发展环境。

至 2015 年，园区有企业 57 家，固定资产 53 亿元，主要产品有铝、磷、锰、锌、新金属材料、生物制药等，实现工业总产值 56.30 亿元，税收 1.12 亿元，就业人员 1.13 万人。

经过艰苦探索和艰难抉择，并经过十二年落实和实施，泸溪县工业发展取得长足进步，"实力泸溪"成效已经彰显。武溪工业园继 2010 年获得湖南省首批"承接产业转移特色基地"后，2012 年 11 月，晋升为省级工业集中区。至 2016 年，园区规划面积 7.33 平方公里，以武水为界，划分南北两区。南区规划面积 4.20 平方公里，属于老工业集中区，以锰锌等有色金属加工产业为主；北区规划面积 3.13 平方公里，以招商引进高新技术铝系列金属材料精深加工、新金属材料加工产业为主导。至此，武溪工业园成为湘西地区具有一定规模、产业关联度高、辐射带动能力强的推进新型工业化和承接产业转移的重要平台。

第二章 园区机构

第一节 武溪工业园管理委员会

泸溪县武溪工业园筹建于2005年1月。2006年11月2日，县委、县政府决定成立泸溪县武溪工业园筹备组。2006年12月26日，县编办下发（泸编办发〔2006〕67号）文件关于印发《泸溪县武溪工业园管理委员会职级配置、内设机构和人员编制规定的通知》，同意成立泸溪县武溪工业园管理委员会。明确泸溪县工业园管理委员会为县人民政府直属正科级全额事业拨款单位，机关内设办公室、财务室、招商办、建设办，核定全额事业编制15名，配备正副科级领导职数6名，其中主任和党委书记各一名、副主任3名，纪检书记1名，工会主席1名，机关工作人员实行参照公务员管理，经费由县财政全额列支，所辖范围为独立的行政区域，行使区域内政府的相关职能。2015年3月，县编办下发《关于增加武溪工业园管理委员会编制的通知》，从县电力行政执法大队空余全额拨款事业编制划入，武溪工业园管理委员会增加全额事业编制2名。编制调整后，武溪工业园管理委员会有全额拨款事业编制17名。

随着园区体系建设不断完善，园区企业不断聚集。2012年11月，经省人民政府批准，晋级为省级工业集中区。2016年6月2日，县编办下发《关于泸溪县武溪工业园管理委员会更名的批复》，批准泸溪县武溪工业园管理委员会更名为泸溪县工业集中区管理委员会。2016年7月14日，经湖南省人民政府批准，省政府办公厅下发文件，泸溪工业集中区晋升为泸溪高新技术产业开发区。

武溪工业园管理委员会是县人民政府的派出机构，行使区域内政府相关职能，其主要职责是：

1. 贯彻执行党和国家有关发展经济技术开发区的方针、政策，研究制定和组织实施武溪工业园各项管理规定和改革措施，检查督促各项政策、法规的执行情况；探索武溪工业园发展的新路子、新模式。

2. 制定武溪工业园中长期开发建设和科技、经济发展规划及年度计划，并组织实施。

3. 按照武溪工业园总体规划要求，规划、审批和管理武溪工业园范围内各种建设项目。

4. 负责武溪工业园内企业有关管理和服务工作。

5. 审核和批准管理范围的外资、内资项目和进出口贸易，指导和协调招商引资、对外经济技术协作、合作与交流，处理园区涉外事务。负责申报、审核武溪工业园有关人员出国(境)事项和对外邀请事宜。

6. 负责工业园的经合、审计、统计、信息和财政监督工作。

7. 负责行使计划、建设、人防、规划、房产等相关部门的管理权限。

8. 负责武溪工业园区生产要素市场和中介服务组织的审批、管理。

9. 负责工业园区劳动人事管理工作，承担园区干部教育、培养、选拔、考核工作，负责园区公务员和其他人员的招聘、解聘和管理工作。

10. 负责对派出机构进行统一协调，监督和管理工作。

11. 负责园区内计生、民政、文化、教育、卫生等部门的相关工作。

12. 统一规划和管理园区内各项基础设施和公共设施。

13. 按照批准的园区总体规划，对园区内土地进行统一规划，统一征用、统一开发、统一出让、统一管理，并确定土地出让、转让价格，收取开发区土地使用费和场地占用费。

14. 监督和治理园区内环境污染，依法实行环境保护。

15. 承办县委、县人民政府交办的其他事项。

2006 年 11 月，县委、县政府成立泸溪县武溪工业园筹备组，王必好任筹备组组长。

2007 年 2 月，王必好任泸溪县武溪工业园管理委员会主任，李长清任管理委员会副主任，黄明刚任园区管理委员会副主任科员。

2008 年 2 月，彭延红任园区管理委员会副主任。

2010 年 1 月，孙辉任园区管理委员会副主任。7 月，免去彭延红武溪工业园管理委员会副主任职务。11 月，文雯任园区管理委员会副主任。

2012 年 8 月，免去文雯武溪工业园管理委员会副主任职务。9 月，陈树强任武溪工业园管理委员会副科级干部。

2012 年 10 月，陈方生任武溪工业园管理委员会副主任。

2012 年 11 月，王平任武溪工业园管理委员会副主任。

2015 年 6 月，縻伏和任武溪工业园副主任。

2015 年 6 月，田熙学任武溪工业园副主任。

2016 年 11 月，田熙学任武溪工业园主任。

武溪工业园管理委员会机构设置示意图

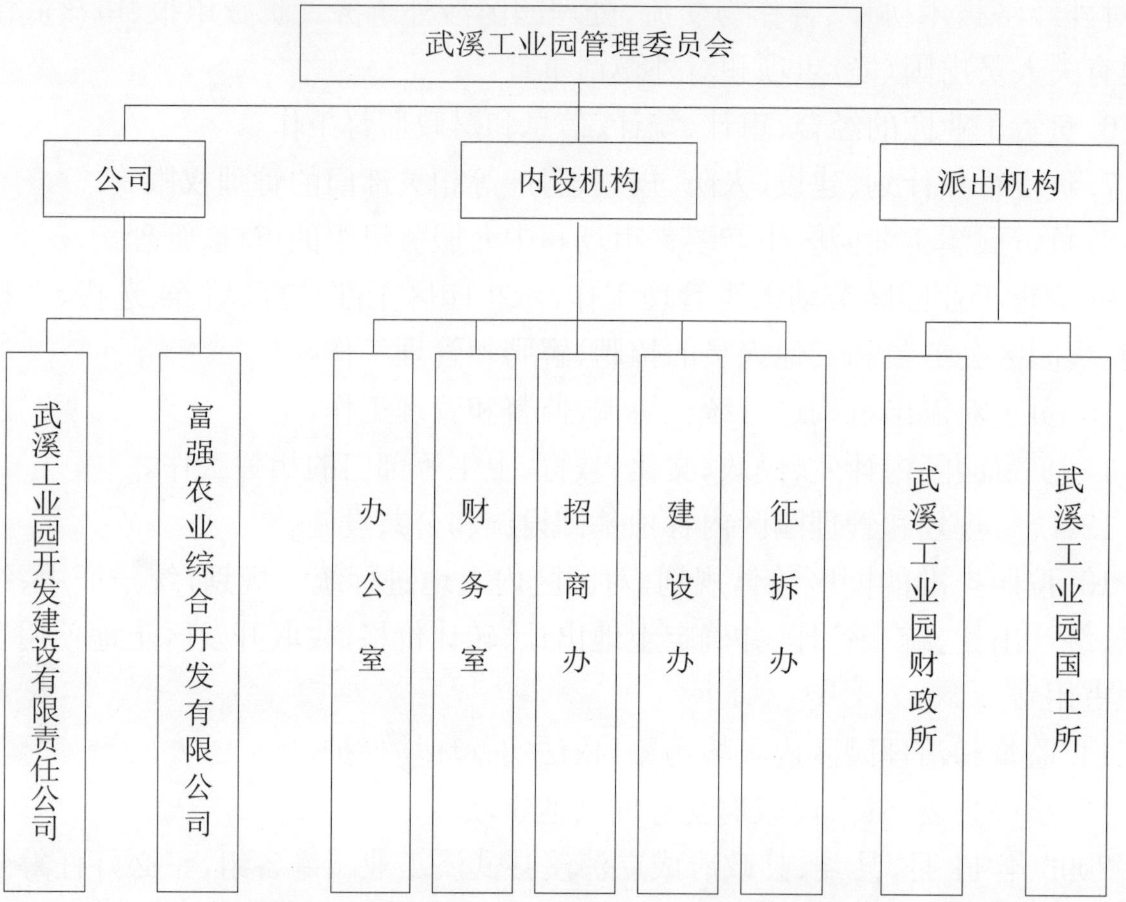

武溪工业园管理委员会主任、副主任名录

职　务	姓　名	任职时间	备注
主任	王必好	2007.02-2016.10	
副主任	李长清	2007.02-2010.07	
副主任	彭延红	2007.02-2010.07	
副主任	孙辉	2010.1-2012.08	
副主任	文雯	2010.11-2012.08	

续表

副主任	陈方生	2012.10—	
副主任	王平	2012.11-2015.6	
副主任	糜和伏	2015.6—	
副主任	田熙学	2015.6-2016.10	
主任	田熙学	2016.11—	

第二节　内设机构

泸溪县武溪工业园管理委员会机关内设机构设有办公室、财务室、招商引资办公室、规划建设办公室、征地拆迁办公室。

一、办公室

负责机关各类文件及综合材料的起草工作，做好管理委员会全体会议，主任办公会议的组织、记录、纪要工作，办理好机关日常事务。负责综合协调、文秘档案、党务政务信息、保密、保卫、机关后勤工作。负责园区组织和劳动人事管理。根据国家法律、法规，监督和管理企业劳动保护、劳动保险工作，推行目标化管理，制定有关考核办法，管理机关工作人员的考评、考核和奖惩工作。负责园区文化、教育、宣传、卫生、计划生育和社会治安综合管理等工作。负责维护园区经济发展环境秩序。对园区工作人员进行法律、法规、政策教育。负责园区的园林绿化和公共卫生管理工作，开展造林绿化、爱国卫生宣传活动，对工业、生活垃圾进行有偿清除以及环境卫生管理。协调管委会领导处理机关日常工作，参与园区各项政务活动，协调园区内各职能部门工作。负责园区内土地监察，城建监察，公共设施管理和做好综合治理工作。负责对园区的现状和前景进行综合分析，为管委会的决策提供筛选方案，参与园区规章的制定和修改工作。负责园区管理委员会交办的其他工作。

2007 年 2 月至 2016 年，谭子瑛任办公室主任，负责办公室工作，配备办公室人员 2 人。

办公室作为园区管委会的中枢机构，在工作方法上力求创新和发展，积极“参与政务、管理事务、搞好服务”，践行“贴近领导、贴近基层、贴近群众”工作宗旨，提高自身综合管理水平。在实际工作中，坚持“心中有大局，工作为大局、办事顾大局”，按照“到位不越位，揽事不揽权、添彩不添乱”的原则积极参与管委会重要工作决策。在思想上行动上始终与园区管委会保持一致，与园区中心工作合拍。改变陈旧思维方式和过时工作方法，在思路上力求创新，在工作节拍上力求超前，在工作质量上力求创优，体现出办公室良好的精神风貌。制定园区各项管理规章制度并抓好落实，加强办公室建设，把办公室各个岗位全部纳入制度管理轨道，做到办公室事务处处有人管，件件有标准，提高办公室工作规范化水平。正确处理各种关系，把握好“大”与“小”关系，在事关整体工作的大事方面，站在领导角度考虑问题。紧贴园区工作，力求在领导决之前，参谋在领导思考之中。从细节着手，严格程序，搞好规范化服务，建立和完善办文、办会、办事、接待、档案、信息、学习、综治、督查、考核制度，分工明确，负责落实，提高效率，注重从细微处搞好服务。把握好“上”与“下”关系，把对上负责和对下负责结合起来，发挥好桥梁和纽带作用。工作中读透上情，做好服务工作，及时掌握下情，加强与各科室的联系，对各类情况进行分析和核实，做到客观、准确、真实。把握好“内”与“外”关系，对办公室人员要求苦练“内功”树形象。提倡学习奉献精神，弘扬干事创业良好风气，坚持把加强学习作为提高队伍素质的根本措施来抓。围绕打造“窗口”服务形象，着力规范工作流程，做到“零缺陷”“零失误”“零差错”，不压事、不误事、不漏事、不坏事。注重发挥各方面积极性，做到对上加强联系，对内加强管理，对外积极沟通，对下搞好服务，增强办公室的整体合力。加强自身建设，通过读书学习、不断增加新知识新理论并指导工作实践。把调查研究作为办公室工作的谋事之基和办公室人员的基本功，形成制度，形成风气。注重团结，珍惜同事之间的友谊、珍爱集体的团结，提倡比学赶帮，始终保持一种奋发向上的团队精神。在小事小节前把持住自己，在一言一行上严格要自己，处事谨慎，交往有“度”到恪守自律、慎言慎行，立足本职，甘于平淡，乐于奉献。

二、财务室

负责园区财务管理、税务和金融协调；负责投融资计划、年度预决算、资金调度、招商引资优惠政策兑现工作；负责财务分析评价、内部审计、企业会计业务指导和管理，会计人员继续教育工作；负责园区国有资产的管理；依法依规对园区企业的资产、负债、损益进行审计监督。

2007 年 2 月，工业园管委会配备财务人员 1 名；2008 年 7 月公开招考 1 名会计，财务室有财务人员 2 名，财务室负责人杨雪。

财务室设立后，根据财务工作要求进一步规范财务管理，理清债权债务关系，严控非生产性费支出，提高财务管理质量。在财务管理上，坚持用制度管人、管事、管钱，在原有财务管理制度基础上制订《工业园区财务报账制度》，在报销票据要求、报销流程、签批报销时间等方面都做了规定。加强从业人员培训，组织财务人员参加县里举办的财政金融知识培训，提高财务人员法律法规知识和业务水平。同时要求财务工作人员规范记账，合理理财，当好领导的参谋和助手。定期开展债权债务清理整顿工作，组织清理历史遗留的外欠账、挂账、预付账款规定在10天内进行及时清欠，写出书面报告，及时上报，主动申请审计。

三、招商引资办公室

负责园区招商引资政策、计划的制定和实施工作；负责园区招商引资工作，统筹管理入园三资企业项目的联系、引进、调度、综合协调和咨询服务工作；负责园区形象策划，宣传和推介工作；负责报批园区进出口产品许可证、配额和外贸自营进出口企业及技术进出口的审批上报工作；负责园区代办、协办进入园区项目和企业的各项报批手续；负责对招商合作的项目和企业进行后期管理和跟踪服务；负责园区招商项目、资金等方面统计工作；负责对园区企业指导监督工作。

2007年2月，园区管委会成立时，招商办没有安排固定人员，招商引资工作由县政府统一调度。2012年，核定人员编制3人，招商引资工作由党委书记向光武负责，2015年12月，由继任党委书记张春梅负责。

在招商引资工作中，园区管委会按照县委、县政府的部署和要求，紧紧抓住产业转移、产业转型，社会导向、政策倾向四大机遇，充分利用国家政策，调整和确定一批项目进行论证，全力以赴开展招商引资工作。2010年以来，先后组团参加各届“中博会”“珠洽会”“湘商大会”及“港洽周”“沪洽周”等经贸洽谈活动。抓住承接产业转移的契机，充分利用“节会”招商，对外发布招商项目，介绍政策环境，进一步宣传推介泸溪，引进一批有实力的企业来园区投资兴业。紧紧围绕国家产业政策导向和投资热点，结合市场需求，整合优势工业产业等招商引资项目资源，实行招商项目包装打捆，加强项目储备，完善泸溪招商引资项目库建设，制定《泸溪投资指南》等对外宣传资料。为服务客商，园区贯彻落实首办责任制、限时办结制和全程代办等优化环境“六项制度”，对所有签约项目跟踪服务，建立签约项目服务机制和激励机制，提高项目履约率。对已落户的企业抓好服务，及时了解和帮助企业投资者在生产经营过程中出现的问题，经常到企业了解情况，发现企业发展存在困难及时向相关部门反映协调解决，改善企业发展外部环境。对意向性项目努力加强联系，做好企业投资者的前期接待、投资意向的考察、项目的洽谈及项目投资区域推荐工作。同时，抓好意向在谈项目跟踪联络、洽谈落实，及时了解客商意向和诉求，做好争取工作，力争在谈项目尽快签约，尽快实施，尽快生产。按照“工业园区化、园区工业化”思路，把工业园区作为产业转移、加速产业聚集、培养产业集群发展的主要载体，强力推进园区建设，形成产业与产业、企业与企业、产品投资与资源对接、互联和互补。在坚持国家产业政策、投资强度、环保底线前提下，实行“一项一策，一事一议，特事特办”，按照“门槛一降再降、成本一低再低、空间一让再让”要求，提供“人无我有、人有我优、人优我特”招商引资政策，按照“企业创造财富，政府创造环境”理念和“企业负责墙内，政府负责墙外”要求，转变政府职能，强化公共服务。

四、规划建设办公室

负责制定和实施园区发展战略规划和年度计划、编制投资和经济工作计划；负责园区新建项目、技改项目立项、申报、审核、审批、备案和管理工作；负责向上申报项目和争取建设资金；负责园区科技开发和管理及园区内有关建设方面统计工作；负责园区规划管理、制定园区规划建设方案和规章制度，贯彻执行有关法律、法规、行政技术规范及强制性条文；按权限审批园区内已立项建设项目，按批准的规划和有关规定审批核准园区建设项目《选址意见书》，积极配合有关部门进行现场选址；负责审批园区内建设项目《规划设计条件》规划方案及初步设计；负责园区审批立项建设项目“建设用地规范许可证”“建设工程规划许可证”“建设工程施工许可证”的审批和上报；负责园区内建筑市场的管理和各项建设工程的监督管理工作；负责园区内市政公益事业的建设和管理；负责拟定和实施园区环境保护规划、环境功能区划和污染防治规划工作；在审批权限内，负责园区建设项目环境完成或预审上报工作；按权限协助环境保护部门审批园区建设项目环境影响评估报告书(表)及登记表，办理建设项目环保设施竣工审批手续、核发“排污许可证”；组织实施建设项目“三同时”管理制度，处理园区污染事故和污染纠纷；负责园区内排污费的征收、实施园区污染物总量控制、污染源限期治理及园区环保执行工作。

2007 年建园时，核定编制 3 人，由分管领导管委会副主任彭延红负责，2012 年后，定员 4 人，由副主任糜和伏负责。

2007 年以来，规划建设办在园区管委会领导下，围绕园区发展总体思路和发展要求，克服人员少、任务繁重等重重困难，强力推进园区基础设施规划和建设，落实各项工作任务。在规划管理上，加强管理，致力于提高园区规划管理水平，规范入园工业项目的规划审批手续，严格把握建筑容积率、建筑密度等指标；调整工业项目用地建筑退让红线，加强园区建设规划控制，提高园区工业用地的使用强度。在基础设施建设上，对道路工程、供电工程、排污工程、供水工程等基础设施建设认真把关，严格按照规划进行施工建设，提升园区发展和投资环境。在园区建设进程中，加强与国土、城建、环保等部门的联系和沟通，严格按照相关办法和要求，加强基础设施建设管理和监督，全力抓好施工过程中各个环节，确保工程质量和进度。在项目建设服务上，将服务园区经济、服务招商引资作为部门工作原则，以科学、积极、认真、优质、高效态度为园区企业做好服务工作。从现场陪同参与每个项目的选址工作开始，为入园项目提供全程跟踪服务，指定专人与国土局和规划局对接，负责办理每个项目的用地地图、红线图和规划技术要求通知书、项目用地周边管线图等设计所需的前期资料，第一时间将方案报送审核，并就设计中出现的问题全力给予妥善解决，以最大程度缩短设计、审批流程时间，加快项目进度。切实维护园区基础设施，杜绝重特大恶性事故，预防和减少其他各类安全事故的发生，提高区内安全生产经营水平，采取多项安全防范措施，针对施工建设和生产中的安全隐患加强检查各督促整改，落实安全生产主体，严格规范施工单位作业行为，降低不良事件发生率。在园区各个项目建设中，坚持按规划进行建设，按设计进行施工，按质量严格要求，按安全严格管理。

五、征地拆迁办公室

负责工业园区土地利用，规划的管理工作；负责工业园区内用地手续报批工作；负责工业园区内征地、拆迁、安置工作；负责工业园区内土地集约、节约利用的管理工作；负责综合协调、化解征地拆迁安置过程中各种矛盾纠纷；负责管理委员会交办其他事项。

2007 年建园时，核定编制 2 人，由管委会领导班子成员毛永兴分管。2011 年，由副主任陈方生分管。2013 年—2014 年，由副主任王平分管，2015 年由副主任田熙学分管。

征地拆迁办公室设立后，围绕基础设施建设和项目入园建设，开展征收土地和房屋拆迁安置工作。累计征收土地 212.53 公顷，拆迁房屋 416 栋，没有发生一起强拆案件，实现协议拆迁、文明拆迁。在房屋拆迁补偿标准上，为制定出政府能承受、农户能接受的房屋拆迁标准，征拆办秉承着“以民为本”的指导思想，深入拆迁区域进行调查，倾听群众和拆迁对象对房屋拆迁补偿标准的意见，提高群众参与度，扩大政策制定民主性，合理制定房屋拆迁补偿标准。因为有了拆迁区群众的参与，为和谐拆迁奠定政策基础。实行定类公平拆迁，从拆迁工作开始，征迁办推行阳光工程，将拆迁补偿文件公开，让拆迁户对号入座。现场房屋定类，与拆迁户对照文件条条落实，现场签字张榜公布，签订拆迁协议。通过以上措施，使拆迁政策公开、房屋定类公开、操作过程公开，把拆迁工作全程置于阳光之下，消除大部分拆迁户的疑虑，提高拆迁户主动参与意识。对于一些思想有疑虑拆迁户，组织专门工作组从政策宣传入手，登门做工作，反复多次，直至办理拆迁补偿手续。在三期征地拆迁工作中，由于措施得力，均在期限内完成征地拆迁工作任务。

武溪工业园内设机构负责人及工作人员名录

<table>
<tr><th>机构名称</th><th>负责人</th><th>任职时间</th><th>工作人员</th><th>备注</th></tr>
<tr><td>办公室</td><td>谭子英</td><td>2007.2-</td><td>李　强</td><td></td></tr>
<tr><td rowspan="2">财务室</td><td>卢中玲</td><td>2007-2008.8</td><td>卢中玲</td><td></td></tr>
<tr><td>杨　雪</td><td>2008.8-</td><td>卢中玲</td><td></td></tr>
<tr><td rowspan="3">招商办</td><td rowspan="2">向光武</td><td>2007.2-2012.12</td><td>工作人员未明确</td><td>党委书记向光武负责</td></tr>
<tr><td>2012.12-2015.12</td><td>孙小华、李　峰</td><td>党委书记向光武负责</td></tr>
<tr><td>张春梅</td><td>2015.12-</td><td>刘小霞、孙小华、李　峰</td><td>党委书记张春梅负责</td></tr>
<tr><td rowspan="2">建设办</td><td>彭延红</td><td>2007.2-2011.12</td><td>宋　晓、刘　洋</td><td>彭延红副主任负责</td></tr>
<tr><td>縻和伏</td><td>2012.1-</td><td>邓子亮、袁全桂
杨　杰、周智毅</td><td>党委委员縻伏和负责</td></tr>
<tr><td rowspan="4">征拆办</td><td>毛永兴</td><td>2007.2-2010.12</td><td rowspan="4">黄明刚、向明武</td><td rowspan="4">党委委员毛永兴，管委会副主任陈方生、王平，党委委员、管委会副主任田熙学</td></tr>
<tr><td>陈方生</td><td>2011.1-2012.12</td></tr>
<tr><td>王　平</td><td>2013.1-2014-12</td></tr>
<tr><td>田熙学</td><td>2015.1-2016.10</td></tr>
</table>

第三节　辖属公司

一、武溪工业园开发建设有限责任公司

2007年3月26日，根据园区事业发展和园区工作需要，成立泸溪县武溪工

业园开发建设有限责任公司。公司为国有独资，注册资本500万元，董事长兼总经理王必好、监事会主席向光武、董事兼副总经理李长清、彭延红，监事会副主席毛永兴、监事黄明刚、谭子瑛、孙小华。

武溪工业园开发建设有限责任公司，实行董事会领导下的总经理负责制，总经理会执行董事会的经营方案，并向董事会负责。公司依据《公司法》和相关法律法规，建立现代企业运行机制，按照"自主经营、独立核算、建管分离"的原则，代表园区管理委员会行使授权范围内国有资本主体投资职能，不兼有园区管委会行政和事业职能管理。公司实行自主经营、自负盈亏，负责园区投融资和招商引资工作，公司加强国有资产管理，严防国有资产流失，确保国有资产升值保值。

二、泸溪县富强农业综合开发有限公司

2007年5月2日，经县人民政府批准同意，成立泸溪县富强农业综合开发有限公司，性质为国有独资有限公司，注册资本150万元，公司董事长由王必好担任，董事会董事王必好、李长清、彭延红三人担任，监事由向光武、毛永兴、黄明刚、谭子瑛、孙小华5人担任。

富强农业综合开发有限公司经营范围：组织实施全县农业基础设施和公共设施建设项目投资，对农村基础设施项目和农产品加工企业、农业科技开发，农业技术引进等进行融资和投资，组织实施全县新农村建设规划。

第四节　驻园机构

为了配合武溪工业园区的土地开发使用和财务管理，县国土资源局和县财政局分别于2007年在武溪工业园设立国土所和财政所。

一、武溪工业园国土所

县国土资源局于2007年2月在武溪工业园设立国土资源所，性质为全额事业拨款单位，定编3人，是国土资源局派出机构。

该所在园区内落实土地基本国策，依法管理园区土地；依法抓好耕地保护工作，制定和查处乱占滥用耕地现象，查办土地违法案件；配合上级业务部门做好土地调查，调处土地权属；配合相关部门做好征地拆迁、地价评估工作；做好土地发证工作；另配合武溪工业园管理委员会的其他工作。

2007年2月，刘明任所长；2010年3月，张有军任所长；2012年3月，刘本高

任所长；2015 年 3 月，夏顺国任所长。

园区国土所配合园区管委会在园区建设上开展征地拆迁和园区用地管理工作。在园区用地上，及时做好项目用地手续申报，配合管委会明确项目用地手续办理清单，减少中间环节，确保用地手续及时申报办理。落实用地报批资金，协调管委会财政所筹集保证金缴入财政重点账户，确保用地报批资金能及时入库上缴。加强土地资源相关法律及政策宣传引导。通过宣传用地报批流程，土地利用规划，用地手续办理等法律法规政策，解决建设用地手续办理相关具体问题，确保项目落地。在服务上，结合单位人少事多，经常外出办公及群众来所办事不定时实际情况，实行出门留言制度。因工作需要，工作人员全体外出的，将出门留言纸张贴在指定醒目位置，以便办事人员能及时联络。实行联合接访制度，建立以工业园区为主导，国土、城管、规划、建设等部门密切配合的联合接访机制，及时解决信访问题。实行一次性告知制度，对项目审查、土地发证等设计规程，对呈报材料初审后所缺材料实行一次性告知，做到严格执法、热情服务。

二、武溪工业园财政所

县财政局于 2007 年 6 月在武溪工业园设立武溪工业园财政所，为全额事业拨款单位，核定全额事业编制 3 人，隶属县财政局管理。

该所负责园区管委会财政各项经费的管理、调度、合计、统计、核算、预算工作，组织编报年度预决算和总收支计划；负责金融、税务、财政资金的协调；负责投融资计划的编报和招商引资优惠政策的兑现工作；负责财务分析评价、内部审计、企业会计业务指导和管理，会计人员继续教育工作；负责园区国有资产的管理；依法依规对园区企业的资产、负债、损益进行审计监督；配合做好工业园管理委员会的其他工作。

2007 年 6 月至 2008 年 3 月，杨再凤任所长；2008 年 3 月至 2016 年 12 月，罗晓晖任所长。

园区财政所为规范工业园区财政资金管理，加强园区财务监督，保证园区财政资金使用的安全、有效、快捷，保障园区各项建设事业顺利进行，根据《会计法》、《预算法》和《事业单位财务规则》规定，结合园区实际，切实加强工业园区财务管理。完善园区银行账户设定、使用和管理，实行专户核算、专款专用，园区管委会及其内设机构不得另行设立银行账户。园区财政预算计划的编制，由园区财务室根据县政府制定的总体规划和园区管委会的事业发展计划及建设项目实施计划进行全年预算编制。园区管委会机构运行所需经费实行零基预算编制方式，计划编制的具体收入项目应包括县财政预算安排的建设资金、上级专项拨付的建设资金、向金融机构贷款资金和其他渠道筹集的资金等。具体支出项目应包括土地征用费、迁移补偿费、基础配套设施工程以及投资开发期间费用等。严格财政性资金拨付程序，按照“事权和财权相结合”的原则，由园区管委会分管财务领导“一支笔”审批，根据资金轻重缓急，按调度资金拨付程序积极进行。同时根据不同支付主体，对不同类型、不同项目支出分别实行园区财务室直接支付和授权财政支付。直接支付的由园区财务室直接将财政性资金支付到用款单位账户或商品劳务供应者。授权支付的园区财务室将土地征用和迁移补偿费授权乡镇财政所将征地农民的土地征用和迁移补偿费转至“涉农资金专户”打卡直发到户。加强财政资金的管理与监督，建立健全监督制约机制，园区工程项目支出和事业运行费用须经园区管委会研究确定，重大项目支出须报经县主要领导园区现场办公例会研究决定。县财政、审计部门定期对园区工程项目支出进行审计，并严格按照园区工程建设管理办法规定审计程序办理审计事项，以确保园区财政性资金“安全、高效、廉洁”使用。

武溪工业园派出机构负责人

机构名称	负责人	任职时间	备注
财政所	杨再凤	2007.6-2008.3	
	罗晓晖	2008.3-	
国土所	刘　明	2007.2-2010.3	
	张有军	2010.3-2012.3	
	刘本高	2012.3-2015.3	
	夏顺国	2015.3-	

第三章 园区建设

2007年4月26日，在武溪镇北区峒河大桥至杭瑞高速公路武水大桥的大溪村境内，中共泸溪县委、泸溪县人民政府举行武溪工业园建设开工奠基仪式，县委书记董清云主持仪式，县委副书记、县长刘时进致辞。曾在泸溪县担任过主要领导的州委、州人大、州政府领导李德清、秦湘赛、向兴仁等参加开工奠基仪式。武溪工业园首期投资2000万元“三通一平”基础设施建设工程正式开工，也标志着位于天桥脚山下千年古城旁的泸溪县武溪工业园，拉开全面建设序幕。

第一节 园区建设政策

泸溪县委、县政府于2005年1月制定《关于实施工业立县战略的决定》，在2007年制定《关于加快推进工业园区建设的实施办法》，4月制定《关于武溪工业园招商引资实施优惠政策的通知》，为武溪工业园开发建设提供强有力政策支持。

一、工业园建设政策

2007年，县委、县政府制定《关于加快推进工业园区建设的实施办法》，对工业园区建设作出规定。

(一)工业园区发展总体思路

1.指导思想和基本原则。紧紧围绕推进新型工业化，按照“政府规划、政策引导、规范运作、合理开发”原则，以“工业园区化、产业集群化、布局城镇化”为目标，以基础设施建设为中心任务，以招商引资为根本途径，以特色产业为主攻方向，发展循环经济，结合泸溪实际，借鉴成功经验，创新方式、转变职能，加强政策引导和资金支持，促进工业园区健康、高效、快速前发展，把工业园区建设成为具有一定规模、产业关联度高、辐射带动力强工业发展平台。

2.发展目标和远景设想。确立工业园区“一年起好步，三年打基础，五年成规模”建设进程。到2010年，完成主要道路建设，功能基本配套，引进项目资金5亿元以上，引进入园企业10家以上，实现工业销售收入20亿元，实现税收2亿元以上。到2020年，工业园区基础设施完善，功能配套齐全，经济社会协调发展，引进项目投资15亿元以上，引进入园企业20家以上，实现工业销售收入100亿元以上，实现利税8亿元以上，就业人员达5000人以上，基本形成工业集聚区。到2030年，武溪工业园将实现高度工业化，成为吉首、古丈、沅陵、辰溪四地边区的区域性加工中心、科研中心、信息中心，与白沙县城及周边城镇高度融合，园区内部结构合理完善，生态环境良好，基础设施十分完善，适合二十一世纪文明发展的现代生态科技工业园。

(二)工业园区发展工作重点

1.*基础设施建设*。首先，加快开发滨江大道和峒河大桥，2007年春节前动工修建滨江大道，年内完成路基建设；峒河大桥年内完成前期工作，年底开工建设。其次，利用招商引资项目“边入园，边建设”，力争2007年入园项目5个，实现以项目带动主干道等基础设施建设。第三，实施电力、自来水、通信网络、有线电视、给排水系统等配套设施建设。

2.*筹融资*。增加财政投入，县财政在工业发展基金、基本建设资金、高新技术引导资金及产业专项资金等方面增加对园区投入。深化投资体制改革，组建投资开发公司，以投资公司为平台拓宽园区建设融资渠道。

(1)申请银行贷款。一方面通过工业园区申报立项，力争2007年列入省级工业园区，并同时向政策性银行(国家开发银行)、商业银行等申请贷款。另一方面，按照“谁投资，谁受益”原则，推动地方银行进行信贷。

(2)推动社会融资。利用3080亩土地储备推动社会融资，采取土地回报或土地入股等多种融资方式吸纳社会资本入园。

(3)吸引实业投资，利用平面媒体、电视广告、电脑网站及“世博会”“珠洽会”等形式进行强势媒体推介，与一些重点企业、优势企业建立联系，以最优惠条件吸引这些企业入园投资发展。

(4)推动融资担保。增强服务工作针对性和有效性，鼓励园区企业加强与当地中小企业服务机构、金融部门开展灵活多样的协作，吸引社会多元投资，千方百计帮助企业缓解融资难问题。发挥好政府专项资金带动作用，将工业园区道路、供水、电力、电信、桥梁、土方及办公设施等工程细化量化，依靠发改局、财政局、经济局、交通局、建设局、环保局、水利局、电信局、移民局、电力公司等相关部门上报项目，争取上级部门专项资金的支持。

3.优惠政策。立足“三特”政策，即特殊的优惠政策、特别的保护政策和特有的诚信政策。

(1)特殊的优惠政策。凡固定资产投资经审核在800万元以上的新上工业项目，享受优惠：①在征用土地上，征地补偿费用先由投资方垫付，实现税收后由财政返还。国土、林业、规划手续办证由县政务中心协调代办，费用由县财政解决。土地出让金经政府常务会议研究实行缓交，待企业投资后所交税金达到土地出让金标准时再予以免交，同时，根据企业需要可提前给予办理土地确权手续。②在税收上，耕地占用税按最低下限缴纳，所得税一律按15%税率计征，除烟、酒外农业产业化龙头企业，前三年实际上缴地方财政税收部分按全额返还。鼓励企业用利润在县内扩大再生产和新上其他工业项目，其固定资产投入总额经税务部门核准后，可在税前列支。③在行政事业性收费上，按照“一票收费制”规定执行。在800万元以上新上工业项目，由县政务服务中心按投资项目预算和物价部门核定收费标准下限，行政事业性收费按30%，服务性收费按50%开出暂收单据一次性收取，再全部分解到各职能部门。

(2)特别保护政策。按照《泸溪县委、泸溪县人民政府关于实施“工业立县”战略的决定》执行，将首问责任制、一票收费制、全程代办制、限时办结制、检查报批制、责任追究制“六项制度”落实到位。执法部门树立“保护企业家就是保护生产力”观念，严格按程序执法，把严格热执法与促进发展有机结合起来，切实保护企业和经营者合法权益。

(3)特有的诚信政策。强化领导诚信意识，县级领导及部门负责人要带头讲诚信，切实做到“言必行，行必果”。

4.招商引资。创新招商引资手段和方式，秉承“亲商、安商、便商、富商”宗旨，营造良好招商引资氛围，力争年招商引资达1亿元。统一对外宣传口径，规划对外宣传标识，制作园区开发模型和招商网站、编印招商引资指南，推进园区招商理念。建立动态项目库，确保常年有10个以上可供招商引资的项目，以最有吸引力、最大效益、最具优势产业项目去招商。采取“一事一议”制，加快项目建设进度，以最高效办事效率招商，加快招商引资进程。

5.项目入园建设。以本地资源优势为基础，结合南区工业发展、构筑产业集群，形成以铝、磷、生物科技、合金新材料和椪柑加工五大特色产业链为主导产业生产基地。

(1)引进年产10万吨电解铝项目,接通产业链条,形成从铝土矿—氧化铝—铝锭—铝深加工产品(铝杆、铝粉、铝银浆、铝板带材、铝合金等)产业链,形成产业集群,将园区建成湖南省铝产业基地。

(2)立足磷矿资源、新上磷精矿浮选项目,并延伸磷系列产品链条,形成园区湿法磷酸、磷本铵、磷酸盐等磷化工产业集群。

(3)提取生物制药,开发生物科技产品,形成薯蓣皂素、双烯醇药用芳香植物开发提取产学研基地等生物制药产业集群。

(4)利用椪柑资源,发展椪柑加工业,通过椪柑的深加工发展绿色食品产业,形成绿色食品加工产业集群。

(5)以新合金材料为依托,开发新合金材料,延伸产业链条,形成电解铬、电解铁及深加工产品等产业集群。到2010年,这五大特色产业全部入园建设,并成为工业园区主导产业。

6.合理开发建设

(1)依照规划,合理开发。继续加强与土地利用和城乡建设衔接协调,按照布局集中、用地集约和产业集聚原则,合理规划安排园区企业用地。注重以项目促开发,坚持节约与开发相协调,提高园区土地资源利用率,控制项目占地面积,提高单位土地面积上投资量。

(2)合理分类,优化布局。园区内产业布局综合考虑产品卫生安全、环境污染、居民影响等因素,合理分类,优化布局。尤其是农副产品加工、食品、制药等轻工业与冶金、化工等重化类产业分开,布局在不同片区中。同时,注重培育特色产业,有选择地引入企业,逐步实现从招商到选商转变。

7.工业循环经济。根据省政府《加快工业循环经济发展的决定》要求,从2006年起,在工业园区全面实行循环经济试点。按照"减量化、再利用、资源化"的原则,以清洁生产和资源综合利用为突破口,推行可用废弃的资源化,提高能源、矿产等资源开发深度,实现资源的高效循环利用,鼓励建成"零排放"企业。在园区建设和企业布局时,提前安排园区企业废水、废气、废弃物的集中处置,实现园区工业与节约资源、生态环保协调发展。

(三)工业园区服务措施

1.加强组织领导,明确工作责任。武溪工业园管委会接受县政府垂直管理,除县委、县人大、县政府、县政协外,其他县直部门不得对园区管委会下达任何指令计划;继续实行园区企业和产业项目县级领导挂点责任制;推动日常议事制度,定期召开县委常委会议和政府常务会,听取园区汇报,决策重大事项,解决重大问题。同时,根据园区发展需要,不定期召开县委书记和县长办公会议。通过现场办公,及时排解园区建设过程中突发各种矛盾。成立工业园区开发建设协调领导小组,加强工业园区在开发建设进程中协调服务工作。

2.积极协调服务,强化部门合作。把园区建设作为转变增长方式、创新职能、改进服务的重要工作,积极协调服务,主动进行合作。各相关部门加强对园区业务指导,认真研究,理清思路,及时了解园区涉及投资、劳动、规划、土地、城建、环保、安全生产、工商、税务等方面存在问题,加强业务指导。加强各部门间的协作,在园区规划、环评、征地和拆迁过程中,建设局、环保局、国土局、林业局、移民局、武溪镇等相关部门沟通协作,做到目标相同,标准一样,口径一致。积极协调项目建设过程中涉及相关职能部门办证服务,确保渠道畅通,严禁拖延、推诿,切实加大协调服务力度。

3.改进监管机制,确保运行实效。园区每月向政府上报园区主要工作情况及经济指标表。加强对职能部门协调服务情况的检查监督,"两办"督查室将相关部门协调服务工作按园区要求进行细化、量化。年终将协调服务工作纳入部门目标管理考核范围,作为干部绩效考核的重要依据。实行定期检查和不定期抽查,及时通报部门协调服务工作情况。

4.加强内部管理,建立长效机制。建立公开公正工作机制。按照社会主义市场经济体制要求,加强园区政纪、法纪教育和廉政建设,坚持依法办事,增强工作规范性、科学性、民主性,鼓励采用市场化方式,提高工作的透明度和公众参与度。建立重大问题决策机制,园区重大事项要及时上报当地政府研究决策。在软环境和基础设施建设中,按照国家有关规定及机关程序严格执行,在土地征用、资源配置等重大问题决策时,充分征求行政相对人、相关利益群体意见。加强交流,强化培训,加大人才培养力度,健全人才激励机制,提高园区工作人员素质,建设一支服务意识好、责任心强、业务能力精、整体素质高园区服务队伍。

(四)工业园区发展奖惩制度

1.建立招商引资激励机制

(1)奖励金额。按招商引资不同来源,由县政府分别给予到位资金总额一定比例奖励。属于无偿投资,按到位资金总额20%兑现奖励。引进有偿建设资金,按到位资金总额2%兑现奖励。属于对外招商项目,资金总额在300万元以上至

1000万元人民币以下的，按到位资金2%予以奖励;1000万元以上按到位资金5%予以奖励;对金融机构贷款期限1年以上，年度给工业企业新增贷款500万元以上3000万元以内的，由受益财政按3%奖给行长，3000万元至5000万元的，按5%奖给行长，5000万元以上的按6%奖给行长。

⑵奖励程序。首先由申请方出具引资证明，提供银行到位资金证明，填写《招商引资项目引荐人登记表》，符合条件由招商引资工作部门发放《招商引资奖励承诺书》。其次对引荐成功的项目，进行审核验收，经审核无异议，由招商引资部门发放《招商引资奖励证明书》。县政府每年召开一次表彰奖励大会，单位或个人依据《招商引资奖励承诺书》和《招商引资奖励证明书》到财政部门兑现奖励。

二、办事服务六项制度

为增强县直单位为园区服务的自觉性，提高相关单位办事效率，加快工业园建设步伐，2006年，县委、县政府根据泸溪实际情况。制定六项办事制度。

(一)首问责任制。各行政职能部门接受公民、法人或其他组织办事、咨询、投诉、查询的首位工作人员是首问责任人，必须承担办理、解答和引领责任。

(二)一票收费制。对固定资产投资总额在200万元以上的新上工业项目，在基建投资期间和企业公司注册登记过程中发生行政事业性收费和服务性收费，由县行政服务中心按投资项目预算和物价部门核定的收费标准下限收取，行政事业性收费按30%，服务性收费按50%开出暂收单据一次性收取，然后分解到各职能部门，待项目决算时，开具正式缴费单据，实行多退少补。

(三)全程代办制。对一票收费制项目，从项目立项批复到项目竣工验收，在县内必须办理审批及许可等事项，由县政务中心运作，县直单位设立代办办专室由专人办理。

(四)限时办结制。审批部门对于申请人提出的具体审批事项只要符合规定，手续齐全，能当即办理当即办理，不能当即办理说明理由，最迟不超过2个工作日;申请材料不全或者不符合法定程序，应当场或当日告知申请人;申请事项因依法履行程序需要延长时间，将所需时间书面告知申请人，并报县行政服务中心备案。

(五)检查报批制。凡县内行政执法部门需要到企业检查，必须实行报批制。未经批准，又无特殊情况，任何单位或个人不得到企业例行检查。

(六)责任追究制。凡违犯以上五项制度，视其情节轻重，给予行政处罚或党纪政纪处分，涉嫌犯罪移交司法机关依法处理。

第二节　工业园建设规划

根据县委、县政府对工业园建设总体要求，武溪工业园管理委员会根据相关法律、法规和政策文件，结合园区实际情况，先后制定《泸溪县武溪工业园总体规划》《泸溪县武溪工业园控制性详细规划》《武溪工业园投资优惠政策》等一系列具体措施和办法，保证园区内各项建设有序推进。

一、工业园总体规划

（一）园区规划原则、范围和目标

1.规划原则

⑴立足现实、长远着眼原则。站在全县发展和整体布局角度上来看待远景与现实之间问题，兼顾未来发展与现实需要，在重视宏观控制、综合引导前提下，充分结合现有实际条件和既有状况，使规划具有更好可操作性，这是本次规划的基本原则。

⑵综合效益最佳原则。规划重视经济效益、社会效益、生态效益并重的原则，塑造一个具有幽雅环境和鲜明个性特色空间，并在此基础上充分注重开发建设投资效益，力求增大投资吸引力，促进而不是限制工业园建设展开。

⑶尊重自然现状，保持生态环境特色原则。尽量保留原有地形地貌，避免过多使用人工手段大挖大填，合理利用地形，减少填挖方量，减少工程造价。

⑷与自然和谐共存原则。园区应与区域自然生态系统相结合，保持尽可能多生态功能。应充分考虑当地生态环境容量，最大限度地降低园区对局部景观和水文背景、区域生态系统环境造成影响。

⑸区域发展原则。尽可能将园区与城镇发展和地方特色经济相结合，将园区建设与区域生态环境综合整治相结合。通过培训和教育计划、工业开发、住房建设、城镇建设等，加强园区与城镇间联系。将园区规划纳入当地社会经济发展规划，并与区域环境保护规划方案相协调。

2.规划范围。工业园南至峒河，东至移民村，北至大溪群力、团结水库所依托连绵高山，西至上堡村。工业园控制面积 3.21 平方公里，其中建设用地面积 2.57 平方公里。

3.规划设计目标

(1)品质高并具特色的工业园形象。规划以营造品质高环境为目标,特别强调与周边山水自然、文化环境关系。规划根据园区地形地貌特征,塑造具有时代特征并独具地方风貌特色园区形象。精心塑造生动和谐建筑群体与开放空间,构筑优美、舒适的绿化环境。通过科学规划、精心管理和用心建设,形成一个品位高、竞争力强和产出高工业新区和创业乐园。

(2)完善的建设控制指标体系。通过对工业园用地、交通、景观等方面规划控制,建立包括各类用地指标控制、建筑退界控制、建筑高度控制、开发强度控制、地块适建性控制、城市景观控制等在内一整套完善指标体系,将工业园建设规范化、有序化。

近期发展目标　经过3-5年时间,构筑工业园区基本框架,形成以本地资源转化和深度加工工业以及生物制药为主的工业园区,并注意培植其研发能力,为后续发展和产业升级奠定基础。实现工业总产值25亿元,利税1.5亿元。成为泸溪县全面建成小康社会、实现跨越式发展经济技术高地。

远期发展目标　经过10—15年左右时间,将工业园区建设成基础设施配套完善、功能配套齐全的资源转化和深度加工生产基地,湖南省工业园区体系重要组成部分。实现工业总产值100亿元,利税8.0亿元。

(二)功能产业定位及就业岗位测算

1.功能定位原则

(1)立足矿产资源优势。泸溪矿产资源类型多、储量大,主要有磷、铝、铅、金、锰、锌、铜、铁、石煤等,以磷铝矿、石煤、铝矿为最富。现状武溪工业园(南区)20多家各类企业中,有90%工业企业为矿产资源加工企业,矿产资源优势对工业经济影响很大。矿产资源中磷矿资源探明储量近亿吨,是我省最大磷矿带。铝土矿资源500多万吨,占全省铝土矿储量73.7%,石煤探明储量2亿吨。

(2)立足存量优势。泸溪县是湘西州老工业基地,曾经拥有大批国有企业。近年来,推行国企改制改革,加速推进全县工业化进程,成功打造部分明星企业。2005年底,武溪镇辖区内集聚企业50万元资产以上有24家,民营企业综合竞争力明显增强,逐步形成铝、锰、锌系列产品优势特色产业,成为泸溪县财政税收主要来源,创造良好社会效益和经济效益,为武溪工业园发展打下坚实基础。

(3)立足环境优势。在工业发展问题上,县委、县政府高度重视,部门协作服务意识和服务能力强,并采取了扎实有力措施,在全县形成浓郁工业发展环境,为工业园区招商引资创造良好条件。

(4)立足文化生态优势。泸溪文化底蕴深厚,旅游资源丰富。县内众多自然景观、人文景观与浓郁民族风情构成一幅绚丽画卷。天桥山风光绮丽、武水拖蓝、景色别致,能滩吊桥令人叹为观止,悬棺、盘瓠洞、辛女岩遗址使人遐想无限,踏虎凿花五十年代已走出国门,“三月三”“六月六”歌会、龙舟竞赛、苗寨山歌等民族风情让人流连忘返。全县森林覆盖率65%,县内山丘、林地连绵不断,郁郁葱葱,生态价值甚高,生态优势明显。

2.总体定位。综合分析泸溪县及武溪工业园现有产业基础及发展条件,规划武溪工业园的总体定位为:武溪工业园是全省铝、磷产品重要加工基地,全州新型工业化重要依托,泸溪县“工业立县”战略实施主要载体,是以增加县财政收入、构建“和谐泸溪”为目标环境友好工业园区。

3.功能定位。以低污染,高附加值新型工业为主导,配套建设必要的物流、居住、公共设施城镇产业组团。

产业定位。根据国家标准《城市用地分类与规划建设用地标准》,一类工业用地指对居住和公共设施等环境基本无干扰和污染的工业用地,如电子工业、缝纫工业、工艺品制造工业等用地;二类工业用地指对居住和公共设施等环境有一定干扰和污染工业用地,如食品工业、医药制造工业、纺织工业等用地;三类工业用地指对居住和公共设施等环境有严重干扰和污染工业用地,如采掘工业、冶金工业、大中型机械制造工业、化学工业、造纸工业、制革工业、建材工业等用地。武溪工业园发展以二类工业为主,有选择性地发展三类工业。工业发展方向为重点发展铝产品加工、磷产品加工、锰、锌产品深加工,大力发展生物制药,绿色食品加工业,坚持劳动密集型产业与资金、技术密集型产业相结合的原则,走资源节约型、环境友好型的新型工业化道路。

就业岗位测算。武溪镇辖区内工业企业集聚区2005年工业产值为8.19亿元,安排就业岗位3124人,人均创造工业产值26万元。随着将来工业企业资金与技术含量的提高,人均创造的产值将上升,预计2010年人均创造工业产值达30万元,远期将达40万,近期武溪工业园产生就业岗位为0.8万人,远期产生就业岗位为2.5万人。

(三)用地布局规划

1、规划布局原则

(1)集约用地、工业用地最大化原则。泸溪县地处云贵高原东端,武陵山南支余脉,境内山丘较多,特别是武溪地段,可供建设用地不多,因此,规划要遵循集约用地原则,尽量将规划范围内可用来建设的用地充分利用和规划布局。在可以利用地中,要紧紧把握工业园工业用地占主要地位这根主弦,尽可能多地安排工业用地。

(2)环境优先原则。工业园周边生态环境较好,南、东部有峒河、沅水,北部有郁郁青山,规划范围内还有潺潺溪水,生态基础较好。在规划布局时应充分利用现有生态环境基础,将周边自然景观有机地引入到工业园内部,与园区内工业景观、水景相互交融、有机结合,构成生态宜人良好环境格局。另外,在规划时还将不同类型企业,按照对生态环境影响程度不同将其进行合理分区布局,以免相互干扰,对于影响严重的工业用地与其周边用地,应规划好卫生防护隔离用地。

(3)个性塑造原则。规划范围内低丘连绵,田园景观与山水风光、坡地交相辉映,有利于塑造工业园个性特征。规划布局时应充分结合现有地形地貌及山势走向,结合滨水空间,处理好工业厂房外观标准化特色与现有个性特征关系,避免工业园区与其他园区“千城一面”,从而塑造出具有泸溪特色、可供人们记忆识别示范工业园区。

(4)弹性规划的原则。工业园建设最显著特点即为招商引资划地块出让建设,而投资工业市场特点却是土地需求不定量性,有的大,有的小,为了适应企业投资方对土地需求不定量性特征,就需要规划应保持一定的弹性,在非主要道路组织和地块大小布置上,有利于配合不同类型、不同规模企业的入园。同时还应为工业园长远发展提供可能。

2.规划结构。“一轴三区”。规划强调功能多元性,土地利用复合性,功能运营高效性和街坊开发整体性,达到社会效益、环境效益和经济效益有机统一。规划形成“一轴三区”的功能结构,“一轴”即工业发展与滨江景观轴,“三区”即东端、西端配套服务区以及中部工业仓储用地区。

3.用地总体布局

(1)工业用地。工业用地布置在工业园的中部,东侧以植物油厂、武溪敬老院以西约 150 米为界,西侧以常吉高速公路为界,分为二类工业用地区和三类工业用地区。二类工业用地区主要发展生物制药,绿色食品加工业,三类工业主要发展铝产品加工、磷产品加工、锰、锌产品深加工。二类工业用地布置在东侧靠油厂处，西侧靠常吉高速公路。三类工业用地布局在两端的二类工业用地之间。规划工业用地面积为 139.59 公顷，占工业园建设用地面积 54.2%，其中二类工业用地面积为 91.19 公顷，占工业园建设用地面积 35.4%，三类工业用地面积为 48.4 公顷，占工业园建设用地面积 18.8%。

⑵仓储用地。普通仓储布置在高速公路北部，并与规划跨河桥毗邻。规划仓储用地面积为 8.12 公顷，占工业园建设用地面积 3.2%。仓储用地布置在规划跨河桥北侧，交通较便捷，易形成集物流、仓储一体的综合调配储运中心。

⑶居住用地。工业园居住用地包括保留的村庄建设用地、部分拆迁村民的安置和工业园内工业企业的单身职工住宅用地。居住用地基本上是保留上堡村和植物油厂后面、武溪敬老院周边住宅区并适当扩大，规划将敬老院后面花果山一带 5 公顷用地布置居住。规划保留居住用地内五中和联盟小学。工业园区内其余村宅根据工业园区开发进度逐步予以搬迁。通过以上居住用地布局，将形成两端服务中间格局，规划配套居住用地面积为 37.52 公顷，占工业园建设用地面积 14.6%。

⑷公共设施用地。工业园公共设施用地包括工业园管委会办公的行政办公用地、为工业园范围内居民和单身职工服务的商业用地、文化娱乐用地和其他公共设施用地。规划公共设施用地面积为 6.8 公顷，占工业园建设用地面积 2.6%。规划将行政办公(工业园管委会办公用地)用地布置在常吉高速公路以南，这里靠山面水，且交通方便，与周边用地性质协调。规划行政办公用地面积为 0.83 公顷，占工业园建设用地面积 0.3%。规划将商业金融用地布置在联盟小学以南，紧挨滨江主干路，以及现有武溪镇区跨峒河大桥北端。沿河风光带是居民休闲、锻炼的经常去处，商业金融布置在此，与居民的对外交通、休闲作息主方向一致。规划商业金融用地面积为 3.98 公顷，占工业园建设用地面积 1.5%。规划将文化娱乐用地布置在联盟小学东侧，高速公路以南。保留现有的水塘，改善居民区的小气候，也有利于丰富文化娱乐环境。规划文化娱乐用地面积为 1.65 公顷，占工业园建设用地面积 0.6%。规划其他公共设施用地面积为 0.32 公顷，占工业园建设用地面积 0.2%。

⑸绿地。工业园内绿地包括峒河风光带的公共绿地和高速公路两侧、工业用地和居住用地之间的防护绿地，以及保留地形十分陡峭不能利用的山体。高速公路两侧各控制不低于 30 米防护带，工业用地与居住用地之间设置不低于 20 米防护带。规划绿地面积 37.12 公顷(不包括规划控制范围内北部的陡峭山体用地)。

(6)道路广场用地。工业园内道路广场用地包括主、次干路，支路以及广场用地，用地面积为27.9公顷，占总建设用地10.8%。其中广场用地布局在高速公路南侧工业园管委会南，用地面积为0.6公顷。(7)市政公用设施用地。规划在普通仓储用地北部联盟路与第七大道交汇处布置一处货运停车场，面积约0.5公顷，占总建筑用地0.2%。

(四)用地控制

1.工业用地控制

(1)地块划分。本次规划结合现状入园企业的性质和规模，同时考虑入园企业的发展趋势，结合现状地形，进行地块划分，并且在控制主次干路的走向的条件下，支路可以根据入园企业的具体要求作适当调整，使规划在实施中具有一定的弹性。本次规划工业用地地块面积大多控制在5—10公顷之间。

(2)规划控制指标。①容积率与建筑密度、建筑高度控制。规划加强工业项目建设用地管理、促进建设用地集约利用。根据不同工业项目确定不同容积率控制指标，铝产品加工≥0.5、磷产品加工≥0.5、锰、锌产品深加工≥0.5，生物制药≥0.5，绿色食品加工业≥0.8。建筑密度按不高于45%控制，但最低不得低于35%。为防止土地投机、开发地块必须同时满足上述最低容积率要求以及地块控制指标表中要求。规划采取分区进行高度控制，其中工业仓储区建筑限高20米。②建筑物后退。在园区主干道沿线，工业建筑后退道路红线距离：后退主干路红线不小于5米，后退次干路红线不小于3米，后退支路红线不小于2米。建筑物后退用地边界。考虑到通风、日照和消防要求，工业建筑必须与用地边界有适当退让，当建筑物面向用地边界时，建筑物后退用地边界距离为房屋高度0.55倍，但最低不能小于6米，其中，沿用地边界一侧最少要有2米绿化带。当建筑物山墙朝向用地边界时，建筑物后退边界距离应不小于3米。后退范围内用地可布置绿地，内部道路、停车场等，但涉及可燃性物质工业必须遵守当地防火条例。③绿地率，根据省国土厅修订后的《建设用地定额指标》，工业生产企业用地绿地率不突破30%，因此武溪工业园区内工业项目建筑要严格控制厂区绿地率，每个工业地块内绿地率按不高于30%控制，最低不得低于20%。④工业项目非生产性配建设施。工业项目所需行政办公及生活服务设施用地面积不得超过工业项目总用地面积7%，严禁在工业项目用地范围内建造成套住宅、专家楼、宾馆、招待所和培训中心等非生产性配套设施，工业园区非生产性配套设施由城区和工业园配套服务区统一配置。

2.其他用地控制

(1)地块划分。工业园区内工业用地以外的其他用地设置坚持必需原则,可设可不设的用地一律不设在工业园内。配套用地地块划分综合考虑周边用地性质的完整性、服务的便捷性、利用的高效性等因素,统筹确定。

(2)规划控制指标。①容积率、建筑密度、建筑限高。居住建筑容积率不高于1.5,公共建筑容积率不高于1.8,居住建筑密度不高于32%,建筑限高24米,公共建筑密度不高于40%,建筑限高24米;仓储用地容积率不高于1.2,建筑密度不高于45%,不低于35%,建筑限高24米。②建筑物后退。居住建筑日照满足大寒日满窗日照3小时。住宅侧向间距:低层最小间距6米;多层最小间距设通道的为8米,不设通道的为6米。公共建筑主要朝向间距:低层最小间距为6米,多层最小间距为10米。建筑间距除应满足以上规定,还必须符合消防、卫生、环保、工程管线等方面的要求。为了满足市政管网埋设,人流集散,绿化景观,消防应急等多方面的需要,沿城市道路、河流,建筑应退让道路红线及用地边界。其退让距离除必须符合消防、防汛和交通安全等方面要求外,必须符合规划文本及分图图则规定。相邻地块之间无道路分隔时,建筑退让用地界线距离应不少于按自身高度计算与相邻地块建筑之间应取间距一半。建筑物临河流、水体、绿地时必须退让其规划控制线,退让距离应符合分图图则规定。建筑后退道路红线指标:退主干路红线不小于4米,后退次干路红线不小于3米,后退支路红线不小于2米。③绿地率。居住及公共建筑绿地率不低于30%,仓储用地绿地率不低于20%。

工业园内各类土地使用兼容性控制,规划适当采用弹性控制原则,只要在保证规划用地布局合理前提下,可以适当调整部分用地性质,但须向规划行政主管部门申请。规划行政主管批准用地调整申请时,应符合土地使用兼容性有关规定。

(五)环境保护规划

1.规划原则

(1)坚持经济建设,城市建设和环境建设同步规划。坚持实施同步规划,从实际出发,遵循经济规律和生态规律,坚持经济效益,社会效益和环境效益的统一。

(2)坚持"预防为主,防治结合,综合治理"等方针。摒弃"先污染、后治理,先破坏、后恢复"的模式,从源头控制污染,搞好合理规划布局,突出重点,兼顾一般,搞好环境综合整治,改善生态环境质量。

(3)坚持可持续发展战略和"三同时"制度。

(4)加强环境管理,运用法律、经济和行政手段对环境进行管理。

2.规划目标。在进行经济开发的同时,全面开展环境建设,使环境质量基本保持稳定。维持现状,确保自然生态不受工业破坏。工业园的空气质量执行GB3095-96二类区控制,达到《环境空气质量标准》三级标准。园区企业厂界噪声执行《工业企业厂界噪声标准》(GB12348—90)中三类标准,生活区达到二类标准。工业废水处理率达100%,处理达标率达100%,垃圾无害化处理率达100%。确保境内自然山体、植被绿化等不遭破坏,实现环境与社会、经济协调发展。

3.环境保护措施

(1)水污染综合防治。①严格按规划确定的园区功能定位和产业定位要求,把好产业准入关。即积极引导二类工业入园,有选择性地接受三类工业。②严格实行规划和环境管理,严格把关,建立入园企业审批环境"一票否决"制度。

(2)固体废弃物污染防治。建立工业园工业垃圾和生活垃圾分类收集处理制度。生活垃圾在县城白沙垃圾填埋场进行卫生填埋,一般工业固体废物在武溪镇区南面高速公路北侧工业垃圾填埋场进行安全填埋。有毒有害的固体废弃物严禁直接倾倒于城市垃圾站,应送有处理资质的处理厂集中统一处理。

(3)大气污染防治。①对入园企业实行排污监控,下达大气污染物总量排放指标,并纳入泸溪县整体控制规划。有主要大气污染物总量控制任务的单位,必须按照核定主要大气污染物排放总量和许可证规定排放条件排放污染物。②推行清洁燃料,逐步减少直至取消燃煤炉灶,提高用气普及率。③严格控制机动车尾气污染,在交通干道控制绿化用地,建好防护林带,推广液化气、天然气等替代燃料,控制农用车辆进入园区,淘汰超期服役车辆。

(4)噪音防治。工业噪音应结合工业技术改进减小噪音值,同时加强与居住区之间的绿化分隔;交通噪音一方面组织好过境交通与工业园内部交通,另一方面严禁工业园区内鸣笛,使噪音控制在国家《城市区域环境噪音标准》范围内。

(六)道路系统控制

1.对外交通规划。水路运输,武溪沅江深水码头距园区仅1公里,货物运输可通过修建1.1公里专用公路抵达园区,可以满足园区部分货物依靠水路运输需要。公路运输,主要交通干线都位于峒河南侧,现仅有武溪峒河大桥(桥面宽仅11米),不能满足园区对外交通运输。规划修建园区峒河第二大桥,桥址选在峒河高速公路桥下游80米处,园区的物质将依靠峒河东西两座大桥,把工业园与319国道、常吉高速路连接起来。

2.园区内道路交通规划

(1)路网结构。根据园区的地形地貌特征，规划园区道路系统以相对自由式布局为基础主干路、次干路、支路三级路网结构。构成以滨江大道为东西主干路“梳子型”一横四纵的园区主干路网，“一横”为滨江大道，“四纵”为第二大道、第三大道、第五大道、第七大道。园区次干路主要是开发组团间联系主要道路，形成以大溪环路、联盟路为东西向，以第一大道、第四大道、第六大道、第八大道和第九大道为南北向次干路网。支路是地块之间和地块内部交通路线，根据具体需求依山就势建设，构筑有序而自然道路系统。园区内道路线型主要是结合地形地貌，相对自由式布置，多为流线型，两侧或以缓坡草地相夹，或以山岭相邻，依山就势。

(2)道路断面形式。根据园区用地形状呈东西向带状，东西向较长(3.48 公里)，南北向较窄(1 公里左右)的特点和规划用地面积，道路断面采用合适合理相对较窄断面布局处理方式，从道路设计角度来看，双向四车道是最经济最高效率车行道断面形式，而后每增加一条车道，该车道效率将呈大幅度下降，故园区主干路滨江大道红线 20 米、四车道，其他主干路首次修建时按 12 米路幅，但两侧建筑退让时应按 16 米道路红线控制。次干路为 12 米，两车道为主。另根据工业园内以货流比重大为出行目的特点，人行道设置也相对较窄，一般一侧为 2—2.5 米。

(3)静态交通规划。规划在工业园管委会用地南侧设置广场 1 处，广场占地约 6000 平方米，规划在蛇形山公园西侧设置货运停车场 1 处，占地约 500 平方米，规划要求各工业企业和仓储设施按 100 平方米，占地面积 0.2—0.6 个车位标准设专用停车场。

(4)竖向规划。①道路竖向设计。规划道路高程基本顺应地形落差，道路坡度控制在 8%以内，绝大多数控制在 3%-5%，滨江大道根据路线位置确定其标高，最低控制在 116.60 米，在大溪一带地形标高比较低，规划路面适当填高，道路将高于这一场地标高。②场地竖向设计。场地竖向设计本着减少土方量的原则，尽可能地接近场地现状高程，规划根据不同坡度、高程形成不同高程台地，在大溪一带则主要考虑抬高场地标高，使场地不致形成洼地，不受洪水威胁和便于排水。③土方工程量计算。规划对园区进行土方量计算，园区北侧栗木界一带地形相对平整，不需大动土方，西侧上堡村一带为居住用地，土方平整量较少，其余均需进行一定填挖，经计算园区总土方量约 650.30 万立方米，其中挖方为 323.60 万立方米，填方为 326.70 万立方米。

(七)绿地系统与景观控制

1.绿地系统规划

(1)规划原则。①加强对周边生态环境保护控制,结合工业区地形、地貌及工业区用地布局特点,将外围大面积生态绿地作为城区绿色背景。②强调工业区规划绿地与自然环境有机联系,形成点、线、面、圈相结合绿地系统。③充分利用工业区内保留山体、现状河流及周边绿地,创造工业区内部环境与周边环境间相互联系、相互渗透绿色体系,将周边优美自然景观引入工业区。

(2)规划建设目标。到 2020 年,工业园建成功能完备山体、河流水体、工业区绿化三道绿色生态屏障,形成点、线、面相结合绿化系统。

(3)规划布局。规划根据区内地形、地貌,充分利用工业园附近山体和峒河,结合工业园布局形成点、线、面相结合绿化系统。点为工业区内街头小块绿地和住区、厂区内部散点绿地,线为长 3500 米滨江绿带和高速公路两侧以及工业用地与居住用地、公共设施用地之间防护绿带,面为工业区周边生态绿地。其滨江绿带分为两个标高不同台地,20 年一遇洪水位(113.2 米)以上为一台地,以下为另一台地。绿化主要布置在前一台地,植物配置考虑景观和使用双重需求,可布置疏林草坪、密林、水滨绿带、花径等。

2.景观组织

(1)规划原则。①结合区内地形、地貌,充分利用区内山体和河流,塑造自然生态景观。②以四周山地为背景,结合区外环境,使区内景观与区外景观和谐呼应。③利用滨水绿带等公共绿地,给居民以舒适的生活空间,并结合城市设计对外展现工业园优美景观。

(2)景观组织。①周围山体景观背景,工业园北部为地势相对较高连续山体,作为区内景观规划背景,在具体城市设计中应充分利用这一优势,利用借景等手法,将区外自然环境引入区内,成为城市景观的重要组成部分。规划保护现有山体景观,进一步加强对山体宜林地植被绿化,营造起伏连绵、葱茏苍翠的林冠线,禁止建设破坏山体景观任何建筑,严格控制山体周围建设,以保证北部山体为工业区提供开敞空间。②滨水景观建设,滨水区是工业区自然风貌主轴线,规划严格保护峒河、沅江现状水质,保持其碧水清澈景观特色,利用沿河绿化带,采取局部加固河道等工程设施。结合滨水步行道、秀水平台、亲水广场等给市民提供舒适优美休闲生活空间。滨水区内应点缀部分精致小品,附设供市民免费使用健康设施,并适当扩大水面,保证一定水体等。③工业园街道景观塑造。沿工业园主干道布置厂区公建,建筑形象简洁,立面设计追求透明和有层次感,建筑群高低错落,形成富有现代城市特色天际轮廓线。各个工厂入口均利用厂前区建筑围合设小广场,充分满足人的视觉要求,建筑、道路绿化交相辉映,形成富有时代感和生气道路景观。其他街道宜结合道路性质和道路两旁用地性质,以工业区山水体系为背景创造人工环境与自然环境相和谐统一特色景观。④观景点与景观区域。观景点、景观区域二者之间所形成景观轴线及景观视角构成城市景观骨架,良好位置选择与巧妙的造型设计可以使这一景观构架中重要节点,既是景观点又是观景点。规划以王家山公园、蛇形山公园为中心景观,携两河(峒河和沅江)而观西北部群山,使其自然既是景观点又是观景点。区内峒河景观风光带等主要景观亦是如此。这样,以区周边山体为背景,区内景观与区外景观达到自然融合。在具体景观设计中宜结合景观环境,有意识创造一批具有地方特色高品质新景点,如在山体公园地势较高、视野开阔处建设亭、台等,在滨水区公园建设水榭、主体雕塑等。同时,在工业园出入口合适位置设置进入工业园标志。在常吉高速公路以南结合广场布置工业区管委会大楼,大楼采用现代气息与民族特色相结合建筑设计手法,成为工业区标志性建筑。⑤景观节点。节点指行为提示和目的地段,它是塑造韵律感,展现城市特色主要据点。规划分为两类进行控制。标志性入口节点:是进入园区的入口,在视觉上应着重体现城市意向,规划主要设在现武溪镇区跨峒河大桥以及规划跨河桥北端,应体现武溪工业园环境友好型特色。交通性节点:主要指主次干道交叉口,规划要求对滨江大道与第二大道、第五大道、第七大道的交叉口作重点景观处理,形成现代化城市交通节点景观。⑥严格高度分区管理。结合工业园西北部、西南部高、东南部沿河低的特征和山水相融风貌特点,规划进行高度分区管理,使工业园整体形态与自然空间形态相一致,以构建视线通廊,显山亮水,与自然和谐共生。

(八)配套设施控制

1.公共服务设施控制。根据工业园的区位条件和武溪镇总体规划,园区主要公共服务设施依托武溪镇现有公共服务设施逐步建设。规划将根据园区建设实际情况,在园区建设达到一定规模之后,在园区西侧上堡村依据上堡村相对集中的村庄配套建设为园区服务生活服务设施,主要包括园区办公设施、技术服务中心、商业设施、工业展览、文化娱乐休闲设施、教育、卫生设施等。

2.市政设施控制

(1)城市供水现状。泸溪县城以沅江为城市供水水源。1995 年五强溪电站蓄水发电，县城由武溪镇搬迁到白沙新城，建设白沙水厂。白沙水厂一期工程日产 1 万吨，目前供水能力为 2 万吨；采用絮凝、沉淀过滤、消毒工艺。沅江泸溪段年平均流量每小时 1132.6 立方米，最枯流量每小时 138 立方米，水量充沛。县城城区高差大，县城采用分压供水。县城设有高位水池(服务高区)，池底标高 180 米。县城供水不能满足城市发展用水要求，正在筹备扩建白沙水厂，扩建规模为日产 6 万吨，供水范围为县城、武溪镇、武溪工业园。白沙水厂地面标高 116-118 米，高区出厂压力 7.5 兆帕斯卡(水压标高 190 米左右)。扩建工程设计水压标高 173 米，工业园距白沙县城 10 公里，地面标高 116-158 米，高差 42 米。规划区目前不属于县城给水范围。

(2)给水系统布置。武溪工业园生活给水由县城供水，319 国道铺设两条输水主干管。接入武溪工业园的供水干管为两根 DN500。西北高东南低，坡向武水。地面高差较大，130 米标高以上为高区，加压供水。高速公路以北、第七大道以南为高区，面积 27.75 公顷，综合生活用水量为 2000 立方米 / 日。加压泵房选址联盟路以北、第七大道以东，占地 700-1000 平方米。其他地段为低区，干管沿第一大道、第三大道、第六大道、滨江大道、大溪环路布置，管径 DN300—DN400，其他道路为次干管或配水管，管径 DN200-DN250。工业区形成环状管网，以提高供水系统安全性。道路沿线布置消火栓，消火栓间距不大于 120 米，并应尽量靠近路口布置。城市消防给水为低压消防体制。工业给水系统，由取水泵房、水处理厂、管网系统构成，取水泵房位于深水码头上游 300 米处，规模 20000 立方米 / 日，控制用地 0.5 公顷。工业给水处理厂位于深水码头上游 300 米处，规划 20000 米 3/d，控制用地 1.20 公顷。输水干管为两根 DN400，沿滨江大道布置。干管沿滨江大道、大溪环路、第一大道、第六大道布置，管径 DN400～DN350，其他大道根据建设项目用水量确定管径。

(3)排水规划。①排水现状。规划区内目前没有建成区，没有大用水单位，没有污水、雨水系统，雨水排放沿上堡村溪、曾家溪、大溪、仙人溪接入武水。②排水制度。泸溪县城总体规划确定工业园为分流制排水区，工业园排水规划采用分流制排水制。③排水量。工业园区污水量按 80%预计，平均日供水量为 2.4 万立方米 /

日。污水量为2万立方米/日。

(4)污水系统。规划区污水自流排水。干管沿第一大道、第三大道、第四大道、第六大道、滨江大道、大溪环路布置，管径d400-d600-d800，滨江大道布置主干管管径d800。武溪镇和武溪镇南部工业企业集聚区污水接入园区污水处理厂(具体方案未定)，干管管径待计算确定。

(5)污水量与污水处理厂选址。污水量为2万立方米/日，武溪镇污水量5000-10000立方米/日。工业园与武溪镇污水一并处理，污水处理厂选址濂溪北岸与沅水交汇处，工业园下游1000米处，控制用地为5公顷。工业园应提高工业用水重复利用率，减少污水排放量，降低污水处理成本，保护环境。

(6)雨水系统。规划区雨水利用保留溪沟，就近自流排水。南端就近上堡村溪和武水，自流排水；第九大道至第五大道雨水就近排入曾家溪，设置上燕子尾雨水泵站；第五大道至第二大道雨水就近排入大溪，设置虎头桥雨水泵站干管，第二大道至大溪环形路雨水就近排入仙人溪沿现状雨水渠排入武水，自流排水。

(7)排洪系统布置。沿规划区西北的山脚，布置截洪渠。山洪经截洪沟汇集后，经由排洪渠排至上堡村溪、曾家溪、大溪、仙人溪。

3.电力工程规划

(1)现状及问题。现有220千伏变电站一座(枇杷冲变，主变容量1×120米VA)， 110千伏变电站3座，主变4台(容量131.5米VA)，110千伏线路4条，总长122.87公里。拥有35千伏变电站6座，总容量33.45米VA，拥有35千伏线路16条，总长165.3公里。规划区由南侧的110千伏武溪变供电，武溪变占地面积3000平方米，装机容量2×40米VA。规划区主要用电为工业用电和居民生活用电，且工业主要为冶金化工等，用电量很大。各个企业均安装专用变压器，目前基本能满足用电要求。

(2)负荷预测。预测方法，根据规划的用地性质和地块面积，采用单位负荷指标法预测，其结果作为规划区内部至10千伏变电站及开关站依据S=Kt(D*米)/cosφ。其中单位建设用地负荷指标参照《城市电力规划规范》和《建筑电气专业设计技术措施》，以及国内其他工业园区用电标准，并结合规划区实际情况取定。

(3)电源。由于规划区大部分为一、二类负荷，故可直接从110千伏武溪变引出10千伏电源至各个用户。大工业用户可以从变电站直接引35千伏线路。考虑到出线间隔不足，故新建两个10千伏开关站(近远期各一个)，再从开关站引出

10千伏线路到各个用户。其中近期的植物油厂开闭所已立项，位于油厂附近，规划用地500平方米，由110千伏武溪变引双回LGJ-300的10千伏电力架空线(大桥走电缆)进开闭所，规划出线8回。

(4)10千伏配电网。规划区内10千伏配电网主要采用环网供电，10千伏电源先进开闭所，再从开闭所引出线路到各个配电所，各配电所根据用电负荷及地块分布情况组成环网。规划区内共规划设置2个10千伏开闭所，要求其与10千伏配电所联体建设。规划3个10千伏路灯变电站，采用公用箱式变形式。2个开闭所转供容量达到为16000千伏安，路灯变电站容量为200千伏安，另根据需要设置一些10千伏用户配电专变。10千伏变电站供电半径控制在350米，其具体位置见《电力电信规划图》。

(5)高压走廊及线路敷设。根据《泸溪县"十一五"电网规划》，规划区范围内不会新增35千伏以上电力线路，原有的高压线路保留，并保证足够高压走廊。110千伏高压线路规划高压走廊宽度为20米，35千伏高压线路规划高压走廊宽度为15米。规划区内10千伏主干线路近期可部分架空，远期全部入地。支路原则上全部采用电缆，穿电缆排管埋地敷设，敷设在道路的南侧和东侧，主干道预留管孔8孔，管径160厘米，且每隔350米预留横穿道路的排管。规划区内路灯采用独立供电系统，在道路旁设置独立路灯变电所(箱变)。低压线路原则上采用电缆直埋方式敷设。线路敷设及管道预埋应与城市道路建设同步进行，逐步实施，分期建成。

4.电信工程规划

(1)用户预测。参照国内其他工业园区电信用户规划标准，并结合规划区实际情况取定。经预测并采用普及法做校验和修正，确定本区远期预测用户7589对主线。取可用率0.8，则工业园区需要装机容量为9486门。

(2)电信网规划。近期规划区用户可直接由南侧电信端局引光缆线或电缆到户。规划远期，在规划区用户较集中的区域新建一个电信模块局，交换机容量达到10000门。在电话比较集中，内部电话较多单位及建筑物内考虑一些用户交换机。在街道旁设置一定数量的IC卡电话机。

(3)交接方式。规划区交接方式采用交接箱，交接箱容量主要采用600对，1200对两种。

(4)线路敷设。规划区电话线路和有线电视等弱电线路，原则采用管道敷设，敷设在道路西侧或北侧。规划管孔数除电信公用网外，还需考虑电信专用网，有线电视网，计算机宽带网等。主要道路均布置8孔电信管块，其余道路考虑4到6孔电信管块。线路敷设建设应与城市道路建设同步进行，逐步实施，分期建成。

5.邮政规划。规划区考虑新建1个邮政所，满足规划区用邮要求。

6. 广播电视规划。有线电视线路实行HFC双向网传输，光节点用户控制在500户以下，完善设备配置，提供多媒体服务，线路可与其他弱电线路共同采用管道敷设。

7.环卫设施。园区内一般固体废物，对其进行无害化处理后，可在武溪镇区以南常吉高速以北地段填埋场进行安全填埋，有毒有害固体废弃物严禁直接倾倒于城市垃圾站，送有处理资质的处理场进行集中统一处理。园区内生活垃圾环卫部门统一收集，外运到县白沙垃圾处理场处理。在园区中部和西部设生活垃圾转运站两处，在第二大道、第四大道、第六大道靠滨江大道一侧及上堡居民区设置公共厕所四处，每处公厕占地面积应大于80平方米，建筑面积一般为30—40平方米。废物箱沿园区主要道路每100-200米设置一个。

8.工程管线综合

(1)平面综合。园区地下工程管线包括给水管道、雨水管道、污水管道、电力电缆、电信电缆、燃气管道、路灯线7种。路灯线一般布置在灯杆附近的路缘石旁，规划重点是其余6种管线，其布置原则是:①工程管线在道路下面规划位置宜相对固定，从道路红线向道路中心线方向平行布置次序宜为:电力电缆、电信电缆、燃气、给水、雨水排水、污水排水。②电力电缆、给水一般布置在道路南侧或东侧，污水、电信、燃气一般布置在道路北侧或西侧，雨水布置在中线。③管线平面间距执行《城市工程管线综合规划规范》(GB50289-98)。

(2)竖向控制。上述6种地下管线在竖向上的位置自下而上为污水、雨水、供水、燃气、电信、电力。规划具体安排雨水、污水两种自流管道。雨水管覆土一般在1.5—1.7米之间，其上部安排其他压力管或可弯曲管线，交叉发生困难时可采用套管或其他工程措施。规划电力线基本上采用架空敷设。

(九)综合防灾

1.防洪规划

(1)防洪标准。根据五强溪水库108米水位方案进行设防，20年一遇洪水淹没线为113.2米，根据多年洪水发生情况，以武溪峒河桥为参照，确定园区防洪标准为116米(百年一遇洪水位为117.3米)。

⑵防洪措施。根据园区自然条件，防洪采取对场地低洼地段填高的措施，重点是结合滨江大道的修建提高沿河用地的标高至116米以上。对大溪、燕子尾一带相对较低地段适当填高至113.2米以上，同时对大溪和曾家溪进行治理和修建排涝工程。周边山洪通过截洪沟建设和水库加固，同时加大水土保持力度，防止山洪对园区威胁。

2.消防规划

⑴规划目标。充分贯彻“安全第一，预防为主”和“生产必须安全，安全为了生产”思想，对生产中易燃、易爆装置和物品设置防范措施，并实施有效控制，以减少和防止火灾事故发生。

⑵消防措施。在园区内建立一个高效实用、安全可靠的消防体系和先进的消防通信网络，做到安全生产、经济合理、方便适用。沿道路设置消火栓，间距不大于120米。并根据各企业设置其他灭火措施，预防和减少火灾危险。

⑶消防体系。园区消防体系为两级管理，即园区专职公安消防队和企业兼职消防队，前者负责园区内公用设施消防、区内企业火灾联防，后者负责企业内部火灾预防和火灾消防。

⑷消防站。园区与武溪镇合建二级普通消防站一座。消防站设水罐消防车、水罐或泵消防车、水罐或泡沫干粉消防车和举高消防车各一辆。

⑸火灾救灾中心。在武溪镇或白沙镇选择合适医院设立火灾救灾中心，以对火场受伤人员进行紧急送护与抢救。

3.安全规划

⑴规划目标。园区建成后，生产技术先进，空气中有害物质的浓度达到我国卫生标准，其余工业卫生指标，如操作环境中的温度、湿度、噪声、振动等也能达到国家卫生标准。生产安全和人身安全有可靠保证。一旦出现中毒、火灾等重大事故，通过各种防范设施，也能及时控制事故蔓延。

⑵控制措施。①火灾、爆炸、有毒有害物质防范措施。采用先进、成熟、可靠的工艺技术和设备，严防“跑、冒、滴、漏”，实现全过程密闭化生产。减少火灾和爆炸可能性。总平面布置中，充分考虑总体布置安全性，装置区内外道路保持畅通，以利消防及安全疏散。总平面布置在符合安全、消防要求前提下，力求优化。为防止布置在厂房内的生产装置产生的易燃、易爆、有毒有害物质积累，厂房内设计可靠通风系统。有火灾爆炸危险现场所建构筑物结构形式以及选用材料符合防火防

爆要求。②噪声防治措施，对新增噪声较大的设备，如压缩机、风机、泵等采取消声、隔声措施。对蒸汽放空、气体放空均设置消音器。③机械及坠落意外伤害防范措施。对高速旋转或往复运动机械零部件设计可靠防护器、防护罩、挡板或安全围栏。传动运输设备，皮带运输线设计带有栏杆安全走道，爬梯平台设有扶手和护栏等。装置区内有发生坠落危险操作岗位按规定设置便于操作、巡检和维修作业扶梯、平台和围栏等附属设施。凡容易发生事故或危及生命安全场所和设备，以及需要提醒操作人员注意地点，均按标准设置各种安全标志。凡需要迅速发现并引起注意以防发生事故场所、部位均按标准涂安全色。④职业安全劳动防护措施。在操作人员可能接触有毒有害物质地点，就近设置事故淋浴和洗眼器，以便及时冲洗。对高温设备和管线进行保温，并合理配置蒸汽和冷凝液管道接头，以防物料喷出而造成烫伤或冻伤。各装置根据工作环境特点配备补充各种必需防护用具和用品。包括眼面防护面具、防护手套、防毒面具、耳塞、耳罩等。⑤职业安全卫生教育、管理机构。在园区管委会所在地设环境监测站，设置安全卫生管理机构，配备专门人员和必要仪器设备。安全卫生检测有环境监测人员负责完成。

4.抗震规划。抗震规划坚持“预防为主、平震结合、常备不懈”的原则，加强对地震灾害预防、抗御和救灾工作，最大限度地减少地震损失。根据国家地震局颁布《中国地震烈度区划》，泸溪县地震动峰值加速值为0.05g；地震基本烈度为6度。因此，在园内建构筑物抗震按6度设防，个别可能产生次生灾害重要构筑物或装置应依据相关建筑规范提高设防标准。具体建筑抗震设计按《建筑抗震设计规范》(GBJ11-89)进行。园区入驻企业在建设前应做详勘，并按照《建筑抗震设计规范》要求设防。

(十)分期建设规划

1.分期建设策略

(1)一次规划、分片建设、滚动发展。成片开发建设可以相对集中资金，成熟一片、开发一片，滚动一片，形成园区建设良性循环。

(2)环境先行原则。园区建设首先搞好环境建设，包括市政基础设施条件，交通环境及绿化景观环境，以进一步吸引建设投资，有利于园区开发和经济运作，确保园区建设高起点，促进园区可持续发展。

(3)集中精力建设部分重点工程，展现园区面貌和园区发展成果，以集聚人气、吸引资本、就业。

2.一期建设。一期建设将滨江大道从武溪峒河桥头修建至大溪、长度约 1.20 公里,开发园区东部约 0.70 平方公里用地。重点建设工业企业以及配套道路和市政公用设施。

3.二期建设。二期建设是园区迎来大发展时期,建设园区峒河大桥,完成园区管理、技术服务区、工业用地区,同时建设园区西部上堡生活服务配套设施。

4.远期建设。规划继续完善设施配套,在完成工业园区绝大部分建设后,筹划向西部发展。

(十一)规划实施措施

1.实行分期开发,避免盲目建设。工业园是在一片无建筑区的基础上建设的,为了使规划蓝图成为现实,就必须实行分期开发的战略,有计划有步骤地安排建设项目,形成一定的增长点,从而吸引资金和企业入驻。

2.突出机制创新,建立精简高效园区管理机构

(1)按照"精干、统一、效能"的原则,成立工业园管委会。

(2)建立能够吸引人才、留住人才的薪酬机制和激励机制。打破平均主义,鼓励多劳多得。特别要向一线招商引资工作人员倾斜,真正体现招商引资是加快发展生命线。加强人才队伍建设,充分发挥各类人才对园区发展促进作用,加大人才培养、培训和引进力度,打造一支结构合理人才队伍。

3.坚持"谁投资,谁受益"原则,广辟融资渠道。采取财政、金融、企业、民间、外资等多种融资渠道,扩大投融资规模,强化经营园区理念,通过存量资产和无形资产运营、基础设施建设 BOT 经营各类贷款和专项资金等多种形式聚集建设资金。在起步建设阶段,县财政要安排一定贷款贴息资金,支持园区基础设施和社会事业建设项目。

4.严格把握综合开发、统一配套和基础设施先行。工业园区建设中应避免传统划地分散开发模式,杜绝企业办社会浪费资源和服务水准较低社会配套方式,实施社会综合开发统一配套。基础设施建设是园区正常运转保证,在园区建设中,往往会忽视基础设施统一建设和先导作用,基础设施容量准确估算和先期投入建设可以避免以后重复建设和大规模翻修重建等浪费。

5.突出社会、经济与环境统一可持续发展。在追求经济利益同时,应保护园区人文环境,注重社会公平,是城市(也是园区)可持续发展前提。在园区建设中应注重园区环境建设,为园区可持续发展创造良好条件,重点做好对环境污染防治

工作，切实保护好园区及周边地区环境。

二、工业园控制性详细规划

2006年6月，工业园区建设协调领导小组委托湖南省城市规划研究设计院，在认真调查研究的基础上，根据武溪镇地域实际制定《泸溪县武溪工业园控制性详细规划》，2007年1月，获县人民政府批准。该规划共分十二章，从详细规划原则、用地规划、土地使用性质分类及控制、用地控制、环境保护、道路交通控制、绿地系统与景观控制、配套设施控制、防灾规划、分期建设规划、规划实施措施等十二个方面，制定详细控制性规划，为工业园大规模建设，提供明确规范和要求，推进园区建设快速有序发展。

三、泸溪工业集中区长远发展规划

2010年，武溪工业园被湖南省政府授予泸溪省级工业集中区，为进一步搞好集中区各项建设工作，2012年4月，泸溪县人民政府制定《泸溪县武溪工业集中区(2011-2020)发展规划》。2012年9月10日，湖南省发展和改革委员会、湖南省产业园区建设领导小组办公室发文批复，主要内容是：

(一)规划范围。近期(2011-2015)规划面积为303公顷，四至范围为东至移民村，西至上堡村，南至峒河，北至大溪村群力、团结水库所依托的连绵高山。远期(2016-2020)规划面积达到414公顷，四至范围为东至黑塘村，西至上寨村，南至鲶鱼溪，北至大溪村群力、团结水库所依托连绵高山。

(二)主要发展目标。2015年工业总产值力争达到110亿元，2020年超过190亿元。

(三)主导产业和布局。同意《规划》提出的“一心四区”集中空间结构布局和建设以铝系列金属材料精深加工、新金属材料加工、农林产品深加工等产业为主的特色综合型工业集中区总体发展定位。

(四)环境保护。按照工业集中区规划的环评要求，严格集中区产业准入条件，落实环保基础设施建设、生态环境保护、资源节约利用等措施，切实做好企业污染综合防治。

(五)土地利用。工业集中区必须严格实施土地利用总体规划和城镇总体规划，按规定程序履行用地报批手续，严禁房地产、大广场等项目建设。

四、园区投资优惠政策

(一)土地优惠政策

1.简化国土报批手续。凡园区内土地征用、办证等相关手续,直接由工业园管委会下属国土部门办理。

2.土地出让。符合园区产业发展导向、投资强度、投资规模、环境保护评价、经济效益等各项指标,符合入园条件的工业项目,按征地成本价出让土地;投资公益事业配套项目,按征地成本加基础设施配套费用出让土地;投资三产和其他经营性项目,以招标、拍卖或挂牌竞价方式出让土地。

3.园区工业用地实行招标、拍卖、挂牌等市场方式出让。凡固定资产投资经审核在2000万元—1亿元(含1亿元)的新上工业项目,征地补偿费用先由投资方垫付,实现税收后由财政3年内返还给投资方。涉及国土、林业、规划部门办证由武溪工业园协调代办,办证费用由县财政解决;土地出让金可实行缓交,待企业投产后所交税金达到土地出让金标准时再予以免交,同时,根据企业需要可提前给予办理土地确权手续。固定资产投资不足2000万元新上项目不享受上述优惠政策。

4. 凡符合环保要求、对泸溪县工业产业结构调整具有战略意义新上工业项目,固定资产投资经审核在1亿元以上,由园区奖励建设用地6.67公顷;固定资产投资经审核在2亿元以上,由园区奖励建设用地13.33公顷。

5.土地补偿。投资武溪工业园道路、环保等基础设施和公用设施项目,可采用依法取得土地使用权方式获得回报,并按园区规划及产业发展导向进行开发建设。补偿标准按用地性质,根据上述土地出让价格计算,投资者可在规划区内优先选择补偿用地。

6.土地入股。武溪工业园开发建设有限责任公司可采用土地入股方式投资武溪工业园经营性项目,工业园项目土地入投按土地成本价计算股份,三产和其他项目土地入股按评估价计算股份。

7.土地租赁。开发国家鼓励发展的产业项目,租用武溪工业园开发建设有限责任公司用地的,可采用短期租赁和长期租赁方式,租金标准按照最低地价折算,但长期租赁不超过20年。在租赁期限内,承租单位可随时申请交纳出让金,办理土地使用权出让手续。

8.鼓励集约用地。对投资1000万元以上、年纳税20万元/亩以上且年实际总纳税500万元以上工业企业,按其所缴土地出让金50%奖励;对年纳税20万元/亩以上且年实际总纳税1000万元以上的,按其所缴土地出让金100%奖励。

(二)税收优惠政策

1.工业园实行税收计划单列和财政体制结算单列。工业园区内企业缴纳的所有税收中县财政实得部分,从投产之日起连续10年全部安排给工业园,用于园区开发建设。10年后,根据县政府对工业园的实际投入,确定对工业园税收分享比例。

2.企业所得税优惠税率。进入武溪工业园符合国家鼓励政策项目并获得省级证书或认证投资企业,在2010年之前,耕地占用税按最低下限缴纳,企业所得税实行15%税率。

3、按2008年1月1日新的企业所得税法执行。在武溪工业园新办的企业,自投产或营业之日起,连续三年免征企业所得税,第四年和五年减半征收企业所得税。鼓励企业用利润在园区内扩大再生产和新上其他工业项目,其固定资产投入总额经税务部门核准后,可在税前列支。涉及行政事业性收费,按照"一票收费制"规定执行。

4.农产品加工企业税收优惠。对除烟、酒外的农业产业化龙头企业,前三年实际上缴地方财政税收部分按全额返还。对重点农产品加工骨干企业,发生技术开发费可全额税前扣除,年增长10%以上企业,可再按实际发生额50%抵扣当年度应纳税所得额。

5.园区财政留成部分按比例奖励给企业。营业税:企业年缴纳营业税超过50万元、80万元、100万元的,自开业之日起3年内,工业园分别按园区财政留成部分的10%、20%、30%对企业实行奖励。增值税:企业年缴纳增值税超过100万元的,自投产之日起5年内,工业园以园区财政留成部分为基数,第1年至第3年按10%、第4年至第5年按8%对企业实行奖励。企业所得税:生产性外商投资企业,经营期在10年以上的,自获利年度起,企业所得税除享受两免三减半外,第6年至第10年享受园区财政留成10%奖励。对生产加工型"外"、"高"、"大"项目,自项目投产之日起,按已缴纳企业所得税园区留成部分为基数,第1年至第5年按15%比例对企业实行奖励。

(三)财政扶持政策

1. 县政府工业发展基金向工业园区内企业倾斜。

2. 对进入园区符合湖南省西部开发产业项目条件的,优先申报列入全省西部开发产业项目贷款计划,可申请省财政贴息;对属于鼓励投资的重点产业项目、扶贫项目、生态环保项目和重大科技成果转化项目,使用银行贷款时,可申请财政贴息。

3. 对工业企业用利润在武溪工业园投资新的生产项目，工业园协助向县财政按不超过上年度本企业所得税地方分成部分总额给予补助。

4. 鼓励工业企业做大做强，投产之日起三年内对年纳增值税 500 万元以上 1000 万元以下企业，工业园可向县财政申请按税收分成地方所得部分 40%予以补助，三年内对年纳增值税 1000 万元以上企业，可向县财政申请按税收分成地方所得部分 50%予以补助，用于本企业技术改造。

5. 对部分在园区带动性强、效益好高科技重大项目，县人民政府可为其申报争取引导资金。

(四)投资服务政策

1.部门职能平移。财政、国土、建设、规划等部门在园区派驻二级机构，授权其履行部门职能，统一归口工业园区管理。

2.简化入园企业办事程序。涉及相关手续、办证等，由园区下属职能部门全权办理，实行办证审批园区“一个窗口”审批管理体制。各二级机构自主行使部门职能，不需再请示所属上级局即可审批办证。具体涉及到部门的办理相关要求为：①投资建设项目规划选址、环保初审、国土测绘、按政策补偿农户的土地、地面建筑物搬迁费用后，即可马上开工建设，其他相关手续由工业园予以代办。②发改局在收到相关资料后，须在两个工作日内完成《项目立项批复》《可行性论证研究报告审批》等批复文件。③规划局在收到有关批文后，须在五个工作日内确定项目的建设范围、位置、建筑红线图并提出规划设计要点。④林业、环保、安监、消防等部门在收到相关资料后，属县内可以审批的，应在五个工作日内予以审批，须州以上部门审批的，应于三个工作日内向上级部门申报。⑤国土部门在收到相关部门预审意见后，须在五个工作日内向州、省相关部门申报办理。

3.优化经济环境。执行“首问责任制、一票收费制、全程代办制、限时办结制、检查报批制、责任追究制”等六项制度，加强服务，切实保护企业和经营者的合法权。未经园区管委会同意，县内职能部门不得擅自到企业开展检查、收费等工作。

(五)吸引人才政策

受聘于园区的高级专家可不受原单位人事关系限制，实行双职双薪或多职多薪。回国留学人员投资兴办高新技术企业的，除享受高新技术优惠政策外，经认定为外商外资企业后，可同时享受外商投资企业的优惠政策。将引进人才的技术职称评定和成果鉴定奖励纳入县内管理，其劳动人事档案由县劳动人事部门免费管理。

(六)户籍及出入境管理政策

放开户籍管理,外来投资者、外来投资企业管理人员或中高级技术人才入户武溪工业园,其家属为农村户口的可免费农转非,其子女入托、入学、参军、就业享受县内同等待遇,高等院校录取享受少数民族地区考生分数照顾政策。企业员工只要有固定住所和稳定生活来源,可以转为常住城镇居民户口。提供出入境方便。对国外和港澳台的客商或技术管理人才前来武溪工业园经商、贸易、投资、讲学及其他智力支持等,在出入境管理上按实际需要确定证件种类、有效期限、换汇数额,在国家出入境管理法律法规允许范围内尽量提供便利条件。

(七)招商引资奖励政策

1.形成工业园区自主招商引资体制。每年县政府安排一定专项资金给工业园区,用以开展各类招商引资活动。

2.引进无偿建设资金奖励。为武溪工业园或武溪工业园开发建设有限公司引进无偿建设资金,园区按实际到位金额20%兑现奖励。

3.引进有偿建设资金奖励。为武溪工业园或武溪工业园开发建设有限责任公司引进有偿建设资金,由园区按该项目资金使用年限一次性兑现2%奖励。

4.引进产业项目奖励。为武溪工业园或武溪工业园开发建设有限责任公司引进产业项目资金,根据该项目当年实际完成固定资产投资额,经审核确认后,由园区一次性兑现奖励,其中300万元至1000万元按2%予以奖励,1000万元以上按5%予以奖励。

5.鼓励金融机构增加工业投入。对金融机构贷款期限1年以上,年度给工业企业新增贷款500万元以上3000万元以内的,由受益财政按3‰奖给行长,3000万元至5000万元的,按5‰奖给行长,5000万元以上的按6‰奖给行长。

6.提高园区内企业家的经济和生活待遇。切实解决投资者和园区内企业家的后顾之忧,对连续两年上缴税金达1800万元以上的企业法人代表,政府为其购买养老保险,使其达到退休年龄后可按月领取养老金,并安排其子女就业。鼓励行政、事业单位干部职工领办工业企业,其职级等遇和工资不变。

第三节　基础设施建设

一、建设融资

工业园规划区域主要位于武溪北区起伏不平的天桥山脚下，域内遍布的是五强溪库区移民后的断壁残垣和当地村民的房舍、山林、果园、田地。在这里要建设新型工业园区，基础设施建设任务繁重，需要大量的资金投入。为破解资金瓶颈，增加融资平台，园区成立"泸溪县富强农业综合开发有限公司""武溪工业园建设开发有限责任公司""泸溪县汇金资源综合利用有限公司"三家公司。自2009年开始，公司以园区基础设施建设项目，分别向农业发展银行、建设银行、长行村镇银行、信用联社等金融机构融资59600万元，为园区基础设施建设提供资金保障。

2009-2015年武溪工业园基础设施建设融资情况

时　间	融资金额
2009年	3000万元
2010年	4800万元
2012年	1800万元
2013年	4600万元
2015年	44500万元
合　计	59600万元

二、土地征用

工业园总体规划面积7.33平方公里，其中北区面积3.13平方公里，南区面积4.20平立方公里。从2006年建园至2016年底，共投入征地拆迁资金1.26亿元，其中北区1.15亿元，南区1100万元。居民拆迁368户1135人，投入拆迁资金3125万元，土地储备保有量212.53公顷。

在规划区2500.50千平方米建设用地范围内，主要有工业用地、仓储用地、居住用地、公共设施用地、绿地、道路广场用地、市政公用设施地等7类用地。

武溪工业园土地征收及用地计划表

用地计划名称	面积(公顷)
工业用地	139.59
仓储用地	8.12
居住用地	37.52
公共设施用地	6.8
绿化用地	37.12
道路广场用地	27.9
市政设施用地	0.5

三、公共设施建设

(一)供水设施

武溪镇自来水由白沙自来水厂直接供应,该水厂日供水能力为3万吨。为改善工业园区供水状况,2010年,县政府投资500万元,铺设管网15000米,日供饮用水量3000立方米。工业园内工业用水则利用峒河作为水源,经处理后供工业企业作为生产用水,因此供水量充足。在工业园区沿滨江路铺设一条DN500的主供水管道。

排水系统采用分流制,生活污水及水质与生活污水近似的生产废水和其他无害生产废水,设单独的废水管道收集,排至园区的废水处理厂,处理达标后排入园区下游峒河。其他工业废水,根据废水水质的特点,拟选用絮凝具有脱氮—混凝气浮功能处理法为主要处理工艺,该工艺具有去除率高,抗冲击负荷能力强等特点。

管网工程,园区给水管主要埋设在道路主干道两边。排水体制采用雨污分流制,区内各企业排放无害生产废水和生活污水通过专用排水管网收集后进入城市污水处理厂。专用排水水管采用枝状网布置,每个企业设一个总排放口。2010年5月18日,县人大常委会召开十五届人大常委会第十五次会议,通过决议,同意县人民政府决定由武溪工业园富强农业综合开发公司,参与农副产品加工园给排水管道工程项目建设,由县财政投资7345.42万元,2010年8月动工,至2012年12月,园区给排水工程基本竣工。

(二)供电设施

20世纪90年代,国家电网泸溪公司在武溪地区,投资近亿元资金,分别修建220千伏和110千伏变电站各一座。2011年,泸溪明天电力有限责任公司投资

2000 万元，在工业园北区新建 110 千伏变电站一座，武溪工业园区内共有变电站 3 座，供电量 18 万千伏安。其中 10 千伏双电源由现有的 110 千伏武溪变电站不同母线段供电，容量富余。10 千伏双回路供电专用架空线引来，此两回供电线路稳定、可靠，完全可以满足工业园园区用电需求。

(三)园区道路

2006 年至 2016 年，园区共投入基础设施建设资金 5.90 亿元，在园区进行道路建设，形成“三横九纵”园区道路网。

1.横向道路三条。泸溪植物油至泸溪县造纸厂路段，是武溪镇区居民聚居主街道，断面布置 12 米，长 1443 米，投资金额 780 万元。滨江北路路段，分三级修建，2009 年，修建联盟至武水大桥段，断面布置为 20 米，双向四车道长 2200 米，投资金额 3000 万元；2012 年，修建武水大桥至深水码头，路面宽 20 米双向四车道，长 1393 米，投资金额 3364 万元；2015 年，修建深水码头至白渡溪段，路面宽 20 米，长 1100 米，投资金额 1207.12 万元。滨江南路路段，道路起点位于金天路与武水大桥交汇处，终点与武水南路相交，路面宽 20 米，双向四车道沥青混凝土结构，全长 1261.65 米，投资金额 1124.35 万元。

2.纵向道路九条。主要位于工业园企业厂房区域，分别与横向公路交汇。路面宽均为 12 米，为双向两车道。纵向道路 2008 年初动工修建至 2016 年底全部竣工。

工业园区横向道路建设表

名　称	技术标准	断面宽幅(米)	道路长度(米)	投资资金(万元)	修建时间
北正街道路改造	双向 2 车道	12	1443	780	2014 年
滨江北路	双向 4 车道	20	4693	757.1	2015 年
滨江南路	双向 4 车道	20	1261.65	1124.35	2016 年

工业园区纵向道路建设表

名　称	技术标准	断面宽幅(米)	道路长度(米)	投资资金(万元)	修建时间
第一大道	双向两车道	12	620	1300	2008
第二大道	双向两车道	12	513	1067	2008
第三大道	双向两车道	12	395	1067	2008

续表

第四大道	双向两车道	12	465	1200	2009
第五大道	双向两车道	12	415	420	2009
第六大道	双向两车道	12	680	1100	2013
廉政路	双向两车道	12	254.68	130	2013
桔园路	双向两车道	12	222	200	2015
城北东路	双向两车道	12	567	2074.26	2016
合计			4131.68	8558.26	

四、重点项目建设

(一)土地平整

工业园规划区域内,地况地貌复杂,大多是小山、溪流、果园、农舍和小丘块田地。要在这里建设现代化的工业园区,摆在园区人面前的首要工作是平整土地,在沟壑纵横的地段上,建设成为符合规范要求的标准工业用地,任务繁重、工程浩大。从2007年开始,园区多方筹集资金进行大规模的土地平整,至2016年,累计投入资金11980万元,平整土地285.18万平方米,为园区全面建设打下基础。

武溪工业园土地平整项目统计

时间	平整面积(平方米)	投资金额(万元)
2007年	133622	2500
2009年	63988.6	900
2011年	2399186	3000
2012年	110668	1800
2013年	79379.9	2000
2016年	122552	1780
合计	2851806.5	11980

(二)码头建设

1.货运码头。沅江是湖南省四大河流之一,常年通航。武溪工业园设立后,为增强水上运输能力,即考虑在工业园北区修建深水码头。2009年5月,县委、县政府成立武溪码头项目建设协调指挥部,由县政协副县级干部黄明君任指挥长,胡世河、毛田生任副指挥长。2009年12月,经湖南省发改委批复立项,建设内容为500吨泊位2个(兼顾1000吨级船舶停泊能力),项目用地3.33公顷,投资金额

6442.64 万元，项目于 2011 年 12 月动工，2015 年 12 月建成投产。第二期项目为武溪货运码头至县纸厂道路，并配套建设仓储，危货码头，砂石码头等配套设施，项目总投资 8000 万元，占地面积 7.33 公顷。

2.客运码头。武溪老城客运码头位于楠木洲下游黄泥嘴，距深水货运码头上游 50 米，存在严重的客货船碰撞安全隐患，黄泥嘴码头是泸溪县水域与沅陵县水域的连接口，是重要水上交通枢纽。为确保水上交通安全，县政府组织县交通局、地方海事处等部门筹建新的客运码头。选址在楠木洲中端沅水岸边。2014 年 5 月，泸溪县发改局立项建设楠木洲客运码头。6 月，湖南省发展和改革委员会发文，批复同意新建客运码头，投入省级预算内资金 190.93 万元，码头结构为阶梯式。设 2 个泊位，每个泊位长 30 米，前沿水深 1.20 米，年通过量 60 万人次。工程于 2014 年 12 月动工，2015 年 5 月竣工。新建的楠木洲码头水势平稳，水域宽阔，避开了辖区上下游货运船舶，方便老百姓安全出行，为水上交通安全提供保障。

(三)厂房建设。2006 年园区建立后，为加强园区项目建设，推进新型工业化进程，努力克服各种困难，开展大规模厂房建设，以便“筑巢引凤”，取得令人瞩目成果。

第一期工程，园区管委会与企业共建厂房 9.5 万平方米，总投资 1.4 亿元，其中工业园区投资 0.75 亿元，修建厂房 5 万平方米；企业筹资 0.65 亿元，修建厂房 4.50 万平方米。至 2015 年，有银阁公司、金昊公司、恒裕公司、蓝天公司、华燃公司等多家企业入驻标准厂房，安置就业人员 700 人，实现工业产值 8 亿元。

第二期标准厂房工程由工业园管委会投资 7500 万元，厂房建筑面积 4.80 万平方米，其中标准厂房 11 栋，综合楼 1 栋，设备房 1 栋。与广东、浙江等地 12 家企业签订租赁标准厂房协议书，合同引资额 1.80 亿元。主要是电子、鞋业、雨伞、眼镜等劳动密集型产业，带动就业 4270 人，年销售收入 7 亿元。

第三期标准厂房建设工程根据县发展和改革局《关于泸溪工业集中区创新创业园 50 万平方米多功能标准厂房建设项目可行性研究报告的批复》进行规划建设，项目建设内容为：

1.项目名称为泸溪工业集中区创新创业园 50 万平方米多功能标准厂房建设项目。

2.项目建设地点泸溪工业集中区创新创业园。

3.建设规模及内容为项目用地面积 120 公顷，建筑面积 522344 平方米。主要建设内容有：新建标准厂房113栋，配套综合楼10栋，机修设备用房10个，配电水泵房10个，门卫室10个；室外堆检测场113个，面积39550平方米；场内地面硬化142400平方米（含大货车车位），绿化工程90000平方米；配套室外给排水、供配电、环境及消防工程等；创新创业园部分场地征地拆迁安置工程；创新创业园部分场地平整工程；厂房太阳能光伏屋顶发电系统。

4.项目总投资及资金来源。项目总投资15.01亿元，其中建筑安装工程费用为11.38亿元，工程建设其他费用1.48亿元，预备费用1.28亿元，建设期贷款利息为8610万元。资金来源为申请银行贷款4亿元，其余资金为武溪工业园管理委员会多渠道筹措。

5.项目法人及工期。项目法人为武溪工业园管理委员会，负责项目筹资和建设。项目总工期为72个月，即从2015年1月至2020年12月。2016年8月9日武溪工业园北区标准厂房第三期用地土石方项目公开招标。项目平整土地面积15.97万平方米，挖移土石方41.77万立方米，第三期标准厂房建设在有序推进。

(四)桥梁建设

1.峒河二桥建设。武溪镇城区以峒河为界，自然形成南区、北区。为加强两岸物流交通，泸溪县1976年在峒河上修建了第一座桥梁武水大桥，后因修建国家重点工程五强溪电站，多次被淹没。1994年，利用移民资金在武水大桥上游1000米处修建峒河大桥。2006年，武溪工业园成立后，随着工业经济发展和镇区人口增多，物流量成倍增长。为缓解日益增加的交通压力，2013年，园区管委会研究决定修建峒河二桥。2014年，县发改局发文批准建设。桥梁选址地点在武溪镇联盟村（今上堡村），跨越武水连接鲇鱼溪319国道。工程为武溪工业园内北区南区之间的跨武水通道，西起武溪工业园已建的滨江大道与武溪工业园第七大道交叉点，东接G319国道，全长380.28米，其中桥梁长231米。桥梁设计按照(20+3×30)米+(3×30+25)米连续T梁布置。施工图设计阶段考虑20米、25米跨边孔受力的合理性。在不改变桥梁伸缩缝道数前提下，将桥梁孔跨布置调整为20米+3×30米+3×30米+25米，其中20米、25米孔采用简支结构，3×30米采用先简支后连续结构，设计断面宽度2.25米人行道+8米行车道+2.25米人行道。项目投资金额1716万元，2015年8月动工建设，建设工期为18个月。

2.火龙溪桥建设。位于唐家排火龙溪汇入武水出口处，火龙溪桥全长46米，桥长31.50米，结构为预应力混凝土T梁，全桥下部采用桩机式桥台，桥梁工程投资金额281.95万元,工程于2016年7月动工,施工期4个月,2016年11月建成。

(五)尾矿库建设

至2007年,武溪镇工业聚居区内各企业根据生产需要,自行建立多个工业渣库,自建渣库技术标准参差不齐,存在严重安全隐患。为加强工业尾矿库管理,园区管委会采取措施,提高技术标准,增加渣库容量。

1.*对原有尾矿库加固改造*。2008年,县委、县政府认真落实国务院、省、州相关会议精神,以山西“9•8”尾矿库溃坝事故为教训,按照“标本兼治”的原则重点保障,将武溪地区非煤矿山尾矿库专项整治提到重要议事日程,制定专项整治方案,成立专门领导小组,落实专项资金,为整治行动提供有力的领导和财力保证。加强相关部门联动,围绕建设项目核准(或备案)、土地审批、履行安全环保“三同时”审批制,突出整治重点和难点,深入排查现有非煤矿尾矿库存在的隐患。根据排查结果,县安监局及时将病险库存在的问题及整改要求交办到相关企业,限期整改。对超量排放储存尾矿、没有正规设计或私堆乱建、擅自违规加高坝体存在安全隐患的,坚决予以关闭。运行库按照设计要求,落实有资质专业施工队及时除险加固,确保整改到位。聘请具有合格资质单位地勘、设计单位对工业渣库安全性能重新评估。10月,聘请长沙鼎盛、郴州联盛两家公司进入泸溪,对全县尾矿库安全性能进行全面评估、设计,投入2300万元资金对原有工业尾矿库全面加固改造,全部达到技术标准要求。

2.*新建工业尾矿库*。随着工业园区内工业快速发展,电解锰企业生产规模不断扩大,每年产生60万吨工业废渣处置成为制约企业发展难题。为解决工业废渣处理问题,2009年10月,园区管委会按照“少占地、少污染、保护环境、便于处置”原则,计划在工业园区黑塘村境内山沟,新建库容量500万吨工业尾矿库。2010年1月8日,县政府成立工业渣库工程建设指挥部,由副县长刘华任指挥长。工程建设指挥部办公室设原武溪镇皂素厂,从各有关单位抽调工作人员,统一集中办公。整个工程分便道、大堤、排水管网等四个标段招投标,投资金额2800万元,由3家施工单位组织施工。工程于2010年元月动工,2011年9月建成竣工。

2012年,县发展和改革局发出《关于增加武溪公共渣库项目基建计划的批复》,批准增加武溪镇公共渣库项目投资基建计划400万元,该项工程建设规模3200万元。增加的工程投资建设内容:①盖板涵及支涵投资150万元,盖板涵长170米,宽1.5米,高2米,四面全钢筋混凝土结构,支涵长420米,涵管直径800

米米。②副坝公路投资67万元，公路长300米，路面硬化工300米×宽7米、坝顶硬化长81米×宽11米。③副坝工程投资140万元，坝长81米、坝高15.8米、坝底宽62米，坝顶宽11.5米。④土地征收投资43万元，其中水田0.69公顷，旱地0.45公顷。至2013年12月，武溪工业园新建渣库工程全部竣工。

(六)防洪堤建设

武溪工业园区防洪堤工程是工业园体系建设重要组成部分，防洪堤建设工程分南区、北区两个部分。

1.南区防洪堤工程。2011年7月，湘西州发展和改革局发文批准建设。城南部分河岸全长4724米，包括沿河防洪堤工程、堤内场地平整工程、堤内道路桥梁及管线工程、沿河景观工程以及道路接线工程。堤坝海拔标高115米，坝体高5米，防洪标准为20年一遇，远期标准为50年一遇。南区防洪堤以金天路与峒河大桥交汇处为界分为A区、B区，同时动工。2013年2月，县发展和改革局发文《关于泸溪县武溪工业园防洪堤A、B区自嵌式挡土墙及A区平整工程招标事项的批复》，同意招标施工建设。

城南城市防洪工程A区自嵌式挡土墙工程起点AK0+000，终点为AK0+898.66，主要内容为自嵌式挡土墙砼块的预制和砌筑、浇灌、砼基础、滤水层、沉降缝等。经县财政评审中心审定工程造价为742.91万元。B区自嵌式挡土墙工程起点BK0+00，终点为BK0+911.95，主要内容为自嵌式挡土墙砼块的预制和砌筑、浇灌、砼基础、滤水层、沉降缝等。经县财政评审中心审定工程造价为430.70万元。A区一区平整工程起点为AK0+000，终点为AK0+898.66，主要内容包括场地平整土石方的挖、运、填、碾等工作。经县财政评审中心审定工程造价为471.65万元；A区二区平整工程起点为AK0+000，终点为AK0+989.66，主要内容包括场地平整土石方的挖、运、填、碾等工作。经县财政评审中心审定工程造价为490.47万元。工程项目于2013年12月30日动工，至2015年完成平整土地13.33公顷，完成堤坝2500米，挡土墙2400米。2016年底，工程建成竣工。

2.北区防洪堤工程。工业园北岸防洪堤工程是泸溪老县城保护圈重点防洪工程，位于货运码头至纸厂之间，建设资金来源于中央投资和地方配套。2015年4月8日，湘西自治州发展和改革委员会发文批准建设。防洪堤技术标准为海拔标高115米，防洪标准为20年一遇，远期50年一遇，堤坝全长1259米，堤型均为土质，堤顶宽度8米，堤体新建2座自排式涵洞，国家投资金额1000万元，建设工期

6 个月，2016 年底工程建成竣工。

第四节　城镇建设

一、武溪城区提质扩容

（一）街道改造。

武溪镇老城街道（北正街）是武溪镇区主干道，修建于 20 世纪 90 年代，街道狭窄，路面质量技术等级低，经过二十年的运行已经破烂不堪。为改造老城街道，2014 年 4 月 30 日，园区管理委员会向县人民政府报送《关于泸溪县武溪镇老城街道改造工程的报告》，经县人民政府研究，同意工业园管委会提出的老城街道改造方案。2014 年 5 月 9 日，泸溪县发展和改革局发文批准立项。具体项目是：改造街道范围内道路两侧主要为居民自建楼房多为二至三层，沿线单位有武溪植物油厂、武溪小学、泸溪县第五中学、武溪城北社区委员会和武溪镇卫生院。改造设计起点位于峒河大桥桥头与滨江大道交叉口，北上至西正街左转，沿老街道至第二座拱桥南桥头止，全长 1440 米。路幅宽度 12 米，路幅组成为 2.50 米人行道 +7.00 米车行道 +2.50 米人行道，改水泥混凝土路面为沥青砼路面。在县规划局、县环保局、县维稳办等单位配合支持下，改造工程于 2014 年 7 月动工，2015 年 1 月竣工，投资金额 1053 万元。

（二）楠木洲填高。

楠木洲位于沅江和武水交汇处，是泸溪老县城所在地。20 世纪 90 年代国家重点工程五强溪水电站建成蓄水，楠木洲海拔低于 108 米，属于水库淹没区，泸溪县城搬迁至距此 9 公里的沅江上游白沙村，楠木洲建筑拆毁。武溪镇主城区沿山体后移，建在北区高山脚下的狭长地段，整个镇区只有北正街一条主街道全长 1600 米，城镇建设受到地理条件的制约，发展缓慢。2006 年武溪工业园成立后，为加快武溪城镇改造扩容，提升镇区品位，经认真调整研究反复论证，决定实施楠木洲老县城遗址填高工程，增加城镇容量，再现昔日繁荣景象。

楠木洲填高工程，从海拔 106 米以下，整体提高 6-7 米。共填充土石方 133.50 万立方米，增加城区面积 18.95 万平方米，老县城原有城区面积全部恢复，镇区容量增加一倍。工程于 2009 年 8 月动工，2014 年 12 月竣工，投资金额 3000 万元。

（三）楠木洲安置区工程

1、第一期安置工程。2011年，县发展和改革局发文批复武溪工业园所属富强农业综合开发公司《关于楠木洲安置区建设工程立项报告》，同意楠木洲安置区工程建设项目立项。建设规模为房屋基础工程长370米，宽105米，占地面积3.87万平方米，投资金额868万元。安置异地搬迁户48户，安排宅基地面积3348平方米，新建房屋48栋。

2.第二期安置工程。2014年11月动工建设，工程规模为房屋基础工程长370米，宽48米，占地面积1.80万平方米，投资金额1200万元，安排宅基地面积7695平方米，安置异地搬迁户95户，新建房屋95栋。

(四)保障房建设

随着园区规模不断扩张，武溪镇人口不断增加，需要住房安置的居民增多，为解决日益突出的住房供需矛盾，县委、县政府积极争取国家支持，实施武溪保障房工程建设，争取国家保障性住房建设项目资金3.2亿元。2015年3月，县政府成立武溪保障房建设指挥部，由一名县级领导任指挥长，县住房和城乡建设局设立保障房建设专门办公室，负责具体建设事务。保障房住宅小区选址在武溪镇南区，工程规模为修建6栋高层保障性住房，其中33层1栋，29层1栋、24层3栋，20层1栋，新建保障性住房2344套，建筑面积16.52万平方米，形成泸溪县高层建筑集中区。6月，工程建设动工。楼层29层的2号楼于2016年8月30日竣工。1号、3号、4号、5号、6号楼于2017年1月完成主体工程。住宅小区建成竣工后，将基本满足武溪镇区居民和其他乡镇整体搬迁到武溪镇的农民住房需求。

(五)商住房建设。

为加快武溪镇城区提质扩容建设速度，建设与工业园区发展相配套新型城镇，2015年8月19日，泸溪县招商局发布商住房建设招商公告，决定开发武溪镇商住房建设。项目建设选址在楠木洲，此项目南邻杭瑞高速、319国道，东临沅江、武水，北靠军亭界风景名胜区。该项目区域内有千吨级深水货运码头一座，客运码头一座。不但有便利的交通优势和优美的江景资源，而且符合泸溪县城市发展总体规划布局，是城建重点建设工程。规划区域内以商品房住宅小区开发为主，商贸休闲功能为辅，可供城市商贸综合体开发面积100公顷，可供开发商业街建筑面积60万平方米。投资规模15.50亿元。至2016年，已完成建设用地"五通一平"等各项前期工程。

二、生态环境建设

(一)溪流河道整治

1.峒河河堤建设。峒河河堤建设分南北两个区域进行、武水南岸河堤建设工程长1860米,堤坝海拔标高115米,投入资金5115.39万元,2013年12月动工,2015年建成竣工。武水北岸河堤工程长1100米,堤坝海拔标高115米,投入资金1609.88万元,2015年5月动工,2016年12月建成竣工。

2.仙人溪箱涵改道工程。项目位于武溪北区居民居住区,为方便居民生产生活,增加城区居住面积,武溪工业园管委会筹措资金对仙人溪箱涵改弯取直,在溪流上修建箱涵,溪水从楠木洲填高工程地下通过,直接流入沅江。改道箱涵工程长245米,投资金额329.60万元,2009年8月动工,2010年12月建成竣工。

(二)关闭分散工业渣库

泸溪是湘西自治州老工业基地,也是湘西电解锰生产发源地。20世纪80年代中期,浦市化工总厂建设全州第一条电解锰生产线。最高峰时,泸溪县电解锰产能占全国电解锰总产能10%,电解锰在生产过程中会产生大量废渣。从20世纪80年代中期至2009年,园区各企业陆续建设13座电解锰尾矿库。2009年,泸溪县内一座工业渣库发生垮塌事故。当时渣库堆放大量电解锰废渣,高度9米。因暴雨影响造成废渣堆垮塌,顺着雨水流入下游火龙溪,导致溪内沉积大量锰渣和重金属废渣。火龙溪河道废渣淤积段全长1000米,平均宽度9.30米,平均淤积厚度1.20米,淤积量3.20万立方米。为消除电解锰尾矿库环境和安全风险,从2011年起,泸溪县电解锰企业产生废渣统一倒入县工业集中渣库,其余12座尾矿库全部停止使用,并分期分批按安全和环保要求实施闭库,变分散风险为集中管控。通过企业自筹、财政补助、上级环保部门支持等方式,共筹集资金4000万元,至2012年,完成5座尾矿库闭库施工,其余7座尾矿库在2014年底完成闭库工作。保留的县工业集中渣库正在建设新的渗漏液收集处理设施。

(三)整治企业污染

武溪工业集中区有多家重金属冶化企业。一些企业存在电解锌车间、电解锰车间烟气直排,私设暗管排污问题,擅自新建电解铅生产线问题,对环境造成一定污染,影响人民群众心身健康。为解决部分企业排放不达标问题,2015年,县政府组织县直相关部门和武溪工业园对涉铅等重金属冶化企业进行全面调查。2015年7月底,全县共关闭淘汰电解锰企业6家、硫酸企业3家、铁合金企业全部关停,对13家涉铅企业进行停产整治。

(四)环境保护重点项目

1.工业废渣集中处置场项目。2009—2012年新建，该建设项目利用天然山谷兴建总容量为100万立方米的工业废渣集中处置场，投资额3500万元，包括拦渣坝，刨渣机，简易公路，办公用房，坝底防水坝内排水、渗滤液收集处理系统建设。

2.工业废水集中处理厂项目。2009—2012年新建，投资5400万元，根据武溪地理环境和企业排放量，遵循利用天然地理环境，科学引导的原则，建成日处理10000立方米工业废水集中处理厂。

3.工业园区重金属废渣集中处置场项目。2012年投资4800万元，建设库容60000立方米，年处理3000立方米重金属废渣。

4.武溪镇火龙溪污染整治项目。2012年投资320万元修建。

(五)城区绿化亮化

1.城区绿化。为提高城镇品位，增加城区绿化面积，园区管委会对城区街道改造和新建道路两侧植树绿化。街道绿化树种主要有香樟、桂花、杜鹃、银杏、桃树、海泡桐、广玉兰等，投入苗木购置资金93.55万元，绿化道路长1.59万米，栽植树苗6382株。至2016年底，园区“三横九纵”道路绿化完毕。

2.城区亮化。2014年，对武溪镇北正街实施亮化工程，投资230万元，改造线路1444米，安装路灯350套。2015年3月，泸溪县发展和改革局发文《关于泸溪县滨江大道路灯安装工程立项的批复》，批准建设滨江大道路灯安装工程建设项目，滨江大道全长3777米，第二、三、五、六、七大道分别长560米、420米、440米和650米，工程总投资623.8万元，工程于2015年8月动工，2016年3月竣工。至2016年12月，园区范围内主要道路亮化工程全部完成。

第五节　孵化器建设

2015年10月27日，泸溪县人民政府县长向恒林主持召开县长办公会议，研究创新创业孵化器基地建设工作。要求县人社局负责孵化基地建设，按照孵化基地建设的相关标准和要求，规划功能区域、培训指导人员、制定管理制度、吸纳公司入住。县直相关部门配合支持，确保创新创业孵化基地切实满足创业者需要。县政府决定将企业孵化基地设在武溪工业园标准厂房综合楼，给予创新创业孵化基地建设资金保障。通过“三旧”改造和民营资本的引入，建立一批科技产业孵化项目，对科技及创新型企业进行孵化与扶持。

完善营造全社会创业创新与知识产权保护氛围，在武溪工业园北区通过政策落实与配套，扶持一批具有较大影响力的科技创新园区与创客空间，形成一定规模效应、集群效应与带动效应，对经济发展与产业转型起到较好推动作用。

创新治理体系，着重营造公平、公正、诚信、法治的市场竞争环境。政府在优化创新发展政策环境上狠下功夫，做好"服务员""监督员""救火员"角色，广泛实行政策普惠制，充分发挥市场对技术研发方向、路线选择、要素配置导向作用，通过市场加快人才、资金、政策资源向创新型企业集聚；围绕激发创新创业活力，加快构建财税、金融、土地、价格等政策体系；开展众创、众包、众扶、众筹"四众"、智能制造、互联网金融等新业态、新模式的监管试点，放宽产业准入、引导行业自律，同时开展创新产品审批改革试点，优化流程，缩短周期。

全面实施创新驱动，梳理现有政策，加强扶持力度，有效引导孵化器与创新空间建设发展。首先，把创新空间作为产业建设的组成部分，出台落实系统完善的扶持激励政策及实施细则，包括配套资金激励政策、场地租赁及无偿使用政策、创新培训体系、创新知识产权政策、资源对接要求及政策、孵化器与创新空间融合政策、特色创客文化规划及泸溪创客空间与各产业结合的政策，重点发挥财政资金杠杆作用，为创客关联企业和创客提供增值税和产品收入所得税优惠，并通过信用保险公司为优质创新企业风险兜底，建创业者基金诈骗黑名单。其次，发展"互联网+"众创平台。充分发挥互联网开放创新优势，调动全社会力量，支持创新工场、创客空间、孵化器等众创平台发展。通过市场化方式构建一批创新与创业相结合、线上与线下相结合、孵化与投资相结合的众创平台，为创业者提供低成本、便利化、全要素、开放式的工作平台。引导互联网企业牵头在园区设立众创平台，吸引社会资本积极参与众创平台建设，培育互联网新业态。鼓励现有的孵化器等众创平台积极运用互联网，实现创新资源共享与合作，帮助降低创业门槛，提高创新创业成功率。

健全创新型人才引进培育体系，强化智能制造服务配套。一方面加大高层次创新创业人才引进力度。围绕"互联网+"融合发展需求，对接国家"千人计划""万人计划"等，完善和深化创新团队引进计划，大力引进"互联网+"领域具有国内外领先水平的创新科研团队、学科带头人、行业技术领先人才和科技开发人才、掌握高新技术或先进工艺的高级技能人才、具有专业优势的经营管理和知识产权管理人才、创业型人才。鼓励围绕"互联网+"开展创新人才引进计划，鼓励传统企业与互联网企业建立人才交流机制。另一方面，紧密围绕建设“湖南省高新技术产业开发区”目标，对接沿海支柱产业、战略性新兴产业、重大集群产业，建成若干高水平应用性特色学科专业，形成产学研用互相融合的技术创新体系和技术创新机制，培养高素质创新人才。

第六节　园区服务

一、园区服务责任分工

(一)管委会工作人员责任分工。为把工业园各项工作抓紧抓好，做到事事有人抓、人人有事抓，武溪工业园管理委员会制定个人分工负责和相互合作工作责任制，使园区各项服务工作有序推进。2015 年园区服务实行责任分工：

管委会主任王必好：负责工业园管委会全面工作；负责项目入园前期把关工作；负责工业园招商引资、市场融资工作；负责工业园工程建设工作；完成县委、县政府和县领导交办的其他工作。

党委书记张春梅：负责工业园党委全面工作；协助主任抓好园区各项工作，侧重抓好招商引资工作；抓好重大入园项目协调工作；完成县领导交办的其他工作。

征地拆迁办

1.工作职责。负责征地拆迁组织工作和日常工作；及时协调解决项目施工中出现各种矛盾，负责来信来访接待办理，做好综治维稳工作；落实“六项制度”，优化园区经济环境。

2.人员责任分工

副主任田熙学：负责征地拆迁工作，按时完成工程征地拆迁工作，化解工程建设中矛盾；负责信访维稳等工作。

工会主席刘本璋：负责工会工作，按要求开展园区管委会及工业企业工会相关工作；负责驻村扶贫工作。

黄明刚：负责组织人事工作，具体抓好园区党委组织建设和县组织部交办相关工作；参加征地拆迁工作，协助工程征地拆迁工作，化解工程建设中矛盾；参加信访维稳工作，及时受理答复上访人员反映的事项。

陈树强：参加征地拆迁工作，协助工程征地拆迁工作，化解工程建设中的矛盾；参加信访维稳工作，及时受理答复上访人员反映事项。

向明武：负责园区项目企业统计工作；参加做好征地拆迁、矛盾调解工作；主抓园区培训和社会保障工作。

夏顺国：负责征地拆迁工作。主抓建设项目和入园项目征地及拆迁工作；负责征地拆迁数据统计、复核和政策解释工作。

龙　杰：参加征地拆迁工作，主抓建设项目和入园项目征地及拆迁工作；负责征地拆迁补偿数据统计、复核和政策解释工作。

招商办

1.工作职责。负责招商项目宣传资料的策划和制作；完成2个以上投资3000万元招商项目任务；负责融资及其他争资项目申报争取工作；做好工业园区就业培训及社会保障工作。

2.人员责任分工

纪委书记戴业煌：负责纪检监察和政务公开工作，按时报送相关资料，及时进行政务公开，开展纪检监察；负责招商引资工作，参加招商引资活动，完成招商引资任务，及时组织申报项目，争取贷款和无偿资金；优化经济环境及优惠政策落实工作，及时为入园企业提供全程代办服务。

傅　杰：做好招商资料、项目申报的协调、策划、整理、制作工作；协助做好招商办日常工作。

孙小华：参加招商引资工作。按照安排参加外出招商引资活动；招商和项目申报策划、整理、制作工作。

刘小霞：负责招商办日常工作；做好园区推介工作。

李　锋：负责综治工作，抓好园区安全隐患的排查，并负责安全生产工作资料的整理报送；负责项目申报工作，协助做好园区项目申报，负责统计工作，及时上报园区统计数据。

建设办

1.工作职责。负责工程项目的规划设计；负责拟建工程标书制作；负责在建工程日常管理和质量监督；负责园区安全生产工作。

2.人员责任分工

副主任糜和伏：负责安全生产工作，抓好工程建设安全施工；负责基础设施建设，组织好工程建设施工，督查好工程质量技术；负责工业园规划控制工作。

邓子亮：参加基础设施建设，协助抓好工程建设施工，督查好工程质量技术；参加安全生产工作，协助抓好工程建设安全施工；参加工业园规划控制工作。

袁全桂：负责园区建设提供技术支持与监督；协助抓好工程建设安全施工；协助工业园规划控制工作。

刘　洋：参加基础设施建设，协助抓好园区工程建设。

杨　杰：负责基础设施建设现场监管、巡视并反馈；协助园区安全生产工作，隐患排查。

办公室

1.工作职责。负责管委会日常管理工作；负责上传下达工作；负责综合性材料的组织工作；负责工业园干部日常学习组织工作；负责督促各办公室政务公开。

2.人员责任分工

谭子瑛：负责办公室日常工作；做好综合性材料的编撰工作；做好三个文明考核及材料上报工作。

李　强：做好办公室日常工作，负责档案管理；负责网站及办公设备维护工作；负责组织人事工作。

财务室

1.工作职责。及时做好财务收支工作，做到日清月结；按月做好并公开相关财务资料；按规定审核各种收支票据。

2.人员责任分工

罗晓辉：主抓财务工作，侧重园区征地拆迁补偿资金发放前审核工作；负责公共渣库管理工作，确保渣库正常运营。

陈富英：负责财务管理工作。认真做好账务及财务资料归档，与上级业务主管部门衔接好业务；负责财务公开工作。每季度按时公布。

杨　雪：负责公司财务管理工作，认真做好账务及财务资料归档；制作公司财务报表，为公司运作做好财务资料整理。

卢忠玲：主抓出纳业务，负责报账工作；负责财务公开工作；协助抓好后勤管理。

机关后勤

1.工作职责。负责机关接待安排；负责办公用品采购；负责水、电等事务的日常管理；维修保养好单位车辆，做到安全驾驶。

2.人员责任分工

梁长峰：维修养护好车辆，安全驾驶。

姚元兰：负责食堂工作；负责办公楼院内停车场卫生。

(二)目标考核。 为切实加强对全体干部职工的管理监督，充分调动干部职工的工作积极性，提高园区服务水平，工业园管理委员会根据园区实际情况，将园区工作任务细化量化，每年都制定干部岗位目标绩效考核方案制度。

1.考核原则。绩效考核遵循客观公正与群众公认相结合原则，领导评鉴与民主评议相结合原则，定性考核和定量考核相结合原则，平时考核与定期考核相结合原则。

2.组织领导。工业园管委会成立干部绩效考核领导小组，由管委会主任王必好任组长，党委书记张春梅任副组长，副主任陈方生、纪委书记戴业煌，办公室人员谭子瑛、李强为成员，负责绩效考核方案制定、组织和实施。

3.考核办法。绩效考核按百分制设置，具体分值如下：(1)工作实绩：领导班子成员、一般干部职工工作实绩总分为60分。年初明确每位工作人员的具体工作事项和任务指标，年终对工作量的大小、工作质量的高低、主要业绩和贡献进行考核评价。(2)考勤情况(10分)：对干部职工全年出勤情况进行考核评分。(3)德的考核(10分)：班子成员由组织部考核，一般干部由单位考核评分。(4)综合评估(10分)。由二部分组成；党政正职评估5分、群众评估5分。(5)综治目标管理(10分)。由园区综治办对网格化管理及民调工作开展情况等相关工作进行考核。

4.考核细则。(1)工作实绩考核(60分)。(2)出勤情况考核(10分)。干部职工全年出勤不少于240天，每缺少一天扣0.05分，每无故旷工一天扣1分，每迟到早退一次扣0.2分，上班时间炒股玩游戏每查处一起扣0.4分，扣完为止。(3)德的考核(10分)。班子成员由组织部考核，一般干部由单位考核评分，具体扣分标准按《泸溪县领导干部德的考核办法(试行)》考核执行。(4)综合评估考核(20分)。党政正职估(5分)：由单位党政正职根据班子成员和干部职工的工作态度、工作量大小、廉洁自律、日常学习、政策理论水平等综合素质进行评分，统计时取其平均分值。群众评估(15分)：由武溪工业园服务对象群体进行评分，统计时取其平均分值。

5.考核结果运用。(1)作为评先评优的依据。根据考核得分情况，从高到低确定评优对象。(2)作为提拔推荐的依据。根据县绩效考核文件，工作人员绩效考核得分在60分(不含60分)以下的直接定为不称职。考核得分在85分以下(不含85分)且在单位排名后三分之一的工作人员，两年内不提拔，领导班子成员排名在本单位后三分之一且总分低于80分的，予以诫勉，排名倒数第一或总分低于

60分或连续两年被诫勉的，经组织考察免职。

6.奖惩措施。(1)鼓励干部职工加强学习，不断提高综合水平，在省以上报刊发表理论文章的，绩效考核加0.5分；在州以上报刊发表理论文章或报道有关工业园各项工作情况的，绩效考核加0.3分；在县两办简报、政府网、新闻网上刊报道工业园各项工作的，绩效考核加分0.1分。(2)获得州委、州政府以上奖励者，绩效考核加分0.5分；获县委、县政府奖励者，绩效考核加分0.3分。同一项工作在一年内获不同层次的奖励，按最高级别加分。(3)因工作失职被县级以上通报批评的，每次扣绩效分1分。

二、办证服务制度

为进一步优化投资环境，简化办事程序，提高办事效率，切实为投资者提供优质、高效、快捷的全程服务，园区制定了一系列服务制度。

(一)全程代理服务制度

1.由武溪工业园统一接受招商引资项目及其他新办工业性投资项目投资方面咨询并登记备案。

2.确定初步选址意向。根据项目条件和项目业主的意向，合同有关部门、镇政府初步落实该项目的选址意向。根据项目选址的实际情况，园区管委会与项目业主签订用地意向协议书。

3.根据代理服务的自愿原则，先由服务对象向园区管委会提出申请，办理委托园区管委会全权代办有关事项的《授权委托书》，进入全程代理服务程序。

4.园区管委会受理后，按照县政府关于基建、技改项目联合审批规定的程序和企业注册登记程序，向联办责任窗口申报。由县政府政务中心和园区管委会牵头，召集各相关职能部门在三个工作日内进行现场踏勘，召开联审协调会议，联审同意审批的项目，形成联审协调会议纪要，各部门凭联审协调会议纪要同步办理相关手续，意见不一致的项目报请县政府审定，按县政府审定意见办理。

5.跨单位之间项目审批的前置手续由园区管委会负责衔接办理，在投资项目全程代理服务工作中遇到难以协调解决的疑难问题，提交园区管委会主任办公会议协调解决。

6.园区管委会根据联审协调会议纪要，向服务对象按照手续办理进度分阶段预收办理该项目审批(核准)手续所需要的费用和应提交的材料，由园区管委会服务窗口人员向各职能部门代为缴付和办理。

7. 园区管委会将各相关职能部门办理完毕的手续汇总，以书面形式移交给服务对象，并与其结清费用，多退少补。

(二)项目入园全程代办流程

1.内资企业。(1) 申请企业名称预先登记。①企业名称预先登记申请书。②组建单位的资格证明、股东的法人资格证明及自然人证明。③申请人的身份证明及有关指定委托人的证明文件。④法律、法规、规章和政策规定提交的其他文件、证件。(2) 申请有限责任公司设立登记。①公司董事长签署的设立公司登记申请书。②全体股托代理人的证明。③公司章程。④具有法定资格证明的验资机构出具的验资证明。⑤股东的法人资格证明或自然人身份证明。⑥载有公司董事、监事、经理的姓名、住所的文件。⑦公司法定代表人的身份证明。⑧公司名称预先核准通知书。⑨公司住所证明。⑩法律、法规规定应提交的其他文件、证件。(3) 地税登记。①营业执照复印件。②银行开户许可证复印件，没有开户证的要进账单复印件(加盖公章)银行账号。③法人、财务负责人、办税人身份证复印件。④公章、财务章。⑤房产证复印件或租房协议复印件。⑥全国统一代码证复印件。⑦凡办股份公司或责任公司要公司章程、合同、协议书复印件。⑧《税务登记表》。(4) 国税登记。①工商营业执照副本及复印件、其他有关部门核准的执业证件及复印件。②有关合同、章程、协议书及复印件。③银行账户证明及复印件。④法人和财务负责人及办税人员身份证、护照或其他证明身份的证件及复印件；办税人员会计证或会计资格证书(复印件)。⑤单位公章或财务章和法定代表人印章。⑥验资报告复印件，股东是企业法人的需提供国税登记(副本)复印件。⑦住所(经营场所)证明及复印件、房屋租赁协议(该证明需注明出租房屋或土地的具体地址、租赁期限)和房产证复印件。⑧组织机构代码证(复印件)。⑨《税务登记信息表》。⑩《税务登记表》(适用于内资企业)。办理注册税务登记的企业还需提供总机构的国税登记副本和成立分支机构的股东会决议。迁入企业需提供股东会议迁址决议复印件。

2.外资企业。(1) 申请企业名称预先登记。①企业名称预先登记申请书。②组建单位的资格证明、资信证明、股东的法人资格证明及自然人证明。③申请人的身份证明及有关指定委托的证明文件。④法律、法规、规章和政策规定提交的其他文件、证件。(2) 报批合同章程。①外方营业执照、商业登记证或身份证明，银行开具的资信证明(需要译成中文)。②中方营业执照及银行出具的资信证明。③可行性研究报告(代立项)及批准机关批复文件。④合同、章程(含外文本)及附件

(需中外方法人代表或授权代表签字,授权代表应有授权书)。⑤董事会名单及董事长、副董事长、董事委派书(投资方法人代表签字)。⑥企业名称预先登记通知书。⑦报批合同、章程及董事会成员申请书。

3.申请有限责任公司设立登记。(1)公司法定代表人签署的外商投资企业登记申请书。(2)全体股东指定的代表或委托代理人的证明。(3)公司章程、合同及审批机关的批准文件和批准证书副本。(4)股东的法人资格证明或自然人身份证明。(5)载有公司董事、监事、经理的姓名、住所的文件。(6)公司法定代表人的身份证明。(7)公司名称预先核准通知书。(8)公司住所证明。(9)法律、法规规定应提交的其他文件、证件。(10)地税登记。①营业执照复印件。②银行开户许可证复印件,没有开户证的要进账单复印件(加盖公章)、银行账号。③法人、财务负责人、办税人身份证复印件。④公章、财务章。⑤房产证复印件或租房协议复印件。⑥全国统一代码证复印件。⑦凡办股份公司或责任公司需公司章程、合同、协议书复印件。⑧涉外企业　除提供上述资料外,还需提供外经委批准证书。⑨《税务登记表》(适用于外资企业)。(12)国税登记。①工商营业执照副本及复印件、其他有关部门核准的执业证件及复印件。②有关合同、章程、协议书及复印件。③银行账户证明及复印件。④法人、总经理和财务负责人及办税人员身份证、护照或其他证明身份的证件及复印件。⑤单位公章、财务章和法定代表人印章。⑥法定代表人或董事会成员名单复印件。⑦住所(经营场所)证明及复印件、房屋租赁协议。⑧组织机构代码证(复印件)。⑨《外商投资企业税务登记表》。⑩外经贸部门批准证书批复及复印件。可行性分析报告(计委提供)。企业验资报告(工商局提供)。

4.中华人民共和国国有土地使用证。(1)程序。泸溪县国土资源和房产管理局验件、收件、初审转测绘所复审 - 审批 - 制证 - 发证。(2)提交材料。计委立项批复,建设用地规划许可证,规划红线图,征地协议书,国家建设用地批准书,土地补偿协议书及各项补偿补助领取凭证,出让土地还须提交出让合同、出让金发票及发证函,法人资格证明及授权委托书。

(三)重点项目绿色通道制度

1. 对列入年度县重点建设计划的项目,由县重点建设领导小组按照《泸溪县关于实行重点项目代办制的实施意见》有关规定,代办相关事宜,并享有本制度规定的优惠政策。

2. 园区建设办受理项目审核手续办理,并相应简化办理程序,缩短办理时间。

3. 有关部门对重点建设项目单位申请办理的事项，应优先加快办理。手续完备、材料符合要求，能当场办结的，应当场办结；不能当场办结的，在规定最短时限内办结。结于手续不完备及材料完整性、合法性、程序不符合要求的，应当场或在1个工作日内，一次性提出需要补正的全部内容。

4. 在项目审核过程中，需要委托中介机构对项目可行性研究、核准申请报告、环境影响评价、安全评价是、压覆矿产资源、地质灾害、水资源论证报告、防洪评价、水土保持方案、地震安全性评价、节能评价等文件进行评估的，受委托中介机构要限时进行了评估。

5. 对依法可以行政划拨或者协议出让方式供地的重点建设项目，优先安排用地指标；对依法必须以招标、拍卖或挂牌出让方式供地的，国土部门要及时组织土地的招标、拍卖、挂牌出让。

6. 有关部门在争取国债及中央预算内建设资金，安排本级财政性资金和银行贷款贴息时，优先考虑重点建设项目。

7. 有关部门对重点建设项目的行政事业性收费，文件规定有幅度标准的，按最低标准收取。国家和省新增或取消收费项目、调整收费标准的，依照有关规定执行。

8. 消防、供电、供水、供热、供气等管理部门和经营单位，要为重点建设项目提供优质服务，不得指定产品生产厂家、设计和施工单位，由建设单位采取招标方式或自主确定。

9. 严禁对重点建设项目乱摊派、乱罚款、乱收费、乱检查。

10. 重点建设项目单位要严格执行国家有关政策和规定，依法办理各项审批手续。

11. 各有关部门要协调联动，形成合力，及时协调解决项目审批、征地拆迁、施工过程中的问题，确保重点建设项目的顺利实施。

12. 监察部门负责对有关部门执行重点建设项目"绿色通道"制度情况进行监督，如有违反本制度的情况，按照有关规定，严肃追究有关人员的责任。

(四)为企业排忧解难制度

1. 建立企业访问制度，畅通问题反映渠道。通过上门走访，加强企业联系，了解企业在生产经营和项目建设中遇到问题和困难。

2. 建立任务分解制度，服务上门入户。针对收集的问题进行专题研究。按照职能分工，明确解决问题的单位，由各职能部门协调处理，并要求各职能部门主动与企业联系，上门服务，并在规定的时限内将问题解决。

3. 建立奖励督办制度，确保问题有效解决。要求各职能部门把为企业解决实际问题的情况及时上报，对问题解决快、效果好的进行通报表扬，对工作进展缓慢、责任意识不强、问题分解到单位未得到有效解决的，进行通报批评，严肃处理，并纳入年终岗位目标责任制考核。

(五)办证服务成效

工业园建园以来，对入园企业实行全程代办制度，至2016年为入园企业代办三卡一证及税务、开户、消防、安评、环评、能评、稳评、气象、国土、规划、住建、立项等各项手续150余件，为企业节约了大量时间和精力，积极协调县直各部门在费用收取上，按最低标准收费，共为企业节约办证费用110万元。

三、金融服务

为贯彻落实国务院关于支持小微企业发展的有关政策措施，有效满足域内小微企业融资需求，缓解企业融资困难，进一步促进全县小微企业健康快速发展，结合泸溪实际，县人民政府2015年10月制定了《泸溪县小微企业助保金贷款管理办法》。

(一)主要措施

1.概念。小微企业助保金贷款是指建设银行向“小微企业池”中的企业发放，在企业提供一定担保的基础上，由企业缴纳一定比例的助保金和政府提供的风险补偿铺底资金共同作为增信手段的信贷业务。

“小微企业池”是指由政府助保金管理机构和建设银行共同认定，缴纳助保金后办理“助保贷”业务的优质小微企业群体。“企业助保金”是指由“小微企业池”中的企业按其在建设银行获得贷款额度的规定比例自愿缴纳的资金，用于先行代偿该池中所有企业逾期的贷款。

2.适用范围。“助保贷”业务信贷资金仅用于本县小微企业生产经营周转，可办理流动资金贷款、银行承兑汇票、法人账户透支、贸易融资等信贷业务，不得用于房地产开发。

3.助保金池组建原则。自愿缴费，有偿使用，共担风险，共同受益，其管理由县政府助保金管理机构负责，不得用于证券投资及其他权益性投资。

4.助保金池资金来源。助保金池由企业缴纳的助保金和政府风险补偿铺底资金(以下简称“政府风险补偿金”)组成。政府财政部门投入部分资金作为助保金池铺底资金,以形成资金的规模效应和杠杆放大效应。铺底资金额度一般不低于建设银行预计当年办理“助保贷”业务量的10%。

5.企业助保金缴纳比率。企业应在签订借款合同和担保合同前先行缴纳助保金,原则上,缴纳比率按以下标准执行:每年按不低于实际获得贷款额的2%缴纳助保金。具体标准按企业相应信用评级或建设银行的中小微企业助保贷评分标准来确定。

中小微企业助保贷评分标准表

信用评级	评　　分	缴纳助保金比例
AA	90分以上(含90分)	2%
AA-	80分(含80分)—90分	2.5%
A+	70分(含70分)—80分	3%
A	60分(含60分)—70分	3.5%

6.助保金池账户管理。助保金管理机构必须在建设银行开设专户存放“企业助保金”和“政府风险补偿金”,按银行当期活期利率计息,其中“企业助保金”由建设银行代收,县政府助保金管理机构管理。该账户性质为保证金账户,封闭运行,采用受托运作、专户管理的方式,资金本金仅限于提供“助保贷”业务的担保及代偿。除经助保金管理机构和建设银行共同确认为代偿外,该账户内资金本金及利息不得提取和支用。

7.助保金使用。贷款到期前7个工作日,建设银行书面通知贷款企业做好归还到期贷款本息准备,同时书面通知助保金管理机构即将到期贷款相关情况。当贷款企业在贷款到期次日仍然无法归还贷款时,建设银行必须书面通知助保金管理机构,同意后,再启动代偿程序,由双方共同努力促进贷款企业归还贷款本息,逾期一个月企业还未清偿到位时,方可用“企业助保金”先行代偿贷款本金和利息(含复利和罚息)。

8.政府风险补偿金使用。当“企业助保金”不足代偿银行逾期贷款本金和利息时,不足部分由建设银行向助保金管理机构提出补偿申请,由“政府风险补偿金”给予适当补偿。

9.助保金管理机构。成立泸溪县中小微企业“助保贷”管理工作领导小组,由县委常委、县人民政府常务副县长任组长，县武溪工业园管理委员会、县财政局、人民银行泸溪支行、建设银行泸溪支行等部门负责人为副组长，成员由县财政局、人民银行泸溪支行、县审计局、县武溪工业园管理委员会、建设银行泸溪支行等单位抽调专人组成。“助保金”管理工作领导小组下设“助保金”管理中心，组成人员同上，办公室设在武溪工业园管理委员会。

10.贷款对象基本条件与担保方式。贷款对象经国家工商行政管理机关、税务机关核准登记的泸溪县辖区内中小微企业。中小微企业的划分标准按照建设银行最新的客户认定标准执行。借款人基本条件，①借款人为中小微企业助保贷“目标客户库”名录客户，“目标客户库”企业可由助保金管理机构和建设银行两方各自推荐，经共同审查通过后进入名录，作为“助保贷”业务潜在目标客户；②借款人应满足在建设银行办理信贷业务的基本要求，采用评分卡评分分数达到60分(含)以上，或信用等级为a级(含)以上；③借款人发展前景好，税收回报率高，排放和环保达标、内部管理规范，符合当地区域产业发展战略和扶持政策，符合建设银行行业信贷政策；④人民银行征信报告中显示企业不存在未结清不良贷款、已结清不良贷款及欠息等不良信用记录；⑤企业在其他第三方征信渠道中无不良信用记录；⑥客户在建设银行开设结算账户且承诺结算占比不低于贷款占比，同意办理“助保贷”满足其融资需求，并愿意配合建设银行开展“助保贷”业务；⑦无参与高利贷行为，无购买期货等高风险经营行为，且其实际控制人(及其配偶)无涉黑、赌、毒及参与高利贷等违法行为；⑧企业法人、实际控股人或主要股东信用信息良好。

11.担保方式。除“企业助保金”和“政府风险补偿铺底资金”外，

贷款企业须提供不低于贷款额度40%的、符合建设银行要求的抵(质)押或保证。并同时向县助保金管理中心缴纳所获贷款总额10%的抵押金。贷款企业法定代表人、实际控制人或主要股东须同时对“助保贷”贷款本息全额承担连带清偿责任。

12.贷款额度。采取评分卡评分的企业“助保贷”额度最高不超过500万元(含)；采取小企业客户信用评级办法进行评级的企业，贷款额度最高不超过2000万元。贷款期限最长不超过1年，贷款利率按照收益覆盖风险和成本的原则，根据借款人的信用评分、信用等级及对合作银行综合回报率等情况，实行同等规模企业贷款差别化优惠利率，即贷款利率应高出同等规模企业贷款利率的平均水平，但最高不超过基准上浮30%。还款方式可采用到期一次性还款或分次还款方式。

13.贷款业务操作。助保金管理机构与建设银行签订《"助保贷"业务合作协议》。贷款客户主要从"目标客户库"名录中筛选，对于优质、具有潜力的建设银行目标客户，建设银行可向助保金管理中心提交《中小微企业"助保贷"客户推荐表》，审核通过后纳入"目标客户库"。通过外部评级的辖区内优质企业可享受优先推荐权。建设银行受理客户的业务申请，客户申请材料包含借款人基本情况、《中国建设银行"助保贷"业务申请表》等，并对企业的基本情况和风险状况进行审核，确定是否符合基本准入条件，对符合准入条件的，要求企业按规定提交授信所需材料。建设银行根据审批结论，向助保金管理机构提交《"助保贷"业务推荐函》及相关资料。助保金管理机构审查同意后，出具《"助保贷"风险补偿备案通知书》并通知企业按规定缴纳"企业助保金"。

14.缴纳助保金。贷款审批通过后，建设银行客户经理书面通知借款企业按照规定比例将"企业助保金"交存至建设银行开立的专用账户上。在企业缴足"企业助保金"后，建设银行与企业签订借款合同和担保合同。建设银行信贷执行人员应对全套贷款资料进行审核，确认贷款审批条件、合同条款已落实，借款合同、担保合同等法律文件要素齐全、手续完备，抵(质)押登记手续已办妥，报助保金管理机中心备案后，再按照约定发放贷款。

15.贷款回收管理。①正常回收，企业按照合同约定的方式归还贷款。②助保金代偿。在贷款到期前 7 个工作日，助保金管理中心应配合建设银行做好到期贷款的催收工作，贷款企业在贷款到期次日仍然无法归还贷款时，由建设银行书面通知助保金管理中心，经助保金管理中心同意后，建设银行再启动债务追偿程序。在一个月宽限期内，建行和助保金管理中心相关成员单位，共同促进贷款企业还款。宽限期满仍未偿还的贷款本息方用"企业助保金"先行代偿，同时出具《关于使用"企业助保金"进行代偿的函》。③"政府风险补偿金"代偿。当"企业助保金"不足清偿逾期贷款本息时，不足部分建设银行向助保金管理机构提交《关于使用"政府风险补偿金"代偿"助保贷"的函》，提出补偿申请后，由"政府风险补偿金"和银行按剩余逾期贷款本息总额各 50%比例分担。④债务催偿。在实施助保金代偿以后，建设银行向借款人追偿和执行担保的方式进行债务追偿。追索回的资金或企业恢复还款收回的资金扣除双方认可的追索费用、违约金后，优先偿还"政府风险补偿金"，剩余部分再先行偿还银行债务后，再补回"企业助保金"。⑤企业缴纳的"助保金"返还应剔除企业助保金。代偿损失部分。原则上借款人所缴纳的助保金在其还清贷款本息后的三个月内退还50%,其余50%作为风险互助金继续存留专户。当县助保金管理中心不再办理"助保贷"业务且建行所有助保贷款本息结清并扣减代偿损失后,其余额部分可一次性退还贷款企业。

16.贷后管理。助保金管理中心应积极配合建设银行开展贷后管理工作,指定专人提供建设银行所需的贷后检查资料,并加强与建行的沟通协调,定期或不定期召开联席会议,了解贷款企业情况、贷款审批要求等,协商解决贷款运行中出现的问题。对于恶意逃避债务导致银行贷款损失和"企业助保金"、"政府风险补偿金"损失的贷款企业,根据实际情况将贷款企业及责任人列入黑名单。

(二)服务成效

2015年,武溪工业园成立助保贷管理中心,解决入园企业贷款缺乏抵押物的难题,为企业在生产经营中解决流动资金,2015年,共为园区企业提供7200万元资金支持,有效帮助企业解决流动资金困难问题,促进企业达产增效。

2015年,园区助保贷资金支持企业名单:银阁公司1400万元;群祥公司800万元;金昊公司800万元;湘亚鞋业800万元;金思璇鞋业500万元;亿美佳鞋业500万元;康意鞋业300万元;富丽服饰800万元;勒丁卫浴500万元。

第四章 园区管理

第一节 党的建设

武溪工业园在党建工作中，以抓园区党的领导班子建设、发挥企业党组织战斗堡垒作用、加强党的思想政治建设和党风廉政建设，保证园区建设各项工作有序推进。

一、党的组织建设

(一)园区党委。为加强武溪工业园党的领导和园区党的基层组织建设，2007年1月，中共泸溪县委决定成立武溪工业园管理委员会党委，向光武任党委书记，王必好任党委副书记。同日，成立中共武溪工业园纪律检查委员会，毛永兴任纪委书记。党委实行集体领导和民主集中制，行政管理实行党委领导下的主任负责制和行政领导分工负责制。

党委主要工作职责：宣传、贯彻、执行党的路线、方针、政策和国家法律法规，完成县委、县政府各项决策和任务；制定园区党建工作目标和具体实施办法，监督指导所属党组织完成好各项党建任务；定期或不定期召开党委会。抓好所属党组织的思想、组织、作风、制度建设、做好党员管理、发展新党员工作；开展职工教育，不断提高职工思想政治素质和业务水平；协调园区与各部门之间的关系，领导园区群众团体围绕园区招商引资中心开展工作，研究处理人民群众对园区工作的意见和建议。

武溪工业园党委注重基层党组织建设工作。把扩大企业党组织的覆盖面、发挥基层党组织战斗堡垒作用作为重点工作来抓，不断推进园区党建工作的发展。把党建工作做到企业公司层，得到企业领导的支持，保证企业党组织活动有人管、有活动场所。推进非公企业建立党组织，在具备条件的企业建立党的组织。推进企业党组织走向规范化管理，2009年园区党委决定从党费中拨出一部分，支持企业党组织建立党员活动室、购买学习材料和书籍，保证党员活动有场所。充分发挥企业工会、共青团组织的桥梁作用，形成党组织、工会、共青团三方合力，促进企业全面发展。

园区党委贯彻上级有关党建工作精神，围绕园区创业各项任务，加大思想政治工作力度，加强党的思想政治、领导班子、基层党组织和党风廉政建设，开展创先争优和习近平系列讲话学习教育，形成一支与建设现代化经济区域相适应的思想政治工作队伍和党员队伍，充分发挥各级党组织战斗堡垒作用、政治核心作用和党员先锋模范作用，为实现武溪工业园区创业目标，提供政治保证、思想保证和组织保证。

加强党员队伍建设，保持党组织的先进性和纯洁性。园区党委本着“坚持标准、保证质量、改善结构，慎重发展”的原则，完善党员发展程序，严肃党员发展纪律，做到成熟一个发展一个，2007 年至 2016 年园区发展党员 20 名。

2016 年“7•1”前夕，纪念中国共产党成立 95 周年之际，园区党委对先进基层党组织、优秀共产党、优秀党务工作者进行表彰，工业园管委会党支部被评为先进基层党组织，8 名党员被评为优秀党员，3 人被评为优秀党务工作者。

武溪工业园党委班子成员名录

职　务	姓　名	任职时间	备　注
副书记	王必好	2006.12-2016.10	
	田熙学	2016.10-	
书　记	向光武	2006.12-2015.12	
	张春梅	2015.12-2016.10	
党委委员	李长清	2006.12-2011.8	
党委委员 纪委书记	毛永兴	2006.12-2010.9	
党委委员	彭延红	2007.2-2010.6	
党委委员 纪委书记	陈方生	2010.9-2012.9	
党委委员	孙　辉	2010.12-	
党委委员 纪委书记	戴业煌	2012.9-	
党委委员	田熙学	2015.6-2016.10	
	糜和伏	2015.6-	

(二)园区党支部。2007年1月武溪工业园管理委员会成立后，为理顺党的组织关系，加强园区党的建设，建立园区机关党支部工作提上议事日程。根据中国共产党章程和有关规定，武溪工业园机关于2007年5月17日召开党员大会，选举产生泸溪县武溪工业园机关党支部委员会。黄明刚任机关支部委员会书记，向明武、杨秀珍任支部委员会委员。

园区机关党支部把健全组织生活制度，培养积极分子、发展新党员作为组织建设的重点，坚持"三会一课"制度，按计划和要求召开支委会、党小组会和党员会，邀请县委组织部、县纪委和园区党委领导上党课。利用民主生活会，对在党风党纪党性方面存在的问题进行对照检查，认真开展批评和自我批评，使全体党员在思想上、组织上团结统一，工作上与园区中心工作一致。在培养发展党员工作中，建立联系人制度，开展谈话谈心活动，做到"二帮一""二带一"。安排支部党员与工作能力强、思想品德好的干部职工密切接触，了解他们思想动态、工作生活情况，积极帮助他们进步。对表现突出、具备入党条件的同志吸收为党建积极分子。2007年至2016年，园区机关党支部共培养入党积极分子3人，发展新党员2名。

(三)非公有制企业党的建设。随着社会主义市场经济日益完善，非公有制经济组织得到较快发展，成为社会经济发展的一支主力军。武溪工业园经过12年开发建设，已建成一座初具规模的工业城区，有铝、磷、锰、锌、椪柑加工、生物制药和新金属材料等七大产业集体群近30个品种。园区57家企业大多数为非公有制企业，党员流动性大，在非公有制企业建立党的组织，是武溪工业园党的建设遇到的新情况。园区党委为切实抓好这项工作，党委班子成员深入非公有制企业开展调查研究，积极探索有效形式，扩大党组织在非公布制企业的覆盖面，强化基层党组织的战斗堡垒作用。武溪工业园党委根据非公有制企业特点、入园企业规模大小、党员人数多少、企业领导对党组织建设重视程度，实行分类指导。

为加强园区非公有制党组织建设，园区党委对党员人数达到设立党组织要求的企业以及具备建立基层党组织条件的企业，及时组建企业基层党组织，在金旭公司成立党总支委员会、在鑫海公司等11家企业建立党支部。对党员人数少、不能单独成立党组织的企业，采取相邻企业组织联合党支部，不仅让党员找到了党组织，接受党组织的培养教育，还加强了企业之间的联系、交流和项目协作，有力地促进了园区经济发展。对那些工作流动性大的党员，给他们办理党员流动证，持证可以参加党组织活动。对新入园企业和个别对党建工作不大重视的企业，园区党委派党建指导员深入企业帮助建立党组织并开展活动。对条件不够成熟的或党员人数太少的企业，党建指导员帮助企业先搭起党组织的架子，待条件成熟后，再建立企业党组织。至2016年底，园区具备条件的非公有制企业，实现党建工作全覆盖。

武溪工业园党委所属党支部及班子成员名单

支部名称	职　务	姓　名	任职时间	备　注
机关党支部	书记	黄明刚	2007.5-	
	委员	向明武	2007.5-	
		杨秀珍	2007.5-	
泸溪金旭公司总支委员会	书记	刘芳	2007.5-	
	副书记	康家伍	2007.5-	
	委员	尚元生	2007.5-	
		李中华	2007.5-	
		刘群梅	2007.5-	
泸溪县金旭公司机关党支部	书记	杨君	2007.5-	
泸溪县金旭工厂党支部	书记	杨杰水	2007.5-	
泸溪县鑫兴公司党支部	书记	张新华	2007.5-	
	委员			
泸溪县鑫海公司党支部	书记	汪璐英	2007.5-	
	委员	石远军	2007.5-	
		杨官庭	2007.5-	
泸溪县经达公司党支部	书记	姚本庆	2007.5-	
	委员	唐国勇	2007.5-	
		张继勇	2007.5-	
泸溪县顺天公司党支部	书记	向明献	2007.5-	
	委员	张贤工	2007.5-	
		龚宗清	2007.5-	

续表

泸溪县弘鑫公司党支部	书记	杨必付	2007.5-	
	委员	张显武	2007.5-	
		龙代其	2007.5-	
泸溪县武陵阳光党支部	书记	鲁光成	2007.5-	
	委员	向先梅	2007.5-	
		孙玲玲	2007.5-	
泸溪县兴业公司党支部	书记	邓美英	2001.10-	
	委员			
湖南众新材料科技股份有限公司党支部	书记	张春雨	2015.5-	
	委员			

二、党的思想建设

园区党组织坚持把加强党的思想建设作为加强党的建设首要任务列入议事日程，把政治理论学习作为党的思想建设的重要途径，“一把手”亲自抓，分管领导具体抓，相关职能部门全力配合的党建责任制和工作机制，制定学习管理制度，从考勤、请假、笔记、档案、考核等几个方面严格要求，把学习考核结果直接与年终考核挂钩，保证党员各项思想教育活动有效开展。

园区把马列主义、毛泽东思想、中国特色社会主义理论和习近平总书记系列讲话作为加强党的思想建设学习的主要内容，教育党员干部树立正确的世界观、人生观、价值观，提高党员干部的思想政治素质和政策水平，增强为人民服务、为园区建设服务的自觉性。

园区坚持“四个结合”推动学习活动，实现由理论层面向实践层面转变。首先，集散结合。一方面，组织党委中心组学习，发挥园区领导带头作用和表率作用，带动理论学习活动的开展。抓支部学习活动，每月安排一次集中学习，选定学习主题，开展活动交流，支部书记为第一责任人，负责支部学习活动的组织安排。每周五下午政治理论学习时间，进行党的基本理论，基本路线、基本纲领和形势教育。另一方面，明确分散自学任务，每个党员干部根据自己职责与工作要求确定学习主题和学习内容。其次，内外结合。内部学习上，做到每期学习一个主题，交流学习经验，运用集体智慧，攻克学习上的难题。外部学习上，组织学习组成员深入园区企业和基层单位学习调研，邀请专家学者到园区讲学授课，开阔视野，提升境界。再次，专题热点结合。园区坚持将学习指定的专题内容与时政大事、社会热点相结合，在学习中国特色社会主义理论体系和习近平系列讲话精神指定专题的同时，学习时事政治、社会热点以及上级的各项方针政策、会议精神，注重提升学习的时效性。第四，学用结合。考虑发展现状，抓住当前的突出问题，根据县委、县政府中心工作要求，制订学习计划，将理论学习与当前工作相结合，既提高学习实效，又推进各项工作正常开展。

(一)科学发展观教育实践活动。2009年3月至8月，武溪工业园党组织开展“学习实践科学发展观”活动。管委会机关和企业全体党员参加学习实践活动。

加强对活动组织领导。园区成立活动领导小组，组建办公室，确保整个活动有序开展。按照中央规定的三个阶段，有计划，分步骤组织实施。根据县委活动方案的要求，结合工业园区工作实际情况，制定园区学习实践科学发展观活动实施方案，在活动方案的每个阶段及时制定具体工作方案和时间安排表，保证各阶段重点突出，环环相扣、扎实推进。坚持思想发动，在每个阶段开始，园区召开动员大会，进行充分思想动员，做到思想统一，行动一致。在活动每个阶段，加强督促指导，确保活动顺利进行；每个阶段结束后，召开总结大会，深入总结，以便及时发现问题，改正不足，为活动顺利进行奠定良好基础。

在学习调研阶段，抓好专题集中学习活动。坚持学习文件与撰写读书笔记相结合，自学和与集中交流相结合，提高学习效果。在学习的基础上开展专题调研，撰写调研报告。采取召开座谈会、下企业调研走访、发放征求意见表等形式展开专题调研，充分听取群众意见和建议。园区领导在学习实践活动中带头学习调研，带头分析总结，带头解决问题，对联系点党员干部学习实践活动进行指导和督促检查。连续举办三次深入开展解放思想讨论活动及“二次创业”研讨会，深刻分析，找准在思想观念、思维方式、能力素质、精神状况等方面存在的问题，有针对性地提出解决办法及整改措施。通过讨论活动，在科学发展问题上统一思想，达成共识。

在对照检查阶段，重点开好组织生活会和主民生活会。参加活动的一个党总支和十一个党支部按照《工作方案》和时间要求，分批组织召开支部生活会，每位党员干部针对自身在思想、工作和作风等方面存在的不适应，不符合科学发展观的问题，开展严肃的批评与自我批评，提出今后的努力方向和工作措施。领导班子成员紧密联系分管工作的实际，进行“四个深刻检查”，广泛开展谈心活动，在此基础上召开领导班子专题民主生活会，交换看法，在一些重要问题上达成共识。

在整改落实阶段，针对群众反映的主要问题，逐条进行分析研究，制定整改落实方案并印发各办公室、企业征求意见。进一步修改完善方案，对园区经济社会科学发展的主要问题，梳理出8个方面25条具体整改事项，落实整改责任制，限期整改。

在学习实践活动中，园区党委始终注重“四个坚持”：坚持把学习贯彻活动始终，使园区每个党员干部受教育；坚持发动群众依靠群众，广开言路，真正找准领导班子和机关建设存在的突出问题；坚持理论联系实际，拿起批评与自我批评的武器，增强领导班子凝聚力和解决自身问题的能力；坚持边整边改，不断扩大和巩固实践活动成果。按照县委的部署，园区党委精心组织、周密安排，结合园区工作实际开展工作，取得明显成效。2009年9月30日，园区召开深入“学习实践科学发展观”活动总结大会。园区党委副书记、管委会主任王必好作总结讲话。从提高思想认识有了新进步；招商引资有了新进展；创新体制机制有了新突破；促进科学发展有了新成效；工作作风建设有了新提高五个方面总结了学习实践活动取得的成效。

(二)开展“构建学习型园区”实践活动。从2011年开始，园区党委开展“构建学习型园区”实践活动，活动以提升园区干部职工综合能力为目标，以多种形式的学习活动为载体，以构建有效学习机制为保障，努力培养勤于学习、善于思考、努力工作、勇于创新的良好风气。提高机关干部的党性修养、理论修养、道德修养和业务修养，提高干部的创新能力和工作能力，造就一支想干事、能干事、敢干事、会干事的干部队伍，为园区经济建设又好又快发展提供人才保障。为保证学习效果，园区把开展读书学习活动纳入领导班子、干部队伍、职工队伍建设的重要内容，作为衡量学习能力的重要依据，纳入年度考核。活动做到年初有计划，学习有考勤，内容有记录，讨论有专题，学习有笔记、年终有总结。“构建学习型园区”实践活动一直延续到2016年。

(三)创先争优活动。2011年7月至2012年10月，园区党委遵照中央、省、州和县委的部署，组织开展创先争优活动。整过活动分宣传发动周密部署、主题实践创先争优、总结评议评先表彰三个阶段进行。活动注重党员干部带头，注重服务基层，注重推动工作，达到预期效果。

为切实搞好创先争优活动，园区党委成立创先争优活动领导小组，注意听取各方面的意思和建议，研究和制定开展活动的具体方案。明确各支部书记作为第一责任人负责活动具体组织工作。园区将开展创先争优活动情况列为目标绩效考核重要内容。在主题实践活动中要求各基层支部按照“五好”标准，开展“五好”支部创建活动。“五好”标准是：(1)领导班子好。落实党建工作责任制，班子团结协作、求真务实、改革创新、廉洁勤政，有较强的凝聚力和战斗力，在重大问题面前立场坚定、旗帜鲜明，在思想上、行动上与党中央保持高度一致。(2)党员队伍好。严格党内组织生活会制度，加强对党员和教育管理和监督，党员有较强的党性意识，讲学习、讲政治、讲正气，队伍素质优良、富有活力，先锋模范作用突出。(3)工作机制好。规章制度完善，管理措施到位，考核奖惩机制科学规范，工作运用顺畅有序。(3)工作业绩好。开拓创新，求真务实，各项工作都能打头阵、做标兵，成绩突出，公认度高。(5)群众反映好。党组织在群众中有较高威信，党员在群众中有良好形象，党群干群关系密切，群众满意度在90%以上。开展“五好”支部创建活动中，全体党员做到了“五带头”：(1)带头学习提高。在学习政治理论的同时，认真学习业务知识和现代化建设所需要的各方面知识，努力提高做好工作的本领，成为本职工作的行家里手。(2)带头争创佳绩。增强事业心和责任感，埋头苦干、开拓进取、乐于奉献，在本职岗位作出一流成绩。(3)带头服务群众。牢记宗旨，心系群众，积极帮助群众解决实际困难，自觉维护群众正当权益，做群众的贴心人。(4)带头遵纪守法。模范执行党组织的各项决议，严格遵守国家法律法规，自觉遵守本单位的规章制度。(5)带头弘扬正气。积极践行社会主义核心价值体系，树立正确的荣辱观，遵守社会公德、职业道德和家庭美德，敢于同不良风气、违纪违法行为作斗争。在活动中，全体党员结合履职情况，开展公开承诺活动，并采取公开栏形式向群众公开，接受监督。

在创先争优活动中以“五个好支部”创建为契机，以“抓落实、求深化、见实效”为宗旨，加强机关干部思想作风建设。结合工作实际，园区党委制定出针对性强的活动计划，从理论学习、班子建设、重点难点问题、党风廉政建设、机关干部队伍建设、机关作风建设六个方面抓好思想政治建设。坚持以增强干部“五种能力”为重点，探索和总结加强党的思想建设途径和经验。在具体工作过程中，坚持以民主集中制为基础，科学决策和管理为重点，力求在办事中体现公开、公正、公平，让群众满意。做到学习、团结、廉洁、勤政、务实，工作有创新。园区党委根据实际开展“下基层解民优、办实事、促发展”活动，组织党员干部深入企业、深入群众，转作风，察民情，办实事，抓基层，打基础，解难题，促发展，践行以民为本的理念。拓展党员干部为民服务的途径，尽力解决企业在发展过程中遇到的困难和问题。党委班子成员注重关心和解决职工的实际问题，把送温暖活动列入议事日程，做到职工有病必看、有难必帮、有情绪必谈，有矛盾必劝，用真诚情感凝聚人心。

结合“创先争优”实际，开展“讲文明、强素质、树形象，争做人民满意公仆”活动，在机关普遍开展文明服务、人性化服务、细微服务等质量建设活动，提升园区文明程度。抓好行业创先争优，广泛开展“青年文明号”“文明示范窗口”等活动，争创文明行业、文明单位、文明职工。贯彻落实《公民道德建设实施纲要》，广泛开展公民道德教育和实践活动，加强与企业的沟通和服务工作，更好地履行工作职责，促进职能的充分发挥和单位作风好转，更好地为园区经济建设和社会发展服务。组织机关干部职工广泛开展形式多样、健康有益的文体活动，购置象棋、围棋、羽毛球、扑克等文体用品，丰富干部职工业余文体生活。
2012 年 10 月，园区党委对整个创先争优活动进行认真总结评议，对在活动中突显出来的问题进行整改，在此基础上，建立健全党建工作长效机制。对在创先争优活动中涌现出来先进典型进行表彰，共评选优秀共产党员 9 名，先进党支部 3 个。开展“爱我园区，建设园区”活动，激发党员干部工作热情和奉献精神，引领广大干部职工树立正确职业理想和专业思想，保持良好精神状态和职业情操。

(四)党的群众路线教育实践活动。2014 年 3 月至 10 月，园区党委遵照县委部署开展党的群众路线教育实践活动，紧紧围绕“为民、务实、清廉”主题，贯彻“照镜子、正衣冠、洗洗澡、治治病”的总要求，做到思想重视、措施有力、推进有序，既把“规定动作”有序推到位，又把“自选动作”扎实开展好，把群教活动各个阶段工作落到实处。

为保证活动有序推进，园区成立群教活动领导小组及办公室，由党委书记向光武任组长。领导小组分工明确，责任清晰，为活动顺利开展提供领导组织保障。按照规定动作不打折，自选动作有特色的原则和要求，结合工业园的工作实际，园区研究制定《泸溪县武溪工业园深入开展党的群众路线教育实践活动实施方案》，明确活动开展的指导思想、总体要求、方法步骤和各环节主要任务，将教育实践活动与工业园工作紧密结合起来。2014 年 3 月 20 日，召开深入开展党的群众路线教育实践活动动员大会，园区全体干部、企业基层党组织负责人以及县委第十二督导组共40人参加会议。传达学习中央和省、州、县委关于开展党的群众路线教育实践活动的一系列重要指示精神，安排部署工业园教育实践活动各项工作。为提高思想认识，扩大活动影响，设立党的群众路线教育实践活动专栏，采编和报道活动相关信息，充分运用报刊、网站、公示橱窗等媒介，及时反映活动动态。至10月31日发放资料550份，撰写发布各种简报、通讯112篇。

把加强学习教育作为教育实践活动的首要任务贯穿活动的全过程，做到活动向前推进、思想武装同步跟进，着力增强广大党员干部的理想信念、宗旨意识、群众观点。采取个人自学、专家讲学、专题讨论等方式，组织党员干部认真学习马克思主义基本理论、毛泽东思想、中国特色社会主义理论体系、党章和党的十八大、习近平总书记系列重要讲话精神以及中央编发的《论群众路线——重要论述摘编》等重要文件，打牢转变作风的思想基础，党员干部参学率100%，集中学习时间在5天以上。开展“入党为什么、为党干什么”、“做群众贴心人”和“我为小康泸溪做什么”的大讨论，组织观看《焦裕禄》《生死牛玉儒》《杨善洲》、《周恩来的四个昼夜》等专题片，引导党员干部认清“四风”实质和危害，真正把自己摆进去，增强学习效果。坚持以“知”促“行”，以“行”促“知”，把教育和实践有机结合起来，推动学习成果转化为直接联系服务群众的实际行动。在全县“千名干部下基层”和“党员干部进社区”活动号召下，工业园18名党员干部分别走进武溪镇2个社区，每人认领义务服务岗位2个以上。寓教育于实践之中，通过实践不断深化教育，广大党员干部受到了一次深刻的马克思主义群众观点教育，使党的群众路线在广大党员干部中扎根，践行党的根本宗旨成为党员干部的普遍自觉。在广泛征求群众意见和建议过程中，园区群众路线教育实践活动领导小组采取多种形式和方法征求党员群众对单位领导班子、党支部和党员个人的意见和建议，做到横向到边、纵向到底，确保征求意见的广泛性。根据各自工作实际，印制征求意见和建议表，由活动领导小组统一发放到服务对象手中，确保征求意见的真实性、有效性。在充分准备的基础上召开群众座谈会，会上通过大家轮流发言，查摆问题，带头找不足，使征求意见和建议座谈会收到满意的效果。制作教育实践活动征求意见箱，征求对单位领导班子和全体党员干部个人的意见和建议，确保征求意见的全面性。班子成员根据自己所分管的工作，结合“千名干部下基层”“党员干部进社区”活动安排，采取“面对面”与“背靠背”相结合、“个别听”与“集体谈”相结合方式进行走访调查，收到较好效果。活动期间，共印制发放意见征集表300份，召开群众座谈会10次，下基层224人次，收集意见问题1200条。

在群众路线教育实践活动中，园区领导班子围绕“为民、务实、清廉”要求，对照党章，对照廉政准则，对照改进作风要求，对照群众期盼，对照先进典型，采取群众提、自己找、上级点、互相帮、集体议等方式，查找“四风”问题具体表现，注重从关系群众切身利益的问题中查找“四风”问题，防止以工作问题代替班子问题、以班子问题代替个人问题、以基层问题代替上级问题、以共性问题代替个性问题，确保把问题找实找准。园区党委先后集中开展三轮征求意见活动，分别采取召开座谈会、到基层调研、登门拜访等途径广泛征求意见，200名干部群众向园区管委会领导班子及班子成员提出原汁原味的意见520条，经过梳理综合，形成领导班子问题27条，“四风”突出问题14条。根据群众所提问题，一方面，及时向督导组将意见征求表及其他途径提出的意见建议进行梳理汇总，进行反馈。另一方面，按照“四必谈”和“六个谈透”要求，开展谈心交心活动，坚持分层次、全覆盖、有重点地谈，园区党委书记和管委会主任带头，班子成员之间进行面对面地剖析思想，开诚布公，畅所欲言，坦诚交换意见，既肯定成绩，又指出缺点和不足，确保问题不虚找得准、批评不偏提得狠、措施不空抓得稳。至10月底，党委主要负责人与班子成员之间，班子成员相互之间完成谈心谈话34人次，班子成员与分管部门负责同志之间开展谈心谈话84人次。撰写对照检查材料。根据前阶段反馈意见和建议，撰写班子和班子成员的对照检查材料，班子对照检查材料坚持党委负责人总负责，在班子内部征求意见的基础上，主动听取基层党支部的意见和建议，先后6次进行修改完善，确保班子对照检查材料做到查找问题聚焦“四风”、晒“三公”，问题原因剖析透彻，整改方向和主要措施明确具体。班子成员个人对照检查材料紧密联系个人思想和工作实际，积极回应上级点明和党员群众关切的热点问题，坚持做到“四个把关”：即基本情况属实关、“四风”问题查找准确关、原因分析透彻关、整改措施和努力方向明确关。坚持时间服从质量。党委班子成员按照分工参加工业园党支部专题组织生活会，指导企业党支部开好专题组织生活会。广大党员干部特别是领导干部普遍受到一次严格的党性锻炼，经历一次深刻的思想政治洗礼，是多年来“最长记性”的民主生活会，既为用好批评和自我批评武器、提高领导班子解决自身问题能力提供有益借鉴，又为今后召开民主生活会、开展积极健康的思想斗争作出示范。

抓整改落实。对作风之弊、行为之垢进行一次大排查、大检修、大扫除。坚持边查边改、立行立改，坚决纠正形式主义、官僚主义、享乐主义和奢靡之风。特别是把开展专项整治、解决群众反映强烈的突出问题作为重点任务来抓，按照"34+11+6+3+2"的56项专项整治要求，园区党委结合自身实际，就"文山会海""门难进、脸难看、事难办"等27个突出问题进行专项整治，专门制定整改方案，逐一明确"任务书"、"时间表""路线图"和整改责任人。至10月底，专项整治工作已取得阶段性成效，一批"四风"突出问题和损害党群干群关系的突出问题得到解决。在反对形式主义方面，突出抓党员干部政绩观偏差，学习氛围不浓，自觉性不够高，深入基层调研少，走马观花多，工作作风欠实等形式主义方面的问题，精简各种会议、文件、期刊50%以上，干部每月开展基层调研二次以上，每月集中学习一次以上。在反对官僚主义方面，坚持纠正查处"门难进、脸难看、事难办""庸懒散""吃拿卡要"等问题。集中开展对征地拆迁、工程建设、环境保护等5个方面侵害群众利益行为的专项整治工作，侵害群众利益行为得到有力纠正和惩处。在反对享乐主义方面，重点清理干部思想懈怠、不思进取、拈轻怕重、贪图安逸、因循守旧、缺乏创新、超标准配备公车、多占办公用房等问题，查处干部违纪行为3起，公开拍卖处置公务用车一台，腾退清理超标办公用房100平方米。在反对奢靡之风方面，严厉整治和纠正超标接待、违规职务消费、攀比浪费等问题，全面规范和整治"舌尖上的腐败"、"车轮上的腐败""公款消费中的腐败"等不正之风。多年来反复强调但始终没有能够刹得住的吃喝之风得到有效遏制，党员干部作风有明显改进。

着眼从制度层面解决"四风"问题，巩固活动成果。活动开始就着手建立和完善规章制度，力求对解决"四风"问题釜底抽薪、正本清源。活动中坚持以反对"四风"和坚持为民务实清廉为主题，以体现群众意愿，体现改进作风，体现提高效率，体现工作规律为主线，按照有利于园区发展，办事简便的原则，抓作风建设，抓改进管理工作的长效机制，确保工业园各项规章制度更加健全，工作制度更加优化，机关管理更加规范，使制度建设逐步步入经常化、制度化，规范化轨道。在对园区各项制度进行认真梳理的基础上，明确需要修改和制订的制度共计20项，其中由工业园办公室修改或制定的制度14项，包括机关工作制度、考核考评制度、请示汇报制度、招待费管理制度、考勤制度、通讯联络制度、值日值宿制度、防火制度、卫生制度、公车管理制度、物品管理制度、公文处理及印鉴管理制度、档案管理制度、请销假制度等。园区财务室制定了"三公"经费管理制度，机关党支部制定了党支部工作、会议、学习、调查研究、科学发展议事决策等5项制度。这些制度既立足当前又着眼长远，既抓大又不放小，把为民务实清廉的要求具体化、规范化，为转变作风划出“红线”，标出“雷区”，架起“高压线”，规范权力运行，管住干部行为，堵塞滋生“四风”的漏洞，成为党员干部联系群众、改进作风的行为准则和刚性约束。

(五)“三严三实”专题教育活动。2015年7月，园区党委部署开展“三严三实”(严以修身、严以用权、严以律己，谋事要实、创业要实、做人要实)专题教育活动，采取五种学习模式，推进活动顺利进行。坚持领导带头学。党委召开中心组理论学习会，深入学习习近平总书记“三严三实”要求和调研指导兰考县教育实践活动时的重要讲话精神，并由主任王必好作“三严三实”专题报告。坚持组织集中学。在搜集、整理、印发学习资料的基础上，每周安排一个半小时的学习时间，组织全体干部职工深入学习习近平总书记“三严三实”重要精神。7月26日，副县长向梦华到园区上党课，园区管委会全体干部职工和相关企业的中层以上领导参加听课；坚持利用多媒体自学。由办公室提供网络链接，干部职工利用休息时间通过网络文字、图片、视频多角度深入学习“三严三实”文件资料；坚持交流讨论学。每个月开展一到两次以“三严三实”为主题的交流讨论会，结合实际工作，就贯彻落实“三严三实”情况积极发言，查找自身差距，明确今后努力方向；坚持笔记巩固学。在每次集中学习活动中，大家认真记录学习要点和学习感悟，结合自身总结学习心得，办公室实行不定期检查，以巩固学习成果。诠释全心全意为人民服务的理念，把服务理念渗透到“三严三实”活动全过程，强化大局意识、服务意识，进一步转变工作角色，变监督员为指导员，变管理员为服务员，变执法员为宣传员，热心接待办事对象、细心交代审批程序、诚心解决存在问题，提高办事效率，提升服务水平。同时健全各项规章管理制度，依法履行职能，积极解决群众普遍关注的热点问题，营造“办事成本最低、速度最快、心情最好”服务环境。

(六)“两学一做”学习教育活动。2016年5月，全县“两学一做”(学党章党规、学系列讲话，做合格党员)学习教育动员会召开后，武溪工业园以早起步、早安排、抓紧学、认真作为基本思路，迅速组织班子成员、机关全体党员干部和园区非公企业党员职工于5月12日召开会议，部署开展“两学一做”学习教育工作。党委书记张春梅组织学习州县两级有关会议精神和《武溪工业园党委关于在机关及非公企业党员中开展“两学一做”学习教育实施方案》，针对“两学一做”工作提出四个方面具体要求：充分认识重大意义，增强政治自觉；深刻剖析自身问题，明确学习目的；统筹兼顾，力争取得实效；加强组织保障，确保学习教育常态化、全覆盖。随后，园区党委以上党课的形式组织全体党员对《中国共产党章程》和《中国共产党廉洁自律准则》《中国共产党纪律处分条例》等党内法规进行认真学习。在活动中全体干部职工学习党章党规，明确基本任务，树立行为规范；学习习总书记重要讲话，加强理论修养，统一思想行动；做合格共产党员，坚持以知促行。结合工作实际，立足自身岗位实际找准问题，有针对性整改。

三、宣传工作

园区党委重视宣传工作，有计划、有针对性地做好对内、对外宣传工作。主要是宣传园区建设、经济发展及文明建设方面取得的成就；宣传园区企业、机关先进人物先进事迹。宣传园区确立的“团结、奉献、开拓、创新、务实、高效”精神，激励园区全体干部职工热爱园区、建设园区的热情和意识。随着宣传工作深度和广度逐步加强，园区的社会知名度明显提高。开展形式上多种多样宣传活动，除重点在各类媒体报道宣传外，通过举办书画展、歌咏比赛、录制电视专题片等，具体形象地展现园区的精神风貌。在对外宣传中把扩建新区（南区）与科学发展结合起来进行宣传，宣传引进大项目、大企业成果，鼓舞士气，振奋精神。2010 年，为宣传推介园区建设成就，更好地实现招商引资新突破，在《湖南日报》设置专版，宣传推介武溪工业园。至 2016 年，园区管委会组织开展集中宣传活动 12 次，在州级以上报刊、电视台、网站宣传园区建设成就和工业发展 247 篇（条）。印制和发放园区建设成就宣传提纲 2130 份（本），开通园区网站和招商引资网站，宣传工作的全面开展，提升了园区知名度。

四、党风廉政建设

2007 年 1 月，在成立武溪工业园党委的同时，成立武溪工业园纪律检查委员会，党委委员毛永兴任纪委书记。园区纪委主要职责是：负责园区纪检监察工作，协助园区党委进行党风廉政建设，开展党性、党风、党纪教育，对同级党员领导干部实行党内监督；向县纪委反映园区党员领导干部执行党的路线、方针、政策以及遵守党规党纪方面的情况；根据县委、县纪委的部署，完成好党风廉政建设和反腐败的各项任务。工业园纪委结合园区实际，通过强化党风廉政建设，优化园区投资环境，助推园区经济健康发展。

园区纪委成立后，履行党风廉政建设主体责任，定期向县委、县纪委报告履行主体责任情况，做到党风廉政建设、经济建设、平安建设一起抓。党委主要负责人担负党风廉政建设“第一责任人”的责任，督促其他领导班子成员切实承担起主体责任。针对园区基础设施工程建设项目较多容易滋生腐败的现象，园区纪委与各办公室负责人签订廉政责任状。在入园项目上，园区纪委坚持提前介入，将工程项目委托社会单位进行公开招投标，对工程招投标实行全程监督，做到项目招标工业园领导不沾边、不插手。与工程施工单位签订廉政合同，明确规定施工单位不得向园区干部进行吃请送礼，打消施工单位在工程质量检查和资金结算方面的顾虑。按照“出重拳、下猛药、用重典”要求，主动担负党风廉政建设的监督责任，紧扣园区工作实际，重点开展对党委重大决策部署执行情况、各项制度执行情况、党员干部遵纪守法情况的监督检查。坚持“一案双责”，对违反党的政治纪律、组织纪律“四风”问题及因“两个责任”落实不力而发生的违法违纪案件，既追究主体责任，监督责任，又严肃追究领导责任，把监督工作落到实处。

依据县纪委的有关要求，每年初制定党风廉政建设和反腐败工作责任制，并将责任分解，层层落实。结合工作实际，从源头上预防和遏制腐败，园区建立建设资金使用制度，建设工程项目招投标制度、公款接待制度、公车使用制度、党员民主生活会制度、“三重一大”集体讨论决定、个人重大事项报告、婚丧喜庆事宜“八个不准”以及党风廉政建设考核制度等，切实落实单位主要领导“五不直接分管”和纪检干部不分管其他业务工作的规定。园区还成立党风廉政建设和反腐败工作督查小组，随人随事随时跟踪督查，使廉政工作渗透到园区工作的每个环节。

在党员中开展学党规党纪活动，开展理想信念教育，宗旨教育，党风党纪教育，从政道德教育、社会主义核心价值观教育，岗位廉政风险教育以及开展警示教育，学习先进人物典型事迹和观看反面人物录像资料等，增强党员干部勤政为民、廉洁从政意识，推行廉政文化建设，营造以贪为耻，以廉政为荣的执政生态环境。使党员干部守纪律、讲规矩，做到政治上讲忠诚，组织上讲服从，行动上讲纪律；严明组织纪律。通过开展整顿机关作风，提高行政效能活动，增强党员干部组织观念，通过严格党内生活准则，提高党员干部“四个服从”意识，纠正无组织无纪律现象。严格执纪问责，做到任务清单、责任清单、问责清单“三单合一”同部署，同检查，同落实，确保政令畅通。至 2016 年，园区纪委组织开展各种监督检查活动 7 次，纠正不符合工程建设招投标等方面问题 13 件次，协助县纪委和相关部门查处违纪问题2件。

武溪工业园纪委书记名单

职　务	姓　名	任职时间	备　注
书　记	毛永兴	2006.12-2010.9	党委委员
书　记	陈方生	2010.9-2012.9	党委委员
书　记	戴业煌	2012.9-	党委委员

第二节　群团组织建设

一、工会

2011年10月，武溪工业园第一届第一次职工代表大会召开，选举产生第一届工会委员会和工会主席，刘本璋当选第一届工会委员会主席。

2013年9月，武溪工业园工会委员会更名为武溪工业园工会联合会，刘本璋任联合会工会主席。工会主要职责是：建立基层工会组织，发展工会会员；建立企业工会工作制度；开展职工维权工作。为使工会工作有章可循，武溪工业园工会联合会制定《工会工作规则》，建立工会工作制度，在人员少、工作量大情况下，积极组织《工会法》《劳动法》学习活动。在园区党委的支持下，机关建立"职工之家"，工会组织参与园区民主管理和民主监督，对园区建设工作提出合理化建议，组织开展职工思想政治教育和业务技术培训。2012年，园区联合会组织开展社会主义劳动竞赛活动，园区所有生产企业参加活动，有12家企业获先进单位。2013年，组织开展"争当创新能手"和"争创文明班组"活动，有17人被评为创新能手，评出文明班组24个。2015年，组织开展以"热爱企业的好员工"和"热爱员工的好经理"为主题的"双爱双评"活动，园区38家企业参与，评出先进集体13个，先进个人34名。园区工会成立至2016年底，园区工会组织发展到7家，入会会员367人。

开展维权活动，职工合法权益得到保护。联合工会按照《工会法》《劳动法》依法调解企业劳动关系，依法保障企业职工的合法权益，调动企业职工的积极性。督促入园企业与职工签订《集体劳动合同》，联合劳动部门开展劳动监察工作。同时，还会同相关部门开展劳动监察，检查《劳动法》执行情况，协助处理劳动用工的投诉和举报。每年对入园企业开展年度薪资调查。并根据调查结果提出指导价位建议，并对劳动合同进行鉴证，开展对企业拖欠工人工资的检查，累计追讨拖欠工资78.20万元，清退非法收取的押金等费用26.70万元，职工合法的社会保险、工薪收入及休假休息等合法权益得到保障

二、共青团工作委员会

2010年4月，园区共青团工作委员会成立，团委按照园区青年职工多的特点，组织开展丰富多彩的教育实践活动，引导青年自觉改造自己，走自主创业之路。团委从组织建设入手，重视青年培养工作，建立12个团支部，发展团员32人。先后举办3期青年知识培训班，邀请团县委干部上团课，经常对团员青年进行爱国主义教育，组织团员青年观看爱国主义教育题材影片。每年“五四”“六一”“一•二九”等节日和纪念日，团委组织团员青年开展健康有益的纪念活动，2011年“五四”期间，园区团委举办了“弘扬爱国主义精神，树立园区青年形象”主题活动。2012年5月，园区团委组织开展纪念建团90周年主题活动，同时组织开展“爱岗敬业”“岗位成才”活动。2014年，在园区团支部中开展有一个思想政治素质好、事业心强、工作能力强、深受青年信赖拥护的团支部书记和团支部班子；有一支充满活力、在本职岗位和社会生活中发挥模范带头作用的团员队伍；有一支滚动发展、数量不断增加的青年入党积极分子和优秀青年人才队伍；有围绕党的中心工作、服务大局、服务青年、适合团员青年特点、丰富多彩、形式多样的特色活动；有为团员青年竭诚服务的扎实措施；有能够保证正常开展活动必要的经费、阵地和健全规范的工作制度、工作档案的“六有”团支部创建活动。有6个团支部获得创建活动先进单位。2015年，围绕中心工作，结合青年工作特点，在团员青年中广泛开展理想信念教育，引导团员青年树立“热爱园区、建设园区”的观念。组织开展青年志愿者行动，举办“向希望工程献爱心”和“一助一”关心贫困学生“结对子”活动，捐款3.20万元，救助贫困儿童62人。

第三节　队伍建设

一、工作措施

武溪工业园在职工队伍建设方面坚持以人为本，通过思想政治教育、开展作风建设、加强职工培训和完善制度规范，职工政治业务素质和服务园区意识得到提升，内部活力得到激发。园区始终把干部职工个人修养理念根植于每个人的思

想中，充分激发每个人的自觉自悟，通过“修身”，全面提升园区干部职工自我素质，与他人、与园区、与社会之间建立和谐的人际关系，提倡“先修身而后自律”管理模式，历练形成园区干部职工个体道德精神体系，为园区干部职工队伍建设提供不竭动力。

园区管委会领导注重情感管理，理解群众困难与愿望，努力帮助干部职工排忧解难，工作中坚持各部门之间协调配合，既有分工，又有合作，既有制约，又有协调，心往一处想，劲往一处使，形成工作合力。坚持把个人工作同群体行为和目标联系起来，发挥集体协调作用，营造心齐风正、干事创业、拴心留人的良好氛围，引导干部职工做到淡泊名利、注重事业，心胸坦荡、彼此尊重，既讲党性、原则，又讲感情、友谊，成为政治上志同道合的同志，思想上肝胆相照知己，工作上密切配合的同事，生活上互相关心挚友，共同推进以园区为中心各项工作健康有序开展。在建设服务型园区机关思想指导下，构建园区干部职工职业道德建设，引导干部职工自觉改变居高临下职业优越意识，树立真诚服务平等观念，提倡“人人争当好公仆，个个尊重企业老板及员工”的新风尚。开展对道德模范的学习，树立身边先进人物典型，通过榜样示范，激励干部职工队伍奋发有为，昂扬向上精神状态。结合工作实际，学习最新科技创新、管理创新、服务创新理念，摸索新方法，努力推进园区科学化精细化管理。力求在园区建设、行政管理、素质建设、园区服务等方面多角度创新模式，使构想更加新颖，内容更加充实，操作更加便捷，效率更加突出，为推动园区各项事业发展和进步注入强劲动力。

培养严谨细致工作作风，促使园区干部职工认真工作，园区党委教育干部充分认识“天下大事必作于细”“天下之事，成于惧而败于忽，细节决定成败”意义，引导干部职工树立重视细节良好习惯，体现认真负责态度。彰显严谨细致作风，把重视细节的理念融入园区管理工作中。探索和掌握园区工作规律，运用现代管理方法和信息化手段，按照精确、细致、深入要求，抓园区管理薄弱环节，有针对性地采取措施，抓紧、抓细、抓实，提高管理效能。

建立健全有效的干部管理机制。根据专业化管理总体要求，完善各科室设置和岗位设置。根据工作责任轻重、所需能力要求、工作复杂程序，科学合理地进行职位配置。对各办公室工作职责、工作流程及办结时限实行全面公开，接受群众监督。通过公开展竞聘、民主推荐、内部交流等方式，将合适人员配备到相应岗位上。有意识地培养后备干部，完善干部选拔使用竞争机制，改进人事考察。在选拔领导干部时，完善民主推荐、民主测评和考察报告制度，拓宽考察面，从定期向平时延伸，把考察与考核相结合，建立健全干部考评能力评价体系，准确地评价机关干部。

加强干部职工能力建设。建立干部培训机制。完善干部培训计划，建立干部培训档案，有针对性地组织干部职工参加各类专业培训、技能培训和课题培训，把干部的学习考试成绩和技能水平作为上岗、轮岗、提拔、评先、考核、奖惩重要依据。多管齐下，创造条件，加大投入，把干部职工的学习培训工作当作一项事业抓实抓好，促进干部队伍综合素质整体提高。建立干部交流制度。采取双向选择、岗位轮换，让不同类型的人才在不同岗位锻炼成长，让一些想干事，会干事，能干事，干成事，不出事的优秀年轻干部在加速流动过程中尽快得到提升重用的机会，营造人人有追求，人人有目标，干事有激情，奋进有作为氛围。再次，创新干部培训方式。坚持教育制度化、系统化，创新教育培训方式方法，形成一种良好教育培训机制，园区还注重引导干部职工主动学习，通过知识充实自我，提升自身理论素养、业务水平和管理能力。

重视干部职工职队伍作风建设。在干部队伍中开展正确思维方式教育，提倡学习马克思主义思想方法论，善于运用马克思主义立场、观点、方法去分析、处理遇到问题，提高干部职工认识、实践能力。结合形势和园区工作实际，开展形势教育，引导干部职工深刻剖析错误思想、保守思想和模糊认识巨大危害性，提高思想改造自觉性，引导干部职工进行系统内外纵向、横向比较，使干部职工认识到园区发展重要性、紧迫性，增强紧迫感和危机感。坚持以人为本，在事业发展中成就干部，在干部成长中成就事业，实现干部与事业和谐发展。再次，加强人文素养教育。通过人文素质教育，提高干部基本素质，包括道德修养、政治修养、人生态度、理想信念、核心价值观等，解决责任意识与敬业、乐业的问题。在干部中形成求真务实、埋头苦干、吃苦在前、享受在后的价值观和敢想、敢干、勇于创新、锐意进取精神氛围。第四，关心帮助干部。在要求广大干部立足本职、甘于奉献同时，在生活上、政治上多关心照顾，尽力为他们创造一个安心工作环境。加强干部理想信念教育，使之以良好形象取信于民，让群众只见公仆不见官，以朴实作风赢得群众，建立鱼水关系，工作上既做到高标准、严要求，又要带着责任、带着感情，尊重人、关心人、理解人，体谅一线工作具体性、复杂性。生活上了解干部职工疾苦，帮助解决实际困难和问题。

严格执行《机关绩效考核办法》和年度重点工作目标责任书，严肃考核纪律，强化滚动督查考核机制，实行重奖重罚机制，加大责任追究力度和考核力度。对完成重要事项给予重奖，对事关园区大局和形象的工作任务未按时完成的，实行加倍扣分予以重罚，与部门和个人绩效奖金挂钩。完善考核机制，结合园区实际，在绩效考核办法基础上，先后制定并实施机关干部职工年度考核办法和党风廉政建设、重大项目建设、争取外资和国资和等专项考核办法，积极发挥以绩取酬、目标必成的导向作用，调动广大干部职工艰苦创业、奋发进取的积极性。

2014 年，结合党的群众路线教育实践活动，研究制定了《招标投标工作实施细则》，修订和完善《公务接待管理规定》《机关工作人员请销假管理办法》等 8 个规范性文件和制度。强化机关作风检查和考勤，强化效能监察，定期明察暗访，对发现问题进行通报和责令整改。健全惩防腐败体系，突出监督重点，对重点岗位、重点人员、重点事项实行严格监管，强化对工程招投标、重点工程项目（资金）监管与审计，严格规范工作程序和工作行为。同时，开展创建“无职务犯罪”活动，采取建立廉洁自律机制，完善内部管理机制等措施，实行教育、防范、惩治“三位一体”管理模式，加强职业道德教育，引导干部职工特别是领导干部树立正确世界观、人生观、价值观。正确行使党和人民赋予权力，做到不越权、不谋私、不失职。建立廉洁自律机制，推行领导干部个人重大事项报告制度。在工程发包、公务接待等敏感问题上，做到公平、公正、公开，自觉接群众监督。及时受理群众举报，严格查处违纪案件，做到有报必查、查必有果。加强工程项目资金管理，实行专人、专户、专账管理，规范审批程序，杜绝多头审批和领导干部利用职务特批，确保资金安全、高效使用。开展警示教育，经常对干部职工敲警钟，组织观看模范人物先进事迹和反腐倡廉专题片，从正反两个方面教育干部职工。通过政治思想教育，完善制度规范和岗位廉政教育，工业园干部职工遵纪守法，廉洁从政意识得到明显提升。建园 12 年，在投入近 6 亿元园区建设工程中，无一例贪污受贿违法案件，无一例因工作失职被追究责任。

二、工作成效

武溪工业园成立以来，各项工作均取得较好成绩，得到上级组织和领导认可，园区管委会机关和企业多次获得国家、省部级及州县级奖励。

工业园单位获奖项目统计(含科研创新成果)

获奖名称	获奖单位	颁奖单位	获奖时间
重点项目先进单位	武溪工业园管委会	州人民政府	2008.1.14
重点建设先进单位项目	武溪工业园管委会	州人民政府	2009.2.2
重点建设先进项目先进单位	武溪工业园管委会	州人民政府	2010.1.19
重点项目建设先进单位	金旭工业小区	县人民政府	2010.3.3
国际领先水平二氧化硫金属 国际领先水平沸腾燃烧硫国	金旭公司	省科技厅	2011.12.25
机关效能建设和优化经济发展软环境满意单位	武溪工业园	州委、州政府	2012.12.30
重点建设优秀项目	武溪工业园管委会	州委、州政府	2012.12.30
湖南省中小企业信用体系建设示范园区	武溪工业园管委员	中国人民银行长沙中心支行	2013.10.8

工业园先进工作者名单

单 位	姓 名	性 别	获奖名称	颁奖单位	获奖时间
武溪工业园	王必好	男	重点建设项目先进个人	州人民政府	2008.1.14
武溪镇	李芸	女	重点建设项目先进个人	州人民政府	2008.1.14
武溪工业园	王必好	男	重点建设项目先进个人	州人民政府	2009.2.2
武溪工业园	彭延红	男	重点项目建设先进个人	县人民政府	2010.3.3
武溪工业园	黄明刚	男	“两新”组织深入学习实践科学发展观活动先进个人	州委州政府	2010.3.26
武溪工业园	王必好	男	机关效能建设和优化经济发展软环境先进个人	州委、州政府	2012.12.30
武溪工业园	陈方生	男	重点建设项目先进个人	州委、州政府	2012.12.30

第四节　制度建设

为适应园区发展需要，夯实管理基础，抓住园区发展机遇，园区管委会把制度建设、工作流程作为突破点，推进各项工作逐步向规范化管理推进，竭力为园区持续发展、科学发展提供有力的制度保障。按规范管理、完善服务，促进发展，明确责任，分类订立30项制度。通过制度建设、流程优化，做到凡事有章可循、凡事有据可查、凡事有人负责、凡事有人监督，初步形成具有自身特色的横向配套、纵向贯通制度建设体系。

园区在推进制度体系建设过程中，首先，转变观念。园区“以现代理念”为指导，提高园区可持续发展和抵御经营风险能力，制定比较全面、科学管理制度。其次，规范管理。园区在推进制度化、规范化、科学化管理的同时，成立相应制度执行管理部门，由相关办公室牵头组织进行制度梳理。在完善与发展原有管理制度基础上，着力解决园区在思想观念、管理方式和管理制度在与园区管理、发展不相适应突出问题，从园区整体层面推进制度建设，实现观念上转变、制度上创新、方法上完善、流程上再造，力促园区决策力、执行力、控制力以及管理效率与水平提高，提升园区管理水平，增强园区核心竞争力。

为使管理制度体系建设各项工作落到实处，园区用“三步工作法”作为规范管理制度的切入点。确定相关办公室牵头，在清理已有制度基础上，对园区过去所有管理制度、流程进行全面梳理和识别。在修订完善园区各项规章制度、工作流程过程中，根据园区实际，有针对性地把制度体系建设内容分进行类，以完善法人治理结构，建立园区制度体系为目标，重点从基本制度、法人治理、预算、财务、审计、融投资、经营、行政、人力资源、党群等方面着手实施。对于园区各职能股室，分工协作，将制度建设任务按轻重缓急分解到位，将工作措施、质量要求及完成日期落实到具体责任人，以建立制度体系，作为园区持续发展、科学发展内在动力。

园区管委会在各项规章制度修编完善发布后，组织开展“学制度、守规范”等活动，通过制度学习培训活动，激发干部职工学习热情，形成学习制度长效机制。园区在规章制度颁布执行后，针对执行过程中出现的新情况　、新问题、新矛盾不断更新、不断完善。对于管理制度按照“客观管好、微观放开”思路，完善机关内部管理，进一步理顺园区各方面关系。对于流程，按照“精简高效”的目标进行简化、优化、固化，缩减管理链条，提高管理效率。将制度建设执行情况纳入年度绩效考核目标，引导干部职工在日常工作中切实遵守制度文本相应操作流程。同时，制订园区制度建设年度工作计划，结合信息化建设，实现管理制度流程化，将制度建设、执行情况作为园区一项日常工作常抓不懈。

第五节　安全生产管理

武溪工园在建设发展过程中，始终把安全生产保障体系建设作为工作的重中之重。随着入园企业不断增多，生产工艺执行标准日趋繁杂，事故隐患和危险源随之增加，园区的安全生产管理从粗放型向专业化转变。在人员配备上，加强安全生产专业技术队伍建设，加大专业技术培训力度；在装备上，加大经费投入，健全安全生产监管装备及安全生产技术支撑体系，确保园区安全生产工作有效开展。

一、劳动保护

工业园实行企业法人代表"持证上岗"制度，在生产企业中开展安全生产评比，对特殊工种进行安全培训，对化工行业和特种行业进行专项治理和年审，每年复审 1 次。2012 年，园区安全生产领导小组修订劳动保护工作制度，建立劳动组织保护网络，发动职工开展查认识、查机构、查制度、查隐患、查措施、查实效和全面整顿安全生产秩序的"六查一整顿"和"打非治违"活动，以遏制重特大安全事故发生。2013 年起，园区每年会同相关部门对生产性企业进行职业卫生普查，对部分企业进行重点整治，着手构建"用人单位负责，政府依法监管，行业依法自律，职工群众监督"职业病预防控制体系。

二、安全监管

(一)健全管理机制。园区企业直接从事一线生产从业人员有 11200 人，针对入园企业类型多、安全基础较为薄弱和一些企业重利润轻安全及行业管理人员不专业的现状，园区管理委员会把安全监管放在突出位置，注重从源头上消除安全隐患。

1. 健全管理机构。建立健全园区安全责任机制，成立安全监管领导小组，确定工业园区管委会主任是安全生产第一责任人，班子成员"一岗双责"制度，明确管委会安全生产监管主体责任，建立由工业园管理委员会主要负责人、分管负责人，安全监管机构负责人和相关管理机构负责人组成的安全监管委员会，指导、协调工业园区安全生产监管工作，研究解决安全生产重大问题，切实落实政府属地监管，行业主管部门直接监管和安全监部门综合监管责任，做到安全责任全覆盖。

2. 建立园区安全生产监督队伍，配备与园区企业安全生产工作相适应安全监管人员，落实办公设施、安全检查装备和安全监管所需的经费。

3. 开展安全生产监管执法检查，对园区企业实施生产一体化管理，协调园区内企业之间安全生产重大问题统筹指挥园区应急救援工作，定期组织园区内企业开展安全生产自查、互查，指导企业落实安全生产主体责任。

(二)建立园区企业准入和退出机制。 考虑园区产业链安全性和科学性，有选择地接纳企业入区。把符合安全生产标准、开发区产业链、安全和安全风险容量要求，作为企业准入的前置条件，大力支持产业匹配、工艺先进企业入区建设，严格依法禁止或限制工艺设备设施落后、安全水平低下的项目进入园区。严格按照有关规定和标准，对园区内新改、扩建项目，把好“源头关”“设计关”“验收关”。园区新改、扩建项目，由政府统一牵头，相关部门联动配合，强化建设项目安全核准，严格执行建设项目安全设施“三同时”制度，完善建设项目安全条件论证与安全预测评价、安全设施设计审查及安全设施施工和竣工验收。对不具备安全生产条件项目和企业，不给予验收和批准投入运营，项目申报没有按照国家有关规定实行安全设施“三同时”的，不予办理有关行政审批手续，从源头上控制安全生产事故。

(三)实行规范化管理。 园区管委会重视安全生产监管基础资料档案和企业安全培训考核档案建设。基础档案包括：园区内企业基本概况；企业安全生产主要负责人和有关管理人员信息；园区内存在重大危险源、重大安全隐患企业数量、安全设施配备及安全管理状况。通过建立基础档案，全面掌握工业园区企业安全生产基本情况。加强对企业主要负责人、安全生产管理人员、特种作业人员及其他从业人员的安全生产培训，建立完善的培训考核档案。企业主要负责人、安全生产管理人员、特种作业人员一律经严格考试、持证上岗。督促、指导企业针对不同岗位特点开展全员安全培训，特别注重新进从业人员，尤其是农民工的安全生产及职业健康知识的培训，使从业人员具备本企业、本岗位工种相适应的安全生产知识、职业病危害防治知识、安全管理技能，提高从业人员安全意识和操作技能。

(四)开展企业安全生产标准化建设。 园区要求企业各个环节、各个岗位建立严格安全生产责任制，按照国家和行业标准规范安全技术状态，提高安全程度，消除隐患，控制好危险源，消灭事故。监督、指导园区企业开展安全生产标准化建设。通过加强企业每个岗位和环节的安全生产标准化建设，使企业人、机在保持最好的安全状态下运行，让企业每个从业人员从事的每项工作都按标准办事，促进企业工作规范、管理规范、操作规范，提高企业安全管理水平，促进企业安全生产主体责任落实到位。

三、应急处置

(一)健全组织机构。为有效控制工程建设安全生产事故,消除安全事故的影响,保障员工生命财产安全,武溪工业园建立健全应急管理体系,明确应急处置责任分工,成立以管委会主任为组长、副主任为副组长、各企业负责人为成员应急管理工作领导小组。领导小组下设办公室,负责突发事件应急管理工作组织实施。

(二)健全工作机制。园区建立包括应急值班制度、检查制度、例会制度在内应急管理制度体系,严格执行突发事件信息报告制度,一旦出现突发事件,迅速上报,绝不允许迟报、误报、漏报甚至隐瞒不报,对违反规定,造成严重后果的,追究有关人员责任。坚持领导值班制度,完善应急值守岗位责任,加强对值班工作监督力度,实行专人24小时值班,确保通讯畅通,实行值守工作“纵深到底”。同时,完善重大危险源辨识及风险评价与控制程序,建立危险源清单,根据危险源风险等级,制定应对措施,对重大危险源实施重点监控。根据实际情况对原有应急预案进行完善修订,提高预案合理性和可操作性,按实际需要增加或补充部分预案。从应急指挥、应急响应、应急处置等方面入手,制订具体详细工作程序,明确责任和分工,推进应急工作规范化、制度化和程序化。

(三)组建应急队伍。为保证应急情况发生时救援及时,园区成立应急抢险突击队,明确各救援小组组成人员,对发生人员变动时及时进行调整补充,确保应急救援队伍稳定性和执行力。为提高应急救援效率,园区多次组织开展应急预案演练,根据演练情况,对演练中发现预案存在问题进行及时修正。通过演练,增强员工安全责任感,提高员工应急反应能力和应急处置能力。至2016年,应急抢险突击队累计参加工业安全事故应急救援6次,疏散危险源周边群众216人次,排除和整改事故安全隐患12个。

(四)加强安全管理。园区每年都对安全隐患排查治理工作做总体部署,要求各企业做好日常巡查和例行检查工作,根据季节变化和上级安排开展春季、秋季、冬季安全大检查和“反三违”“防火”等专项巡查大检查。按要求上报事故隐患情况、落实处理措施、反馈处理结果。积极开展反习惯性违章活动,深入生产一线排查隐患,对检查发现的安全隐患,提出整改措施,限期完成整改。园区在各单位自查的基础上进行抽查和突击检查,发现一处处理一处,做到安全检查层层把关、隐患处理层层落实。对于特种设施和设备,建立特种设施和设备动态安全监管系统,构建特种设施设备定期督察机制。把工作重点放在园区新建、在建、扩建项目中特种设备申报、备案工作上，加强危险化学品储存罐、超重机械、厂内所用车辆、锅炉及压力容器的检查和督察工作，杜绝无检验使用，特种设施和设备年检率达到100%。

(五)开展应急管理培训。将应急管理培训纳入员工教育培训体系，明确培训内容、标准和方式。加强应急管理人员和应急救援队伍安全知识、处置技能和操作规程培训。宣传普及应急知识。充分运用各种手段，开展有关应急防护知识教育，深入宣传各类应急预案，开展现场宣传、知识竞赛等活动，全面普及预防、避险、自救、互救、减灾等知识和技能，扩大应急管理科普宣教工作覆盖面。

四、开展安全生产检查监督

2008年起，园区企业安全生产、工程建设安全保障纳入园区管委会直接管理，每年，按照县政府和县安全生产监督管理局部署，定期组织开展安全生产隐患大排查、城市工业灾害防治、“打非治违”、危化企业安全检查、安全生产月等专项行动。至2016年，累计组织开展专项行动56次，检查企业和重点工程建设项目46家(项)，发出整改通知书324份，整改安全隐患562个，处置安全事故5件次，确保园区重点工程建设无安全事故，园区企业无重大安全事故。建园12年，园区企业发生的5件安全事故均得到有效处置件。

第五章　招商引资

第一节　招商引资政策

为切实做好园区招商引资工作，进一步加大招商引资力度，规范招商引资管理，县委、县人民政府出台一系列政策文件。2007 年 4 月，制定《泸溪县人民政府关于武溪工业园区招商引资实施优惠政策的通知》，规定土地优惠、税收优惠、财政扶持、人才引进、招商引资奖励等方面政策。2011 年 3 月，制定《泸溪县招商引资若干规定》，对税费政策、土地使用、投资保护、特别优惠、引资奖励、招商服务、违规处罚做出规定。2014 年，武溪工业园升级为泸溪工业集中区后，根据经济社会发展形势，结合泸溪县实际，县委、县政府对《关于武溪工业园区招商引资实施优惠政策的通知》修订完善。是年 5 月，在修订的基础上，形成《泸溪工业集中区招商引资优惠政策》。2015 年 2 月，对《泸溪县招商引资若干规定》进行补充完善，形成《泸溪县招商引资工作管理规定》《泸溪工业集中区招商引资优惠政策》《泸溪县招商引资工作管理规定》成为园区实施招商引资优惠政策和开展招商引资工作的规范性文件，为园区开展招商引资提供政策支持。

一、招商引资优惠政策

(一)土地优惠政策。园区工业用地实行招标、拍卖、挂牌等市场方式出让。凡符合产业政策、园区发展方向和环保要求，投资强度 200 万元 / 亩以上且年税收达 500 万元以上、安置就业人员 50 人以上项目，按投资规模享受优惠政策。

1. 固定资产投资经审核在 2000 万元—5000 万元(不含 5000 万元)的新上工业项目，投资方只需支付农户和集体土地补偿费用及相关税收，上交州、省国土部门五项费用(耕地开垦费、水土流失防治费、征地管理费、防洪保安基金、新增建设用地有偿使用费)由县财政承担。

2. 投资在 5000 万元(含 5000 万元)—10000 万元新上工业项目，财政除承担项目用地的州、省国土部门五项费用外，同时负责承担农户征地补偿费用。

3. 凡固定资产投资经审核在1亿元以上，对园区工业产品结构调整具有战略意义新上高新技术或产业转移工业项目，由园区按土地出让“收支两条线”管理办法奖励项目建设用地100亩。

4. 对特别重大战略投资企业项目除奖励建设用地外，根据“一项一策”原则再给予适当的优惠政策。

（二）税收优惠政策。根据国家有关规定，园区内新办企业执行武陵山片区税收优惠政策，实行免征、缓征、减征有关税收政策。进入园区符合国家和西部地区鼓励政策项目并获得国家证书或认证投资企业，企业所得税优惠税率为耕地占用税按最低下限缴纳，企业所得税实行15%税率。

（三）财政扶持政策。新入园项目建设用地“三通”（水、电、路）等基础设施由园区负责；企业签订协议后，按期建成投产奖励50万元；企业办理土地证时按国土政策缴纳土地出让金，缴纳土地出让金后，由财政按项目建设进度分期给予资金扶持：项目基础设施开工后返回30%土地出让金，工程建设完成50%时返回土地出让金的30%，项目投产后返回剩余40%土地出让金。入园企业各类行政事业性收费县内部分按最低标准收取，对进入集中区符合湖南省西部开发产业项目条件的，优先申报列入全省西部开发产业项目贷款计划，可申请省财政贴息和“二民”（民族企业、民族贸易）企业贴息。对部分带动性强、效益好高科技重大项目，县人民政府可为其申报争取引导资金。

（四）吸引人才政策。受聘于园区高级专家可不受原单位人事关系限制，实行双职双薪或多职多薪。回国留学人员投资兴办高新技术企业的，除享受高新技术优惠政策外，经认定为外商外资企业后，可同时享受外商投资企业的优惠政策。将引进人才技术职称评定和成果鉴定奖励纳入县内管理，其人事档案由县人社部门免费管理。外来企业高管及技术骨干可由园区免费提供住房，其子女可优先就近入学。对入园企业负责人发放警民联系卡，确保其人身财产安全。

（五）招商引资奖励政策。引进无偿建设资金的奖励，为园区引进无偿建设资金，园区管委会按实际到位金额3%兑现奖励；引进有偿建设资金的奖励，为园区引进有偿建设资金，由园区管委会按该项目资金使用年限一次性兑现1%的奖励；本地民营企业、单位和个人在为园区引进重大项目方面有突出表现的，由县政府按招商引资政策予以奖励。

二、招商引资管理

(一)管理机构

全县招商引资工作由县招商引资工作领导小组统一领导,县商务局负责日常指导、综合协调、跟踪服务等工作,县直相关部门及乡镇依据各自职能,共同做好项目建设和企业落户服务工作。

(二)项目管理

1. 招商引资项目应符合国家产业政策要求,符合泸溪产业布局的规划,避免低水平重复建设。凡落户泸溪的招商引资项目,由县政府根据投资总额、投资强度、建设进度、税收贡献等因素,实行"一事一议",由县政府常务会议讨论决定。规范招商引资项目洽谈、备案、论证、审批、落户工作程序,项目落户选址应当遵循产业集聚、合理布局、统筹规划的原则。拟落户园区项目由县政府统筹安排,确定落户地址。

2. 引进工业项目用地实行定额指标管理,落户在园区的项目建设用地容积率指标按国土资源部《关于发布和实施〈工业项目建设用地控制指标〉的通知》相关规定执行。签订招商引资合同不得违反有关法律法规及政策规定。

3. 县商务局负责制作招商引资示范合同文本,并根据相关法律、法规和政策及时进行修订完善。招商引资合同签订前,除按本办法相关规定进行预审外,县政府法制办还应组织政府法律顾问对合同进行法律论证。

4. 招商引资合同实行分级管理,纳入县级招商引资项目的,由县政府审核同意后签订;纳入乡镇招商引资项目的,由项目落户乡镇政府审核同意后签订。招商引资合同生效后,应对合同履行情况进行督查,发现合同对方违反约定的,应及时督促其履行合同义务。经督促后在合理限期内仍未履行的,依照合同约定追究相应违约责任。纳入县级招商引资的项目,落户园区由园区管委会会同相关单位进行履约情况检查;落户园区之外由县商务局会同相关单位进行履约情况检查。检查情况应及时报告县政府。

5. 责任查究。任何单位或个人在招商引资工作中有下列行为之一的,取消当年评先评优资格或由其所在单位或监察部门给予行政、纪律处分,情节严重构成犯罪的,移送司法机关追究其刑事责任:①严重干扰投资企业生产、经营秩序的;②利用职权向投资企业索要钱物的;③故意推诿、拖办审批手续,给投资商造成重大损失的;④违规进入企业检查、擅自增加收费项目和提高收费标准的;⑤核实招商引资合同履约情况的相关工作人员失职、渎职的；⑥骗取奖励资金的；⑦其他应当查处的违纪违法行为。

(三)投资准入

1.投资方式。除国家法律、法规明确禁止以外，投资者可根据各自意愿和实际选择自己的投资方式。投资者可采用多种方式出资：①以现金投入；以自有的机器设备、原料和其他物料作价出资；②以投资企业所需的产权、专有技术及其他无形资产等作价出资。投资者可以在国家法律、法规允许的任何领域进行投资及开发。

2.放开投资领域并鼓励投资者进入的行业。凡符合国家法律、法规规定，不违反产业政策的行业、领域，均允许各类投资者进入；凡对外开放的行业、领域，均对非公经济开放；凡是投资者参与能源、交通、环保、市政基础设施、基础产业建设及农、林、水等农业综合开发的，比照享受国有企业有关优惠政策；对投资者投资实行与国有投资一视同仁政策待遇。在项目审批、土地使用、税费征收、银行贷款获得、财政贴息、股票上市、债券发行等政策制定和执行上，不以所有制性质不同而区别对待，而是根据产业政策和项目优劣，使非公经济资本通过公平竞争获得资源配置机会；鼓励投资者参与交通、水利、电力等基础设施建设；鼓励投资者进入市政公用行业。在统一规划和规范管理前提下，鼓励非公经济采取独资、合资、合作等多种方式投资开发旅游景区、供水、供气、公共交通、厕所、污水及垃圾处理等市政公用基础设施建设和经营管理；采取公开招标形式选择供水、供气、公共交通、污水处理、垃圾处理等市政公用企业经营单位，由政府授权特许经营；鼓励非公经济投资成片开发工业园区，参与盘活、经营管理城市现有国有资产和服务项目，市政公用企业通过合法经营获得的利益受法律保护；鼓励投资者资本投资农业资源开发和农业产业化经营。政府以贷款贴息、补助等多种方式，鼓励和吸引非公经济资本以独资、合资、合作等多种形式，参与投资开发和经营农产品深加工、农产品批发市场建设，组建各种形式的专业合作经营组织和股份合作制企业，符合国家及省、州龙头企业条件的，可享受农业产业化龙头企业扶持政策；鼓励投资者投资高新技术产业。允许外资参与学校和科研院所的研发中心、实验室建设。对投资者符合国家产业政策的重大技术改造项目，予以贴息扶持。鼓励有条件外资企业设立创业投资公司；鼓励投资者通过联合、兼并、租赁、承包经营和股份合作制、收购等多种形式，参与国有经济改组、改造。鼓励投资者通过产权交易，受让已改制企业的股权；鼓励投资者投资社会事业。鼓励投资教育、文化、卫生、体育以及信息咨询、中介服务、社区服务等，并按规定享有经营权和收益权。现有社会事业设施和资源，可采取有偿转让经营、合作经营等方式转由投资者经营。

3.优惠条件。投资者凭营业执照和税务登记证在用水、用电、就医、落户和子女入托、入学、就业等方面，与本县公民享有同等待遇。

(四)便利措施

1.对象。便利措施适用于在泸溪县投资各类企业、经济组织、个人等投资者。

2.服务机制。建立"四公开一承诺"制度(公开办事政策、公开办事内容、公开办事程序、公开办事人员、承诺服务标准和服务时限)，实行行政公示制、行政问责制、服务承诺制、首问责任制和限时办结制。建立服务平台，实行一站式服务。对于落户项目，县行政审批服务中心严格按有关时限要求和费用优惠标准统一办理有关手续。建立投资企业投诉保护制度。设立招商引资投诉电话和意见箱，严肃处理侵害投资者利益的行为。对经营常设机构设在本县的投资在1000万元以上或年纳税额在50万元以上的非公有制企业，实行挂牌保护制度。

3.土地优惠。工业用地实行招标、拍卖、挂牌等市场方式出让。凡符合泸溪产业政策和环保要求，投资强度达200万元/亩以上且年税收达500万元以上、安置就业人员50人以上项目，按其投资规模分别享受以下优惠政策： 固定资产投资经审核在2000万元—5000万元(不含5000万元)新上工业项目，投资方只需支付农户和集体土地补偿费用及相关税收，上交州、省国土部门五项费用(耕地开垦费、水土流失防治费、征地管理费、防洪保安基金、新增建设用地有偿使用费)由县财政承担；投资在5000万元(含5000万元)—1亿元新上工业项目，财政不仅承担项目用地州、省国土部门五项费用，还负责承担农户征地补偿费用；凡固定资产投资经审核在1亿元以上，对泸溪工业产品结构调整具有战略意义新上高新技术或产业转移工业项目，由园区按土地出让"收支两条线"的管理办法奖励项目建设用地100亩；对特别重大战略投资企业项目除奖励建设用地外，可根据"一项一策"原则再给予适当优惠政策。

4.税收优惠。新办企业可根据国家有关规定免征、缓征、减征有关税收。执行武陵山片区税收优惠政策；企业所得税优惠税率。进入园区符合国家和西部地区鼓励政策项目并获得国家证书或认证投资企业，耕地占用税按最低下限缴纳，企业所得税实行15%税率。

5.财政扶持优惠。新入园项目建设用地"三通"(水、电、路)等基础设施由园区负责；企业签订协议后，按期建成投产奖励 50 万元；企业办理土地证时按国土政策缴纳土地出让金，缴纳土地出让金后，由财政按项目建设进度分期给予资金扶持：项目基础设施开工后返回 30%土地出让金，工程建设完成 50%时返回土地出让金 30%，项目投产后返回剩余 40%土地出让金；入园企业各类行政事业性收费县内部分按最低标准收取。

6.人才政策。受聘于园区高级专家可不受原单位人事关系限制，实行双职双薪或多职多薪；回国留学人员投资兴办高新技术企业的，除享受高新技术优惠政策外，经认定为外商外资企业后，可同时享受外商投资企业优惠政策；将引进人才技术职称评定和成果鉴定奖励纳入县内管理，其人事档案由县人社部门免费管理；外来企业高管及技术骨干可由园区免费提供住房，其子女可优先就近入学；对入园企业负责人发放警民联系卡，确保其人身财产安全。

7.金融信贷支持。对于信用等级高、符合信贷条件优质企业，县政府可优先帮助协调金融机构贷款支持；县中小企业担保中心可对符合条件的企业进行融资支持；根据企业在行业中地位和优势，县政府可协调帮助采用信用方式向金融机构申请贷款；对符合湖南省西部开发产业项目条件的，优先申报列入全省西部开发产业项目贷款计划，可申请省财政贴息；少数民族贸易和民族特需用品定点生产企业(以下简称“两民企业”)，由县民族事务局和县人民银行对符合条件企业实行一年期流动资金贷款基准利率低 2.88%的优惠利率政策；对部分带动性强、效益好的高科技重大项目，县人民政府可为其申报争取相关引导资金。

8.兑现奖励。引进无偿建设资金，按实际到位金额 3%兑现奖励。引进有偿建设资金，按该项目资金使用年限一次性兑现 1%奖励。本地民营企业、单位和个人在为引进重大项目方面有突出表现的，由县政府按招商引资政策予以奖励。

(五)经费管理。根据工作需要，县级财政预算每年专门安排一定招商引资工作专项经费。对于在开展招商引资工作中发生费用，原则上予以据实列支。使用招商引资工作专项经费部门或个人，应严格遵循勤俭节约、量入为出、注重实效原则，充分发挥资金使用效益，不得随意改变资金用途，确保资金使用安全。

招商引资专项经费用于开展下列招商引资活动：全县性国内外大型招商引资活动；重大招商引资项目考察、论证、洽谈等活动；对招商引资工作成绩突出相关部门、单位和人员进行奖励；重点招商项目及泸溪县投资环境在国内外主流媒体整体宣传和推介活动；国内外重要投资商来泸溪县考察、洽谈及接待活动；招商引资政策法规汇编及招商引资人才培训;县委、县政府决定其他招商引资活动。招商引资专项经费按照“一事一请示”要求,由相关部门和单位拟定经费使用方案,经县政府分管招商、财经工作领导批准后列支。上级要求参加大型招商引资活动,经县主要领导签批同意后,由县商务局拟定参加活动方案并组织实施。县委、县政府举办招商引资活动,由县商务局拟定活动方案及经费使用方案,经县主要领导审批同意后组织实施。各驻外招商组联系到可信度高、预计投资大、对县内产业带动力强的招商项目,在进入项目洽谈阶段后,经县主要领导同意安排外出考察洽谈或约请客商来本县洽谈签约的,作为全县重大招商项目,由项目承办单位拟定工作方案,报请县主要领导审批同意后,由县商务局拟定经费使用方案并组织实施。

第二节　园区政策措施

2008年,园区管委会根据园区企业发展和园区容积的不断扩大,按照要求,贯彻落实县委、县政府有关招商引资工作,制定相关落实招商引资政策措施。2011年,根据《泸溪县人民政府关于武溪工业园区招商引资实施优惠政策的通知》规定,制定落实园区企业优惠政策措施。

一、园区企业优惠政策

(一)落实税费优惠政策。园区新办企业从开始投产年度起免交所得税三年,减半征收两年,国家鼓励性产业,2010年前按15%税率征收企业所得税;外商从事农业产业化项目开发,按核定计税田面积免征农业税,经营期内免征土地使用费;企业当年实现利润用于扩大再生产,可税前列支,并允许加速固定资产折旧;外商投资工业企业投资额在200万元以上,投资方提出申请,经审核同意后列入“一票制”范围,在建设期间所发生税金和行政事业性收费、专项费用及基金,原则上可按基建总投资8%提取。高科技、教育、医疗卫生、农业产业化、基础设施项目,还可在此比例内适当优惠;外商投资项目在生产经营过程中行政事业性收费,原则上由一票制办公室核实后,实行一卡收费,对于服务性收费,不能直接向投资方收取,须由一票制收费办公室协调该实后,按不高于应缴金额50%收取;高新技术项目和工业项目正式投产后3年内,每年新增缴纳地方财政实得收入部分可按一定比例返回给项目业主,用于扩大再生产;对因增资扩股形成地方财政实际收入增加部分，3年内也可按一定比例返回给项目业主。

(二)落实土地使用优惠政策。外来投资者新办生产型、加工型工业企业所需用地，可通过出让、转让、租赁等形式依法获得土地使用权；外来投资者征用土地补偿费、土地出让金按国家规定标准最低限额收取；国土部门对进入工业园区外资企业，暂缓收取土地出让金，待企业投产后上交地方税金达到国土出让金标准时，再予以办理土地确权手续。

(三)保护企业合法权益。依法保护投资者的合法权益，在县招商局设立外商投诉中心，对外商投资重点项目，实行挂牌保护，采取一卡收费。搞好社会治安综合治理，保护投资者合法权益。尊重投资者个人生活习惯，对重点投资者实行重点保护。不准非法拘传企业法人代表和随意查封、冻结企业财产、银行账户。凡涉及外商投资的经济和其他纠纷的投诉，由县招商局协助有关部门按先协调后裁决原则处理，按合同约定需要仲裁由仲裁机关受理，经济纠纷、民事诉讼由人民法院受理，治安刑事案件归口县公安部门处理，其他部门不得干预。凡一切自愿来县域创业的外来经商户、投资者，不限其原居住地行政区划，只要本人愿意均可将户口迁入白沙镇，并取消进城落户所有限制性条件。

(四)落实特优政策。对重大外商投资工业企业项目在确保优惠政策总体不变前提下，可根据实际情况，实行“一地一策、一厂一策、一项一策”特别优惠措施；对重大外商投资工业企业项目，投资方支付老百姓补偿费用后，即可办理土地确权手续，国土、林业等部门办证费用由县财政承担。

(五)实行引资奖励。引进外资(不含县内资金)项目投资额在100万元以上的生产性项目或公益性事业项目(不含国家投资项目)单位或个人(统称引进人)实行奖励，奖金由县财政负责支付。奖励为一次性奖励：独资企业，按外资企业年纳税总额5%奖励；“三来一补”项目，按实际缴纳地方税费总额10%奖励；合资、合作经营企业，按外资到位资金占该企业全部资金比例所产生税收份额2%奖励；购买、兼并现有企业、受让国有股权或者投资交通、能源、水利基础设施和市政公用设施项目，按外资实际到位额的0.5%奖励；教育、文化、卫生、体育、旅游、商业、信息咨询及其他项目，按不动产实际投资1%奖励；属国家、省认定的高新技术产业和农业产业化、生态环保产业等项目，按实际投入生产、开发资金额1.5%奖励；非高新技术工业项目，按固定资产实际投资额1.2%奖励；对以国际融资等形式引进外资的，按引资实际到位数额5%奖励；对引进专利技术、先进技术、科技成果及新产品、新工艺有功人员，在项目建成投产取得直接经济效益后，按当年该项目新增税收额5%奖励；争取重大项目成效明显或引进资金数额巨大的，除给予专项奖励外，另由县人民政府给予记功以上表彰，并在媒体上推介。

奖金分配。同一外来投资项目有多个引进人的，应委托一人申请奖励，引进人之间有争议，应自行解决。对非履行国家工作职务引进外来投资项目社会自然人的奖励，按奖金总额100%奖给个人。对属于受单位指派履行职务引进外来投资项目的国家工作人员，以本人所在单位名义申请的奖励，按奖金总额50%奖给个人，50%奖给单位用于补充工作经费；对属于未受单位指派履行职务而引进外来投资项目国家工作人员，以个人名义申请的奖励，按社会自然人应得奖金总额60%奖给个人。

(六)加强招商服务。办理外商投资项目实行"一个窗口对外，一站式审批，一条龙服务"管理体制，统一归口由县招商领导小组办公室负责，园区管委会协助相关企业办理入园手续。对不按本规定执行单位主要负责人，首次给予通报批评，第二次给予诫勉谈话或调整工作，第三次给予免职处分。

二、细化落实招商引资优惠政策

2015年12月，工业园北区建设基本成型，为加强招商引资工作，管委会专题向县政府写出报告，提请县政府常务会议研究园区招商引资工作。根据园区管委会请示，2016年2月2日，县长向恒林主持召开县长办公会议，研究园区落实招商引资优惠政策相关工作。会议认为，进一步细化和落实武溪工业园区招商引资优惠政策，对提升园区招商引资吸引和竞争力，有效承接东部沿海企业转移及促进县域经济发展专都具有十分重要的作用，会议议定相关事项。

(一)标准厂房优惠政策。企业入驻园区标准厂房，按每月每平方米5-10元标准出租，对前两年租金实行全免政策，第三年租金减半收取。

(二)财政扶持优惠政策。新入园项目建设用地"三通"(水、电、路)等基础设施建设由园区负责；企业签订入园协议后，投资额度、建设进度、生产规模按照协议规定执行的，可以给予一次性资金奖励；入园企业各类行政事性收费县内部门全免(排污费除外)，经营服务性收费按最低标准50%收取；符合湖南省西部开发产业项目条件的企业，优先申报列入全省西部开发产业项目贷款计划，申请省财政贴息和"两民"(民族企业、民族贸易)企业贴息；对入园企业安置泸溪县劳动力和下岗失业人员、就业困难人员，县政府视其安置从业人数、待遇等状况，予以培训补贴、岗位补贴和社保补贴；园区内企业产品获得中国驰名商标、湖南省著名商标，县政府分别给予企业法人5万元、3万元一次性奖励；对获得国家、省、州名牌产品的企业，分别给予5万元、3万元、2万元一次性奖励；对成功申报获得国家地理标志品牌的企业给予10万元一次性奖励；对获得国家、省高新技术认定的企业，分别给予5万元、3万元一次性奖励。

(三)服务措施。企业签订入园协议后，由武溪工业园全程代办或部同办理所有入园手续，相关单位必须及时承办，在限定工作日内完成办理工作；实行涉企检查备案制度(环保局和安监局除外)，凡进入园区企业检查部门和单位必须于年初将入企常规检查年度工作计划报园区备案。

(四)银行信贷优惠措施。金融部门对新入园企业进行当年融资，成功后给予比例奖励(年终绩效考核分值或奖励资金)。

(五)企业人才优惠措施。回国留学人员投资兴办高新技术企业的，除享受高新技术优惠政策外，经认定为外商外资企业后，可同时享受外商投资企业优惠政策；引进人才技术职称评定和成果鉴定奖励纳入县内管理，其人事档案由县人社部门免费管理；外来企业高管及技术骨干，由园区免费提供住房，其子女可优先就近入学；对来泸溪县投资企业负责人，优先推荐为人大代表、政协委员。

(六)招商引资奖励政策。为园区引进建设资金或项目的，按实际到位金融给予奖励；本地民营企业、单位和个人在为园区引进重大项目方面有突出表现的，由县政府按招商引资政策予以奖励。

(七)重点项目绿色通道制度。对列入年度县重点建设计划项目，由县重点建设领导小组按照《泸溪县关于实行重点项目代办制的实施意见》有关规定，代办相关事宜，并享有本制度规定的优惠政策。园区建设办受理项目审核手续办理，并相应简化办理程序，缩短办理时间。有关部门对重点建设项目单位申请办理事项，应优先加快办理。手续完备、材料符合要求，能当场办结的，应当场办结；不能当场办结的，在规定最短时限内办结。对于手续不完备及材料完整性、合法性、程序不符合要求的，应当场或在1个工作日内，一次性提出需要补正的全部内容。在项目审核过程中，需要委托中介机构对项目可行性研究、核准申请报告、环境影响评价、安全评价、压覆矿产资源、地质灾害、水资源论证报告、防洪评价、水土保持方案、地震安全性评价、节能评价等文件进行评估的，受委托中介机构要限时进行评估。对依法可以行政划拨或者协议出让方式供地重点建设项目，优先安排用地指标。对依法必须以招标、拍卖或挂牌出让方式供地的，国土部门要及时组织土地的招标、拍卖、挂牌出让。有关部门在争取国债及中央预算内建设资金，安排本级财政性资金和银行贷款贴息时，优先考虑重点建设项目。有关部门对重点建设项目行政事业性收费，文件规定有幅度标准的，按最低标准收取。国家和省新增或取消收费项目、调整收费标准的，依照有关规定执行；消防、供电、供水、供热、供气等管理部门和经营单位，要为重点建设项目提供优质服务，不得指定产品生产厂家、设计和施工单位，由建设单位采取招标方式或自主确定。严禁对重点建设项目乱摊派、乱罚款、乱收费、乱检查；重点建设项目单位要严格执行国家有关政策和规定，依法办理各项审批手续。各有关部门要协调联动，形成合力，及时协调解决项目审批、征地拆迁和施工过程中问题，确保重点建设项目顺利实施；监察部门负责对有关部门执行重点建设项目“绿色通道”制度情况进行监督，如有违反本制度的情况，按照有关规定，严肃追究有关人员责任。

第三节　招商引资项目库建设

项目库建设，是园区招商引资乃至整个工业园区建设发展的重要基础。园区管委会充分认识到建立项目库的重大意义，多次召开专题会议，理清工作思路，落实具体措施，把抓好项目库建设工作作为园区经济工作中一项十分重要的任务，尽一切努力做好筹划和筛选项目工作。围绕本地产业规划，研究国家、省州产业政策导向，进一步细化明确新型工业化的目标和重点，建立和完善梯度层、滚动式、动态性的重大项目储备库，将前景看好、趋于成熟，带动力强、关联度大重点项目及时纳入重点项目库，认真做好项目前期工作，形成重点项目在建一批、开工一批、储备一批、规划一批，项目计划源源不断良性循环机制，为园区经济又快又好发展提供有力支撑。

一、组建班子

为切实加强招商引资工作领导，自 2008 年起工业园区抽调精干力量组成招商引资工作小组，由管委会主要领导担任组长，把招商引资作为常年重要工作任务，保证各个环节工作顺利进行，把招商引资工作落到实处。

武溪工业园招商引资工作人员名录

年份	组长	副组长	工作人员
2007	向光武	李长清	孙小华
2008	向光武	李长清	孙小华
2009	向光武	李长清	孙晖、孙小华
2010	向光武	李长清	孙晖、傅杰、孙小华
2011	向光武	孙　晖	傅杰、侯美娟、孙小华
2012	向光武	孙　晖	傅杰、侯美娟、孙小华
2013	向光武	孙小华	傅杰、侯美娟、李峰
2014	向光武	孙小华	傅杰、刘小霞、李峰
2015	向光武	孙小华	刘小霞、李锋、覃芳、傅杰
2016	张春梅	孙小华	刘小霞、李锋、覃芳、傅杰
2017	田熙学	孙小华	刘小霞、李锋、覃芳

二、招商引资项目简介

(一)1万吨/年高纯度高比表面积四氧化三锰项目。高纯四氧化三锰是生产高性能软磁锰锌铁氧体的主要材料，广泛应用于电子工业、军工、通讯等行业，是国家鼓励优先发展高新技术产品，被国家科技部、财政部、国税总局列为我国当前优先发展和支持高技术产业化范畴。10000吨／年高纯度四氧化三锰项目。计划投资6300万元，建成投产后预计年可新增产值1.80亿元，利税3800万元，投资效益率32.3%，利税率21.2%，投资回收期1.90年。项目已完成可行性论证。

(二)5万吨/年无硒无铬高纯电解金属锰项目。无硒无铬电解金属锰主要用于炼钢、冶炼特殊钢有色合金(铝锰、钛锰、锰镁合金)、化工、电子等行业，市场前景相当看好。50000吨／年无硒无铬高纯电解金属锰项目，总投资1.80亿元，建成投产后预计年可新增产值8.56亿元，利税率3.20亿元，投资回收期1.70年。项目已完成可行性研究论证。

(三)20万吨/年不锈钢/铝/不锈钢复合板项目。本项目主导产品S/A/S板是一种技术含量高的新型复合材料，具有铝和不锈钢各自的优良性能，被称为绿色炊具材料，有着十分看好的市场前景。30000吨／年不锈钢／铝／不锈钢复合板项目计划总投资 3.6 亿元。项目建成投产后，预计年可实现产品销售收入 8.26 亿元，利税 148 亿元，投资回收期 2 年。项目已完成可行性论证，并已立项。

(四)4 万吨/年锰钢特种材料项目。为充分利用本地锰、铝、锌产品，开发锰钢特种材料，满足日益增长市场需求，计划新建 40000 吨 / 年锰钢特种材料项目。项目投资 3 亿元，建成投产后，年可实现总产值 5.8 亿元，利税 1.3 亿元，投资回收期 3 年。项目现已完成立项和商业计划书。

(五)10 万吨/年电解铝项目。铝是重要基础原材料，具有良好的防腐性、导电性、延展性、可塑性，易与其他金属组成铝合金，广泛应用于国民经济和国家安全的各个领域。项目建成投产后，年可新增电解铝生产能力 10 万吨，预计年可完成销售收入 23 亿元，实现利税 2.8 亿元，投资回收期 4 年。项目已完成可行性论证，并通过国家有关部门审批立项。

(六)10 万吨/年电解锌项目。电解锌主要用于材料科学、信息工程、能源工程和生物工程等领域，前景持续看好。项目计划总投资 2.8 亿元，建成投产后预计年可新增产值 17 亿元，实现利税 3.2 亿元，投资回收期 3 年。已完成项目立项和商业计划书。

(七)3000 吨/年铝颜料项目。铝颜料作为金属装饰颜料的主要品种，其卓越装饰性能在汽车、建筑、工程机械及电器装饰等行业得到广泛应用。3000 吨 / 年铝颜料项目，项目计划投资 7000 万元，建成投产后预计年可实现销售收入 2.40 亿元，利税 9000 万元，投资回收期 1.50 年。项目已完成可行性论证，并已立项。

(八)20 万吨/年磷精矿浮选项目。泸溪县境内已探明磷精矿储量 1 亿吨，远景储量 1.50 亿吨。矿床潜在价值 100 亿元以上。该矿是高效复合磷肥、过磷酸钙、磷酸氢钙、黄磷及精细磷化工产品主要原材料，市场前景广阔。该项目属湖南省重点支持湘西开发产业项目，计划投资 7500 万元。建成后，预计可实现年销售收入 1.59 亿元，利税 6400 万元，投资回收期 4 年。项目已完成可行性论证，并已立项。

(九)1.8 万吨/年特种金属材料项目。随着世界经济一体化和科学技术全球化发展，优质高档金属材料和特种锰质不锈钢材料市场需求越来越大。拟建 18000 吨 / 年特种金属材料项目，计划总投资 1.2 亿元，项目建成后，预计可实现年总产值 3.50 亿元，创利税 9200 万元，投资回收期 2 年。项目已完成立项和商业计划书。

(十)1 万吨/年铝材加工项目。铝带板材是近年来研发的新型装饰材料，具有重量轻、隔热、防火等功能，主要用于房屋、厂房、宾馆、幕墙等装饰和家用电器等行业。年产10000吨铝带材项目，计划总投资8500万元，项目建成投产后，预计可实现年产值1.6亿元，实现利税4200万元，投资回收期2年。项目已完成可行性论证。

（十一）铝土矿开发30万吨/年氧化铝合作项目。浦市镇李家田矿区现有铝土矿基础储量为485.64万吨，位居全省第一。兴建年产30万吨/年氧化铝项目，计划总投资9.0966亿元，建成投产后预计可实现年销售收入5.694亿元，年利税1.50亿元，投资回收期6.50年。项目已完成可行性论证，并已立项。

（十二）新建15万吨/年锌精矿脱硫制酸及10000吨/年铜镉渣综合利用项目。采用锌精矿脱硫制酸工艺生产硫酸，脱硫后的锌焙砂可作为电解锌生产原料，项目产品硫酸可直销给园区内的电解锰厂、电解锌厂，产品供不应求。项目实施不仅能加强废弃物渣综合利用，使电解锌生产系统更趋完善，还能有效清除铜镉渣、酸弃渣对环境得污染问题。项目计划投资2.7亿元，建成后预计年可新增产值5.50亿元，利税1.80亿元，投资回收期为3年。项目已完成可行论证。

三、项目入园流程

园区企业是工业园管理机关的主要服务对象，为简化入园手续，帮助企业了解办事程序，园区管理委员会制定了《项目入园相关手续办理流程》。

办事流程如下：

项目入园相关手续办理流程

FORMALITSEPRCESS

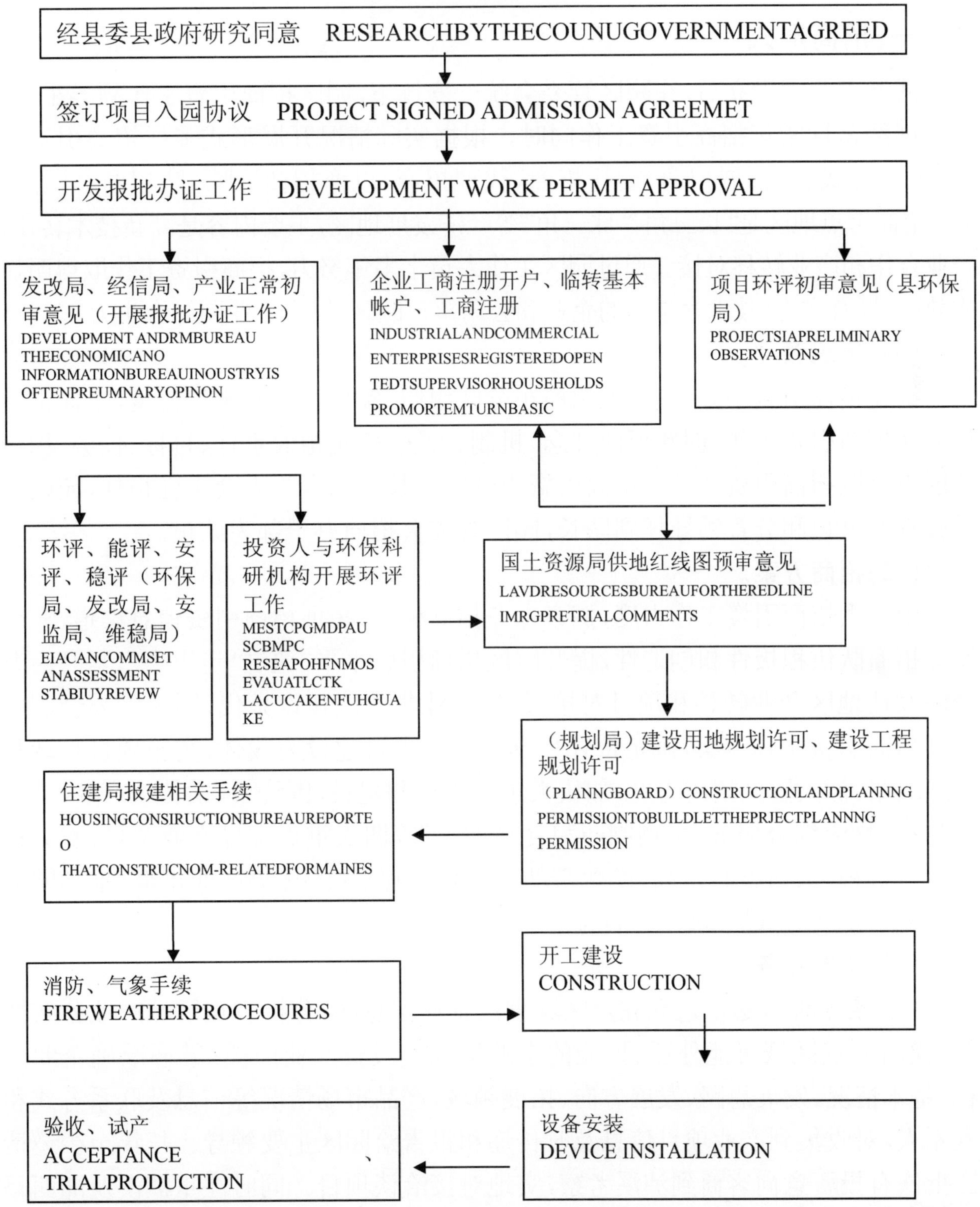

第四节 招商引资活动

一、招商形式

武溪工业园设立后，在园区管委会统一安排下，园区招商引资工作领导小组，在开展经常性常年招商引资工作同时，根据实际情况开展形式多样招商引资活动，主要方式有：会展招商、委托招商、代理招商、以商招商、小分队招商、驻外招商。招商重点地区是“长三角”“珠三角”等经济发展地区，主要内容是高新技术转让、产业合作和产业转移对接。通过园区工作人员十多年努力，招商引资工作取得明显成效，一批有实力、技术含量高的企业和公司落户园区，提升工业园综合实力。

（一）组织领导。

组建招商引资小分队，加大招商小分队组织、领导、协调、推进力度，全面推进小分队招商引资工作，创新招商理念、机制、方法，落实招商责任、目标、任务，积极开展小分队招商引资活动。招商引资小分队队长由园区管委会主任担任，园区管委会党委书记和分管领导任副队长，园区管委会招商办干部为队员。

（二）招商方案。

为加大招商引资工作力度，探索专业招商模式，拓展招商引资信息渠道，充分发挥招商队伍积极性和创造性，提升园区招商引资水平，通过“走出去”，紧盯沿海经济发达地区产业转移和项目对接，加快工业集中区建设步伐，园区管委会制定驻外招商引资工作方案，确定依托“一区四园”项目建设为载体，实施项目带动和紧逼战略，加大园区招商力度，加快大项目引进和建设，围绕“锌锰传统产业、新金属材料、物流综合服务、生物制药和食品加工”等四大重点主导产业项目，着力打造投资规模大、科技含量高、产业带动强、财税贡献大的优势产业集群，推动园区经济科学发展、跨越发展工作目标。

（三）主要任务

1.收集分析信息。建立驻点区域重点企业信息库；分析驻点区域产业分布情况，摸清驻点区域可能外迁、扩能的企业情况及投资产业门类；掌握准确企业名称、基本情况、发展思路、发展方向、拓展领域、产品市场情况等信息及联系方式和联系人，对收集到产业项目信息及时传递和报告给园区主要领导。每年至少邀请三批次有投资意向客商到泸溪考察，实地对接洽谈项目。同时注重泸溪及湘西籍成功人士信息收集汇编。

2.招商引资宣传推介。制定具有可行性和可操作性的招商引资方案，形成招商引资项目推介材料，包括泸溪县概况、资源情况、招商项目、引资规模、优惠政策等内容。挖掘渠道，建立网络，广泛联系，与各地政府、开发区、企业界和商会组织建立起良好合作关系。认真学习先进地区发展理念和管理经验，深入研究了解各地在改善环境、发展经济等方面采取政策和措施。推介、宣传泸溪县区位优势以及招商引资优惠政策；广泛开展有针对性专题招商引资活动，择时召开招商引资推介会，力求取得招商引资工作实效。

3. 加快促成签约项目实施。招商小分队每年至少谋划生成新增入园项目5个，达成意向项目10个。对已签订意向项目，加强跟踪服务，力争取得实质性进展。对已签约项目倒排时间任务，促成尽快落地开工。

4.区域及重点产业。以"长三角""珠三角""闽三角"等区域为重点，设立招商点，在其他有资源有条件的地区也可择机设点。在重点产业选择上，围绕承接沿海产业转移，以泸溪支柱产业、特色传统产业为核心，推进产业链延伸和配套项目招商；突出高新技术产业发展，紧紧围绕铝系列深加工、新金属材料加工、信息技术、生物制药、服装、汽配、电子、鞋类、玩具、皮具等新兴产业、轻工业开展招商。

（四）工作方式。

实行驻点招商。按照县委、县政府统一安排，分赴各重点目标区域开展工作。同时，在招商工作期间，各招商小分队应积极参加一些大型专题招商活动，及时捕捉商机。

实行以商引商。招商小分队应广泛加强与当地企业家、商会、经济开发区的联系和交流，并采取邀请客商来泸溪考察或来湘西及周边地区旅游等多种方式，在联络中不断增进感情、捕捉商机，力争在以商引商方面取得重大突破。

实行情谊招商。通过县内曾在发达地区挂职领导、湘西籍成功人士的引荐，深度接触当地企业家、客商及各行业成功知名人士，捕捉产业转移信息。采取亲情招商方式，加强与泸溪籍在外企业家和在外创业打拼从事管理、技术工作，能在相关企业有一定话语权和分量泸溪籍成功人士联络，引导他们回乡投资兴业。

实行项目招商。各小分队根据园区产业发展实际情况，着力推介园区招商项目，更好地引导社会各界人士来泸溪发展，力争在项目招商方面取得突破性进展。实行官方行业招商。通过省园区协会致函到沿海地区园区协会，广泛当地园区对接，与企业家对接，一旦有意向后，县主要领导出面，给予对方支持和信心。

(五)具体实施。

围绕产业类别,摸清资源底数,开展市场调研,找准发展定位,谋划生成具有竞争优势产业项目,为开展小分队招商奠定基础。围绕产业项目,采取走出去、请进来的方式,主动出击,定向攻关,谋新求大,攀高结贵,促成一批好项目、大项目尽快签约落地。围绕签约落地项目,加强沟通协调,全程跟踪服务,推进项目建设,实现招商小分队与企业"无缝对接",确保如期建成投产。招商小分队主动与目标区域的同乡会、商会、行业协会以及地方政府、园区对接,通过泸溪县曾在发达地区挂职领导、湘西籍成功人士引荐,深度接触当地企业家和各行业成功知名人士,捕捉产业转移信息。采取亲情招商方式,加强与泸溪籍在外企业家和在外创业从事管理、技术工作,能在相关企业有一定话语权和分量泸溪籍成功人士联络,引导和鼓励他们返乡投资兴业。根据园区产业发展实际情况,推介园区招商项目,并采取邀请客商来泸溪考察或来湘西及周边地区旅游等多种方式,在联络中不断增进感情、捕捉商机,更好地引导社会各界人士来泸溪发展,力争在项目招商、以商引商方面取得突破性进展。园区适时召开招商引资会议,专题听取招商小分队工作情况汇报,及时掌握招商动态,会商解决重大问题,督促指导招商工作,做到紧抓不放、加快推进、跟踪问效、务求实效。推行"一个招商项目、一名主要领导、一套招商班子、一包推进到底"的工作机制,加速重点产业项目引进和建设,一旦有意向项目,园区及县主要领导及时出面,给予对方支持和信心。

二、招商活动

在县委、县政府支持下,园区招商引资工作组在一名管委会领导的带领下,常年驻外,活跃在"长三角""珠三角"等沿海经济发达地区,利用多种形式进行招商引资宣传推介活动,扩大武溪工业园在这些地区知名度,十二年中,园区管委会开展一系列招商引资活动,一批又一批企业家来泸溪县和工业园考察投资。

2006 年至 2010 年,县委、县政府把招商引资工作作为县域经济发展主要任务来抓,通过提高认识,转变招商引资观念,亲力亲为招商引资工作。加大基础设施投入、加强招商引资平台建设,突出重点,创新招商引资方式,优化投资环境,培育招商引资沃土等措施和手段,开展招商引资工作。园区组建驻外招商组,由园区党委书记向光武任组长,管委会副主任李长清任副组长,工作人员孙晖、陈杰、侯美娟、孙小华、李峰,常年驻外为园区招商引资。期间,签订招商引资意向、协议、合同项目 23 个,合同引资 29.83 亿元,实际到位资金 13.99 亿元。招商引资显现出四个特点:引资规模明显突破,引资质量明显提升,引资领域明显拓宽,引资的结构明显优化。优势的资源、优惠的政策和优良的投资环境吸引一批企业来泸溪投资兴业。

(一)以商招商。

浙江省和广东省是泸溪县招商引资工作瞄准的重点省份，每年园区管委会配合县政府招商团队分赴浙江和广东相关县市招商引资。2008 年 5 月 1 日至 7 月 30 日，工业园组织 2 个招商小分队赴沿海发达地区开展为期 100 天的百日招商活动。第一分队由县政府助理调研员向文标负责，成员有李长清、周明明、邓发粮，主要招商城市在广州市、佛山市。第二分队由园区党委书记向光武负责，成员有孙静、孙晖、向芳华，赴宁波余姚市，驻点河姆渡镇。通过一系列活动，与多家企业达成投资意向，泸溪县人民政府与宁波市余姚县是政府签订《宁波余姚市、湘西州泸溪县关于加强产业合作的备忘录》，为两县市产业合作和工业园承接产业转移打下基础条件。通过宣传推介、实地考察等方式开展以商招商工作，招进一家，带动多户。是年，浙江省在园区投资办厂兴业公司 13 家，项目有年产 5 万吨氢氧化铝项目、年产 1 万吨电池锌饼项目、年产 1000 吨铜矿加工项目等 5 个项目。宁波市天平外贸包装公司受优势铝土矿资源感召，应县委、县政府之邀开发泸溪铝土矿资源。通过他们努力，把宁波市金美亚集团等 4 个公司、集团引进泸溪投资兴业。注册泸溪县汇祥矿业有限公司，投资 3.41 亿元，在已建成投产年产 5 万吨氢氧化铝项目基础上再上一个年产 5 万吨氢氧化铝项目，计划上铝系列产品精深加工项目。

(二)敲门招商。

坚持“走出去”与“请进来”相结合，既瞄准重点地区、重点客商、重点产业上门招商，又有针对性地把外商请到泸溪考察、洽谈、投资办厂。2006 年 7 月，县委主要领导带领相关县领导及经济、国土、财政、招商、农业银行等部门单位负责人专程赶赴贵阳市，拜访新加坡喜丰国际资源有限公司刘总经理，参观考察他在贵州投资企业贵州赤天化集团公司属下天峰磷化公司，热忱邀请其来泸投资兴业，洽谈有关投资事宜。2007 年，县政府主要领导带队先后 9 次赴北京、西安、广州、深圳、杭州等城市及香港、澳门特区上门招商。2010 年 7 月 21 日至 26 日，县政府主要领导率领相关部门负责人一行参加 2010 年湖南与长三角地区经贸交流合作月暨上海投资洽谈和湘西(上海)投资说明会活动，开展招商引资工作。成功引入国内外战略性项目 4 个，投资 6 亿元。23 日下午，在 2010 湖南(上海)投资推介会暨重大合作项目签约仪式上，引进浙江上虞美尔乐公司、日本 Santos 公司及上海嘉庄日用品有限公司投资泸溪休闲用品项目，总投资2000万美元。24日，在湘西(上海)投资说明会暨招商项目签约仪式上，又成功引进投资1亿元以上重大项目3个。

2011年至2014年，园区克服金融危机带来的不利影响，继续贯彻落实“工业强县、产业富民、环境创优、民生改善”发展战略，通过创新招商引资工作思路，拓展招商领域，搭建招商载体，不断改善和优化投资环境，抢抓机遇引项目，全力稳步推进招商引资工作，取得成效。至2014年，签订招商引资意向、协议、合同项目12个，项目履约率100%，合同引资37.80亿元，资金到位9.68亿元，其中省外境外资金到位5.46亿元。

(三)转变招商方式。

2011年至2014年，园区管委会配合县委、县政府组团参加各届“中博会”“珠洽会”“湘商大会”“港洽周”及“沪洽周”等经贸洽谈活动。抓住承接产业转移契机，抓好以商招商、以诚招商、以官招商，组织小分队驻长三角、珠三角等地区上门招商，有针对性地推介园区项目，寻求双方合作的对接点。利用“节会”招商，对外发布招商项目，介绍政策环境，进一步宣传泸溪、推介泸溪，引进一批有实力企业来泸溪投资兴业。2013年至2014年，引进新型工业3家，泸溪县银阁铝业有限公司投资的5万吨/年节能隔热铝合金型材项目、泸溪县群祥公司投资的5000吨/年铝基合金粉及高成铝粉、泸溪县众鑫化工有限公司投资的1000吨/年钒氮合金项目全部落地建厂兴业。

(四)做实项目包装。

围绕国家产业政策导向和投资热点，结合市场需求，整合优势工业、农业支柱产业、商贸服务、旅游等招商引资项目资源，每年把招商项目包装打捆，加强项目储备，完善招商引资项目库。经过认真筛选包装，着力推出一批精品项目，制定《泸溪投资指南》等对外宣传资料。对招商引资工作开展起到重要推动作用。

(五)促进项目到位。

园区认真落实首办责任制、限时办结制和全程代办等优化环境“六项制度”。对所有签约项目跟踪服务，建立签约项目服务机制和激励机制，提高项目履约率，建立台账，加强调度，强化监管。对已落户企业抓好服务，及时了解和帮助企业投资者在生产、经营过程中出现问题，经常深入到企业了解情况，发现企业发展存在困难，及时向相关部门反映，协调解决，改善企业发展外部环境，为外来投资者提供投资环境。对意向性项目努力加强联系，做好企业投资者前期接待、投资意向的考察、项目洽谈及项目投资区域推荐工作，决不放弃任何一个有效项目和客户。先帮助解决项目开发建设过程中存在具体困难和问题，保证项目顺利推进。同时抓好意向性在谈项目的跟踪联络、洽谈落实，及时了解客商意向和诉求，积极做好争取工作，力争在谈项目尽快签约，尽快实施，尽快生产。

(六)打造招商平台。

按照"工业园区化、园区工业化"的思路，把工业园区作为产业转移、加速产业聚集、培养产业集群发展的主要载体，强力推进武溪工业园建设，继续建设浦市经济开发区。积极承接"长三角""珠三角"产业梯度转移，招大商、引大资。县委、县政府主要领导多次亲自赶赴广东佛山、浙江宁波等地上门以情招商，推介泸溪投资环境，助推泸溪经济发展，形成产业与产业、企业与企业、产品投资与资源对接、互联和互补。

2015年至2017年，园区管委会根据县委县政府部署和要求，进一步贯彻落实"工业强县、产业富民、环境创优、民生改善"战略方针，坚持把发展新能源、高新技术产业作为招商引资重点目标，使园区走出一条转型发展、安全发展、科学发展新路子。园区管委会调整和充实加强招商小分队力量，由主任任组长，分管领导任副组长，配备工作人员5人。在广东省广州市、佛山市，浙江省宁波市等经济发达地区驻外招商。2015年，为打好招商引资硬仗，在"招大、引强、求高"方面取得突破，确保"十三五"发展开好局起好步。根据县委、县政府"招商引资突破年"活动实施方案的统一部署，园区管委会研究制定《泸溪工业集中区"招商引资突破年"活动实施方案》。

《实施方案》确定任务目标。在引进项目数量、质量和规模上实现新的突破。全年确保引进新入园项目5个，达成意向项目10个；在招商平台建设上实现新突破。加快园区创新创业园招商平台建设，筑巢引凤。确保完成园区(三期)标准厂房基础设施配套建设；在项目储备方面取得新的进展。进一步加大工业集中区宣传力度，多措并举，提升园区知名度和影响力，不断丰富园区不同功能区块项目储备，为后续招商引资奠定坚实项目储备基础。

《实施方案》确定实施步骤。2016年1月至2月为准备发动阶段。制定园区"招商引资突破年"实施方案，成立活动领导小组和办公室，召开园区全体职工动员大会，组织学习文件精神并深入贯彻落实文件要求，加强工作意识，并进一步明确各科室工作职责和目标任务。2016年3月至12月30日为活动实施阶段。主要工作任务是，规范园区招商基础性工作，更新和充实园区网站、招商宣传资料，对招商小分队人员进行新形势下招商业务能力再培训；对园区创新创业园产业准入标准以及招商引资优惠政策等政策性工作，做好相应制定工作；借“异地商（协）会”平台，精准匹配优质项目，推动企业项目快速对接，助力各园区产业培育和转型升级；根据上半年项目洽谈情况，举办重大项目的签约活动和大型落户项目的奠基活动，提升园区招商氛围；根据招商项目需要，积极做好项目储备工作。2017年1月为总结评比阶段。根据各办室和个人招商任务完成情况进行考核，对表现突出内设部门和个人予以嘉奖。

《实施方案》确定保障措施。为确保“招商引资突破年”活动顺利有效开展，根据县委、县政府部署，成立武溪工业园管委会“招商引资突破年”活动领导小组，由主任王必好任组长，党委书记张春梅、纪委书记戴业煌任副组长，孙小华、刘小霞、李锋、覃芳为成员。领导小组下设办公室，孙小华任办公室主任，负责该项工作具体组织实施。强化队伍建设。一方面按照县委、县政府部署，不断强化招商人员的业务培训；另一方面，进一步强化招商思路，坚持招商引资不动摇，实行任务分解，制定招商图谱，实施精准招商，组建招商小分队，开展登门招商，突出主导产业，实现以商招商。严格考核奖惩。加大招商引资工作在单位职工绩效考核办法内权重。并结合县委、县政府关于招商引资考核办法，对单位职工在招商引资工作中工作出色、成绩突出的予以重奖；对于在项目招商过程中，漫不经心、推诿扯皮等现象严肃处理，并追究相关办室负责人和分管领导责任。

“突破年活动”取得明显成效。2016年3月，在县委副书记李云信、县人民政府副县长向梦华带领下，园区招商引资领导小组赴温州召开招商引资座谈会，四十余位在温州泸溪籍成功人士和当地企业家参加座谈会。座谈中，旗下有5000名员工的温州物流协会常务副会长、温州顺丰速递常务副总经理杨欢表示愿意补齐泸溪经济社会发展中物流短板，愿意入驻园区投资物流产业园。5月，县人民政府县长向恒林、县委副书记李云信、县政府副县长向梦华带领园区、经信、商务等部门多次赴佛山与吉亚铝材公司舒总进行会谈，取得一定进展。吉亚公司向外搬迁意向强烈，且目前已经在考察落户地点，包括甘肃、江西、湖南怀化、中方、溆浦等地，舒总都已经做过细致的实地考察和分析，认为泸溪工业园适合项目落地。2016年8月，舒总带领公司核心团队来泸溪进行考察，使项目处于洽谈落实中。加强与广东省行业协会联合会合作，与广东省行业协会联合会在广州市番禺区节能科技园签订招商驻点合作协议。双方约定，广东省行业协会联合会除为泸溪县驻点招商人员提供办公场所、电脑、电话、会议室等，帮助泸溪县引进铝系列产品精深加工、农产品加工、劳动密集型等工业项目 5 亿元。通过广东省行业协会联合会的牵线搭桥，拜访佛山南海区铝型材行业协会秘书长苏天杰和佛山南海区铝门窗五金装饰协会秘书长卢伯林，并与两位秘书长进行深度交流和沟通，苏秘书长、卢秘书长分别表示将全力支持和配合泸溪招商引资工作，积极向协会各企业宣传和推介泸溪招商引资优惠政策及投资环境，引导和鼓励协会企业向外转型、升级、扩张。通过佛山金银文化集团董事长洪波介绍，拜访佛山禅城区工商联党组书记谢国伟和秘书长何水渐。7 月 3 日谢书记和何秘书长一行 19 人考察团在洪波陪同下到武溪工业园实地考察，县委副书记李云信全程陪同考察。考察结束后，县政府举行座谈，向恒林县长参加座谈会，考察团一行充分肯定武溪工业园在承接产业转移、招商引资等工作上所做努力。与在佛山泸溪小章籍老乡（佛山大学教授）符隆钟取得联系，拜访佛山富基机械厂林畅英董事长，林总在符隆钟陪同下来泸溪进行考察。

在招商引资突破年活动中，园区引进入园项目 5 个：年产 20 万双制鞋生产线 2 个，年产 100 万双制鞋生产线 1 个，年产 20000 套家具卫浴生产线 1 个，年产 200 万套服装生产线 1 个，年产 60 万—80 万个皮具生产线 1 个。

第五节　招商引资成效

武溪工业园位于经济发展相对落后的湘西山区，建设新型工业园区，发展高新技术产业，亟须解决的是资金、技术和人才问题。十二年时间里，园区人以科技为先导，以市场为向导，解放思想，更新观点全方位强化招商引资力度，“走出去”“请进来”，积极引进国内外资金、技术、人才和管理，实现资源的多层次开发和产品加工增值。10 年中，共签订各种产业合作和投资意向书 150 余份，投资内容涉及工业生产、技术管理、基础设施、环保工程等。至 2016 年 12 月底，协议投资金额 185 亿，到位资金 50 亿，在泸溪县乃至湘西山区经济发展中，起到重要的龙头示范作用，成为泸溪县和湘西片区经济发展新的增长点。

工业园区 2008 年至 2016 年招商引资一览表

时　间	签订协议（个）	引资金额（亿元）
2008 年	15	5.03
2009 年	19	6.49
2010 年	19	7.99
2011 年	21	10.12

续表

2012 年	17	12.47
2013 年	15	5.9
2014 年	18	7.05
2015 年	12	4.3
2016 年	15	5.5
合计	151	64.52

2007 至 2016 年部分入园企业投资一览表

入园项目	公司名称	用地面积(亩)	投资金额(万元)	年产值(万元)	年税收(万元)	就业岗位	入园时间
100 吨 / 年绿原酸	晓园公司	19.6	1200	3800	550	100	2007.3
1 万吨 / 片状氧化二钒	众鑫公司	55	3000	15000	1500	200	2008.3
10 万吨 / 年金属锰合金	鑫丰公司	78	16000	150000	6000	100	2009.3
3000 吨 / 年金属颜料	派斯特	100	85000	22000	3700	270	2010.3
10 万吨不锈钢熔炼	飞跃公司	112.66	12000	80000	2000		2010.4
20 万吨酸洗项目	兴业公司	60	5000	8000	300		2010.7
10000 吨微细球形铝粉	金昊铝业	43.8	11000	34000	1800	250	2011.7
1.2 万吨超纯合金粉	群祥公司	50	6600	30000	1200	80	2012.7
3500 吨集装袋项目	海兴公司	20	2000	3000	200	30	2015.8
8000 吨铝基材料	恒裕公司	52	12000	20000	1200	200	2014.8
5 万吨铝型材	银阁公司	95	15000	50000	1500	300	2013.10
700 万把晴雨伞	高阳伞业	53	3000	8000	2500	500	2015.2
350 万双皮鞋	湘亚鞋业	14.5	5000	10000	80	800	2016.1
20 万双皮鞋	金思旋鞋业	7.5	300	1500	10	120	2016.2
2 万套卫浴	勒丁卫浴	3	1000	10000	80	120	2016.3
200 万套服装	富丽服饰	5	5000	20000	120	300	2016.5
250 套假发	富宇公司		6000	20000		280	2016.6
80 万个包箱	恒佑公司		200	2000		100	2016.7
140 万双鞋	亿美佳鞋业		2000	10000		650	2016.8
20 万双鞋	意康鞋业		300	2000		110	2016.8

第六章　新型工业化建设

2002 年 11 月,中国共产党第十六次代表大会确定了区别于传统工业的新的工业化道路,这是从我国实际情况出发,汲取世界各国经验和教训,立足于当今时代经济科技发展的新水平,充分发挥比较优势和后发优势而推进的新型工业化建设。

第一节　新型工业化战略

一、新型工业化思路

新型工业化就是坚持以信息化带动工业化,以工业化促进信息化,形成科技含量高、经济效益好、资源消耗低、环境污染少、人力资源优势得到充分发挥工业化。新型工业化包涵四个方面内容:第一,新要求和新目标。新型工业化道路所追求工业化不是只讲工业增加值,而是要做到"科技含量高、经济效益好、资源消耗低、环境污染少、人力资源优势得到充分发挥",并实现这几方面兼顾和统一。这是新型工业化道路的基本标志和落脚点。第二,新的物质技术基础。坚持以信息化带动工业化,以工业化促进信息化,是加快实现工业化和现代化必然选择。要把信息产业摆在优先发展的地位,将高新技术渗透到各个产业中去。这是新型工业化道路的技术手段和重要标志。第三,新的处理各种关系思路。从生产力和科技发展水平不平衡、城乡简单劳动力大量富余、虚拟资本市场发育不完善且风险较大实际出发,正确处理发展高新技术产业和传统产业、资金技术密集型产业和劳动密集型产业关系。这是走新型工业化道路重要特点。第四,新的工业化战略。新要求和新技术基础要求实施科教兴国战略和可持续发展战略。必须发挥科学技术是第一生产力作用,依靠教育培育人才,使经济发展具有可持续性。这是新型工业化道路可靠根基和支撑力。

二、新型工业化特征

新型工业化道路就是采取跨越式发展,实现工业化目标。新型工业化和传统工业化相比，新型工业化有以下四个特征。

(一)开放性。紧跟世界发展潮流，充分抓住经济全球化、新技术革命带来的发展机遇，迎接挑战，积极参与世界范围内资源优化配置，实现工业化快速高效推进。

(二)跨越性。在工业化中引入信息化，实现工业化与信息化互动，是新型工业化道路本质及精髓。在工业化进程中引入信息化，不仅丰富工业化内容，而且势必改变传统经济商业模式，推动业务流程重组、生产要素重组，进而推动传统经济转型，从根本上改变传统工业性质。这是作为发展中国家抓住后起发展机会，发挥后发优势战略思想具体体现。

(三)整体性。新型工业化道路是融工业化、信息化、农业产业化和知识经济为一体发展道路，是追求科技创新、农村城市化、高速增长、充分就业、劳动和要素生产率大幅度提高全面发展途径，也是实现全面小康社会目标核心所在。新型工业化道路要求必须把工业发展和农业、服务业发展协调统一起来，使工业化同时成为农业现代化和推进现代服务业发展的基础和动力；把速度同质量、效益、结构等有机地结合和统一起来，使工业真正具有强大的竞争优势；把工业生产能力提高和消费需求能力提高协调统一起来，把工业增长建立在消费需求不断扩大基础上；把技术进步、提高效率同实现充分就业协调统一起来，使更多人能够分享工业化成果和利益，并实现人的全面发展；把当前发展和未来可持续发展衔接统一起来，尊重自然规律和经济发展规律，使工业化与可持续发展战略结合起来，走文明发展道路，实现人与自然和谐。

(四)特色性。新型工业化道路，是充分考虑到人口数量大、人均资源不足、劳动力供给大于需求矛盾突出基本实情基础上，提出具有鲜明中国特色工业化，是反映时代特征，符合实际的工业化道路。

三、基本要求

新型工业化追求科技含量高、经济效益好、资源消耗低、环境污染少、人力资源优势得到充分发挥。

(一)科技含量高。发挥科技作为第一生产力作用，促进科技成果更好地转化为现实生产力，提高产品质量和竞争力。

(二)经济效益好。实现经济增长方式从粗放型向集约型转变，即从主要依靠增加投入、铺新摊子、追求数量，转到以经济效益为中心的轨道上来，通过技术进步、加强科学管理、降低成本，提高劳动生产率。

（三）资源消耗低。 充分考虑人均资源相对短缺的实际，实施可持续发展的战略，坚持资源开发和节约并举，把节约放在首位，努力提高资源利用效率，积极推进资源利用方式从粗放向节约转变。

（四）环境污染少。 高度重视生态环境，从宏观管理入手，注重从源头上防止环境污染和生态破坏，避免走旧工业化过程中的先污染后治理的老路。

（五）人力资源优势得到充分发挥。 从人口多、劳动力资源丰富实际出发，制定推进工业化具体政策，处理好发展资金技术密集型产业与劳动密集型产业关系，坚持走中国特色城镇化道路，通过教育和培训加强劳动力资源能力。

四、战略目标

（一）全县生产总值到2020年力争比2000年翻两番，年均增长7.2%左右。

（二）制造业增加值占总商品生产增值额的比重提高到64%。

（三）全县经济信息化水平提高到50%以上。

(四)城镇化率平均每年提高1个百分点以上。

（五）到2020年，第一产从业人员在全社会劳动力中的比重降到35%
以下。

（六）高新技术产业增加值占全县生产总值比重达到30%以上，研发经费支出占全县生产总值比重达到1%以上。

（七）经济效益不断提高，资源占用与消耗下降，广泛推行清洁生产、文明生产方式，发展绿色产业、环保产业，加强环境和生态保护，实现可持续发展。

（八）失业率控制在5%以内。

（九）知识经济的框架体系初步建立。形成全民学习、终身学习的学习型社会，促进人的全面发展。

五、基本原则

（一）与现代化的总体战略相适应原则。 到2020年基本实现工业化后，我国将进入后工业化时代，也即进入知识经济时代。在推进新型工业化的过程中，适应知识经济社会必将到来的大趋势，用能够引领、促进工业化的知识经济新理念、新知识、新技术、新体制来锻造新型工业化体系，由新型工业化的快速推进奠定知识经济社会到来的坚实基础，走出由工业经济社会向知识经济社会的跨越之路。

（二）发挥比较优势原则。 充分发挥人力资源优势和其他方面的优势，处理好发展资本技术密集型产业和劳动密集型产业、高新技术产业和传统产业、虚拟经济和实体经济关系，将比较优势转化为现实国内外市场竞争能力，把技术进步、提高效率同实现充分就业协调统一起来。在竞争中，优势在于劳动密集型行业，或者是高新技术行业中动密集型生产环节。

（三）技术进步推动原则。将新科技革命成果充分应用于工业化进程，核心是以信息化带动工业化，以工业化促进信息化，注重使企业真正成为科技进步的主体，妥善处理好技术先进与经济合理性的关系。创新是实现跨越式发展的基础和源泉，充分激发全县人民聪明才智，形成创新氛围和环境，在技术、产业、制度、文化等各方面进行全方位创新。

（四）可持续发展原则。在完成新型工业化过程中要特别注意生态建设和环境保护，处理好经济发展与资源、环境之间关系，实施可持续发展战略，尊重自然规律和经济发展规律，使当前发展和未来可持续发展衔接和统一起来，走文明发展之路，实现人与自然的和谐。

（五）以人为本的原则。把工业化推进与人的全面发展结合起来，重视提高人口素质，提高人民的生活水平和质量，使更多人能够分享工业化成果和利益。

（六）统筹协调原则。把工业发展和农业、服务业发展协调统一起来，使工业化同时成为农业现代化和推进现代服务业发展基础和动力；努力缩小区域经济发展差距，促进区域经济协调发展，实施西部开发战略、东北老工业基地振兴战略；加快城镇化进程，促进城乡一体化发展，逐步缩小城乡差距；促进经济社会协调发展，确保人民共享经济成果。

六、发展战略

（一）推进产业升级。通过推进产业结构优化升级，形成以高技术产业为先导，基础产业和制造业为支撑、服务业全面发展产业格局。为此要优先发展信息产业，大力发展高技术产业，并以此改造传统产业，振兴装备制造业，继续发展基础设施，全面发展服务业。处理好三大关系：发展高新技术产业和传统产业关系。在积极发展高新技术产业的同时，加大对传统产业改组改造，使传统产业尽快提高水平，发挥更大作用；处理好资金技术密集型产业和劳动密集型产业关系。既要发展资金技术密集型产业，提升产业结构，又要发挥比较优势，积极发展劳动密集型产业。

（二）实施科教兴县与可持续发展两大战略。根据科技发展趋势，制定和完善中长期科技发展战略。推进关键技术创新和系统集成，实现技术跨越式发展。鼓励科技创新，在关键领域和若干科技发展前沿掌握核心技术和拥有一批自主知识产权，增强自主创新能力。

(三)协调城乡关系，走城镇化道路。转变粗放型发展方式，把城镇建设、乡村建设、项目建设结合起来，用城镇人气和基础设施带动乡村发展，通过乡村发展带动项目引进和建设，通过项目建设促进乡村和城镇的发展。

第二节 新型工业化建设措施

一、县委、县政府相关政策措施

为加快推进新型工业化建设进程，泸溪县委、县政府根据泸溪工业发展实际，制定一系列关于新型工业化政策措施。2005 年，制定《关于实施“工业立县”战略的决定》，2007 年出台《关于加快推进工业园区建设的实施办法》，2013 年制定《关于加快推进全面建成小康社会的实施意见》等文件。

(一)政策保障。2005 年 1 月 17 日制定的《关于实施“工业立县”战略的决定》，明确“工业立县”的总体要求和具体任务。在思想认识上，把全县干部群众的思想统一到“只有加快发展工业，才能扩充县域经济总量；才能增加就业岗位；才能增加群众收入”的认识上来，坚持“工业立县、产业富民”发展思路，做到工作重心向工业转移，领导精力向工业倾斜，部门服务向工业倾斜，财政投入向工业倾斜，切实加快工业发展。进一步理清工业发展的思路：按照“坚持科学发展观，突出工业立县、加快三大建设，发展三种经济，实现三个增加，建设小康泸溪”总体要求，以扩大经济总量为首要目标，以发展民营企业为根本出路，以矿产品和农产品的精深加工为主攻方向，以招商引资为根本途径，以可持续发展为基本要求，以工业化带动农业产业化、城市化，实现财政增效、群众增收和扩大就业。

(1)调整产业结构，实现“三个转变”。通过与科研单位、大专院校和大企业集团联合，引进先进实用技术和高新科技，改造提升传统冶金、化工工业，实现产品结构由“两高一低”向“两低一高”转变；通过引导工业聚集发展，在武溪、浦市两个园区分别形成冶金工业和磷化工工业两个产业群，实现增长方式由粗放型向集约型转变；通过开发利用铝土矿、磷矿、石煤矿以及椪柑等优势资源，延长产业链，实现资源优势向经济优势的转变。

(2)开发利用优势资源,做强特色产业。以铝土矿为依托,加快建设5—10吨氧化铝加工能力和2万—5万吨电解铝冶炼能力,形成完整的铝产业链;以磷矿石资源为依托,开发和加工磷矿石后续产品,做大做强磷产品加工业;以石煤资源为依托,加快石煤发电开发,努力提高石煤的综合利用。

(3)建设工业园区,构建"两区一廊"工业发展平台。建好武溪冶金工业园、浦市工业园和白沙至洗溪工业长廊,使之形成具有一定规模和特色、产业关联度高、辐射带动力强的工业发展平台。做好园区总体规划,储备工业用地,逐步完善园区内道路、供电、供水等基础设施建设,为投资者入园提供便利条件。

(4)招商引资,建好工业项目。拓展招商引资领域,创新招商引资手段和方式,落实招商引资责任,兑现招商引资奖励制度,形成良好的招商引资氛围。注重工业项目库建设,确保常年有10个以上可供招商引资的项目;引导企业走联合做大做强之路,鼓励企业用最有效益的项目去招商;注重利用自身的优势资源,以最具优势的产业项目去招商;注重加强领导,加快项目建设的进度,以最高效的办事效率去招商。

(5)做大骨干企业。进一步加大以产权制度改革为核心的国企改革改制工作力度,通过在民营企业中逐步建立以"公司治理结构"为核心的现代企业制度,实现投资主体多元化,扩大企业规模,提升企业经营管理水平和整体效益,促进企业做大做强,上档次,上水平。

2007年出台《关于加快推进工业园区建设的实施办法》对园区建设做出具体规定。①按照"政府规划、政策引导、规范运作、合理开发"确定园区发展的基本原则。以"工业园区化、产业集群化、布局城镇化"为首要目标,以基础设施建设为中心任务,以招商引资为根本途径,以特色产业为主攻方向,发展循环经济,创新方式、转变职能,促进工业园区健康、高效、快速向前发展。②发展目标和远景设想。确立园区"一年起好步,三年打基础,五年成规模"建设进程。到2010年,完成主要道路建设,功能基本配套,引进项目资金5亿元以上,引进入园企业10家以上,实现工业销售收入20亿元,实现税收2亿元以上。到2020年,工业园区基础设施完善,功能配套齐全,经济社会协调发展,引进项目投资15亿元以上,引进入园企业20家以上,实现工业销售收入100亿元以上,实现利税8亿元以上,就业人员5000人以上。

2013年12月15日,县委、县政府制定《关于加快推进全面建成小康社会的实施意见》对发展新兴工业，走新型工业化道路做出部署。重点抓住西部大开发和武陵山片区区域发展与扶贫攻坚试点等重大战略机遇，加快新型工业化、农业产业化、新型城镇化“三化进程”，走泸溪特色发展之路。重点在经济发展、城镇建设、人民生活等薄弱环节上增强力度，在人均GDP、城镇化率、居民人均可支配收入等关键指标上实现突破，加快推进全面建成小康社会。加快推进新型工业化核心工程，打造实力泸溪。发展以铝粉、铝型材、镨钕合金、铬基合金、钒氮合金为主的新材料产业，做大做强新材料产业集群。进一步深化生物制药、农产品加工结构调整，积极开发新产品，发展绿色、环保型产业。推进铝土矿、磷矿石、石煤等优势资源综合开发利用，积极培育新兴产业；做好锰锌产业整治整合，实现资产重组、产能优化，促进锰锌传统产业转型升级。加快推进泸溪工业集中区基础设施建设，完善园区招商引资机制，优化园区产业布局，着力构建泸溪工业集中区、新材料产业园、农产品加工和生物制药产业园、锰锌产业园、物流产业园“一区四园”格局，提升产业集约化水平。在工作措施上，提出改革创新，推进政府职能转变，强化社会管理和公共服务职能，精简行政审批事项，提升行政效能；推进开放发展，加强与经济发达地区对接与合作，扩大招商引资；深化科技体制改革，坚持产学研结合，深化县校合作，鼓励企业加快自主创新，推进创新驱动发展；深化融资体制改革，加快做实政府融资平台，破解资金制约瓶颈；加强人才队伍建设，实施人才培育和人才引进战略，为全面建成小康社会提供坚强的人才支撑和智力保障。树立“发展靠项目支撑，工作靠项目推进，面貌靠项目改变”的理念，抢抓西部大开发、武陵山片区区域发展与扶贫攻坚试点等重大战略机遇，重点在基础设施、产业建设、民生事业、生态保护等方面，集中力量规划、争取和实施一批事关全县长远发展的重大项目，提升发展动力，增强发展内力，推动经济发展和民生改善。加强服务型机关创建活动，推行“六制”服务，提高行政效能。进一步健全县级领导“四联”责任制，及时解决群众生产生活困难问题。深入开展重大项目、重点企业、周边环境专项整治行动，依法维护市场经济正常秩序，为经济发展保驾护航。加强生态环境建设，严格落实工业废弃物达标排放制度和项目建设“三同时”制度。

(二)具体措施

1.依托科技创新，做强四大产业，强化工业发展基础

(1)推进锰锌传统产业优化升级。推进锰锌企业技改革新，搞好氧化锰转化生产电解锰、电解锌废弃物综合利用、超新氧化锌技术等实用生产技术推广应用，

重点抓好蓝天公司11万吨电解锌技改项目，提高能源资源综合利用水平，发展循环经济。发展电解铁、电解铬等新产品，重点抓好鑫兴公司电解铬生产技术，加快发展下游铬钯产品，加快电解铬向军工、航天领域进军步伐，让传统锰锌产业"老树发新芽"。

(2)加快推进新材料产业发展壮大。加快发展新材料产品精深加工，开发和发展碳化硅铝基复合材料、铝基合金粉、高纯铝粉、高档水性铝颜料等一批高附加值的拳头产品，延长产业链条；积极扩大铝型材、镨钕合金、钒氮合金等新材料产业产能，形成产能优势，推动形成新的经济增长点。抓好恒裕公司8000吨/年碳化硅铝基复合材料、众鑫公司二期3000吨钒氮合金、1000吨钒铝合金等项目建设，促进产业优化升级。

(3)加快提升生物医药产业。依托武陵阳光公司、晓园公司等现有药材加工企业，搞好以皂黄素、青蒿素、绿原酸等医药中间体生产技术创新，引进生物制药战略投资者，加速生物制药产业发展，将生物制药打造成为"朝阳产业"。

2.强化项目引领，加快园区建设，夯实工业发展平台

(1)加快园区基础设施建设。依托《泸溪县2011—2020工业园区发展规划》等园区规划，包装储备一批工业大项目、好项目，不断完善基础设施，加快推进园区扩容，提升园区综合承载能力。强力推进工业振兴"四百工程"，重点抓好"五个一"建设，即建设好一座武溪峒河二桥、一批标准厂房、一条武溪城北滨江大道延伸路、一条武溪城北滨江大道绿化亮化、一条武溪城南防洪堤，提高园区基础支撑能力。

(2)健全园区管理机制。按照"能放则放、应放尽放"原则，理顺工业园区管理体制，赋予园区相应的管理权限，建立独立的园区行政管理体制和财政管理体制；优化企业布局，优化产业配套，抓好园区闲置土地的清查，对闲置项目土地满两年的，一律按相关政策规定无偿收回土地使用权，提高土地综合利用率和产出率；严格土地征收程序，创新土地征收补偿制度，确保群众合理诉求通过制度化通道得以表达、回应和满足。

(3)开展招商引资。以园区为平台，抢抓沿海地区产业转移"腾笼换鸟"机遇，依托泸溪优势矿产、劳动力丰富、标准厂房等资源和优势，加强同转移地政府、园区和企业，以及相关行业协会对接，引进3-5家劳动密集型企业，确保10万平方米标准厂房企业入驻达75%以上，形成新的经济增长极。

3.加强引导扶持,培育龙头企业,打造工业发展支撑

(1)积极扶持小微企业发展。出台扶持小微企业成长政策,建立中小企业公共服务平台,狠抓创业孵化基地、创新创业园区、创业一条街等创业平台建设,落实全民创业鼓励政策,落实小微企业在返税、贷款、创业补贴等方面的扶持政策,大力鼓励支持小微企业发展,不断壮大工业企业发展梯队。

(2)培育规模企业。继续对有优势、有潜力规模以下企业,在资金、技术、人才、项目、信息等方面加大支持力度,引导企业加大技术改造、技术创新和信息化应用力度,开展中小企业管理升级活动,使其加快成长为规模企业。

(3)精心培育亿元企业。对蓝天公司、银阁公司、众鑫公司等重点骨干企业,在政策支持、要素扶持上予以倾斜,鼓励其加大投入、扩大规模,发展为标志性企业。

4.突出改革创新,优化发展环境,聚集工业发展合力

(1)提升行政效能。加快转变政府职能,深入开展"六制"服务活动,不断优化政务环境。落实政府权力清单制度,发展电子政务、网上政务,提升行政效能。完善招商引资优惠政策,加大政策兑现力度,始终营造开放合作的招商环境。

(2)破解制约瓶颈。推进投融资机制创新,放宽市场准入,积极探索 BT、BOT、TOT、PPP 等方式筹集资金,着力破解项目融资难题。加快健全土地"统征储备"制度,创新低丘缓坡等未利用土地开发利用,保证项目用地。支持明天电力加快引电平台建设,争取落实优待电价政策,破解企业用电难题。

(3)狠抓环境治理。扎实推行县级领导联系重点企业制度,为企业提供优质服务,搭好企业发展平台。建立健全环境专项整治工作机制,完善经济"110"工作机制,坚决打击无理取闹、恶意阻工、强买强卖等违法违纪行为,做到"有诉必应,闻报即动",优化经济发展环境。

二、园区举措

县委、县政府关于发展新兴工业,推进新型工业化建设进程决策制定出台后,作为决策主要落实者的武溪工业园管委会在抓好政策宣传的同时,重点抓好政策的贯彻落实,付诸到具体行动上。

(一)在制定园区建设规划中科学定位。2007 年,《武溪工业园总体规划》出台,随后又制定了《泸溪县武溪工业园控制性详细规划》,2011 年,升级为省级工业集中区后,园区管理委员会又编制了《泸溪县武溪工业集中区发展规划(2011—2020)》,三个规划成为园区推进新型工业化建设蓝本。

1.产业定位。按照统一规划、分步实施原则，以园区现有产业为基础，以优势和特色带动性强产品为发展重点，提高集中区土地资源利用率，优化产业结构，加大劳动密集型企业招商引资力度，注重关联企业引进和产业链延伸，完善产业服务体系，以高新技术铝系列深加工、新金属材料加工为支柱主业，生物医药等为辅助产业，将园区建设成为承接发达地区转移前沿区、城市发展新区、富民强县创业区，打造成为湖南省县域科技创新试验区、经济发展示范区和新型工业化先行区。以机制体制对接为先导，推进产业对接，把园区建设成为对外开放重要窗口、招商引资重要平台、出口创汇重要基地，开放型经济发展动力主要源泉。利用境内农林资源优势，高起点建设、高水平管理，发展农林产品深加工产业，延伸产业链，增加产品附加值。发展现代服务业，完善园区公共设施，建设基础设施一流、人居环境优良、社会治安良好、社会保障健全城镇新区，使园区成为现代化城市示范区和人居工程样板区。富民强县创业区。按照“低成本、回报快、信誉好、效率高”的要求，完善园区软硬环境，搭建创业平台，使园区成为全民创业、返乡创业福地，催生投资“洼地效应”。在体制改革、科技创新、制度变革等方面先行先试，力争在重点领域、关键环节取得突破，为园区持续健康快速发展提供强大动力，使园区成为湖南省县域提质、改革和科技创新的先行实验区。县域经济发展示范区。同时，拉伸城镇框架，完善城镇功能，扩大城镇规模，实现工业化和城镇化良性互动，为县域经济发展提供持久动力。转变发展观念，创新发展模式，提高发展质量，走出一条科技含量高、经济效益好、资源消耗低、环境污染少、人力资源优势得到充分发挥新型工业化路子，使园区成为湖南省发展县域经济、发展循环经济和建设节约型社会先行区。

2.发展重点

(1)做大做强矿产品加工企业。加大以锰锌为主矿产品加工企业建设，做大做强、鑫海公司、鑫兴公司、金瑞公司、蓝天公司等骨干企业，培育5个以上产值过5亿元代表湘西州锰、锌产业集群标志性企业；以校企合作为抓手，推动技术创新，实现矿产品由初级产品向精深加工转变，拉长产业链条，推进矿产品结构向高端化、高质化、高新化方向发展；针对资源在外、产品市场在外的“两头在外”现象，降低生产成本，确保原材料采购相对优于其他地区价格优势，确保企业资源供给保障，科学应对矿产品价格波动和政策法律影响；针对高能耗、高污染、高投入、低效益“三高一低”资源型初级产品加工业受资源环境瓶颈制约压力，创新机制，增强抗风险能力，确保企业可持续发展。

(2)做精做深生物制药业。抓住国家扶持生物制药的产业政策机遇，将生物制药打造成为“朝阳产业”。培育生物制药企业，依托武陵阳光公司等现有制药加工企业，采取“点对点”招商方式，引进生物制药战略投资者，培育生物制药市场主体，谋划推动生物制药园区建设，把生物制药园区建设成为“生态、宜居、创业”之园。抓好资源聚集，充分利用市场整合药材资源和通过扶贫开发培植药材资源，满足药材加工资源所需。

(3)拓展县域工业发展新领域。跟踪国家产业政策走向，找准产业发展方向招商引资，与发达地区技术、资金、品牌对接，培育新产业，形成新工业经济增长极。加快发展微细铝粉等新型金属材料产业链建设。

(4)实施特色兴园战略。按照“规划合理、定位准确、配套完善、优势突出、特色鲜明”要求，加快推进新型工业化，建设生态工业园区。重点建设矿产品加工、农产品加工、生物制药三大园区，以特色园区为平台，加快产业集聚速度。

(5)破解融资瓶颈。以招商引资破解融资瓶颈，坚持解放思想、敢于让利原则，以优势资源、优势项目、优惠政策抓招商，将招商引资作为推进新型工业化第一动力。进一步加大财政资金投入力度，壮大担保公司资本金，发挥财政资金“杠杆”调控作用，引导银企对接，搭建政银企合作互动平台，形成政府引导、公司担保、银行贷款、企业守信信用担保体系。

(6)创优发展环境。在坚持国家产业政策、投资强度、环保底线前提下，实行“一项一策、一事一议、特事特办”，提供“人无我有、人有我优、人优我特”的优惠政策。对重大战略项目，实行建设用地免费提供，环境容量优先调剂。转变工作职能，提高执行力、办事效率和公共服务水平，落实首问责任制、全程代办制、限时办结制、一票收费制、检查报批制、责任追究制“六项制度”，对企业和项目主动服务、超前服务、优质服务，做到全方位、全过程、全天候。开展“诚信园区”创建活动，严格执行和落实各项招商引资优惠政策，确保“项目落地、政策落实、承诺兑现”。强化“经济110”作用，对涉企矛盾纠纷做到闻报即动，对无理取闹、恶意阻工、强行参建等违法行为及时打击，对破坏经济发展环境案件一律追查处罚到位，切实保护投资者的权益，增强投资者的安全感。

(二)在贯彻落实上付诸行动。园区管委会在贯彻落实县委县政府关于发展新兴工业，建设新型工业化决策和政策过程中，采取一系列工作措施，推进园区新型工业化建设。首先,拓展园区工业发展新领域。通过适时跟踪国家产业政策走向,找准产业发展方向招商引资,与发达地区技术、资金、品牌对接,培育新产业,形成新的工业经济增长极。加快发展微细铝粉等新型材料,拉长铝系列深加工产业链,发展新材料产业。其次,按照"规划合理、定位准确、配套完善、优势突出、特色鲜明"要求,加快推进新型工业化,建设生态工业园区。重点建设铝系列深加工、新材料、生物制药、物流园一区四园,加速产业集聚。坚持解放思想、敢于让利原则,以优势资源、优势项目、优惠政策抓招商,将招商引资作为推进新型工业化第一动力。以建设融资平台破解融资瓶颈,进一步加大财政资金投入力度,引导银企对接,搭建政银企合作互动平台,形成政府引导、公司担保、银行贷款、企业守信信用担保体系。再次,在坚持国家产业政策、投资强度、环保底线前提下,实行"一项一策、一事一议、特事特办",提供"人无我有、人有我优、人优我特"的优惠政策。转变工作职能,提高执行力、办事效率和公共服务水平,落实首问责任制、全程代办制、限时办结制、一票收费制、检查报批制、责任追究制"六项制度",对企业和项目主动服务、超前服务、优质服务,做到全方位、全过程、全天候。第四,开展"诚信园区"创建活动,严格执行和落实各项招商引资优惠政策,确保"项目落地、政策落实、承诺兑现"。第五,强化"经济 110"作用,对涉企矛盾纠纷做到闻报即动,对无理取闹、恶意阻工、强行参建等违法行为及时打击,对破坏经济发展环境案件一律追查处罚到位,切实保护投资者的权益,增强投资者的安全感。

园区创建后,落实"工业强县、产业富民、环境创优、民生改善"发展战略,至 2016 年,累计投入建设资金 5.96 亿元,园区基础设施配套完善,区位优越,交通便捷,环境优良,政策优惠,产业准入符合环保要求,产业布局符合环保功能区划要求,企业排放达到环保标准。园区成为承接沿海产业转移平台和基地,是泸溪县对外经济开放窗口,是县域经济新的经济增长点。园区取得又好又快发展,已落户湖南金天铝业高科技有限公司、金源粉体材料有限公司、明天电力发展有限公司、湖南倍安自动化装备有限公司、泸溪县武陵阳光生物科技有限公司等企业 57 家,主要产品有锰锌加工、铝系列精深加工、新金属材料加工、生物制药、鞋业、制伞、服装等 7 大集群近 30 个品种。实现工业总产值 56 亿元,上缴税收 1.10 亿元。

第三节 新型工业化建设项目

一、传统产业改造

(一)节能减排。武溪工业园南区属于传统工业集中区,以资源加工型和高能耗型为主,资源缺、能耗高,效率低和污染重。因企业污染引起的集体上访、堵厂堵路等矛盾纠纷经常发生。既影响工业企业正常生产,也产生社会不稳定因素。2008年,县委、县政府把节能减排工作摆到工业发展重要位置,制定《泸溪县节能减排综合性工作方案》,成立泸溪县节能减排工作领导小组,由县长任组长,两名副县长为副组长,县发改局、经信局、环保局等20多个单位部门为领导小组成员,将年度污染物总量减排目标落实到企业,与企业签订责任状,明确减排措施,严格奖惩。建立重点企业台账,实施动态监管,台账记录,促进企业节能减排到位。县环保局环境监察人员每月对重点企业实施现场检查2次,发现问题及时纠正。园区管委会按照县委、县政府统一部署,选择4家企业开展推进循环经济试点,着力于调整工业产业结构。痛下决心,关停和整治9家因长期排放污染物、环保不达标冶化企业,工业结构进一步优化。严肃查处偷排和故意闲置污染物处理设施违法行为,确保工业企业达标排放。对工业废渣废水实行集中处理。投资3200万元修建大型工业尾矿库,对武溪地区工业企业的废渣、废水实行集中处理,减轻周边环境压力。推广电解锌等废渣综合利用、硫酸余热余压综合利用。抓项目建设扩张总量、抓园区建设推进产业集群、抓节能减排发展"两型"产业、调整产业和产品结构、调优生产要素、调高科技含量"三抓三调"措施,加快推进新型工业化建设进程。

工业企业加大科技创新投入,推进节能减排。金旭集团斥资3000万元,建设省级技术研发中心和中试基地,增设各种高精检测仪器和技术服务设备50余台/套,电解锰、电解锌两条专用实验高效节能生产线,完成年产20万吨氧化锰焙烧转化生产电解锰前段转化项目,年节能10400吨标煤;新建新型节能电解锰生产线,通过运用双氧水除杂和自动断液及新型节能阴阳极板等技术,吨产品耗水量由3吨下降到2吨,电解锰吨产品综合耗电量由6700千瓦时下降到6400千瓦时,每年减少废弃渣排量5300吨,节约电费1700余万元。金利公司硫酸厂在日常管理上求效益,被誉为"教科书"式管理;蓝天公司被定为省循环经济试点企业,金瑞公司以规范管理深受上级部门好评；金天公司是自治州第一家高科技企业，大胆技术创新，无硒添加剂、含锌原料综合利用技术等被锰、锌企业广泛应用，达到国际领先水平，产品远销美国、德国、韩国等国家和地区。

2011年6月，国家发改委下文确定全国2011年第五批资源节约和环境保护项目，湖南省10个项目中，武溪工业园有3个项目列入规划笼子，分别是锅炉改造项目、年产10万吨硫酸生产线余热余压利用项目和年产3万吨电解锰生产线能量系统优化项目。园区组织相关项目企业根据国家产业政策进行节能技术改造，优化企业生产工艺，降低企业生产能源消耗，减少企业有害排放。锅炉改造项目，采用2台20吨/小时循环流化床锅炉替代4台老式10吨/小时往复排锅炉，对16台主风机进行变频调速改造，对原有供热管线重新设计和布置；年产10万吨硫酸生产线余热余压利用项目，新上1台16吨/小时余热锅炉，利用余热锅炉产生的蒸汽供给该企业电解锌分厂和电解锰分厂使用；年产3万吨电解锰生产线能量系统优化项目，对电解槽、冷却水管、烘干系统、冷却水系统进行节能改造，使用节能型阳极板和节能机电设备。三个项目年节约能源3.62万吨标准煤。项目总投资10028万元，中央预算内投资990万元，企业自筹9038万元。

至2016年，园区投入工业企业改扩建资金7亿元，其中用于节能减排技术改造1.5亿元，对工业废渣废水实行集中处理，减少了环境污染源。节能减排实现了“三下降”：万元GDP能耗下降5.86%，二氧化硫排放总量下降5.15%，化学需氧量排放总量下降2%。是年，全县实现工业产值90.06亿元，同比增长15%，高出全州平均水平6.9个百分点，增长38.4%，完成工业增加值21亿元，增长19.5%，财政收入首次突破3.5亿元，连续四年被湖南省委、省政府授予“全省县域经济发展先进县”“全省加快推进新型工业化先进县”称号。

(二)淘汰落后产能

1.淘汰落后产能政策。为加快推进新型工业化建设，2010年，国务院发布《关于进一步加强淘汰落后产能工作的通知》，对加强淘汰落后产能工作进行部署。总体要求是：①发挥市场作用。发挥市场配置资源的基础性作用，调整和理顺资源性产品价格形成机制，强化税收杠杆调节，努力营造有利于落后产能退出市场环境。②坚持依法行政。发挥法律法规约束作用和技术标准门槛作用，严格执行环境保护、节约能源、清洁生产、安全生产、产品质量、职业健康等方面法律法规和技术标准，依法淘汰落后产能。③落实目标责任。分解淘汰落后产能目标任务，明确政府和企业的责任，加强指导、督促和检查，确保工作落到实处。④优化政策环境。强化政策约束和政策激励，统筹淘汰落后产能与产业升级、经济发展、社会稳定关系，建立健全促进落后产能退出的政策体系。⑤加强协调配合。建立主管部门牵头，相关部门各负其责、密切配合、联合行动的工作机制，加强组织领导和协调配合，形成工作合力，根据当地产业发展实际，制定范围更宽、标准更高淘汰落后产能目标任务。

2.淘汰落后产能措施。按照国务院精神，州委、州政府制定出台《湘西自治州锰锌冶炼企业整合指导意见》，园区开展锰锌产业整合，制定淘汰落后产能整合锰锌产业实施方案，成立以县委副书记为组长领导小组。出台包括财政补贴、财政扶持、优惠电价在内 9 项锰锌整合激励措施，营造优良整合环境，按照"统一围墙、统一治污设施、统一排污口、统一渣场"标准，对 4 家小型电解锰企业实施关停，在整合过程中，充分利用引电、资源进口作为重要手段，引导企业实施战略重组，使企业走出困境。通过三年左右时间，实现锰锌企业"统一布局、转型升级、做大做强"目标，严格执行行业准入条件，新上项目必须达到国家规定的行业准入条件；严格执行主要污染物达标排放标准，发现一次违法排污行为的暂停享受优惠电价，直至整改到位；两次以上有违法排污行为的，取消当年优惠电价。制定锰锌整合扶持政策，矿产资源向优势骨干企业倾斜，保证优势骨干企业资源供应和可持续发展，优先安排所需工业土地计划，优先安排扶持资金和新上项目；新型工业化专项资金、工业发展资金、应用技术研究与开发资金给予重点倾斜，支持完成整合的优势骨干企业，争取国家节能减排奖励资金；提高优惠电价优惠额度；实行以奖代补的财政政策。开展产学研结合工作，增强整合活力，加强与省内外高校对接合作，提高工业领域创新能力和企业科技成果现实转化能力。加快工业园区建设步伐，搭建整合平台。抢抓机遇谋发展，推动锰锌产业转型升级。锰锌冶炼企业整合领导小组对锰锌产业整合实行专人专抓，安排专项费用，明确工作任务和责任。对整合目标、任务、时间提出具体要求，通过采取兼并、联合等多种形式实现锰锌企业整合，解决锰锌精深加工问题，抓好锰锌下游产品开发，对不符合产业政策企业限期淘汰停止资源配置。禁止新上电解锰、电解锌企业，将生产资源配置给已经整合的锰锌企业，确保锰锌产业稳定发展。至 2013 年底，全县 17 家电解锰企业整合成 4 家，3 家电解锌企业整合成 1 家，整合后的锰锌年总产能控制为 30 万吨，平均年产值 55 亿元。对参与整合的企业在资源、生产要素、工业用地、技改立项等方面给予优先扶持。

至2016年，通过整合锰锌产业淘汰落后产能，共有21家高污染、高能耗、低效益企业宣告停产，曾经占据全县工业产值80%的“两高一低”落后产能全部退出市场。

二、产业转型升级

泸溪县是湘西州传统工业强县，经过30年的发展积淀，形成以电解锰、电解锌、硫酸、铁合金为主导工业体系。随着新一轮产业技术革命与经济发展方式转变的交汇激荡，传统工业已经失去生命力。为优化资源配置，加快结构优化，促进产业转型升级，推进新型工业化建设，园区按照新型工业化的要求，采取一系列措施，致力产业转型升级发展新兴工业。至2016年，全县工业产业结构已逐步由初级层次向高级层次发展，新兴工业比重不断上升，传统工业质量进一步提高，工业经济在经历三年的阵痛后开始稳定回升，结构调整渐呈新活力。全县产业工人数量1.20万人，年平均工资3.80万元，新型工业化为缓解就业压力，增加居民收入，保障和改善民生做出重要贡献。

(一)转型升级决断

1.*在产业转型过程中，泸溪县委、县政府算转型阵痛账。*首先，算活发展账。工业结构的调整，失掉的是一时之快，赢得的是发展先机。作为经济欠发达地区，泸溪产业体系尚处于工业化中期的定型阶段，吸收接纳能力强，加之拥有承接沿海产业结构转移优势，后发赶超有望成为可能。其次，算优环境账，针对实际情况，县委、县政府率先向“三高一低”(高污染、高耗能、高耗水，附加值低)产业开刀，启动环境污染问责机制，对环保要求不达标的企业实行强制关闭，严厉打击环境违法行为。在项目引进上，突出工业固体废弃物的规模化增值利用，加强废弃物综合利用，从源头上降低环境风险。再次，算好民生账，始终坚持“工业强县”发展战略，将新型工业化作为支撑县域经济发展和民生改善的重中之重。通过增强工业反哺农业能力，带动农业现代化和新型城镇化，从而实现统筹城乡发展、全面建成小康社会。

2.*着力培育铝系列深加工、新材料、生物制药等新兴工业。*通过几年调整和培育，工业结构单一的格局得到有效改善，初步形成以铝锰系列新金属材料加工两大主导产业和以农业产品深加工为依托的生物制药产业。园区内铝系列深加工企业11家，新金属材料生产企业4家，生物制药2家，新兴工业产业产值及利税分别达30%、40%。随着工业新技术的发展，园区企业着眼于互联网+、工业4.0(指利用物联信息系统将生产中的供应、制造、销售信息数据化,智慧化,达到快速有效和个性化的产品供应),重点推动移动互联网、物联网等与现代制造业结合,促进生物医药、高性能结构材料、金属基复合材料等新材料产业发展,进 步巩固壮大新兴产业实力。

3.推动产业链条化、多元化、集群化发展。打造“一区(泸溪工业集中区)、四园(新材料工业园、锰锌产业园、生物医药农产品加工园、物流产业园)”工业布局。在品牌培育上,坚持以品质铸品牌,引导帮助建立以企业为主导的技术创新体系,鼓励科技创新与科技成果转化。园区 26 家规模以上科技型企业有 22 家建立技术研发机构,5 家企业成为省级高新技术企业。3 家企业成功上市,二氧化锰转化生产电解锰、氮气雾化工艺、微细球形铝粉等一批新技术处于国内、国际领先水准,为泸溪工业品牌影响力和竞争力提供保障。

4.加强基础设施建设。完成 30 万平方米标准厂房、千吨级航运码头、110 千伏变电站、峒河二桥、白武双向六车道项目建设,为园区工业项目落地打下基础。

5.优化政策措施。制定实行六项服务制度、建立工业经济“110”、打造融资平台、ppp 项目合作,信息云中心建设,打通资本与产业对接渠道,“洼地效应”基本显现。

(二)转型升级措施

1.推进工业企业信息化建设。2010 年,泸溪县委、县政府提出建设“数字泸溪”要求,园区管委会注重加强信息化基础设施建设,在园区开通企业宽带,建立企业网站,为企业信息化建设提供良好外部环境。企业对信息化建设积极主动,企业入网状况良好,园区企业计算机普及率 100%,其中拥有计算机量超过 5 台以上的企业数达到 90%,接通国际互联网,利用信息化开展电子商务。注重计算机专业人员配备,每个企业拥有计算机专业人员 3 人以上,其中拥有 6 人以上企业占 65%,平均每家企业拥有计算机专业人员 4 人,均系计算机专业毕业人才。信息化给企业的生产、经营、管理等带来积极效果,在一定程度上达到企业信息化建设要求。通过加强信息化建设,企业降低运行成本,包括生产成本、交易成本和管理成本。超过半数企业通过信息化应用缩短生产周期或作业时间。金天公司、鑫兴公司、金源公司等企业利用计算机为企业占领市场赢得机遇。部分规模较大或知名度较好企业从互联网上获得产品需求信息后,在一定程度上增加产品销售渠道及产品销售量。

采取多种形式、通过多种渠道开展多层次信息化知识宣传、培训和推广。针对企业缺欠计算机技术人员实际，与劳动就业局联合，定期组织各个企业开展计算机技术培训，为企业培养专业人才。协调相关企业与县职业中学联姻，为企业定向培训企业信息化、工艺操作技能等专业人才，县劳动就业局负责学员学费，县扶贫开发办负责学员生活费。定向培训学习学制两年，学员毕业后经企业考察合格后直接入厂工作。聘请专业技术人员为企业建立企业信息化统计分析指标体系，为企业信息化服务，逐步实现以信息化带动工业化。各企业公司注重抓好信息化人才培训工程，园区内每家企业每年用于信息化建设投入资金 15 万元，金天公司、金源公司等企业，每年投入 20 万元，用于信息化人才培训。通过信息化建设，恒裕公司、金天公司等 4 家企业率先引进智能化生产线，减轻了员工劳动强度，降低企业生产成本，提高企业效益。至 2016 年，园区企业拥有信息化建设中所需既懂 IT 技术又懂业务流程和企业管理复合型人才 312 人，为企业信息化建设提供人才保障。

2.加强科技创新。园区管委会把科技创新作为企业生存生命力，着力推进园区企业科技创新。以科技项目为载体，推进企业自主创新。2008 至 2012 年，组织企业申报和实施科技项目 30 个，争取国家、省、州资金支持 2000 万元，全县科技型民营企业 5 家，金天铝业高科技责任有限公司，铝粉生产工艺居全国领先地位，受国家标准化委员会委托，制定微细铝粉生产行业的国家标准。以技术中心为依托，搭建自主创新平台。支持金旭、熙邦、鑫海等企业建立技术研发中心，金旭集团技术中心成为全州第一个省级企业技术研发中心，聘请全国锰协等行业权威作为技术中心顾问，研究破解氧化锰转化生产电解锰等技术，解决原料短缺问题，以产学研合作为平台，合力破解技术难题。至 2012 年，园区已有 20 家规模企业与高等院校、科研院所和技术中介组织通过产学研合作平台，在锰、锌、铝等矿产品加工和生物制药、椪柑精深加工方面建立技术合作关系，实施战略合作项目 20 多个。以推广应用创新成果为手段，推进节能减排。电解锰生产企业采用无硒添加剂，使电解锰产品纯度提高到 99.96%，采用无铬钝化剂技术，解决了生产过程中重金属污染问题。电解锌生产企业利用次氧化锌、含锌废料等多种原料生产电解锌，同时又从锌渣中回收镉、铅、锌粉、冰铜、铟等多种贵重金属，基本实现零排放。硫酸行业余热余压利用。新技术、新工艺使泸溪锰锌产品单位成本实现了全行业最低、质量效益同行业最高、节能减排增效目的。电解锰生产平均吨电耗由 7500 千瓦时降低到 6500 千瓦时，吨水耗由 300 立方米下降到 100 立方米；电解锌吨电耗由4200千瓦时降低到3580千瓦时。

2014年,园区22家规模以上企业与18所高等院校、科研院所建立产学研合作技术研发机构，其中3家通过省级企业技术研发中心认定;4家企业获科技部认定为国家锰深加工高新技术产业化基地骨干企业;建立泸溪县科技信息服务平台站点7个;组织6次产学研技术对接活动,签约意向性技术合作项目7项,涉及新材料、矿产品精深加工等领域。培育高新技术企业6家,其中众鑫公司等4家工业企业顺利通过国家高新技术企业认定。金马公司与台湾大学及中南大学等进行深度产学研技术合作,申报国家各项专利21项,获得专利授权15项,共同开发高体分碳化硅铝基复合材料;众鑫公司长期和长沙理工大学、中南大学等高等院校开展产学研技术合作,拥有国家发明专利4件,实用新型专利6件,被认定为国家高新技术企业;银阁公司引进德国先进生产工艺,具有现代化生产技术力量,是通过国际质量体系认证和产品质量认证的高新技术企业,是目前国内专业生产建筑铝合金型材、工业铝合金铝型材的重点厂家之一。县财政斥资2000万元支持金瑞集团引入二氧化锰转化生产电解锰技改项目，每吨产品节电500至700千瓦时。是年,园区企业申请专利56件,专利授权45件,其中发明专利8件,授权发明专利4件,位居湘西州前茅。金天铝业等7家企业被省经委评为战略性新兴产业;众鑫新材料公司等6家企业被省经委评为新材料企业,众鑫公司、金天公司、金源公司金昊在新三板成功上市。科技创新已成为泸溪工业集中区企业转型升级的强大动力,2015年,全县高新技术产业实现产值21.79亿元,同比增长96%。

至2016年,园区已建立泸溪县铝精深加工检测研发中心、泸溪县武溪网络信息服务中心、泸溪县投资贸易促进中心、泸溪县武溪物流服务中心、泸溪县武溪人才孵化培训中心、泸溪县武溪创业服务中心、泸溪县中小企业服务中心等产、学、研基地,为科技创新提供更多服务平台。

3.创办物流园。2007年制定的园区总体规划,对物流园进行了规划,包括产品仓储在内的物流园,规划用地总面积120亩,占工业园建设用地面积的3.2%。用地布置在武溪二桥北侧,南邻杭瑞高速公路、319国道,北接武溪深水航运码头,交通较便捷,形成集物流、仓储一体的综合调配储运中心。物流园规划项目建设用地面积6.67公顷,建设内容包括货运停车场、堆场、仓储等。年吞吐量100万吨,仓储能力16000平方米,年产值3.8亿元,利税1.6亿元以上,投资回收周期为2年。2007年来,园区完成基础设施投资7亿元,拉通滨江大道、纵向第二、第

三、第五、第七大道、滨江大道与千吨级深水码头接线道路、新建220千伏变电站、楠木洲拆迁户安置区等基础设施，打造完善项目承载平台。

至2016年，物流园项目建设已经完成“五通一平”，完成立项、环评等前期工作，在湖南省商务厅挂网招标，物流园项目正在建设中。

4.推动城镇化建设

(1)武溪城区提质扩容。①街道改造。2014年4月，园区管理委员会向县人民政府报送《关于泸溪县武溪镇老城街道改造工程的报告》，经县政府研究，同意工业园管委会提出的老城街道改造方案。5月9日，县发展和改革局批准立项。改造起点于峒河大桥桥头与滨江大道交叉口，北上至西正街左转，沿老街道至第二座拱桥南桥头止，全长1.44公里，改水泥混凝土路面为沥青砼路面。工程于2014年7月动工，2015年1月竣工，投资金额1053万元。②楠木洲填高。为扩大镇区容量，实施的楠木洲填高工程，从海拔106米以下整体提高6-7米，工程填充土石方133.5万立方米，增加城区面积18.95万平方米，原有老县城面积全部恢复。工程于2009年8月动工，2014年12月竣工，投资金额3000万元。

(2)武水河堤建设。武溪镇城区河堤建设，分南北两个区域进行、武水南岸河堤建设工程长1860米，堤坝海拔标高115米，投入资金5115.39万元，2013年12月动工，2015年建成竣工。武水北岸河堤工程长1100米，堤坝海拔标高115米，投入资金1609.88万元，2015年5月动工，2016年12月建成竣工。

(3)仙人溪箱涵建设。仙人溪箱涵改道工程位于武溪北区居民居住区，为方便居民生产生活，增加城区居住面积，2009年，园区管委会筹措资金对仙人溪箱涵改道取直，在溪流上修建箱涵，溪水从楠木洲填高工程地下通过，直接流入沅江。改道箱涵工程长245米，投资金额329.6万元，2009年8月动工，2010年建成竣工。

(4)楠木洲安置区工程。楠木洲安置区工程分三期进行，2011年，县发展和改革局批复同意楠木洲安置区工程建设项目立项。建设占地面积38772.70平方米，投资金额868万元。安置异地搬迁户48户，安排宅基地面积3348平方米，新建房屋48栋。2014年11月二期工程动工建设，占地面积1.80万平方米，投资金额1200万元，安排宅基地面积7695平方米，安置异地搬迁户95户，新建房屋95栋。2016年初三期项目动工建设，建设占地面积1.20万平方米，投资金额800万元，安排宅基地面积3390平方米，安置异地搬迁户45户。

(5)保障房建设。2014年，县委、县政府争取国家保障性住房建设项目资金

3.2亿元。2015年3月，县政府成立武溪保障房建设指挥部，负责具体建设事务。保障房住宅小区选址在武溪镇南区，工程规模为修建6栋高层保障性住房，其中33层1栋，29层1栋、24层3栋，20层1栋，新建保障性住房2344套，建筑面积16.52万平方米。2015年6月工程建设动工，2017年3月完成主体工程。住宅小区建成竣工后，将基本满足武溪镇区居民和外地务工人员居住需求。

(6)商住房建设。2015年8月，县招商局决定开发武溪镇商住房建设。项目建设选址在楠木洲，规划建设区域内以商品房住宅小区开发主为，商贸休闲功能为辅，供城市商贸综合体开发面积100公顷，供开发商业街建筑面积约60万平方米。投资规模15.50亿元。至2016年，已完成建设用地“五通一平”等各项前期工作。

(7)易地搬迁住房建设。2016年，县委、县政府根据泸溪实际，决定在武溪镇实施易地扶贫搬迁，安置全县4个乡镇26个自然村450户农村建档立卡贫困户。易地扶贫搬迁建房工作以工业园区开发为引领，以易地扶贫搬迁为抓手，坚持做好促进群众就业工作，实现“搬得出、稳得住、能发展、快致富”目标。易地扶贫搬迁建房集中在原州磷矿片区、楠木州片区、金山公司片区三个片区，集中建房450栋40000平方米，安置贫困人口2100人。

(8)城区绿化亮化。①城区绿化。为提高城镇品位，增加城区绿化面积，园区管委会对城区街道改造和新建道路两侧进行植树绿化，投入苗木购置资金93.55万元，绿化道路长1.59万米，栽植树苗6382株。②城区亮化。2014年，投资230万元，改造照明线路1444米，安装路灯350套。2015年，建设滨江大道路灯安装工程建设项目，滨江大道全长3777米，第二、三、五、六、七大道分别长560米、420米、440米和650米，工程总投资623.8万元，工程于2015年8月动工，2016年3月竣工。至2016年12月，武溪城区范围内主要道路已全部完成亮化工作。

武溪工业园经过12年艰苦努力，域内传统工业逐步走上新型工业化建设体系，园区企业为社会提供12000多个就业岗位。园区建设发展带动了城镇化建设， 2015年，白沙镇整体并入武溪镇，区域面积由146.48平方公里增至179.10平方公里，其中城区面积7平方公里。人口由2014年的24520人增加至60547人；2016年，异地搬迁扶贫建房，新增人口2600人，流动人口25000人，全镇人口增至近10万人。随着城镇化建设水平不断提高，城镇人口大幅度增长，促进全镇经济社会快速发展，使得因移民搬迁而萧条冷落的老县城，再次成为泸溪县人口大镇和湘西自治州工业重镇。

第七章 社会民生事业

第一节 社会管理综合治理

武溪工业园成立后，围绕园区改革发展稳定大局，以“园区与镇政府互动”和“园区与社区联动”为契机，加强社会治理工作。

一、社会管理综合治理

(一)组织机构。2006年，武溪工业园根据工作需要，设立综治维稳组，确定一名副职领导负责，配备2名工作人员，与武溪镇政府综治维稳中心人员组成园区建设环境协调组，开展园区建设环境协调工作。主要协调处理园区建设中施工环境和征地拆迁矛盾纠纷。2008年，园区社会治安综合治理工作正式纳入全县综治维稳及平安建设目标管理考评范围，根据县综治委部署和园区工作实际，园区党委、管委会成立社会治安综合治理工作领导小组，由党委书记担任组长，确定管委会一名副职领导担任副组长，整合征拆、建设、办公室等内部工作资源，组建综治维稳办公室，配备5名工作人员，负责园区综治维稳工作。2012年，根据上级安排，社会治安综合治理工作领导小组更名为社会管理综合治理工作领导小组。2013年，中央综治委根据工作性质和范围，社会管理改为社会治理。

(二)工作职责。在县综治委和园区党委、管委会领导下，开展工业园区综治维稳和平安创建等工作，承担以下具体任务：贯彻执行上级有关社会治安综合治理、维护社会稳定和平安建设工作方针政策和总体部署，分析形势，制定工作目标和工作措施，及时报告工作情况，提出工作建议；组织开展园区不安定因素和矛盾纠纷排查调处工作，统一受理、调解、处置各类矛盾和园区工厂企业、员工来电来信来访，协调园区综治维稳力量配合处置各类突发性和群体性事件；组织排查园区治安混乱地区和突出治安问题，协调配合有关部门力量开展整治工作；指导督促园区社会治安防控措施落实，组织做好工厂企业员工、园区流动人员和出租屋服务管理，道路交通安全管理和打击传销、反邪教等工作；组织指导园区内工厂企业单位开展平安企业创建活动；组织开展法制、综治、平安建设等宣传活动，做好园区综治维稳干部和保安队伍教育管理和培训等工作；落实园区社会治安综合治理目标管理责任相关工作；完成上级有关部门交办的其他相关工作任务。

（三）工作方式。园区管委会贯彻上级有关综治及平安建设各项工作部署，以构建"平安园区""平安企业"为目标，以推进"平安泸溪"建设为主线，强化综治及综治及平安建设各项工作措施落实，维护园区社会安定，促进园区工业经济发展。强化领导，落实责任，园区党委和管委会重视综治和创建平安工作。为落实综治责任制，全面推进"平安泸溪"建设，园区主要领导坚持一把手亲自抓、负总责，担任综治工作领导小组组长，每年初把综治工作列入年度工作总体规划，每季度研究部署一次综治及平安建设工作，解决工作中困难问题。落实综治工作责任制，在责任落实上，做到"四个落实"：落实一把手总负责制，党委、管委会把综治维稳工作放在重要位置，做到与经济工作同部署、同检查、同考核、同奖惩，做到定期研究部署和督促落实。对重点工作专题研究精心部署，对上级交办工作迅速全程解决；对重大突发事件，党委、管委会和各负责单位一把手全员上阵。落实目标管理考评机制，园区将综治维稳工作纳入目标考核主要内容之一，与各办签订综治维稳目标责任状，与企业签订综治目标责任书及消防目标责任书。落实重大信访案件领导包案制度。对重点难点信访事项逐一落实包保责任，园区领导班子成员每人每年至少包保 1—2 个信访案件，直至案件结案。落实责任追究，做到年初有安排，半年有检查，平时有督导，年底总考核，奖惩兑现。通过与各单位、企业签订责任状，把综治及平安建设工作落实到位，加强督促检查，推进各项具体工作落实到位。每年增加综治工作经费投入，为工作开展奠定良好基础。把宣传作为综治工作基础和经常工作，通过发放各类宣传材料，张贴标语、拉横幅、办专栏、利用各种机会宣传平安创建知识等形式，加强综治平安宣传，开展法律咨询，提倡法律援助等活动，提高宣传效果。2012 年后，为提高干部群众对综治及平安建设知晓率和满意率，园区综治办举行"平安泸溪""平安园区"有奖知识问答及综治平安建设宣传活动，坚持入户走访群众、入厂走访企业职工，发放宣传材料提高群众平安建设知晓率，推动综治及平安建设开展。围绕经济和社会发展加强普法依法治理工作，依照宪法、法律法规做到有法可依、有法必依，法律面前人人平等，确保各项工作和事业纳入平安和谐轨道。把普法依法治理工作列入年度目标考核内容，确保法制宣教育、人员、经费、效果三落实，推进普法依法治理工作深入开展。在辖区内宣传普法及法律知识，增强公民自觉遵纪守法，维护自己合法权益，依法规范自己言行，敢于同违法犯罪作斗争。健全治安防范网络，根据实际情况科学规划，按照“排查全覆盖，管理无缝隙，服务全方位，有问题及时发现，有矛盾及时化解，有需服务及时到位”的网格管理要求，将园区划分三个管区3个单位网格，构建综治及平安建设领导小组为统揽，综治办、社区、机关干部、巡逻队员等共同参与的网络系统，实现“网中有格，人尽其责”网格管理。在网格化服务管理工作中，实行机关干部包片区、包厂矿企业，通过“便民联系卡”搜集网格各类信息。探索创新治安防控机制建设，构筑多层面、立体化、全覆盖高效技防网络。配备网格信息员、管理员、治安员等，各负其责开展工作。加强调解中心力量，设立民事纠纷调解室，由武溪镇司法所、派出所和园区调解中心5名成员组成，各企业设立调解小组，配齐调解员，每季度召开一次矛盾纠纷分析会议，形成预防工作走在调解前，调解工作走在激化前的调解网络格局。定期排查分析园区治安形势，配合派出所集中打击涉企犯罪，整治治安突出问题。

至2016年，园区组织开展矛盾纠纷排查调处行动42次，累计调处园区矛盾纠纷4165件，调处成功4098件，其中重大矛盾纠纷65件，全部调处成功。组织开展企业及周边治安整治行动14次，整治突出治安问题54个，整改安全隐患71处，破获涉企犯罪案件43件。开展综治、法律、安全生产、环境污染治理等集中宣传活动31次，开展“法律进企业”“法律进工地”等活动16次。自建园以来，连续十二年无重大恶性案件，无重大群体性事件，园区社会治安秩序平稳，社会大局稳定。

二、维护稳定

(一)处理园区信访问题。园区成立后，随着开工建设进程加快，征地拆迁等矛盾纠纷随之出现，同时，企业生产污染引起信访问题多发。园区管委会把化解信访突出问题列入重点工作内容，整合园区综治维稳中心、国土所、武溪派出所、武溪司法所等综治维稳工作资源，加强对信访工作领导，在综治维稳中心设立信访维稳组，确定分管综治工作的领导负责信访工作。通过健全信访工作长效机制，加强和改进信访工作，突出在解决热点、难点问题上下功夫，有效解决群众合理诉求，维护信访秩序，有效地化解社会矛盾，保障园区健康发展。

在工作实践中，重点抓好“四个落实”：落实信访责任制。实行信访维稳工作领导接访制和转办联查制，谁接访，谁负责联系包抓到底，谁联系的工作，谁分管的业务，由谁负责处理到底，做到及时处理并处理到位。同时，与武溪镇政府协调配合，派出2名干部参加园区信访维稳组，实行园区、镇政府、司法所、派出所、村(社区)"五位一体"信访矛盾纠纷排查调处机制，联手联动化解信访事项。落实首问责任制。群众来信来访时，值班工作人员为首问责任人，首问责任人接到群众来信来访后，无论群众提出的问题和要求是否属于自己职责(权)范围，都要耐心询问情况，做好登记备案。能自行解决的直接答复解决，需要转交其他部门解决的及时转交相关部门处理，并做好催办督办和群众答复工作。各包保领导和责任人对接手的信访问题，在规定时限内与当事人见面或取得联系，签订双向承诺书，现场解决群众关心的热点焦点问题。2008年4月，根据园区建设中信访问题多发情况，园区5名领导分工负责分片包干，每片配备3名干部，负责处理责任区内信访问题。坚持领导值班接访制度和走访制度，信访问题出现后，责任领导迅速与信访人见面稳控其情绪，组织人员进村入户调查情况，对合理要求及时解决，不合理诉求耐心解释，消除信访人"不闹无便宜、小闹小便宜、大闹大便宜"的不良心态。落实预警制度。注重信息收集，对影响稳定的苗头性和倾向性问题做到及时发现，抓住处理问题最佳时机，坚持做到早介入、早排查、早分析、早研究预案、早调处、早解决、早息访。对拖延时间、不按时办理的信访事项及时督促，对造成越级访等严重后果的追究相关工作人员责任。落实帮扶制度。2008年后，结合全县组织开展的"三联三帮"活动，每年组织开展"走出机关，服务群众"活动，对信访户特别是信访老户建立档案，并结成帮扶对子，包保领导和干部每月至少入户开展座谈2次，在随时了解信访动态同时，及时为信访户排忧解难，解决生产生活中难题。同时，对生活困难信访户予以重点帮扶，使其打消上访念头，投入生产生活中。2006年至2010年，园区信访问题主要集中在征地拆迁和安置方面，

由于红线区内征地拆迁采取需要征拆时再征收补偿和拆迁安置的方法，征地户在征收补偿标准上、拆迁户在安置上出现对政策不理解。而还没有进入征地拆迁范围的群众担心政策变化，要求对土地全部征收，房屋尽快拆迁安置。导致信访问题增多。为打消群众顾虑，园区从领导班子到机关干部全力以赴投入维稳工作，采取入户宣讲政策、解释解答疑问，召开会议公布征地拆迁政策和安置办法，张贴公告宣传园区建设相关政策及法律法规等措施，全面开展信访维稳工作。其间，处理化解征地拆迁信访问题324件，处理越级上访14件。拆迁房屋56栋，完成征地4500亩，在楠木洲老县城旧址开发土地6000平方米，安置拆迁户99户。

2011年至2016年，园区信访问题出现多元化，既有征地拆迁和安置方面问

题，也有企业污染引起的问题，还有园区建设施工中引发的问题。园区管委会与武溪镇政府、县经济“110”密切配合，按照“一段一段抓重点，一件一件抓落实”工作方法，认真化解各种信访问题。征地拆迁和安置方面，继续加强宣传教育工作，按照政策规定及时解决，落实各种民生措施。解决企业污染引起的信访问题坚持“两手抓”：一手抓环境污染检测，坚持用科技结果说话；一手抓宣传教育，教育上访群众依法维权。对确实存在污染的企业督促整改，整改效果不好实行关停。对没有形成污染的做好宣传解释工作，打消群众顾虑。对园区建设施工中引发的问题，属于粗暴施工的责令整改，经鉴定后造成损失的，责成施工单位赔偿。多措并举有效化解信访问题。至2016年，共处理各类信访问题674件，其中处理越级上访26件。

(二)排查调处矛盾纠纷。在社会治理工作中，园区管委会注重园区建设中的矛盾纠纷排查调处，与武溪镇综治维稳中心联合设立工业园建设矛盾纠纷调处中心，配备工作人员，专事园区建设矛盾纠纷排查调处工作。为维护企业经营者合法权益，接受企业各种投诉，协调处理各种纠纷和矛盾，为企业生产经营创造良好环境，县政府设立经济“110”办公室，办公室设在县经信局，从经信局、环保局、农业局等部门抽调行政领导、专业技术人员组成。在具体业务上，经济“110”与园区建设矛盾纠纷调处中心实行分工协作。北区内建设中征地拆迁、工程建设矛盾纠纷由园区矛盾纠纷调处中心负责，涉企矛盾纠纷由经济“110”负责，涉及面宽的较大矛盾纠纷实行协作调处。

经济“110”竭诚为全县各类中小企业提供综合协调服务。主要工作内容是：提供信息服务，以“贯彻上级政策、反映行业动态、传递市场信息、服务经济建设”为宗旨，为中小企业提供政策法规、市场信息、项目招商、办事指南、人才信息等服务，帮助企业破难题、渡难关。建立完善发展环境事件投诉受理制度和快速处理制度等系列制度，贯彻落实便民服务服务承诺制、首问责任制、限时办结制、全程代办制、一票收费制、责任追究制“六制”，对群众和企业投诉实行简单投诉一小时内解决，一般投诉件一个工作日内解决，重大疑难投诉件一个星期内解决“三个一”措施。同时建立投诉限时办结制度，化解环境污染、征地、拆迁和输电架线等矛盾纠纷。

1.健全工作机制。坚持定期排查调处制度，园区根据县政府部署，健全排查调处工作机制，推行矛盾纠纷自下而上层层排查，实行边排查边调处的滚动调处制；突出重点集中排查，实行分级负责归口调处制；抓住苗头超前排查，实行领导包案重点调处制；严格制度落实定期排查，实行条块结合共同调处制“四排查、四调处制度”。同时制定《突发事件应急总体预案》《信访维稳应急预案》《安全生产应急预案》《劳资纠纷维权应急预案》等应急制度和措施。

2.化解矛盾纠纷。在矛盾纠纷排查调处中，始终把影响园区建设的征地拆迁和工程建设矛盾纠纷、影响企业发展和人们身体健康的污染矛盾纠纷、企业内部劳资纠纷作为工作重点，及时处理，全力化解，维护稳定。

(1)化解征地拆迁矛盾纠纷。在征地拆迁中，对大溪村、上堡村、城南和城北社区个别农户不接受国家有关征地拆迁标准，强要面积、强要高价、堵路堵厂、阻拦施工问题，组成化解工作组，深入征地拆迁村、社区开展工作，及时与农户多次协商，做好解释工作，达成一致意见，化解矛盾纠纷。至2016年，累计化解矛盾纠纷2650件，全部化解成功。

(2)化解环境污染矛盾纠纷。2008年后，园区一些高能耗、高污染企业排放工业废气，造成农作物受损，引起群众堵路堵厂矛盾纠纷。县经济“110”及时派出技术人员进行检测，对确实因污染造成农作物受损的，由企业做出补偿。对处在企业旁边的居民担心工厂有污染问题，县经济“110”，邀请湘西州专家鉴定。对证实没有造成污染问题鉴定结果不信的，邀请居民代表前往长沙请专家鉴定，全程监督，直到群众满意为止。为消除居民们对企业污染问题的疑虑，经济“110”向相关厂方提出要求，在不影响正常生产的情况下组织群众参观企业生产过程，让群众放心，做到为双方服务。2010年5月，金利等公司硫酸厂多次出现二氧化硫超标排放导致周边农作物严重受损，五里洲村400多人轮班堵厂、堵路四天之久。县经济“110”、园区矛盾纠纷调处中心、武溪镇组织30人的工作组，连续4天上门服务做工作，召开协调会劝离群众。同时，派专业理赔小组用1个月时间对受灾水稻和旱地作物核损，核损后，确定赔偿受损120万元。2011年4月，金天铝业包装车间由于清尘不及时和设备老化引起6桶铝粉自然爆炸，周围群众以不安全为由聚集人员到县上访，围堵公司大门。通过经济“110”和园区矛盾纠纷调处中心连续1个月工作，最终得以平息。至2016年，累计化解这类矛盾纠纷1240件，全部化解成功。

(3)化解企业内部矛盾纠纷。企业内部矛盾纠纷主要是生产经营纠纷、安全生产事故赔偿纠纷、劳资纠纷。对生产经营纠纷，协助企业制定和完善生产经营工作机制，加强企业内部管理，合力安排和调度企业生产经营。对安全生产事故赔偿纠纷，配合安监局、经信局开展事故鉴定，确定事故性质，协调企业采取调解优先方法与事故受害方进行协商。及时掌握事态发展信息，防止激发成群体性事件。对劳动争议纠纷协助企业先行调解，调解不成移交劳动部门进行仲裁。至2016年，园区协调处理这类矛盾纠纷137件，其中生产经营纠纷95件，安全生产事故赔偿纠纷22件，企业内部欠薪等劳资纠纷20件。妥善处理了火龙溪尾矿库垮坝、金利公司氯气泄露等安全事故赔偿纠纷和金源公司改制劳资纠纷等重大矛盾纠纷。通过及时协调处理矛盾纠纷，优化泸溪经济社会发展，为企业营造良好发展环境。

三、治安环境整治

2006年，工业园区正式开工建设后，园区管委会配合县政法部门贯彻落实县委县政府"工业立县"战略，根据《关于进一步完善优化经济发展环境工作机制的意见》，定期组织开展重点工程建设、企业及周边治安整治专项行动。2006年4月，园区综治办配合县公安局在武溪地区开展侦破破坏企业生产秩序犯罪案件专项行动，经过为期一个月工作，破获破坏电力设施和涉企盗窃案件54起，打掉犯罪团伙2个，抓获涉案人员12人，至2016年，县政法部门在园区（包括武溪镇）组织开展四次治安整治集中统一行动，取得预期成果，优化企业发展环境。

（一）开展"三打两整"专项行动。 2008年7月，县委、县政府部署在全县范围内开展为期5个月惩治黑恶犯罪、惩治涉枪违法犯罪、惩治"两抢一盗"犯罪、整治重点工程建设项目及企业周边环境、整治道路交通秩序"三打两整"统一行动。在整治重点工程建设项目及企业周边治安环境上，重点开展对武溪工业园区建设、常吉高速公路建设及乡镇公路改造等重点工程建设项目施工环境和武溪、洗溪两镇企业周边治安环境有效治理。惩治盗窃企业资产和破坏企业生产设备的违法犯罪行为；依法查处利用征地拆迁和环境污染矛盾聚众到企业闹事，扰乱企业生产经营和办公秩序案事件。县成立"三打两整"行动领导小组，县委常委、政法委书记任组长，县人民法院、县人民检察院、县公安局、县司法局主要领导任副组长，确定政法各部门分管领导和武溪、浦市、白沙、洗溪等乡镇领导为成员。设立了办公室，明确负责总协调县级领导。确定重点区域是白沙、浦市、武溪、洗溪、潭溪等乡镇，武溪工业园主要是整治企业周边治安秩序。

为策应全县"三打两整"活动，园区管委会与武溪镇协作，联合成立整治重点工程建设和企业周边治安秩序领导小组，实行分工负责，确定园区内企业周边治安秩序整治由园区综治办负责，重点工程建设治安环境由武溪镇负责。整合了园区综治办、矛盾纠纷调处中心、武溪镇综治办、派出所、司法所、国土所等综治维稳资源，开展调查摸底、排查治安隐患等基础性工作，为县政法部门开展打击和整治打好基础。是年9月，园区排查违法犯罪线索13条，排出未破犯罪案件17件，治安隐患23处，安全隐患31处，除治安隐患和安全隐患由园区和武溪镇负责整改整治外，其他案件移交给政法部门处理。

在“三打两整”行动中，坚持以武溪工业园区为重点，以经济“110”为主体，组织工作组全面开展企业周边治安整治，构建企业安全防范长效机制。开展重点整治，及时打击破坏企业生产经营各种违法犯罪活动，确保企业周边无重大治安案件和滋扰企业正常生产经营案事件发生。10月中旬，常务副县长带领相关部门对阻挠园区施工生产问题开展重点整治，确保企业安全顺利生产。其间，破获破坏企业生产经营刑事案件5起，逮捕5人，行政案件5起，行政拘留15人。同时，指导企业建立治安保卫组织，强化企业内部治安管理，在企业督促指导建立兼、专职治安全保卫人员62人，建立5支护厂队。加强企业重点部位人防、物防、技防及其配套措施建设，县公安局结合城区电子监控建设指导金旭、金天、金源公司等7家重点企业安装电子监控66处。围绕企业治安整治，与相关行政执法部门开展联合执法，依法取缔、关闭寄生在工业园区周边的收购站点、非法矿点及违法违规经营小加工厂12家，减少涉企违法犯罪诱因。化解涉企矛盾纠纷，针对全县迅速发展的工矿企业与当地村民矛盾纠纷日益增多现状，政法各部门及县经济“110”发挥职能作用，定期组织开展涉企矛盾纠纷排查调处活动。10月22日，县公安局民警与相关职能部门先后深入银辉、长青公司及时化解因企业施工爆破、噪音和水污染引发的村民堵路、阻工纠纷问题，改善企业周边环境，实现企业与村民利益双赢，是年，调解企业各类纠纷132起。

2009年至2010年，根据县委县政府关于创建“平安泸溪”工作部署，园区管委会根据园区建设和企业发展形势，定期向县政法部门汇报，定期组织开展针对优化企业发展环境治安整治专项行动。其间，破获涉企刑事案件6件，抓获涉案人员4人；调处涉企环境污染、征地拆迁等矛盾纠纷63件；整治企业治安隐患13处，安全隐患42处。

(二)开展“五区整治”行动。 根据县综治委、县委政法委部署，从2011年9月1日起至2012年6月30日止，在全县范围内开展以城区、景区、矿区、重点工程区、校区为重点的“五区”整治专项行动。专项行动按照“什么犯罪突出就打击什么犯罪，哪里治安问题突出就在哪里开展整治”原则，将“五区”整治作为综治工作重要抓手，实行民生工作与民调工作相结合，进一步提高公众安全感，切实解决影响社会稳定突出问题。县成立“五区”整治工作领导小组，由县委常委、县委政法委书记任组长，县公安局局长、法院院长、检察院检察长、县委办副主任、县政府办副主任、县委政法委分管副书记任副组长。宣传部门单位负责人为成员。设立办公室负责日常工作。确定进一步改善城区治安环境、改善旅游环境、改善矿区治安环境、改善重点工程区施工环境和改善校园及周边治安环境。实现刑事案件大幅下降“五个明显改善”“一个下降”目标。集中整治城区和重要集镇治安环境，突出白沙城区和武溪、浦市等重要集镇治安环境整治。突出学校及周边治安整治，集中整治景区治安秩序，集中整治矿区治安秩序，突出厂矿区治安环境整治，杜绝无序开采、乱采滥挖、破坏资源现象，规范危爆物品、从业人员和涉矿设施管理，解决好企业与当地群众土地纠纷、污染纠纷和征地拆迁等问题，重点惩治黑恶势力和聚众暴力阻碍执法等违法犯罪。集中整治重点工程区施工环境，打击强行阻工、敲诈勒索、强买强卖、盗窃等违法犯罪，及时调处矛盾纠纷，防止引发非正常上访和群体性事件，加强施工单位内部管理，有效防止安全生产事故。落实工作措施，各职能部门针对盗抢违法犯罪的特点分析社会治安形势，摸清流窜作案人员活动特点和规律，严密对出租房屋、用工单位等流动人口落脚场所和旅店业、娱乐场所、建筑工地等犯罪分子易于藏身场所管理，及时开展清查。对辖区内容易成为销赃渠道场所和行业加强管控。根据部署，园区管委会重点整治领导小组和办公室，落实人、财、物等工作保障，细化工作目标，明确工作任务。按照全县部署重点组织开展园区企业周边治安秩序重点整治工作。坚持以维护正常生产秩序、确保安全稳定为重点，推进厂(矿)区整治。全面排查涉企矛盾纠纷和治安隐患，维护企业正常生产秩序。2011 年 10 月，县委、县政府根据实际将厂区整治与矿区整治融合开展。园区管委会与县经济“110”、经信局、环保局、公安局、法院、司法局、安监局等部门联合开展 3 次涉企矛盾纠纷集中排调行动，对企业环境污染、工业园区征地补偿等引起的矛盾纠纷进行全面排查，共排调涉企矛盾纠纷 56 起，处理因涉企矛盾纠纷而引起上访 6 件次。2012 年 2 月，园区配合县公安局结合春季严打整治组织开展涉企案件专项侦破行动，于 3 月集中打掉盗窃、抢劫武溪工业园区企业财物和设备 7 人犯罪团伙，破获盗抢案件 37 件，帮助企业整改治安防范薄弱问题23处，加强企业安全保卫工作，减少企业刑事发案，有效控制企业安全事故。

（三）开展“两重”整治行动。 2015年7月，根据县综治委部署，园区管委会于7月1日至12月，在园区开展重点工程、重点企业治安环境专项整治行动。集中整治武溪地区重点工程、重点企业治安环境，积极妥善调处各类涉及重点工程、重点企业矛盾纠纷，侦破查处一批发生在重点工程、重点企业建设内部及周边刑事治安案件，铲除一批以重点工程、重点企业为主要侵害对象的犯罪团伙，惩治一批扰乱重点工程、重点企业正常施工和生产经营的违法犯罪分子，确保重点工程建设、重点企业生产经营顺利进行。为加强组织领导，成立重点工程、重点企业治安环境专项整治行动领导小组，由管委会主任任组长，分管领导任副组长，确定园区综治办负责具体工作，确定工作重点：排查化解涉及重点工程、重点企业矛盾纠纷，打击涉及重点工程、重点企业违法犯罪活动。重点惩治强揽工程、强参强运和强买强卖行为，敲诈勒索、无理取闹、恶意阻工和强行封面堵路行为，盗窃、破坏、哄抢工程施工材料、企业资产和破坏工程建设设备行为，非法组织、聚众闹事、蓄意煽动导致群体性事件和不正常停工事件行为，影响重点企业正常生产经营违法犯罪行为。强化内部治安防范，开展经常性检查指导，督促指导企业加强内部治安防范制度建设，认真落实人防、物防、技防措施，防范盗窃、抢夺等违法犯罪行为；加强安全生产监管，防止火灾、爆炸等恶性事故的发生。进一步建立健全企业治安管控长效机制、联席会议制度，从源头堵塞管理漏洞。做好群众诉求搜集传递、矛盾纠纷化解、现场秩序维护、法制宣传教育等工作，推动企业经营治安管理常态化、规范化。完善快速调处机制，及时发现苗头问题，做到快速处理，迅速化解矛盾。加强对重点工程建设的重要性和有关征地、拆迁、补偿、安置等相关政策法规宣传，争取群众理解和支持，通过法律法规宣传为企业生产经营活动提供良好治安环境。

在“两重”整治活动中，园区整治工作领导小组摸排23家重点企业，涉及冶金化工、新型能源、生物科技、电力等不同行业。组织开展重点企业治安环境排查，排查出影响重点企业治安环境隐患问题10个，主要是土地补偿、环境污染、债务纠纷、工薪拖欠、农赔纠纷等。按照抓早抓小抓苗头的办法，配合协助公安局开展专案侦破，侦破重点企业刑事案件2起，刑事拘留6人。调处企业矛盾纠纷37件，组织法律服务人员服务重点企业10个，提供法律咨询服务365件次。

四、法律服务

随着园区入园企业不断增加，工业经济迅速发展，企业服务需求相应增多。

2008年，园区管委会为全面贯彻落实县委、县政府提出“工业强县、产业富民、环境创优”的发展思路，实现保发展、保民生、保稳定，消除投资环境中发展障碍，降低企业法律服务成本，保护投资者合法权益，协调法律服务部门开展“送法进企业”“法律服务与企业联姻”活动。是年起，县司法局、法院等法律服务部门开展法律服务促进企业健康发展，组织法官、公证员、律师、基层法律服务人员深入企业，了解企业经营中所涉及法律需求及法律服务现状，送法进企业帮助企业化解矛盾，有效规避企业贷款融资、意向合作、市场营销等法律漏洞，为企业生产经营创造良好法治环境。

(一)开展法制宣传教育活动。开展“公正、司法、为民”专题法制宣传活动，提高企业经营管理人员应对金融风险、促进经济增长的法律素质和应对能力，实现企业依法生产、依法经营、依法办事。组建普法讲师团，在园区企业开展法制宣讲41场次，先后组织律师宣讲团多次到金瑞、金源、金天公司等重点企业，举办法律专题讲座与培训23期，培训企业员工2456人次。

(二)解答法律咨询。组织法官、公证、律师、基层法律工作者先后19次深入金旭、蓝天、科隆、鑫海等企业了解企业法律服务需求，为企业排忧解难，面对面解答企业管理人员及职工代表法律咨询活动28场次，解答法律咨询2362人次，为企业经营中所遇到法律问题现场把脉问诊，为企业破解难题更好地搭建律师与企业相互沟通交流的平台。全县8名律师担任12家企业法律顾问，挂牌成立法律顾问室6家。2009年6月，县司法局组织14名律师与全县规模以上企业单位结成法律服务对口单位，为企业提供法律服务，解决企业在生产经营活动中遇到法律问题。以“法治企业”创建活动为载体，深入开展法制宣传和法治实践，着力提高企业经营管理人员法律素质和依法决策、依法维权、依法引领企业发展的能力，使企业经营中法律风险得到有效控制。

(三)维护企业合法权益。组织调解人员对企业与周边村民之间存在的矛盾纠纷进行集中排查、集中调处，帮助企业解决生产和发展过程中因用水、用电、交通、征地等方面与周边单位、群众发生的矛盾纠纷，在“法律服务与企业联姻”活动中，排查化解各类矛盾纠纷259件，律师团利用自身职能优势，积极参与企业诉讼，协助人民法院、乡镇调处企业周边重大纠纷56起；公证推行预约办证，上门服务等便民措施，重点办理招投标、贷款担保、继承、委托、证据保全等公证服务活动57场次，涉及标的金额1.6亿元，避免和减少经济纠纷风险。

(四)农民工法律援助。健全工作网络，对存在拖欠工资问题或出现欠薪苗头的企业重点排查，建立工作预案。安排律师和基层法律服务工作者参与接访，使律师和法律工作者及时掌握企业劳资纠纷、工伤、医疗事故等群体事件的信息，提前介入开展法律宣传和法律援助，有效化解纠纷。至2016年，受理园区法律援助案件28件，其中讨薪案件10起，涉及农民工227名，涉及标的58.30万元。

(五)规范企业规章制度。组织律师积极发挥企业“保健医生”作用，为企业依法建立健全各项规章制度，明确不同岗位、不同职业、不同层次员工的工作职责、权利义务，规范企业经营环节，为企业发展献策建言。对聘请法律顾问的12家企业进行法律体检，从对企业的劳动用工合同，公司管理制度、财务制度、用人制度以及生产经营中的买卖销售合同进行审查并加以规范，出具法律意见和司法建议书67份，审查各类经济合同166份，涉及金额1.20亿元。

第二节　环境保护和治理

一、环境保护

《武溪工业园区整体规划》对环境保护进行较为详尽规划，提出规划目标，制定保护和治理措施。

(一)环境保护规划原则。坚持经济建设、城市建设和环境建设同步规划，从实际出发，遵循经济规律和生态规律，坚持经济效益，社会效益和环境效益统一；坚持“预防为主，防治结合，综合治理”等方针，摒弃“先污染、后治理，先破坏、后恢复”模式，从源头控制污染，搞好合理规划布局，突出重点，兼顾一般，搞好环境综合整治，改善生态环境质量；坚持可持续发展战略和“三同时”制度，加强环境管理，运用法律、经济和行政手段对环境进行管理和保护。

(二)环境保护标准。在进行经济开发的同时，全面开展环境建设，使环境质量基本保持稳定；维持现状，确保自然生态不受工业破坏；园区空气质量执行GB3095-96二类区控制，达到《环境空气质量标准》三级标准。园区企业厂界噪声执行《工业企业厂界噪声标准》(GB12348—90)中三类标准，生活区达到二类标准。工业废水处理率达100%，处理达标率达100%，垃圾无害化处理率达100%。

(三)环境保护措施

1.水污染综合防治。按规划确定园区功能定位和产业定位要求，把好产业准入关。引导二类工业入园，有选择性地接受三类工业。实行规划和环境管理同步，建立入园企业审批环境"一票否决"制度。主要技术措施： 制定排水管网系统规划，实行清污分流；设立工业园污水处理厂，对园区产生的污水通过截污管道引入污水处理厂进行集中处理， 达到《城镇污水处理厂污染物排放标准》(GB18918-2002)一级B排放标准后排放；入园企业实行"三同时"制度，工业废水应先在各企业预处理，水质达到CJ3082-1999《污水进入城市下水道水质标准》后才能排入园区污水处理系统；科学组织企业生产，开展生产废水的综合利用，提高工业用水重复率，以有效地利用水资源和降低生产成本，减少污水排放；加大投入，采用科学先进设备和工艺，减少污染量；峒河、沅江流域上游种植防护林，保持水土，涵养水源，改善生态环境，提高河流径流量，从而改善水体自洁能力。

2.固体废弃物污染防治。实行园区工业垃圾和生活垃圾分类收集处理。生活垃圾在县城白沙垃圾填埋场进行卫生填埋，一般工业固体废物在武溪镇区南面高速公路北侧工业垃圾填埋场进行安全填埋。禁止有毒有害固体废弃物直接倾倒于城市垃圾站，送有处理资质处理厂集中统一处理。

3.大气污染防治。园区处于泸溪常年主导风向的侧风向，采取措施是：对入园企业实行排污监控，下达大气污染物总量排放指标，并纳入泸溪县整体控制规划。有主要大气污染物总量控制任务的单位必须按照核定的主要大气污染物排放总量和许可证规定的排放条件排放污染物；推行清洁燃料，逐步减少直至取消燃煤炉灶，提高用气普及率；严格控制机动车尾气污染，在交通干道控制绿化用地，建好防护林带，积极推广液化气、天然气等替代燃料，控制农用车辆进入园区，淘汰超期服役车辆。

4.噪音防治。结合工业技术改进减小工业噪音值，加强与居住区之间绿化分隔；交通噪音一方面组织好过境交通与工业园内部交通，另一方面严禁工业园区内鸣笛，使噪音控制在国家《城市区域环境噪音标准》范围内。

城市区域噪音控制分类表

单位：分贝

环境分区	功能区及范围	昼噪声	夜噪声
一类环境控制区	以居住、文教、机关为主的区域	55	45
二类环境控制区	居住区、商业、工业混合区	60	50
三类环境控制区	工业区	65	55
交通噪声控制带	交通干线两侧区域	70	55

(四)综合整治措施。建立环境监测网，坚持全年常规监测，为环境管理提供基础资料；控制煤烟大气污染，改变燃料结构，尽量不选择那些大气污染严重的工业项目；对机动车尾气的控制和管理，推广使用机动车尾气净化装置和通风装置；整治交通噪声和生活噪声，开展创建噪声达标区工作。

二、企业污染治理

园区工业经过多年发展，形成以电解锰、电解锌、硫酸、铁合金为主导产业工业体系。至2010年，电解锌、电解锰、硫酸等重金属企业有34家，其中电解锰企业18家、电解锌企业4家、硫酸企业6家、铁合金企业6家，这些企业都是高能耗、高污染产业。随着工业经济快速发展，产业结构不合理，工艺落后等问题不断显现，环境污染引起的矛盾日益激烈，处理企业污染矛盾纠纷成为园区管委会信访维稳工作重点。为减少企业环境污染，化解污染矛盾纠纷，园区管委会根据县委、县政府部署和要求，配合县环保局等部门开展一系列整治整改专项行动。

(一)县政府决策部署。自2007年开始，整治企业环境污染纳入县政府工作决策，列入园区管委会工作范围。2014年，根据上级部署，结合要求工业企业环境污染实际，县政府做出4次整治企业污染的工作部署，组织开展环境污染整治工作。

2014年1月6日，根据省、州统一安排和部署，县政府办转发《泸溪县环境污染隐患大排查工作方案》。集中力量和时间对园区所有排污企业存在的环境污染问题进行全面排查，对排查中发现的污染隐患综合评估，划分等级，建立台账，预防和遏制环境污染事件发生。《方案》明确排查范围，按照"边排查、边建档、边整治、边验收"要求，违法问题发现一起、查处一起，企业整治完成一家，验收一家。主要检查环评制度及"三同时"制度执行情况；企业新、改、扩建项目环评审批和"三同时"竣工验收制度执行情况；防护距离内敏感目标搬迁情况；企业原料使用情况；污染物防治设施运行情况；危险废物申报登记、转移联单、危险废物经营许可证等管理制度执行情况。排查环境风险隐患，重点检查企业位于饮用水源地、自然保护区、人口聚集地等环境敏感区域是否设置应急设施；是否按《关于开展企业突发环境事件应急预案管理工作的通知》要求进行环境应急预案编制、评审、备案、演练、实施、修订工作；历史遗留及关闭企业区域内是否有遗留危险化学品或其他有毒有害物质；是否有遗留涉重金属废渣、尾矿库；是否有遗留危险废物等历史遗留和关闭企业遗留的环境污染隐患。

《方案》明确环境污染隐患分类，对排查发现环境污染隐患划分等级，对应不同问题等级具体明确“一企一策”整改意见、整改时限、责任人和责任部门，限期完成整治任务。第一类是严重环境污染问题，不执行环境影响评价制度、防护距离内敏感目标未搬迁、属于国家明令取缔淘汰、排放一类污染物超标3倍以上、周边环境质量超标5倍以上、无污染防治设施或设施损坏、偷排直排以及涉嫌违法犯罪问题。历史遗留废渣和关闭企业遗留废物属危险废物均划为严重环境问题。已通过环境影响评价但未通过“三同时”验收的划为潜在严重环境问题。第二类是较大环境问题，污染防治设施不配套或不正常运行、排放一类污染物超标1-3倍、周边环境质量标准超标5倍以下、雨污分流不完善、“跑冒滴漏”严重、危险废物贮存不规范、无应急设施等问题划为较大环境问题。第三类是一般环境问题。排放一类污染物超标1倍以下、排污口不规范、管理台账不规范、应急预案不按要求制定、备案等问题划为一般环境问题。

《方案》明确整治环境污染隐患方式。通过整治，惩治违法行为，依法关闭一批、淘汰一批、停产整治一批、处罚一批、限期整改一批突出环境污染隐患。对企业整治措施落实情况进行跟踪督办，对不按要求开展整治的企业提请县政府和相关部门采取强制措施，确保整治取得实效。按照“一企一策”的整治要求进行验收，所有污染隐患企业在2014年10月底前通过整治验收，少数因为历史遗留或搬迁问题不能按期完成整治的，要经环保部门批准，制定详细整治计划，明确时限，持续开展整治。《方案》明确整治环境污染隐患时间安排为2013年12月-2014年12月，为期一年。

2014年5月9日，县政府办公室印发《泸溪县大气污染防治实施方案》，部署开展大气污染防治行动。《方案》确定以产业转型升级、淘汰落后产能、重点行业企业污染治理为重点，解决以PM2.5为重点大气环境污染问题为目标。在工业企业方面是整治污染物排放，重点对县金利化工有限公司硫酸尾气综合治理设施监管，2014年底前完成尾气处理设施建设，确保制酸尾气达标排放。对蓝天冶化有限公司与湖南鑫海锌品有限公司流化床锅炉烟气综合治理，年底完成二氧化硫、氮氧化物、烟粉尘治理设施建设，确保颗粒物排放达到新标准和特别排放限值要求。按照省产业准入目录要求，严把新建项目产业政策关，不再审批钢铁、水泥、电解铝、平板玻璃等产能严重过剩行业和炼焦、有色金属冶炼、电石、铁合金等新增产能项目，新、扩、改建项目实行产能等量或减量置换。对未批先建、边批边建、越权核准的违规项目，责令停止建设。按照省《部分工业行业淘汰落后生产工艺装备和产品指导目录》和《产业结构调理指导目录》规定，采用经济、法律和行政等手段，加大有色金属行业等行业落后产能淘汰力度。严格节能环保准入，所有新、扩、改建项目必须全部进行环境影响评价。健全重点行业准入条件，公布符合准入条件企业名单并实行动态管理。实施污染物排放总量控制，将二氧化硫、氮氧化物、烟粉尘和挥发性有机物排放是否符合总量控制要求作为建设项目环评审批的前置条件。强化源头污染预防，针对节能减排关键领域和薄弱环节采用先进清洁生产技术、工艺和装备，实施生产技术改造。

2015 年 4 月 13 日，县政府办印发《泸溪县环境保护大检查工作方案》，部署开展环境保护大检查大整治专项行动。专项行动时间从 2015 年 3 月起至 12 月 30 日止。检查范围是工业园区和所有有废水、废气、废渣及核与辐射、噪音等污染物排放行为的企事业单位。对工业园区检查内容是，环评制度执行情况；编制园区规划环评和落实情况；污水收集管网和废水、废渣集中处理和处置设施建设及运行情况。对企业单位检查内容是，突出抓好锌、锰、酸等化工冶炼企业及制药、污水处理等重点排污企业、危险废物产生（经营）单位环境守法检查。重点检查环评审批及“三同时”（防治污染设施与主体工程同时设计、同时施工、同时投产使用）制度执行情况；污染防治设施建设及运行情况；排污许可证制度执行情况；危险废物管理情况；历史遗留隐患治理与管控情况。按照州政府统一部署，结合日常管理工作，全面开展大检查。对大检查中发现的环境问题列出清单并制定综合整治方案，实施分类治理；督促工业园区和企业单位对照检查内容认真自查自纠，切实开展整治。

（二）整治工作实施。2007 年 7 月，县政府部署开展“环保世纪行”工作，对铅、锌浮选、电解锰、硫酸等行业企业环境污染问题进行整治，对相关企业进行整改，其中金旭公司电解锌厂、鑫海锌品有限公司分别投资 20 万元安装麻石除尘脱硫设备；硫酸厂投资 400 万元进行污水治理和在线监测设备安装。依法关闭取缔浮选厂 2 家。全县在铅锌浮选行业投入污染治理资金 560 万元，基本实现达标排放，落实新上项目审批制度，防止出现新的污染。在整治行动中，园区管委会配合县环保局开展工作，在企业新上项目时严格履行程序，对符合产业政策新上项目，协助项目尽快批复。做好节能减排工作，对能耗大、污染重的落后生产工艺、设备和产品，实现稳定达标排放。是年，投入减排工程建设资金 200 万元，实施 9 项节能减排工程建设。

2010年，集中开展整治企业污染专项行动，园区电解锰、电解锌、硫酸企业除3家电解锌、1家电解锰符合排污标准在生产外，其余高能耗、高污染企业全部停产进行整治。2011年，完成12座尾矿库闭库施工，同时，建设县工业集中渣库渗漏液收集处理设施。对电解锰企业产生废渣统一倒入县工业集中渣库。

2012年2月，开展重金属污染整治工作大检查工作，重点检查污染处理设施、污水处理、环保"三同时"制度等落实情况，稳定达标排放，建立健全重金属污染物产生、排放台账，强化监督性监测和检查制度，对重点企业开展强制清洁生产审核，严防涉重金属污染事故发生，对有违法排污、闲置污染处理设施等环境违法行为的企业进行处罚。期间，对3家重金属污染物排放不达标企业进行罚款处理，并限期整改。

2014年，根据省、州部署，县政府组织开展以电解锌、电解锰、硫酸等涉重金属企业为重点的环境污染隐患大排查。县政府成立以分管副县长为组长，县应急办主任、县环保局局长为副组长，园区管委会及相关部门负责人为成员的环境污染隐患大排查工作领导小组。制定《泸溪县环境污染隐患大排查工作方案》，确定整治重点地区为武溪工业园。1月8日，召开环境污染隐患大排查动员会，1月15日，园区45家重点企业完成环境污染隐患自查工作。根据企业自查情况，排查领导小组按照方案要求对全县企业进行现场排查核实工作，针对部分涉铅企业存在问题开展专项整治。县政府制订《泸溪县涉铅企业专项整治方案》，落实各部门职责和分工，按照一企一策整治要求，落实各部门职责和分工，采取关闭一批、淘汰一批、停产整治一批、立案查处一批办法，对涉铅企业存在问题逐项开展整治工作，重点解决损害群众健康和影响可持续发展突出环境问题。以涉重金属、危险废物、危险化学品等企业为重点加强环境监管，出动执法检查人员对50家企业全面开展排查整治。至11月，县环保局下达现场检查文书256份，责令改正违法行为决定书60份，停产整治企业19家，立案查处企业12家，拆除企业非法生产线3条，淘汰落后生产线2条。对工业园区内涉重金属、危险废物等重点企业污染排放情况加强监测工作，取得省控断面生态考核有效数据1624个，重点区域土壤样数据236个，大气常规数据150个，企业废渣样数据36个，污染源水样403个，污染源大气样130个，饮用水源水质监测数据433个，及时掌握了重点区域环境质量状况。重视并解决群众反映突出环境污染问题，根据武溪镇企业周边群众反映污染情况，对20家环保不达标企业进行停产整治，同时，认真做好群众解释工作，稳定群众情绪，解决群众合理诉求，保障群众环境利益。其间，处理环境信访问题11件次，全部化解成功。

2015年，在上年取得整治成效基础上，继续加强企业污染治理工作。在开展重金属污染防治上，在污染隐患大排查工作推动下，开展以重金属污染防治为重点的环境整治工作。重点将泸溪县金利化工重金属污染治理、泸溪县金磊集团蓝天分公司重金属污染综合治理、园区重金属废渣集中处置以及小婆溪、鲶鱼溪、火龙溪地表水重金属治理被列入重金属污染治理项目。金利化工有限公司硫酸生产中“三废”综合治理项目使用省级资金100万元、企业自筹550万元用于建设改造企业污染处理站，使用石灰铁盐法去除废水中重金属，清水回收，污泥渣安全保存并外售，年处理废水20万吨，含重金属废渣1.13吨。建设尾气吸收塔对尾气进行脱硫排放并去除一定重金属。建设在线监控设备一套，实施监控尾气排放状况。蓝天冶化有限责任公司重金属治理项目使用重金属治理补助资金300万元，开展(危险)固体废弃物暂存库改造和浸化桶烟气治理工程建设、污水处理站升级改造工程建设、压滤系统改造建设、厂区环境综合整治建设。公司投入资金1200万元，建设厢式程控隔膜压滤机，替换老旧压滤机，固体废弃物暂存库改造主体工程已完成并投入使用，完成污水处理站升级改造建设。园区重金属废渣无害化处置项目获重金属治理补助资金700万元，具体项目是：泸溪县绿源环保有限公司唐家排电解锰尾矿库闭库项目建设；黑塘电解锰尾矿库渗滤液收集处理项目建设。小婆溪、鲶鱼溪、火龙溪地表水重金属治理项目申报重金属治理资金600万元，完成项目建设。在大气污染防治上，深化工业企业污染治理，减少污染物排放。筹措资金实施园区大气和废气污染治理工程。污染治理资金以企业自筹为主，建立政府、企业、社会多元化投资机制，设置专门人员和机构建立项目库并落实项目计划。加强对泸溪县金利化工有限公司硫酸尾气综合治理设施的监管，确保运转正常。实施泸溪县蓝天冶化有限公司与湖南鑫海锌品有限公司流化床锅炉烟气综合治理工程建设，至2015年，完成二氧化硫、氮氧化物、烟粉尘处理设施建设。金天公司、金昊公司、众鑫公司完成粉尘收集等设施建设，金瑞公司完成锰冶炼过程中粉尘、酸雾等收集设施建设。银阁公司依据环评要求与新建项目环保“三同时”制度开展相关环保设施建设。在调优工业结构上，进一步落实产业结构调整和产能过剩行业结构调整指导性文件，先后关闭不符合国家产业政策的冶金、化工企业三家。对相关企业加强更新改造，实施节能技术改造，把淘汰高耗能设备当作节能工作重点。规模企业实施国家级技改项目有投资 4000 万元，建设金旭硫酸余势余压综合利用项目，年节标煤 4523 吨；投资 7000 万元，建设金旭公司 5 万吨 / 年电解锰能量系统优化节能技改项目，年节标煤 14000 吨；投资 1600 万元，建设鑫兴冶化公司 35 吨 / 年锅炉改造项目，年节标煤 11800 吨；投资 2000 万元，建设兴业冶化公司硫酸余热余压、综合利用项目，年节标煤 12000 吨；投资 1500 万元，实施蓝天冶化公司锅炉改造项目，年节标煤 11000 吨。实施省级技改项目主要有：投资 1200 万元，实施鑫海锌品公司煤代油锅炉改造项目，年节标煤 9000 吨；实施弘鑫化工公司等 4 家企业电解锰能量系统优化技改项目，年节约标煤 3.33 万吨。

注重发展新型工业，至 2015 年，武溪工业集中区内聚集一批铝粉、铝型材、新材料、生物制药、农副产品精深加工等新兴产业。金昊公司、银阁公司等企业产品处于产业链下游，附加值高，由于原料全部外购，生产过程中仅需不多的冷却水，可循环利用，对环境无污染。

至 2016 年，锰锌传统产业占全县规模工业产值比重由 2012 年 80.3%下降至 60%，铝粉、合金等新兴产业占规模工业产值比重上升至 35%。

第三节 劳动和社会保障

一、劳动就业

(一)就业岗位测算。2005 年，武溪镇辖区内工业企业集聚区工业产值为8.19 亿元，安排就业岗位 3124 人，人均创造工业产值 26 万元。按照《武溪工业园区整体规划》，随着工业企业资金与技术含量提高，人均创造产值上升，2010 年人均创造工业产值达 30 万元，武溪工业园产生就业岗位可安排 0.8 万人，远期产生就业岗位为 2.5 万人。

(二)居民就业

1.优先招收失地农民就业。园区征地拆迁导致失地农民增多，2007 年，园区与招收劳动用工企业协商，在用工上优先安排失地农民就业，明确规定，入园企业投产后必须按一定比例安排征地拆迁户就业，在同等条件下，各用地企业应优先招收失地农民。至 2010 年，园区内企业共招收符合企业员工条件失地农民 1200 人，失地农民就业率 90%，确保失地农民基本生活不因征地受到影响。

2.招收城镇失业青年就业。园区根据各企业用工情况，与企业合作，按照招工条件优先招收企业所在地城镇失业青年，为城镇青年开辟就业渠道，既为城镇居民家庭解决后顾之忧，又促进社会稳定。

3.招收老企业员工。泸溪县老工业基地造就了一批工业人才，对改制破产的国有集体企业职工，园区管委会与相关民营企业协商，向企业推荐这些人才入厂就业，既为下岗职工解决生活出路，更为企业发展留住了人才。至2012年，在园区6000名企业员工中，原国有集体企业员工占45%，并成为各个企业的骨干。

4.招收返乡农民工就业。2009年后，随着城镇化进程的加快，梁家潭、八什坪等乡镇农民陆续在武溪镇购房、租房居住。这些家庭有许多在外务工人员并有技术专长。每年农民工返乡期间，园区根据企业用工情况，协调企业就地招收有意回乡工作农民工对象，使这些对象能在家门口工作，既有固定收入，又能照顾家庭子女，减少留守儿童和老人，同时，利用专长服务企业发展。至2014年，招收返乡农民工1040人。

2015年，武溪工业园以贴心服务和优美环境开展招商引资，先后引进银阁公司5万吨/年铝型材、群祥公司1.2万吨/年超纯铝粉、恒裕公司8000吨/年铝基复合材料等大项目入园落户并投产，高阳伞业、湘亚鞋业、金思旋鞋业、勒丁卫浴等12家鞋类、晴雨伞、家具等劳动密集型项目进入标准厂房，借此拓宽全县年轻劳动力在本地就业范围。湘亚鞋业等3家公司于2015年投入生产，安置1100个就业岗位，不仅增加当地群众收入，也提升园区人气。是年，园区内有铝单板等2个项目投产，进入标准厂房劳动密集型项目20个，仅此新增就业人员3000人。园区实现转型升级，带动劳动就业，催生新兴工业企业发展。

2016年，园区为企业搭建用工招聘平台，招录当地剩余劳动力。5月，园区联合县人社局、县总工会组织参与招聘的11家民营企业，在武溪、洗溪、潭溪等乡镇举办“2016年民营企业招聘周”活动，招聘企业提供制鞋、销售、机械工人等基础性岗位，招聘对象是农村贫困家庭劳动力，为农村群众提供就业岗位1315个，湘亚鞋业公司一家便招聘700名工人。

二、就业培训

强化职工素质和职能培训，规范劳动力市场，努力解决招工难和就业难。一方面继续改善投资和创业环境，留住本地人才吸引省外人才。另一方面通过建立和完善学习及培训制度，不断提高就业人员整体素质，让适龄劳动力和下岗失业人员有一技之长，为园区建设提供高素质劳动就业人才。园区管委会与县就业局、园区企业实施新员工岗前培训工程，成立培训工作领导小组，形成“园区引导，企业协作，面向市场、服务企业”培训格局。

2009 年，随着农民工返乡，县政府高度重视农民工再就业工作，利用工业迅速发展县内企业需要大量技能型岗位人才优势，因势利导，整合职业教学资源，拓展职业教学空间，采取与企业联合对口培训、对口就业方式，有的放矢地开展农民工技能培训，走出一条帮助农民工再就业模式。是年 9 月，园区配合县就业局采取“订单式”培训方式，利用县农业机械化学校技能培训基地培训 38 名农民工学员电工知识和焊工操作规程。通过理论和实际操作考试合格后，这些农民工学员全部安排在武溪工业园区内企业就业。2011 年后，随着入园企业增多，根据新型工业用工要求，园区管委会协助各企业加强新员工就业技能培训，就业培训成为园区管理的一项重要工作。至 2016 年，园区培训就业人数 3758 人，培训就业率 95%，培训合格率 98%。

实施人才立体培训战略，分层次、多类别、多种形式开展人才培训工作。针对企业发展遇到实际问题。一方面，制定全员参与培训制度。结合自身特点，联系实际，制定培训规划，设计培训载体，注重培训质量，讲求培训实效。形成主管部门组织牵头协调，各专业部门分工负责，全员广泛参与，齐抓共管，整体推进培训机制。另一方面，采取“走出去，请进来”办法，使员工通过多种渠道和载体，及时掌握本岗位的新知识和新技术，更好地立足工作岗位，提高工作执行力。2013 年，园区各企业定期组织外出考察活动，先后 121 人分别到省内和省外知名企业学习考察，230 名技术人员派送到中南大学和吉首大学培训中心进行深造。至 2016 年，各企业内部共举办各类培训班 1340 期，培训员工 6300 人次。通过加大员工培训，企业管理水平和人才队伍专业技术素质在短时间内得到提高，适应企业发展需要。

三、劳动保障

（一）工资集体协商制度。园区民营企业发展初期，企业实行由厂方单独确定职工工资制度，厂方按照劳动岗位并根据劳动强度、技术技能，结合企业生产效益确定职工工资，一般在 1500—3000 元之间。随着人们生活水平提高，厂方考虑劳动用工价格提高和物价上涨等因素，逐年增加职工工资，使之与政策规定和社会需求相适应。其劳动方式和支付职工工资方式是，企业满负荷运转期间，按照确定的工资级别，全额按时发放；企业少产期间，一部分职工放假，发放基本生活费；

企业停产，职工全体放假，自谋出路，等待复工通知。

2011 年 11 月 27 日，湖南省第十一届人民代表大会常务委员会第 25 次会议通过《湖南省企业工资集体协商条例》，自 2012 年 5 月 1 日起施行。工资集体协商制度是指职工方与企业方依法就企业工资分配制度、工资分配形式、工资收入水平等与工资相关事项进行平等协商，在协商一致基础上签订工资集体协议行为。工资集体协商遵循合法、公开、平等、诚实信用原则，兼顾职工利益和企业发展需要，保障职工实际工资水平与企业劳动生产率、经济效益相适应。职工方或者企业方按照条例规定的程序提出工资集体协商要约，要约相对方应当开展工资集体协商。县级以上人力资源和社会保障主管部门对本行政区域内工资集体协商工作进行指导、协调和监督。工会对职工开展工资集体协商进行帮助和指导，对工资集体协议履行进行监督。工商业联合会、企业联合会、行业协会、商会等企业代表组织引导、支持和帮助企业开展工资集体协商。人力资源和社会保障主管部门、工会和企业代表组织通过协调劳动关系三方机制，共同研究处理工资集体协商中的重大问题。

《湖南省企业工资集体协商条例》规定，职工方和企业方开展工资集体协商时，协商代表人数对等，每方人数为 3 至 9 人。职工方协商代表由工会提名或者由工会组织职工提名，经职工代表大会或职工大会通过；职工代表大会闭会期间可经职工代表团（组）长、专门委员会或者专门小组负责人联席会议通过，提请下一次职工代表大会确认。尚未建立工会的企业职工方协商代表由县工会指导企业职工民主推荐，并经半数以上职工同意。职工方协商代表中一线岗位职工代表比例不低于 50%。女职工人数达到企业人数 10%以上，职工方协商代表中应当有女代表。

《湖南省企业工资集体协商条例》规定的协商内容为，企业最低工资标准；职工年度平均工资水平及其调整幅度；奖金、津贴、补贴等分配办法；计时工资、计件单价、加班工资和劳动定额标准；双方认为应当协商的与工资相关的其他事项。工资集体协商基础是：本企业劳动生产率和经济效益；上年度本企业职工工资总额和职工平均工资水平；本企业长远发展的需求。协商程序是，已经建立工会的，职工方可以根据规定向企业方提出工资集体协商要约：企业工会在听取本企业职工意见基础上可以组织提出；中型以上企业五分之一以上的职工、小型企业三分之一以上的职工有工资集体协商要求，或者二分之一以上职工代表大会代表有工资集体协商要求的，企业工会应当组织提出。企业尚未建立工会的，职工方可以在上级工会组织指导下提出工资集体协商要约。工资集体协商采取协商会议的形式，协商会议由协商双方首席代表轮流主持，首次会议由提出协商要约一方的首席代表主持。在工资集体协商会议召开五个工作日前，协商双方应当如实向对方提供协商方案以及与协商方案相关的信息和资料。协商双方就协商内容达不成一致意见的，双方均可以书面形式向上一级工会或者工商业联合会、企业联合会等企业代表组织申请调解；调解不成可再向有管辖权的人力资源和社会保障主管部门申请调解。协商双方也可以直接向有管辖权的人力资源和社会保障主管部门申请调解。工资集体协议有效期限由协商双方约定，一般为一至三年。工资集体协议有效期届满，职工方或者企业方认为需要重新协商的，应当按照本条例规定的程序进行。生效的工资集体协议对企业方和职工方均具有约束力。因履行工资集体协议发生争议，当事人协商解决不成的，向劳动争议仲裁委员会申请仲裁；对仲裁裁决不服可自收到仲裁裁决书之日起十五日内向人民法院提起诉讼。

自《条例》出台后，园区管委会协助配合县总工会、县人社局在园区相关企业开展试点工作，金源、金天等8家公司全面实行工资集体协商制度。经过协商，职工工资尤其是一线工人劳动报酬全面提高，有4家公司职工工资达到沿海发达地区企业员工工资水平。至2016年，园区企业职工每月平均工资3000元，最高达到5000元。

(二)社会保障措施

1.企业职工社会保障。依据《社会保险法》规定，企业有责任和义务为员工参加五险：养老、医疗、失业、工伤、生育保险，《住房公积金管理条例》规定，企业应当为员工购买住房公积金。养老保险是为解决劳动者在达到国家规定解除劳动义务劳动年龄界限，或因年老丧失劳动能力退出劳动岗位后基本生活而建立的一种社会保险制度。工伤保险是指劳动者因工作原因遭受意外伤害或患职业病而造成死亡、暂时或永久丧失劳动能力时，劳动者及其遗属能够从国家、社会得到必要的物质补偿的一种社会保险制度。医疗保险分为基本医疗保障和社会医疗保障。医疗保障是指保证职工在患病时能得到目前所能提供给他的、能支付得起的、适宜的治疗技术，它包括基本药物、基本服务、基本技术和基本费用等内容。社会医疗保险是国家和社会根据一定的法律法规，为向保障范围内劳动者提供患病时基本医疗需求保障而建立社会保险制度。生育保险是国家通过社会保险立法，对生育职工给予经济、物质等方面帮助的一项社会政策。其宗旨在于通过向生育女职工提供生育津贴、产假以及医疗服务等方面的待遇，保障她们因生育而暂时丧失劳动能力时的基本经济收入和医疗保健，帮助生育女职工恢复劳动能力，重返工作岗位，从而体现国家和社会对妇女在这一特殊时期给予支持和爱护。失业保险是指国家通过立法强制实行，由社会集中建立基金，对因失业而暂时中断生活来源的劳动者提供物质帮助制度。

自2007年起，园区管委会协助县人社局等部门对未按规定参加社会保险缴费企业依法制约，县劳动监察大队集中时间开展专项监察，全面督促企业落实。坚持扩面回访，防止企业中断缴费或不按规定缴费。抓好企业拖欠社保费清理工作，坚持制定清欠工作计划，每年对全县参保企业欠费情况进行核查。推进高风险企业参加工伤保险。每年5月利用一个月时间，对园区高风险企业参加工伤保险状况进行全面调查，掌握未参加工伤保险高风险企业状况和人员结构，有针对性落实高风险参加工伤保险措施。结合“平安园区”“平安企业”为主题的宣传工作，开展工伤保险政策宣传。2011年新《工伤保险条例》施行后，园区配合县工伤保险管理服务局在园区开展条例宣传和咨询，通过发放新修改《工伤保险条例》和“工伤保险参保告知书”及张贴工伤保险政策图片方式，广泛宣传工伤保险政策。企业主动为职工参保，并邀请县工伤保险管理局工作人员进入企业内部培训，讲解工伤保险法律法规以及工伤保险业务经办知识，解析工伤保险业务典型案例。同时，及时做好工伤事故调查和待遇支付工作，只要发生工伤事故，工作人员第一时间内赶赴事故现场，核查工伤待遇等级，并向事故相关各方宣传国家工伤保险的政策法规，依据新修改《工伤保险条例》测算工亡或工伤待遇。

至2016年，园区有35%的企业落实了职工基本养老、医疗、失业、工伤、生育等五大保险，65%的企业落实了基本养老、医疗、工伤三大保险，与职工均签订了《劳动合同书》，合同签订率100%。开展清欠工资等专项执法行动12次，涉及劳动者480人，结案率100%。处理劳动争议案件15起，涉案人数106人，涉案金额70万元。园区参加社会保险职工数4920人，有28名因工伤事故受伤人员和4名事故死亡人员领取总额220万元工伤保险待遇。

2.失地农民社会保障。2015年12月29日，县人民政府办公室印发《泸溪县被征地农民社会保障暂行办法》，对被征地农民纳入社会保障体系。纳入保障体系对象和范围是，被征地农民为家庭联产承包责任制以来继续依法享有农村土地承包经营权，且人均承包耕地面积不足0.3亩的农业人口；户口在农村集体经济组织、依法享有农村土地承包经营权并承担相应义务的常住人员；入学入伍前户口在农村集体经济组织并享有农村土地承包经营权并承担相应义务的在校大中专学生、现役义务兵及一、二级士官；服刑、收容前户口在农村集体经济组织并享有农村土地承包经营权并承担相应义务服刑等人员；户籍虽然发生变化，但在集体经济组织中权利义务管理未发生变化人员。

《暂行办法》规定，被征地农民社会保障对象按以下程序确认：符合条件被征地农民个人申请；所在农村集体经济组织、村民委员会或村小组讨论通过并公示；乡镇人民政府组织乡镇国土、经管等部门进行初审；乡镇人民政府将符合条件人员送县国土资源部门和农经管理部门审核；乡镇人民政府将已通过县国土资源部门和农经管理部门审核人员名单报县人民政府审定；村民委员会或村民小组依法将县人民政府审定结果公示七天；乡镇人民政府将公示无异议人员报县人力资源和社会保障部门，统一办理登记和参加社会保障相关手续。

《暂行办法》规定养老保险选择，被征地农民自愿选择参加城镇职工基本养老保险或城乡居民基本养老保险，政府和集体经济组织为被征地农民参加社会养老保险提供参保缴费补贴。参保缴费补贴标准是，被征地农民参加社会养老保险的缴费补贴额＝被征地农民一次性缴纳城镇职工基本养老保险费时上一年度全省在岗职工年平均工资 60%×12%×X 年(最高 15 年)。符合参保条件被征地农民选择按灵活就业人员参保政策参加城镇职工基本养老保险的，一次性缴纳基本养老保险费，建立养老保险关系。一次性缴纳养老保险费的基数按被征地农民一次性缴费时上一年度全省在岗职工月平均工资 60%确定，一次性缴纳起始时间不得早于被征地农民本人年满 16 周岁的时间，截至被征地农民参保缴费时止，缴纳年限不超过 15 年。被征地农民选择参加城乡居民基本养老保险，按照参保缴费补贴标准公式计算参加缴费补贴总额。被征地农民参加城乡居民基本养老保险，对其缴费进行补贴，在其个人账户增加被征地农民社会保险缴费补贴项目，记录缴费补贴情况。被征地农民参加城乡居民基本养老保险达到待遇领取条件时，增发被征地农民政府补贴养老金。政府补贴养老金月标准＝缴费补贴总额÷139，由县人民政府发放终身。符合城乡居民最低生活保障条件的被征地农民可按规定享受最低生活保障待遇。符合其他社会救助条件的，按规定享受相应待遇。

《暂行办法》规定资金筹集和管理，被征地农民可用发给其本人征地补偿费缴纳个人应缴纳社会保险费，被征地农民社会保障资金主要来源于用地单位缴纳、政府补贴和集体补助。社会保险经办机构发给“泸溪县被征地农民社会保障登记证”。被征地农民凭此证件持有效身份证件，到社会保险经办机构办理参保手续，按规定缴纳基本养老保险费、享受社会保险缴费补贴。对农用地建立台账管理制度，县国土资源部门对辖区范围内的农用地实行动态管理，建立农村集体经济组织耕地面积数量变化台账，并做好相关统计工作；县人力资源和社会保障部门建立被征地农民社会保障台账；县公安部门建立被征地农民户籍台账，并做好相关户籍管理工作。

根据《泸溪县被征地农民社会保障暂行办法》规定，园区管委会协调武溪镇政府对2006年后因园区建设征地后的失地农民进行清理，对所有符合《泸溪县被征地农民社会保障暂行办法》规定的对象纳入全县社会保障范围。

四、劳动权益维护

(一)劳动维权机制。在源头参与机制上，健全定期汇报制度、联席会议制度、劳动关系三方协调机制，运用好与企业工作联系制度等，提升源头参与效果。在完善劳动争议预防、预警和调处机制上，健全完善劳动矛盾纠纷排查制度，建立健全园区管委会、镇政府、人社局、企业劳动争议调解组织，发挥企业调解、仲裁调解、庭前调解作用。完善法律援助制度，加强劳动法律监督，参与劳动监察、用工执法、防范处置企业拖欠工资等工作，杜绝群体性欠薪事件发生。在健全信息信访收集处置机制上，加强信息员队伍建设，加强职情调研，做好网上舆情分析和引导，畅通信息渠道。及时调处职工最关心、最直接、最现实的问题，把矛盾化解在企业，解决在萌芽状态，以职工队伍稳定促进社会和谐稳定。在工作实践中，加强劳动关系协调，贯彻落实《劳动合同法》，稳步扩大劳动用工备案范围，督促和监督企业把员工参加养老、医疗、工伤、生育、失业保险纳入签订劳动合同内容，并落实用工备案。加强劳动保障基础工作，重点抓好员工工资清欠工作。配合劳动人事争议调解仲裁，建立扩大企业劳动争议调处联系点制度，维护当事人合法权益。

(二)处置劳动纠纷。在实际工作中，为使企业员工合法权益得到保护，促进企业履行劳动法律法规，园区管委会转变工作作风，配合县人社局、县经信局加强劳动维权工作。坚持把劳动法律法规列入普法宣传重点内容，定期开展法律宣传，让企业老总和企业员工知晓相关法律法规。主动倾听来访用人企业和劳动者意见建议，向企业和劳动者详细解释劳动法律法规，引导劳动者依法理性维权，引导企业遵法守法、合法用工，从源头上减少劳动纠纷的发生。坚持调解优先。以“调解优先”为原则，协商和解贯穿于案件处理全过程，能调解的尽量调解，调解不好的再交由县人力资源和社会保障局进行劳动裁决，有效缓解劳资双方矛盾冲突。2008 年至 2011 年，园区管委会把解决拖欠员工工资问题放在重要议事日程，定期联合劳动保障、经信、工会等相关职能部门采取专项检查与日常巡查相结合方式，随时掌握企业工资支付动态，发现工资拖欠现象便及时处理，认真受理群众投诉举报案件，把劳资纠纷隐患化解在萌芽状态。

2012 年至 2014 年，园区管委会协助县直相关部门开展劳动用工专项执法检查 11 次，检查企业 34 户，涉及员工 2440 人。受理和调处劳动争议纠纷案件 32 起，结案 32 件。通过专项检查，督促企业和员工签订劳动合同 1130 份，纠正同岗不同酬违规行为 16 件次，化解劳动争议隐患 42 件，促进劳资双方建立和谐稳定的劳资关系。

2015 年至 2016 年，园区管委会根据县政府部署，配合县人力资源和社会保障局、武溪镇政府以劳动维权为重点，开展园区企业劳动争议维权专项检查 5 次，检查用人单位 38 家，为 35 名员工追回拖欠工资 16 万元，依法补签订劳动合同 650 份，依法督促 3 家用人单位为 62 名劳动者缴纳社会保险费。处理群众投诉举报案件 15 起，结案率 100%。协助人社局处理劳动争议案件 6 件，仲裁结案率 100%，为劳动者挽回经济损失 22.30 万元。

第四节　征地拆迁和居民安置

一、征地拆迁补偿政策

2007 年 4 月 12 日，县政府办公室印发《泸溪县武溪工业园征地拆迁补偿安置暂行办法》，对武溪工业园征地拆迁补偿安置进行规范。武溪工业园总体规划范围内的征地拆迁补偿安置执行《湘西自治州征地拆迁补偿安置办法》及《关于发布湖南省征地年产值标准的通知》和《泸溪县武溪工业园征地拆迁补偿安置暂行办法》。

(一)征地补偿和安置标准

1.树木补偿。①零散桂花、红木、紫微、松、杉等苗高在 3 米以下，蔸经在 12cm 以下苗木参照州政发〔2003〕5 号文件中规定的苗木标准补偿。成片 1 亩以上按邻近水田平均年产值 3-5 倍补偿。②零散树木超过前款规定胸径和苗高不予补偿，只补偿砍伐工资，标准为胸径12cm-20cm之间、树高3米至5米之间成林每株补偿砍伐工资30元，胸径超过20cm、树高在6米以上每株补偿砍伐工资60元。1亩以上成片林木付砍伐工资每亩1000元。③树木补偿后，被拆迁人在限期内将树木移栽它处或砍伐，超过期限不移栽或不砍伐由拆迁人自行处理。

2.自然寨村民饮用的生产生活水井分三类给予补偿。各类违法违章建筑物、构筑物不予补偿。征地公告发布之日起，不得在征地范围内抢种农作物和抢栽林果、苗木、花卉及修建构筑物；对改变土地用途的按改变前土地用途补偿。被征地户对已征土地不腾地又改种或已腾地又抢种的，不予补偿。

3.户籍管理。被征地户全部或大部分耕地被征用后按户籍管理有关规定，失地人口从农村居民登记为城镇居民。

(二)房屋拆迁补偿安置

1.由拆迁方委托具有房地产评估资质的机构按国家有关法律法规政策规定，依据武溪工业园管理委员会登记地址所在地政府所发布或执行的基准指导价，评估确定房屋拆迁补偿金额。

2.拆迁补偿以2006年县政府组织实物清点登记和农户签名盖手印登记表为依据。在武溪工业园总体规划出台后，未经有关部门批准新建、改建、扩建建筑物、构筑物，视为违章建筑。拆除违章建筑和超过批准期限临时建筑物不予补偿；拆除未超过批准期限的临时建筑给予适当补偿；拆除淹没线以下建筑物且已获得移民补偿构筑物不予补偿。

3.房屋建筑面积计算方法。①属砖混结构依据建筑物建筑面积按各层建筑面积之和计算，其首层建筑面积按外墙勒脚以上结构的外围水平面积计算，二层及二层以上按外墙结构的外围水平面积计算。有柱走廊按柱外围水平面积计算，有围护结构阳台、挑走廊按其围护结构外围水平面积计算，无围护结构阳台、挑走廊按其水平面积一半计算。经墙出檐，出墙出檐、悬挑雨蓬不计算建筑面积。②属砖木、土木、纯木结构的，依据国家发布的房屋测量规范计算办法执行。③房屋层高按室内地面至楼面或前后经墙(柱)的平均高度计算。层高不满2.2米减半计算建筑面积。

(三)补偿方式

1.房屋拆迁补偿方式可实行一次性货币补偿，也可以实行房屋产权调换。实行产权调换的，拆迁人和被拆迁人应当依据本办法规定，计算被拆迁房屋补偿金额和置换房屋价格，结清产权调换差价。

2. 拆迁公益性房屋实施货币补偿，需重建的，在不突破原补偿金额和规模前提下协商重建，突破规模和补偿金额部分由被拆迁方负责。

3. 被拆迁人因特殊情况需要过渡安置的，拆迁人按每月200元支付被拆迁户过渡期内临时安置补助费，时间不超过6个月；不能按时提供宅基地的，过渡安置补助费补至提供宅基地之后再顺延6个月。

4. 被拆迁户宅基地安置办法，分现金补偿和按规定标准分宅基地两种办法。①被拆迁户自选宅基地，集体土地按每平方米500元标准以现居住宅基地面积进行计算补偿；国有土地按每平方米800元标准，凭县国土局办理正式国有土地宅基地使用权证为依据进行计算补偿。②被拆迁户需要拆迁人提供宅基地，则按被拆迁人现居住的基地面积进行安置，每宗为80平方米。③在符合法律法规规定农村及居民宅基地面积范围内，宅基地安置可以面积换面积；原宅基地面积多于现安置地面积的，少安置面积由拆迁人按每平方米120元补偿给被拆迁户；多安置面积由被拆迁人按每平方米120元标准补偿给拆迁人。

(四)安置方法

1. 进安置区的被拆迁户按签订拆迁协议先后顺序选择安置地，两户以上同时选择同一宗宅基地采用抽签方法确定。

2. 被安置拆迁户“建设规划用地许可证”“建设工程规划许可证”“国有土地使用权证”“房屋可用权证”实行统一办理，只收取办证工本费，由持证者支付。

3. 被拆迁户与拆迁单位签订拆迁协议时，拆迁方付30%拆迁补偿金，实施拆迁且拆除房屋主体后再付40%拆迁补偿金，清场完毕支付完剩余资金。

(五)房屋拆迁程序

1. 房地产行政主管部门发布拆迁公告并发放拆迁许可证。

2. 按武溪工业园管理委员会登记地所在政府或房屋补偿标准基准指导价格，对被拆迁户(人)房屋进行预算，并将补偿价公示。

3. 对预算结果没有异议的签订拆迁协议，对预算结果有异议的参照《城市房屋拆迁管理条例》和《城市房屋拆迁行政裁决工作规程》的规定处理。

4. 按拆迁协议实施拆迁。

(六)安置区标准及管理。安置区选择应符合武溪工业园总体规划、建设布局合理、环境优美新型居住区；安置区应具备“户外五通一平整”标准；安置区拟作整体规划，集中安置；安置区宅基地不得私自买卖。

二、征地拆迁

2006年，园区成立后，管委会协同县国土局、武溪镇党委政府着手开展征地工作，自2007年起进入房屋拆迁时期，按照“边征地拆迁，边建设”方法，开展征地拆迁和园区建设工作。制定房屋拆迁标准，秉承“以民为本”指导思想，深入拆迁区域进行调查，倾听群众和拆迁对象对房屋拆迁补偿标准意见，提高群众参与度，扩大政策制定的民主性。在此基础上，再参考周边吉凤工业园、高速公路、移民搬迁等拆迁工程标准，制定较为合理、在全州处于较高补偿水准房屋拆迁标准。园区管委会推行阳光拆迁工程：即在拆迁区域公开张贴拆迁补偿文件，发给村干部、拆迁户人手一份，并附高速公路、移民搬迁房屋拆迁标准，让拆迁户对号入座，心中有数；在现场房屋定类、测量面积时，与拆迁户户主对照文件逐条落实，现场签字并统一张榜公布，有异议的再次复核。拆迁户签定拆迁协议后，园区管委会将该户拆迁房屋类型、面积、补偿金额张榜公布，接受群众监督。使拆迁政策公开、房屋定类公开、操作过程公开，把拆迁工作全程置于阳光之下，消除部分拆迁户疑虑，提高拆迁户主动参与意识。加强政策宣传攻心工作，对于不主动拆迁户，组织专门工作组上门入户做思想工作动员拆迁。对个别提出不合理要求拒不拆迁拆迁户，园区向县政府汇报，由县政府抽调政法委、房管局、国土资源局等部门组成工作组开展工作，由县分管领导带队上门做工作，宣传国家法律法规，进行政策交底，明确指出不自行拆迁后果。在2008年房屋拆迁工作中，对4户应拆迁户拒不拆迁，通过其在县直机关单位工作的亲属出面做工作，最后4户拆迁户全部签定自行拆迁协议，避免强制拆迁。

至2015年，园区共征地212.53公顷，拆迁房屋368户416栋3.13万平方米，涉及人员1135人。其间没有发生一起强拆案件，做到协议拆迁、和谐拆迁、文明拆迁。

三、居民安置

(一)拆迁户安置。园区对征地拆迁户主要安置地选在老县城所在地楠木洲。2006年，武溪工业园成立后，投入资金3000万元，开发楠木洲面积18.95万平方米，作为武溪工业园北区拆迁户安置地，为入户武溪镇城乡居民新建房屋提供宅基地，使之成为武溪城镇中心。2010年12月2日，县政府在武溪工业园现场办公，重申武溪工业园拆迁户安置地点在老县城遗址楠木洲。宅基地基础工程由拆迁户自行施工，园区管委会按照国家规定标准对网板结构给予每平方米687.48元补助。安置工作坚持统一规划、统一标准，安置区内楼层数为3层，建房允许房屋正面外挑1.20米，临街面每户安排宅基地面积63平方米，次街面每户安排宅基地面积81平方米。国土、城建、规划等相关部门对安置区内拆迁户办理各项审批手续提供方便，给予办证优惠政策，减少办证费用。

2011年1月，县发展和改革局批复同意武溪工业园所属富强农业综合开发公司负责楠木洲安置区工程项目建设。至年底共建成房屋基础工程38830平方米。

2012年3月20日，县政府在武溪工业园召开现场办公会议，研究武溪工业园拆迁户安置遗留问题处理，在县信访接待大厅召开群众见面会，对上访拆迁户所反映的问题给予答复，形成会议纪要。统一解决拆迁户安置的具体措施：对拆迁户反映宅基地面积找差过低问题，决定根据实际情况将执行标准由每平方米补助120元提高到每平方米补助200元；考虑到物价上涨、工价上涨等因素，决定给予每户增加补偿1000元，将拆迁户房屋租期标准由6个月延长至一年；对征地拆迁户剩余土地由武溪工业园全部征收，对土地已全部征收生活困难的纳入低保范围，由县民政局、武溪工业园、武溪镇党委政府优先解决；县公安局负责解决户籍“农转非”问题；按照县政府文件规定，拆迁户办理房产、国土、水电、有线等相关手续只需付证件工本费；按照县政府文件规定，拆迁户建房只允许房屋正面外挑1.20米，对拆迁户提出两户共有一栋房屋人员要求安置两块宅基地问题，参照三峡移民政策落实人头费和要求补偿。拆迁户提出的其他共性问题和个别拆迁户提出的个人问题由武溪工业园、武溪镇党委政府按照国家相关政策和法律法规进行调查核实，尽快答复解决。

2012年，第一期工程安置征地拆迁户100户，新建房屋99栋，安排宅基地面积7452平方米。其中，安置临街面36户，安排宅基地2268平方米，安置次街面64户，安排宅基地5184平方米。2014年11月，动工建设第二期工程，开发面积17760平方米，安置拆迁户48户，安排宅基地面积4888平方米，新建房屋48栋，全部为次街面安置。2016年7月，开工建设第三期工程，开发面积9750平方米，安置拆迁户45户，安排宅基地面积3645平方米。

(二)保障性住房建设。在园区拆迁户安置工作中，出现一些拆迁户缺少建房资金而不能建房问题。考虑到高污染企业周边群众身体健康需要搬迁安置等问题，县政府研究决定将武溪镇作为保障性住房建设重点镇，加快武溪城镇建设。园区管委会配合县国土局、规划局等部门和武溪镇政府对武溪镇保障房建设进行规划，确定工程规模和建设方案。2014 年 11 月 20 日，县政府召开县长办公会议，审定县国土局提交《关于对武溪镇楠木洲保障房安置区实行划拨供地的请示》和《关于以协议方式补办土地出让供地的请示》，同意对楠木洲保障房安置区实行划拨供地，用地面积 14024 平方米，土地使用性质为居住用地，由县保障房建设办公室支付武溪工业园土地开发成本，土地划拨给县保障房办公室作为城南棚户区改造安置用地。2015 年 2 月 12 日，县政府再次召开县长办公会议，调度武溪镇城南保障性住房建设、武溪工业园“一桥一路一厂房”项目建设工作。确定 2 个建设项目为 2015 年项目建设重点目标任务，要求各项目建设单位要增强责任意识和紧迫感，敢于担当，主动化解建设过程中出现的矛盾纠纷，推进项目建设进度。相关部门做好手续审批、土地征收、矛盾协调等工作，联项县领导督促和调度项目进度，解决项目建设困难。确定武溪镇城南保障性住房建设工作有关事项：武溪工业园加快拆迁，确保保障房建设土石方取土需求；分管副县长负责协调好保障房建设土地报批工作；落实失地农民生活保障工作。

武溪镇保障房基础设施改造工程项目包括高速公路至“德政园”路段改造、“德政园”至火龙溪路段改造、金天路改造、工业园北区滨江路改造四个子项。2015 年 3 月公开招标，4 月底启动建设，项目主体单位为县房管局。其中，高速公路至“德政园”路段改造、“德政园”至火龙溪路段改造、金天路改造工程所需资金从保障房区外配套资金中列支，工业园北区滨江路改造工程所需资金由武溪工业园筹集。项目标准为，高速公路至“德政园”路段改造从两车道改为四车道，并安装路灯；“德政园”至火龙溪路段改造对两旁乱搭乱建进行整治，腾出空间修建人行道，安装路灯；金天路改造对两侧人行道板重新铺设，武溪二桥安装路灯，修补道路损坏地方；工业园北区滨江路改造，对整个路面用 4+3 工艺铺设沥清砼。项目由县公路局落实，县发改局、县财政局、县房管局、县交通局、县公路局、武溪工业园管委会、武溪镇政府配合。至 2016 年，项目建设仍在实施中，完成建设工程量 45%。

第五节　驻村扶贫

一、驻点扶贫村基本情况

2015年，根据县委、县政府安排部署，武溪镇高大坪村列入武溪工业园驻村扶贫工作职责，园区管委会组建以副主任陈方生为组长，管委会干部刘本璋、刘洋为工作队员，进驻该村，开展扶贫工作。

高大坪村辖6个小组11个自然寨240户1185人。耕地面积87公顷，其中稻田面积64.33公顷。全村建档立卡贫困户81户233人，五保孤寡老人15人，残疾人64人。外出务工人员442人。在村农户主要以农业生产为主，从事种植油茶，养殖山羊、黄牛、黑猪等产业。村内主要干道已硬化，低大坪组未通公路，高大坪至千丘田3.50公里公路未硬化，5个村民小组饮水困难，村里没有医务室，未开通宽带网络。该村贫困落后原因主要是：自然条件差，基础设施薄弱，农民增收、农业增效缺乏保障；村民文化素质偏低，自我致富能力有限；村干部及党员队伍年龄老化，带领村民致富能力不强；农村产业结构不合理，传统种养殖业比重偏大，农民增收缺乏新增长点。

二、制定脱贫规划

(一)确定目标及任务。 通过努力，使村领导班子凝聚力、战斗力明显增强，党员先锋模范作用充分发挥，村民科技素质明显提高，致富能力明显增强，生产生活明显改善，社会风气状况明显好转，全面脱贫奔小康，2016年，建档立卡户全部脱贫。

(二)确定工作重点

1.抓好基层组织建设。重点抓好村党支部、村委会领导班子建设，形成能带动农民群众脱贫致富坚强集体。培养村级后备干部和入党积极分子，发展新党员。建设好村级组织活动场所，坚持"三会一课"制度，建立健全村民议事、村务公开等各项制度，确保管理措施到位，工作运行规范，服务优质有效。

2.帮扶产业建设。在发展劳务经济、加强劳动力就业转移培训支持村民外出打工赚钱的同时，引导村民把资金和劳力投入产业开发，调整产业结构，因地制宜组织村民搞好产业开发，通过政策帮扶和金融贷款贴息帮扶精准扶持贫困户发展牛羊猪鱼蜂等养殖，培养种植、养殖产业大户10户。

3.加强基础设施建设。申报项目争取资金主要以村组道路、水井维修、山塘水库、基本生活设施等为突破口，改善和提高生产生活条件。4.做好精准结对帮扶。通过全面摸底，明确帮扶对象和目标，采取具体措施，开展园区党员干部一对一帮扶和产业大户委托帮扶贫困户方式，扶持贫困农户发展产业。

(三)确定实施项目。 协调投入资金20万元，维修水井6口，维修除险山塘二口；扶持贫困户发展养殖业，投入28万元；投入资金7万元，硬化四、六组村间道路1200米；协调投入资金18万元，修通二组2公里公路；投入资金4万元，美化村容村貌，搞好同建同治；投入资金5万元，完善村部办公设备，维修好村卫生室；协调投入资金150万元，硬化至千丘田水库村道2.50公里。

（四）确定工作措施

1. 加强村支两委班子建设。加强对党的基本理论和精准扶贫政策学习，提高政治业务素质和领导管理水平，加强对农业技术、致富技术学习，增强带头致富实际本领。

2. 组织现有党员开展以“深入学习党章党规，深入学习习近平总书记系列重要讲话，做合格共产党员”学习教育，提高政治素质、科技素质，发挥在本村脱贫致富建设中先锋模范作用。开展一次民主评议党员活动，培养后备干部，做好党员发展工作。

3. 推行“三制一卡”基层党建工作法，完善各项规章制度，开展党员积分管理制，坚持“三会一课”“四议两公开”“民主评议党员”、村务监督等制度。

4. 按照驻村工作领导小组办公室要求，工作队员坚持做到“思想硬，作风实、很清白，能办事”，进一步密切党群、干群关系。切实加强制度管理、出勤管理和资金管理，圆满完成扶贫工作任务。

三、实施精准扶贫

2015年，开展驻村扶贫工作后，重点掌握村情民情，对精准扶贫对象进行建档立卡，对全村脱贫工作进行规划。2016年，加强对扶贫工作领导，增加了工作队力量，全面开展扶贫工作。

（一）开展走访，制定计划。2016年1月27日—30日，武溪工业园派出工作队到高大坪村开展“走访宣传月”活动。在走访中，工作队召开村民代表座谈，宣传学习习总书记关于精准扶贫系列重要讲话精神、省委有关要求和州委、县委关于精准扶贫的部署，把中央、省、州、县关于精准扶贫、精准脱贫重要指示精神学习到位、宣传到村、宣讲到户，和村干部、村民代表理清发展思路，确定脱贫计划和脱贫目标。走访中，结对帮扶干部职工深入所结对帮扶农户家中，了解帮扶对象生活状况、现实困难、发展愿望等方面需求，并送上慰问金。同时，组织社会各界爱心人士26人组成爱心小分队在该村田子冲、大树坳、低大坪、高大坪四个组开展爱心活动，走访20户贫困老人及贫困户家庭，为每户送上慰问款及物资，为所有老人做身体检查，为3个贫困学生送了助学金。活动中，共走访慰问贫困户、五保户、两女结扎户、老党员、复员退休老军人等108户，发放慰问金、物资14.40万元。2016年2月14日，园区管委会召开精准扶贫工作会议，研究精准扶贫工作。2月15日，园区管委会驻村扶贫工作领导小组陈方生、刘本璋、刘洋等主要成员到武溪镇高大坪村开展工作调查，为2016年驻村扶贫工作打下基础。工作队走访了在村几位贫困农户，与村主干及村民代表举行座谈，就精准扶贫工作展开讨论，确定两项重点工作：因地制宜发展养殖业，将其定位于高大坪村特色支柱产业；加强基础设施建设，计划投入资金60万元用于村间道路硬化、公路维护、山塘水库维修等主要项目。计划发展5万元以上养殖规模农户10户以上，计划投资20万元。3月，驻村扶贫工作组进村开展工作，了解情况并制定帮扶计划、帮助解决实际困难和问题等。制定《2016年驻村扶贫工作计划》和贫困户一户一策脱贫方案，协助、指导，帮助他们选准发展方向，理清发展思路，找准发展项目等。

(二)落实扶贫措施。加强政策宣讲，通过采取召开会议、入户走访等方式，广泛宣讲精准扶贫精神，深入宣讲扶贫工作要求和惠民政策，宣传县委重大决策部署并做好群众教育引导工作。精准识别贫困户，驻村扶贫工作组对全村贫困人口进行精准识别回头看，通过一个组一个组召开村民大会评选，最后确定贫困人口81户233人，按照“五个一批”分类，明确生产发展一批39户111人，教育帮扶一批23户32人，易地搬迁一批75户222人，兜底一批46户76人。

(三)落实困难帮扶。园区每一名科级党员干部帮扶2户贫困户，其他党员干部帮扶1户贫困户，每户都制定脱贫计划。开展慰问帮扶，驻村工作组组织全体干部到联系户家中开展慰问活动，慰问贫困党员和贫困群众30户，发放慰问金8000元。入户了解联系户愿望和要求，征求意见建议，为贫困户解决生产生活中困难和问题，帮助改善生产生活条件。

(四)加大产业培育。驻村扶贫工作组入村后，通过召开大会、入户走访，结合该村山地多、林草多自然条件和传统养殖技术，确定发展种养殖业作为本村脱贫致富主要产业。协助县农商银行武溪支行为9户贫困户发放扶贫养殖贷款46万元，扶持培育发展养牛大户5户，养猪大户10户，养羊大户20户。通过泸溪县欣丰果业种植农民专业合作社委托帮扶方式，采购猪仔160头发放给35户贫困户，合作社以高于市场价10元/公斤价格签订委托养殖收购合同，确保贫困户养殖无后顾之忧。

第八章　园区企业

第一节　企业概况

一、入园企业

2007年4月26日，武陵阳光生物科技公司、新加坡喜丰有限公司、晓园生物科技有限公司、贵阳沅昊铝业有限公司项目在工业园北区举行入园签约仪式，是工业园设立后第一批落户园区的工业企业。随后，每年均有一批企业入驻园区。2008年，泸溪众鑫化工有限公司、泸溪县腾龙材料有限公司、湖南鑫丰合金有限公司、泸溪县金星新材料有限公司、泸溪县金瑞冶化有限公司、泸溪县熙邦化工有限公司、泸溪县弘鑫化工有限公司、泸溪县碧能冶化公司八家企业入驻园区。2009年，湖南倍安自动化装备有限公司、泸溪县汇泉贸易有限公司、泸溪县鑫丰有限公司3家企业入驻园区。2010年，泸溪金杭工贸有限公司、泸溪和兴特钢有限公司、泸溪金泉工贸有限公司3家企业入驻园区。2011年，湘西泸溪嘉美澄日用品有限公司、泸溪群祥新材料有限公司、泸溪盛鑫科技有限公司、泸溪旭锐矿业有限公司、泸溪金昊有限公司5家企业入驻园区。2013年，泸溪银阁科技责任有限公司入驻，2014年湖南恒裕责任有限公司入驻，2015年，泸溪海兴工贸责任有限公司、泸溪高阳伞业有限公司2家企业入驻园区。2016年，泸溪湘亚鞋业有限公司、泸溪金思旋鞋业有限公司、泸溪勒丁卫浴有限公司、泸溪富丽服饰有限公司、泸溪富宇有限公司、泸溪恒佑有限公司、泸溪亿美佳鞋业有限公司、泸溪意康鞋业公司等企业通过招商引资进驻园区。

至2016年底，与2007年时原有企业累计，泸溪工业集中区共有工业企业57家，拥有固定资产65.8亿元，主要产品有铝、锰、锌、磷、服装、农产品加工、生物制药和新金属材料等七大集群30个品种，其中年产值过亿元的企业有21家，年产值高于5000万元的企业31家，高新技术企业4家。园区企业年提供就业岗位

11000 个，2015 年，工业产值 56 亿元，缴纳税收 1.10 亿元，为泸溪区域社会经济发展做出了重要贡献。

二、主导产业

泸溪工业集中区将园区划分为两个功能区：南区为老工业区，以技术改造、逐步整合为主；北区为新兴产业区，以引进高新技术产业为主。2010 年来，以现有产业为基础，整合优势，主动吸纳东部发达地区、珠三角地区技术产业转移。至 2016 年，武溪工业园有铝系列精深加工，锰锌加工、新金属材料、生物制药、轻工业制造等五个主导产业。

(一)铝系列精深加工企业 9 家，总产能 12.36 万吨。分别是：湖南金天铝业高科技股份有限公司 1 万吨 / 年微细球形铝粉及 2 万吨 / 年太阳能用铝及铝合金粉项目、湖南金昊铝业有限公司 1 万吨 / 年微细球形铝粉及 2000 吨 / 年太阳能电池背场铝导电浆料项目、泸溪县金源粉体材料有限责任公司 1 万吨 / 年微细球形铝粉项目、泸溪县群祥新材料有限责任公司 1.2 万吨 / 年铝合金项目、湖南金马铝业有限责任公司 6000 吨 / 年微细球形铝粉项目、湖南省派斯特科技有限公司 3000 吨 / 年环保水性铝颜料及 3000 吨 / 年铝银浆项目、湖南省泸溪县金丰颜料有限公司 2600 吨 / 年铝银浆项目、湖南恒裕新材料科技有限公司 8000 吨铝基复合材料、湖南银阁铝型材公司 5 万吨隔热节能铝型材。2015 年，产值 29.06 亿元，上缴税收 0.53 万元，就业职工人数 2700 人。

(二)新金属材料企业 3 家，总产能 11.4 万吨。分别是：泸溪县众鑫科技股份有限公司 1 万吨 / 年钒氮合金项目、湖南鑫丰合金有限责任公司 10 万吨 / 年锰合金项目、盛鑫科技公司 4000 吨镨钕合金项目。2015 年，实现工业产值 2.1 亿元，上缴税收 1200 万元，就业人数 350 个。

(三)生物制药企业 2 家，总产能 740 吨。分别是：泸溪县晓园生物科技有限公司年产 100 吨绿原酸 20 吨白藜芦醇 1 吨喜树碱项目、泸溪县武陵阳光生物科技有限责任公司的年产 500 吨青蒿素 100 吨迷迭香 20 吨白藜芦醇项目。2015 年，实现产值 1.4 亿元，税收 600 万元，就业人数 150 人。

(四)锰锌加工企业 21 家，总产能 30.02 万吨。全部位于南区。分别是：金旭公司 4.5 万吨、金瑞公司 3 万吨、鑫兴公司 2 万吨、兴业公司 2 万吨、弘鑫公司 1 万吨、电化厂 1 万吨、顺天公司 1 万吨、长青公司 1 万吨、银晖公司 1 万吨、碧能矿业 1 万吨、众力锰业 8000 吨、武溪电解锰厂 5000 吨、经达公司 5000 吨、东宇锰业化工厂5000吨、县锰业化工厂4000吨、熙邦公司1200吨。经整合，关闭5家，停产10家。2015年生产电解锰21.66万吨。其中锌加工企业4家，鑫海公司1.5万吨、蓝天公司11万吨、华峰公司3万吨、春成公司3万吨。2015年，实现产值12亿元，税收3000万元。就业人数2000人。

(五)轻工业企业10家。分别是：高阳伞业公司750万把晴雨伞、泸溪县湘亚鞋业有限公司350万双制鞋、湖南金思璇鞋业有限公司年20万双制鞋、湖南康意鞋业有限公司20万双制鞋、亿美佳鞋业有限公司140万双制鞋、泸溪富宇工艺品有限公司250万套假发、恒佑皮具有限公司80万个包箱、湖南勒丁厨卫科技有限公司1.5万套卫浴、湘西自治州富丽民族服饰有限公司200万套服装，均为2016年入驻标准厂房，就业人数2500人。

三、科技创新

园区成立以来，在县委、县政府领导下，园区管委会调结构、抓转型，重点实施科技创新。共承担实施国家、省、州各类科技计划项目69项，申报56项科技创新专利，获得219项自主知识产权，科技成果和专利技术转化率75%以上，规模企业具有知识产权产品产值占总产值60%以上。2015年，泸溪工业集中区实现工业总产值56亿元，其中高新技术产品产值31.56亿元，增长37.6%，高新技术产品产值占工业总产值比重达到56.4%。工业集中区有规模以上科技型企业42家，9家企业通过高新技术企业认定。22家规模企业建立技术研发机构，其中4家研发机构通过省级企业研发中心认定。2014年，泸溪工业集中区被认定为湖南省新材料出口基地，金天、金源、众鑫、鑫海等13家公司被省经信委认定为战略性新兴产业和新材料企业。2015年，园区被省经信委认定为省级新型工业化产业示范基地。2016年7月，园区被评为湖南省高新技术产业开发区。

四、上市公司

园区工业企业科技水平提高，一批企业脱颖而出，产品质量和经济效益成为行业佼佼者，并代表国家制定行业产品标准。2014年至2016年，有四家企业经国家相关部门审查批准，在新三板成功挂牌上市。

(一)湖南金天铝业高科技股份有限责任公司。湖南金天铝业高科技股份有限公司是湖南省高新技术企业，成立于2000年1月，现有员工201人，注册地址长沙市，注册资本1.05亿元，公司占地面积8.67万平方米，住于武溪镇南正街金天路8号。公司主导产品微米级球形铝粉，年产能1.1万吨，产品广泛应用于太阳能光伏、汽车金属涂装、新型低温陶瓷、散热材料、建筑材料、航天(固体火箭推进剂)、军工(炸药、导弹填充物)等领域。"十一五"期间，公司共创利税7397万元。公司被纳入湖南省"十一五"重点发展的100个核心企业之一，2011年，代表国家制定微细球型铝粉生产行业标准。公司先后被国务院授予"全国民族团结进步模范集体"称号、被国家科技部列入"国家星火科技计划"，被省人民政府授予"湖南省优秀企业"称号、被省科技厅评为"科技西进示范工程"，湘投控股集团授予"先进集体"称号。是湘西州首家高新技术企业和首家获得国家科技部"科技创新基金"项目的企业，连续9年获得"湖南省产品质量奖""湖南省名牌产品""湖南省著名商标"。拥有国内最先进制粉技术，产品严格执行GJB1738-93国家军用标准，产品粒径范围可在0-45μm之间调节，位径 D50小于17um以下的铝粉占总产量90%。并可根据市场需求，生产出各种特殊规格产品，各项技术指标均已达到国际先进水平，公司2015年实现销售收入1.59亿元。

2015年1月，公司承接上年挂牌新三板的工作任务，协助中介机构继续推进挂牌工作。1月27日，全国转让公司审核通过公司挂牌新三板的申请，并于当日出具审核同意函，公司成功挂牌新三板。3月5日，公司股票正式在全国股转系统公开挂牌转让，交易方式为协议转让，股票简称为"金天铝业"，证券代码832008。现任公司总经理谭碧海。

(二)湖南众鑫新材料科技股份有限责任公司。湖南众鑫新材料科技股份有限公司成立于2007年，位于泸溪县武溪工业园北区，注册地址泸溪县，注册资金3000万元，公司总资产8605万元，占地6.34万平方米，从业人员62人，大专以上学历占40%以上，具有初中级以上技术职称占30%，直接从事新技术、新研发的科技人员16人，科技人员专业涵盖化工、冶金、机械、自控、计算机及企业管理等学科。公司是商务部授予的"重点信息联系企业"，湘西自治州"进出口先进企业"。"众鑫"商标于2010年获国家工商总局批准，并已取得ISO9001质量管理体系、ISO14001环境管理体系、OHSAS18001职业健康安全管理体系认证。公司现有国家发明专利5项，实用新型专利6项。2014年，被认定为湖南省高新技术企业和新材料企业。2015年7月2日，公司成功挂牌上市(新三板)。2015年，公司累计销售额7671万元，实现利润240万元，出口创汇377万美元。众鑫科技是高端合金材料生产及出口企业，专业从事钒系合金材料的技术研发和深加工，核心产品有钒氮合金、钒铝合金和氮化钒铁，均为国家认定的新材料。其中，钒氮合金是优良的炼钢添加剂，能显著改善钢材的强度、韧性等机械性能和焊接性能。使用钒氮合金可节约20%—40%的钒资源，从而降低炼钢生产成本。钒铝合金是生产钛合金的中间合金材料，广泛应用于国防军工、航天航空航海等领域，是21世纪战略性新兴基础材料。主导产品已远销美国、德国和澳大利亚，质量达到国际先进水平。公司管理规范，经营产品符合国家鼓励发展的行业和产业政策，是2015年湖南省认定的52家战略性新兴产业科技攻关与重大科技成果转化项目企业之一，主营业务受国家产业政策鼓励和支持，具有广阔的市场前景。

公司以市场为导向，长期和中南大学、长沙理工大学等高等院校开展产学研技术合作，努力提升公司核心竞争力和可持续发展能力。狠抓科技创新工作，每年投入占企业销售收入6%以上资金用于新技术、新产品研发。2015年，成功申报发明专利4项。2016年，扩建3000T/a钒氮合金生产线一条，新建1000T/a钒铝合金生产线项目，项目完成后增加工业产值4.5亿元，新增税收3000万元，出口创汇3000万美元，新增就业120人。

众鑫科技立足于自主创新，使之成为钒系列精深产品生产和出口领跑企业，全球重要的钒系列深加工产品供应基地。2014年1月，公司开始组织上市材料申报准备工作，2015年7月2日，公司成功挂牌上市，挂牌仪式在北京举行，股票简称"众鑫科技"，证券代码832678。现任公司董事长兼总经理张春雨。

（三）泸溪县金源粉体材料有限责任公司。泸溪县金源粉体材料有限责任公司是2009年8月泸溪县人民政府招商引资企业，隶属于长沙族兴新材料股份有限公司的独资子公司，地址位于武溪工业园南区，注册地址泸溪县，注册资金2237万元。是专门从事微细球型铝粉及合金粉生产的高新技术企业。公司研发管理团队由在微细球形铝粉行业经验丰富的资深专家组成，与中南大学、湖南大学一直保持产学研合作关系。公司技术力量、技术装备和技术水平处于国际领先水平。厂区占地面积3.4万平方米，有员工138人，其中大专以上文化程度员工54人，科研人员16人。2010年，获ISO质量、环境、职业健康证书。2011年，被定为高新科技企业及国家安全标准化二级企业。公司是为全体员工缴纳"五险一金"民营企业。2015年生产和销售正常，全年生产销售产品7000吨，销售收入1.5亿元，上缴税收650万元。公司拥有三条微细球形铝粉生产线，总产能为年产10000吨。产品可广泛用于铝颜料、太阳能电子浆料、化工催化剂、热喷涂复合金属粉末、农药、加气混凝土发气剂、耐火材料、炼钢脱氧剂、固体火箭发动机推进剂、炸药、火药等。公司采用优质铝锭(A199.85)及各种合金为原料生产，产品质量符合中国有色金属行业标准的各种牌号及技术规格要求，产品在同行业占有率为20%-30%左右，产品品质优质稳定。公司自主发明专利(一种供太阳能用电子铝浆用铝膏及其制备方法)已用于公司生产线进行中试，产能为1000吨铝膏，新增销售收入3800万元。

2012年，成立企业技术研发部门，有专职研发人员20人，辅助人员30人。投入专项资金300万元建设一栋科技大楼，用于技术研究及新产品开发。公司成立以来，进行19个科技立项及研发。19项成果应用于公司新技术及新产品上。申报专利9项(两项为公司独占许可专利)，其中发明专利3项，实用新型专利6项，被认定为湖南省企业技术中心。公司于2014年7月11日在新三板挂牌上市。现任公司总经理龚世雪。

(四)湖南金昊铝业有限责任公司。湖南金昊铝业有限公司创办于2011年8月，注册地址泸溪县，注册资本及实收资本2650万元，公司占地面积3000平方米，信用代码914331225809154X3。是一家专业从事特细球形光伏铝粉、铝基合金复合粉体材料、新型铝热焊接材料等高性能金属新材料产品生产研发的高新技术企业。公司现有自然人股东4名，企业员工120人。2015年6月，与苏州开元集团达成战略合作协议，为公司注入新的资金与技术支持，先后通过ISO9001质量管理体系、ISO14000环境管理体系、OHSAS18001职业健康安全管理体系认证。先后被认定为新材料企业、高新技术企业、重合同守信用企业。通过重金属含量MSGS检测，拥有自主出口权。公司获得专利7项，技术创新4项。公司秉承“科技、环保、合作、共赢”的经营理念，致力打造以高性能金属粉体新材料产品为主，金属粉体材料精加工为辅的循环产业链，保障企业可持续发展。现有年产5000吨铝基合金复合粉体材料生产线、年产10000吨特细球铝粉光伏铝粉生产线，产品各项技术指标达到国际先进水平。公司采用优质铝锭(A199.85)为原料组织生产，工艺按照各种技术规格设计，以此保障产品高质量。

2015年，实现销售收入8253.95万元，上缴国家税收431.77万元，利润200万元。2016年，实现不含税销售收入1.35亿元，出口创汇1300万美元，创利税2200万元。

公司于2015年10月开始着手整理各项资料为上市(新三板)前期准备。至2016年5月，公司上市(新三板)第一轮资料审核通过，2016年10月10日，在新三板挂牌上市。现任公司董事长李代水。

第二节 部分企业简介

泸溪县鑫兴冶化有限责任公司 泸溪县鑫兴冶化有限公司成立于1998年5月， 地址位于武溪工业园南区，注册地址泸溪县，注册资本900万元，属股份制有限责任公司。公司是由原国营卢州化工厂实行破产买断后而重新组建起来的一家民营企业，其前身为泸溪县鑫兴化工厂。先后被州、县以及金融、工商部门等授予“民营先进企业”“纳税先进企业”“出口创汇先进企业”和“重合同守信用”等荣誉称号。2002年，公司跻身于湖南省私营企业十大行业“五百强企业”行列，获得国家自营进出口权。2006年，产品电解锰通过“ISO9000”国际质量管理体系认证。2007年，被授予“湖南省民营科技企业”。2008年，获湘西自治州工业行业“十佳企业”称号。2009年，电解铬产品被湖南省科技厅评为“高新技术产品”。2010年，再次获得湘西自治州工业行业“十佳企业”称号。2011年，获泸溪县工业经济目标管理“一等奖”。2014年，拥有总资产16520万元，企业员工276人，银行信用等级为“AA+”。

主要产品有电解金属锰20000吨/年，微碳锰铁10000吨/年，浮选磷精矿20万吨/年，电解金属铬1000吨/年。2014年9月，电解金属铬产品参加第三届中国国际新材料产业博览会，有11个国家和地区1108个单位参展，展品共有152类2000种。经专家评审委员会最后评定，在所有参展产品中，共评出90个金奖。湖南省本次博览会派出70家企业参展，获得金奖有3家，鑫兴公司电解铬是获金奖产品之一，实现湘西自治州工业企业历届参加中国国际新材料产业博览会获金奖零的突破。

鑫兴冶化有限公司浦市磷矿项目于2007年开始建设，原属国家大Ⅱ型企业泸溪县浦市化工总厂，由于体制转轨和市场原因，该厂于2005年宣告破产，在浦市化工总厂磷矿采矿许可证2004年5月到期并自行废止后，由鑫兴公司重新申报采矿权。2009年10月，经省人民政府和省国土资源厅批准，同意原浦市化工总厂磷矿资源以协议方式有偿出让鑫兴公司，公司于2009年10月15日取得浦市磷矿“采矿许可证”。该矿区面积为1.11平方公里，开采矿种为磷矿，生产规模为15万吨/年，矿山磷矿表内储量4769.42万吨。浦市磷矿属于中低品位难选硅钙质胶磷矿，且矿石平均品位(含P205)为17%左右。获得浦市矿区磷矿采矿权后，针对该矿区的磷矿石属硅钙质胶磷矿、矿石品位低、杂质含量高、嵌布粒度细、有用矿物以胶磷为主的特点，与武汉工程大学联合，对处理该矿区中低品位磷矿浮选工艺进行技术改造。通过多年科技攻关，于2013年7月，技术改造项目取得成功，主要技术经济指标达到国内先进水平。公司积极建设和完善矿井安全避险“六大系统”目标任务，投资300万元，做好矿井监测监控系统、井下人员定位系统、紧急避险系统、压风自救系统、供水施救系统和通信联络系统建设。2014年10月，经过州安监局组织专家组现场评估和考核通过，取得矿山“安全生产许可证”，为泸溪县第一家地下采矿单位取得合法资格证的矿山企业。

2015年，实现工业产值1.52亿元，企业完成销售收入1.48亿元，上缴税金850万元，实现利润150万元。2015年，公司董事长周金有。

金旭冶化集团有限责任公司　湖南省泸溪县金旭冶化有限责任公司成立于1992年1月，当时为湘西州第一家民营企业。经十多年发展，2007年11月，正式组建湖南金旭冶化集团，下辖金旭公司、金泉公司、汇泉公司及控股明天电力公司。公司注册资本4050万元，地址在武溪工业园南区金旭工业园小区。现有总资产2.68亿元，有员工568人(含出租生产线)。创建至今累计上交税金逾2亿元。公司2005年通过ISO9001:2000质量管理体系认证和ISO14001:2004环境管理体系认证，享有国家自营进出口权，先后获得省、州、县政府颁发的“民营先进企业”“纳税先进企业”和“科技进步二等奖”等荣誉称号。2007年，经湖南省科技厅认定为“高新技术企业”，被国家工商总局评定为“重合同守信用”单位，2008年，经湖南省人民政府列入全省“推进新型工业化重点项目”建设单位，2009年，被评为湖南省有色工业“十佳企业”，2010年以来，创建省级企业技术中心，经国家科技部授牌确定为“湘西国家锰深加工高新技术产业化基地”、经省科技厅授牌确定为“深加工高新技术产业化基地骨干企业”。获得国家授权实用新型专利2项和发明专利4项，其中“沸腾炉中利用硫磺还原软锰矿联产硫酸”发明专利技术经省科技厅组织专家组鉴定，该项技术居国际领先水平，建议对该项技术进行推广应用。2011年，泸溪县第四届科技大会，获得县人民政府“科技兴县杰出贡献奖”50万元。

技术创新主要有二氧化锰矿转化还原技术。2011年11月，公司“沸腾炉还原软锰矿联产硫酸技术”，经湖南省科技厅组织专家组对其进行鉴定，该项技术居国际领先水平。该项专利技术主要特点和作用：一是为我国电解锰生产找到新原料，有利于该行业持续稳定发展。二是节能减排，利用硫酸生产沸腾炉和利用硫基还原，“一炉两品”，节约能源，并且比碳酸锰矿生产减少尾渣排放量60%。

主要产品产能有电解锰40000吨／年、电解锌22000吨／年、工业硫酸120000吨、二氧化锰矿转化还原200000吨／年。2015年，公司总经理刘芳。

湖南鑫海环保科技有限责任公司 湖南鑫海环保科技有限公司是在原湖南鑫海锌品有限公司基础上组建，以锌废料综合开发利用、精深加工有色金属为主导产品的综合型民营科技企业。公司2001年5月成立，位于泸溪县武溪工业园南区。法人代表刘海金，注册地址泸溪县，注册资金589.30万元，占地13.5万平方米。现有固定资产1.71亿元，员工400人。

公司管理机构健全，下设办公室、营销部、生产技术部、安全环保能管部和财务部。拥有各类技术人员72人，占员工人数20%。银行信用等级为AA+，是湖南省间接法生产99.7%氧化锌系列产品的专业企业。公司2002年通过ISO9001、2000国际质量体系认证，2005年获得自营进出口权，产品出口亚洲、欧洲等国家和地区。99.7%氧化锌产品于2007年、2010年连续两届被评为“湖南省名牌产品”。2007—2009年，连续三年被湖南省工商局评为省级“守合同讲信用”单位。2010年，通过国家企业信用“AA”级评定。2011年，通过环保“三同时”验收。2012年9月，通过湖南省经信委清洁生产审核。2012年9月，公司通过ISO质量体系、环境管理体系、职业健康安全管理体系认证。2012年10月，通过安全三级标准化企业达标验收。2012年12月，通过湖南省环保厅清洁生产审核。2013年2月，被评为湖南省民营科技企业。2010-2014年，被评定为“湖南省资源综合利用企业”。2014年12月，被评为湖南省循环经济试点示范企业，是年，取得湖南省环保厅危险废物经营许可证。

公司主要产品有电解锌3万吨，硫酸锌3万吨，超细氧化锌1万吨、粉煤灰6万吨，硫酸锌3万吨。2015年，公司实现工业产值3.1亿元，企业完成销售收入3亿元，上缴税收801万元，企业实现利润1200万元。

公司研发团队中，有中南大学产学研基地博士生导师4人，博士生6人，研究生10人，吉首大学化工学院产学研基地有教授2人，研究生3人。每年研发投入在1000万元以上。公司有发明专利2项，实用新型发明专利6项。2014年至2016年，公司与大专院校、科研院所完成科研合作项目16个。主要新技术产品有：①采用次氧化锌废渣湿法生产电解锌技术处于国内先进水平。2008年2月，组织工艺技术人员和相关管理骨干，对次氧化锌废渣湿法生产电解锌进行技术攻关，通过一年反复实验和试产，于 2008 年 12 月试产成功。该生产工艺流程规范，技术成熟，回收率高，无论在原材料的广泛利用，制液系统工艺控制，电解系统能量消耗，环保处理系统回收利用完全，还是配套系统的节能降耗和综合利用效益，都处于国内先进水平。②离子交换除氟氯技术。2008 年，公司研究开发解决锌行业锌废渣含氟氯较高，技术是一直无法除掉之难题，被湖南省授予"湖南省科技创新企业项目"，目前该工艺技术被国内同行业广泛使用。③新技术超细氧化锌产品。采用新方法，改变传统工艺路经，生产超级细氧化锌(纳米级)产品，填补湖南省在该领域内空白，荣获"湖南省科技创新企业项目"。超细氧化锌产品，因产品粒度细、质量好，多次通过省、州技术质量监督部门检测，各项指标完全达到或高于国家标准 GB/T3185-92 优级品的规定。99.7%氧化锌产品进入世界电子、轮胎前十强企业，如日本松下电子、日本普利司通轮胎，台湾正新轮胎、台湾格雷蒙等。2007 年、2009 年两次被评为湖南省名牌产品。④湖南省资源综合利用企业和湖南省循环经济试点示范企业。项目以湘西州、湖南省及周边渝贵豫等地区大量含锌废渣、烟道灰、铅锌冶炼综合回收渣及锌弃渣作原料，采用目前国内先进湿法新工艺技术，以次氧化锌作原料生产高纯电解锌和超细氧化锌。同时，将酸浸渣进行二次回收利用处理，将阳极渣替代二氧化锰，剩余废渣和废液再返回生产系统，进入生产过程，从而实现锌废渣循环再开发，综合再利用，环保效益良好。生产废渣二次利用率达到 70%以上，每年减少废渣排量 1 万吨，废水全部进入"废水回收处理环保站"回收利用，每年废水减少排量 5 万吨。废气基本回收处理，净化利用率 50%。2012 年，通过湖南省环保厅清洁生产审核。2014 年，被评定湖南省循环经济试点示范企业。⑤煤矸石资源开发利用技术取得重大突破。利用泸溪丰富的煤矸石资源优势，用煤矸石取代燃煤，做中压循环流化床锅炉燃料。公司对原有 4 座小锅炉房更新改造，淘汰原有煤种适应性差、热效率低链条低压锅炉，新上利用当地煤矸石资源做燃料、热效率高的 30 吨中压循环流化床锅炉，并对部分设备进行变频改造，新上一台 1500KW 背压式汽轮发电机组，并配套建设输煤、化学水处理、烟气除尘脱硫、灰渣处理、电气、自动控制等辅助设施。余热发电量 1009.8 万千瓦时，实现热电联产。制砖系统以煤矸石废渣为原料，以加气技术和蒸压养护成型技术，生产蒸气砖。该项目与传统墙体材料比较，具有革命性创新。2015 年 10 月 27 号，项目取得湘西自治州环境保护局环评批复。项目通过国家发改委正式验收，节能降耗成效显著，节约标煤 1.08 万吨，减少废水排放 3 万余吨，减少各种污染物排放1万余吨，获得国家282.5万元节能降耗奖励。⑥利用废水废渣生产饲料添加剂硫酸锌新工艺成功投产。为了处理利用好电锌生产后的废水、废渣，实现资源综合利用，走循环经济发展道路，公司与中南大学、吉首大学等高校共同研发，开发利用废酸、废渣为原料制备生产饲料级一水硫酸锌及资源综合利用工艺技术，采用废酸水及含锌物料(含锌废渣)生产一水硫酸锌科研课题完成。建设年产3万吨硫酸锌生产线，项目总投资2060万元，其中环保投入658万元。该生产工艺成功开发实现节能降耗，减少“三废”排放，每年节能2712吨标准煤。项目蒸汽冷凝水、杂质废水、前期雨水进行回收重复利用，实现水资源节约利用，工业用水重复利用率96.4%。该工艺技术与传统工艺技术相比，整合原料生产，形成项目内部的资源及能源循环利用，解决企业环保问题，化害为利，达到资源综合回收利用，为废物综合利用创出新途径，符合国家产业政策，具有显著环保效益和经济效益。2016年5月13日，经湖南省饲料行业专家组现场考评验收。2016年6月3日，取得湖南省畜牧水产局饲料添加剂硫酸锌生产许可证。⑦废水处理迈上新台阶。2015年初，为解决重金属废水处理难题，公司投资600万元，新建年处理废水54万吨的环保废水处理站。该废水处理采用中南大学2011年荣获国家技术发明二等奖的“重金属废水生物制剂深度处理与回用技术”，进行重金属废水处理。同时，投资100万元，对原在线监控房、重金属铊投药处理系统进行配套新建，新购镉自动监控仪器。环保站运行以来，经湖南省环保厅多次委托第三方验收检测，废水16项监测指标全部达标。⑧电锌生产节能改造。项目于2014年10月5日开工建设，2016年5月31日完工。项目计划总投资4189万元，实际完成投资4411万元，为计划投资的105.3%。项目建成后，节电量1603.83万千瓦时/年，节水6万立方米/年，经核算年综合节能折标准煤4896吨/年，荣获2015年国家节能技改财政奖励500万元。项目对实现“十二五”湘西自治州及湖南省单位GDP能源消耗总量控制任务起到积极促进作用，为湘西自治州及湖南省节能减排作出贡献。湖南鑫海环保科技有限公司奋发图强、在前进中发展壮大，经济效益不断提高。鑫海人致富不忘乡亲，满腔热情回馈社会。公司除积极参加各种公益活动外，为家乡建桥修路、贫困留守儿童就学、社区群众文体活动等公益事业捐款、赞助资金50万元。2016年公司法人刘海金。

泸溪县金瑞冶化有限责任公司 泸溪县金瑞冶化有限责任公司是2007年度湖南省沪洽会签约的重点招商引资企业，是一家集生产、贸易、科研为一体的综合性民营企业。公司注册地址武溪工业园南区,2007 年 9 月 29 日成立,注册资本 2000 万元,现有职工 382 人,其中大学本科 8 人,大专 10 人,中专 46 人,有专业技术人员 68 人,生产技术骨干和管理人员多来自国内知名企业,从业经验丰富。2014 年,总资产 8017 万元,银行信用等级 AAA 级。法人代表张克金是泸溪县工商联副主席、湘西州人大代表、湘西工商联执委委员。

主要产品有电解金属锰现有生产能力 3 万吨/年。项目布局从雷蒙→化合→压滤→电解各道工序,利用自然落差合理布局,井然有序。是目前湖南省电解锰行业布局最规范的企业,符合国家产业政策和行业准入要求。已通过环评和第二轮清洁生产审核验收,国家安全生产标准化验收。由于受国际金融危机和欧美债务危机影响,2014 年产量 8479 吨,销售收入 1.30 亿元,上缴税金 680 万元,亏损 971 万元。公司加强管理,从提升技术入手,加大技术革新,在产品产量、销售收入、上交税金都比上年有大幅度增加。吨产品综合电耗 6573 千瓦时,在国内同行业处于领先水平。产品为"六低一高"优质产品(低碳、低硫、低磷、低铁、低硅、低硒,锰含量高),产品质量、能耗、物耗和清洁生产水平也在国内同行业领先,产品市场竞争力强,吨产品价格比湖南省同类企业高出 200 至 300 元。公司坚持"以人为本、科学发展"理念,秉持"务实、高效、严谨、创新"的企业精神,与时俱进,不断开拓创新。确保持续发展,产品产量、销售收入、税收、利润逐年增长。2008 年至 2014 年,累计上缴国家税金 8868 万元,是泸溪县纳税大户。获得国家知识产权局七项专利证书,是国家高新技术企业。2012 年,被评为湖南省诚信经营先进企业。2012 年,被确定为国家节能重点示范企业,2013 年,被评为湖南省民营科技企业。

2014 年,10 万吨/年二氧化锰还原生产电解锰技术改造项目正式投产,由于该项目经济效益和社会环境效益显著,能推进全州电解锰产业优化升级,帮助湘西州电解锰企业走出困境,有带动湘西州电解锰企业重大示范引导作用。湘西州人民政府将此项目列为 2014 年度州人民政府重点支持的十个工业重点项目之一,湖南省财政厅、经信委将此项目列为湖南省新型工业化重点项目,下达 100 万元财政补助资金,资金全部下拨到公司。是年,通过第二轮安全评价和第二轮清洁生产审核,首次通过环境风险评价,通过技术改造项目环境评价。2016 年,公司董事长兼总经理张克金。

泸溪县兴业冶化有限责任公司 泸溪县兴业冶化有限公司成立于 2007 年

6月，注册资金1380万元，属股份制有限责任公司。公司位于泸溪县武溪工业园南区，占地面积8万平方米。公司前身为国营企业卢州化工厂，卢州化工厂于1998年破产处理，成立湘锰化工厂。随着企业不断壮大发展至省外，涉及矿山、电力、冶金、服务等行业。2002年，公司跻身于湖南省私营企业十大行业“五百强企业”行列，并获得国家自主经营出口权。2007年，公司董事长邓守纪应政府招商引资回泸溪县投资，湘锰化工厂更名为泸溪县兴业冶化有限公司。是年，电解锰通过ISO9001国际质量管理体系认证。2013年，公司总资产2.16亿元，拥有10万吨／年硫酸、3万吨／年电解锌、2万吨／年电解锰三条生产线，安置库区移民和下岗职工600人。自1998年以来累计纳税过亿元。先后被州、县评为“民营先进企业”“纳税先进企业”“文明诚信企业”“重合同守信用”等荣誉称号。2014年，主要产品有电解锰、硫酸、电解锌，全年实现工业产值1.78亿元，完成销售收入1.58万元，上缴税金586万元，实现利润148万元。

2004年，投入200万元与武汉地质大学合作研究成功无铬钝化剂，取代传统生产电解金属锰使用的重铬酸钾钝化，使排放废水中无有害重金属离子，该技术在全国电解锰生产行业中得以普遍推广。2010年，投资1000万元对硫酸、电解锌生产线进行技术改造，新上一台余热锅炉，利用硫酸余热对电解锌供应蒸汽，年节标煤达到1万吨，获得“中央预算内资金”支持。2013年，投资1000万元对电解锰生产线能量系统优化技术改造，年节标煤8000吨，获得国家“财政节能奖励资金”的支持。以上两个项目得到国家发改委认可。2013年，公司投资1000万元对电解锰、电解锌生产线进行污染治理，生产线进一步达到国家环保排放要求。2016年，公司董事长邓守纪。

泸溪县蓝天冶化有限责任公司　泸溪县蓝天冶化有限责任公司创建于2008年6月，位于武溪工业园南区，紧邻常吉高速公路和319国道。公司法人代表张孝兵。注册地址泸溪县，注册资金5000万元。2016年底，总资产1.2亿元，员工385人。公司专业从事有色金属废渣资源综合利用，是湘西地区唯一一家具有危废铜镉渣“安全处置利用”资质的企业。公司主要产品有：电解锌2万吨／年、镉500吨／年、锌粉1200吨／年。2014年，实现销售收入2.06亿元，上缴税收1090万元。

2006年12月，吉首德邦公司对外租赁，张孝兵辞去原工作单位副总经理职务，承包该公司硫酸厂和电解锌厂三年的生产经营权。2007年，实现销售收入1.5

亿元，上缴国家税金1100万元，创利1200万元。2008年，张孝兵回泸溪创建泸溪蓝天冶化有限责任公司，兴建锌废渣综合利用项目，年产电解锌10000吨、锌粉1200吨和冰铜1000吨。2009年，德邦公司承包期满，张孝兵加大公司投入，兴建年处理铜镉渣10000吨的金属回收利用生产线，使电解锌年产量达20000吨，年产镉500吨。2010年，公司实现销售收入2.8亿元，上缴税金1238万元，跻身泸溪县骨干工业企业。

湖南西部地区电解锌产能近50万吨/年，排放铜镉渣6万吨/年，公司从中提取锌、镉、铜等金属，此举利用二次资源，保护环境，填补了湘西自治州空白，被省科技厅授予"湖南省民营科技企业"，省经信委授予"湖南省资源综合利用认定单位"。在生产实践中，公司与业内专家教授深度合作，组织研发适用新技术，以达到节能降耗增效目的。公司首创针对锌冶炼工业的"氟氯净化系统""除铁净化装置""电解锌用阳极导电结构""次氧化锌的回收利用方法""新型化合桶""转换镉金属的装置"和"用于球磨机的调心滚子轴承"七种新技术被国家知识产权局认定为实用新型专利，发放证书。2012年，张孝兵被评为"湖南科技创新突出贡献人物"，入选《强省先锋谱(科技卷)》。

2010年，公司开始实施"节能技术改造工程"，该工程经湖南省经信委备案，州环保局环评批准，投资520万元，购进两台SHFX20—1.25AI节能型循环流化床锅炉，取代原来四台链条炉，对供热管线重新设计安装，锅炉系统风机和水泵电机改用变频调速电机。2012年底，改造工程全面完成，年节能10759吨标煤，减少二氧化硫和烟尘排放量。2013年，投入400万元建成高标准危废仓库，规范化管理危险固体废物，消除环境污染风险。2014年，对全厂废水处理系统进行规范整治，投入600万元，建设标准污水处理厂及配套设施，污水处理能力达1500吨/天，并采用先进生化处理工艺，使废水全部达标排放。2016年，公司董事长张孝兵。

湖南金马铝业有限责任公司 金马铝业有限责任公司是国家重点微细球形铝粉生产基地，位于武溪镇工业园内。法人代表戴群，总经理刘海洋，注册地址泸溪县，注册资金1100万元，安置就业人员120人，属于国家高新技术企业。公司起源于1989年创建的泸溪县特种金属粉末厂，生产铝粉、铝硅合金粉。2002年，由国有体制改革为私有制企业。2011年2月，更名为湖南金马铝业有限责任公司。2012年，生产微细球形铝粉1500吨。2013年，投资5000万元，扩建一条年产5000吨氮气雾化微细球形铝粉生产线。产品广泛用于太阳能电子浆料、铝颜料、化工催化剂、热喷涂复合金属粉末、农药、耐火材料、火箭发动机固体推进剂、炸药、导热材料等领域。

依据自身特点，探求企业可持续发展之路，先后与台湾大学、台湾龙华科技大学、湖南大学材料科学与工程学院合作，进行新型铝基复合材料（简称 AMC 材料）技术研发，2012 年 9 月，完成新型铝基复合材料研发和小试。长年与中科院及中南大学进行技术合作，严格参照 ISO9001 国际质量体系规范管理，产品畅销海内外，国内市场占有率为 20%，境外市场占有率为 10%，拥有独立自营进出口权，产品远销韩国、日本、欧美、台湾等国家和地区。2013 年，生产球形铝粉 4800 吨，实现销售收入 8000 万元，利润 240 万元，上缴税金 400 万元，出口创汇 300 万元，进出口业绩为泸溪县排名第二。2014 年，生产球形铝粉 5200 吨，实现销售收入 10500 万元，利润 920 万元，上交税金 420 万元，出口创汇 400 万元。是年，公司自主研发的、针对铝粉生产工艺的《除尘出料斗静电导出装置》《一种带余热回收装置的熔铝炉》《一种带旋风分离器的扁袋除尘装置》《一种层流式雾化器》《一种带精确导向装置的微压放空阀》《一种制造凸台型散热片的粉末冶金压制模具》《一种制造圆锥台型散热片的粉末冶金压制模具》《一种制造带柱状体散热片的粉末冶金压制模具》等十项创新成果顺利通过国家知识产权局科技成果鉴定，均获国家实用新型专利证书。

湖南恒裕新材料科技发展有限公司是湖南金马铝业有限责任公司子公司，成立于 2013 年 4 月，2014 年 9 月，恒裕公司参加第三届中国创新创业大赛，在新材料行业决赛中获得国家"优秀企业奖"，是湖南省唯一一家进入全国 12 强的高科技企业。公司以"高体分碳化硅铝基复合材料"项目规划与实施为契机，开展科技创新。推动科技创新工作有效开展。该项目是国内唯一采用粉末冶金低温烧结工艺制造高体分碳化硅铝基复合材料，年产 8000 吨高体分碳化硅铝基复合材料项目投产后，年产值将达到 3.5 亿元，创利税 3000 万元，对振兴铝粉下游产品升级及企业转型具有重要意义。公司"一次成型低温烧结高体分碳化硅铝基"项目荣获 2014 年度湘西州"科技进步一等奖"。2016 年，公司总经理刘海洋。

泸溪县群祥新材料有限责任公司　　泸溪县群祥新材料有限责任公司成立于 2012 年 8 月，是泸溪县 2012 年招商引资重点企业之一，厂区征地面积 50 亩，员工 80 人，注册资本 1000 万元。拥有一条年产 5000 吨快速凝固微细球形铝基合金粉和高纯铝粉末生产线。公司研发管理团队由在粉末冶金粉体材料行业多年丰富经验的专家、工程师组成，主要产品有：微细球形铝基合金粉，高纯铝粉。该系列产品是新材料、新技术、新能源的具体应用和延伸产品。产品可广泛用于军工、航天、软磁、蓝宝石LED、铝颜料、太阳能电子浆料、化工催化剂、热喷涂复合金属粉末、农药、加气混凝土发气剂、耐火材料、炼钢脱氧剂、固体火箭发动机推进剂、炸药、火药等行业。公司是国内首家攻克合金粉系统易粘结难题的企业。生产的产品为高纯微细球形铝粉和铝基合金粉，产品呈球形，纯度高，杂质含量少，分散性好，并可根据客户要求对产品的粒径分布、大小、区间、跨度等参数进行调整。产品品质在国际国内同行业领先。公司拥有一条年产5000吨快速凝固微细球形铝基合金粉和高纯铝粉生产线，2014年，生产3200吨，实现销售收入6804万元，净利润810万元，上缴税收312万元，2015年公司年销售额9555万元，实现利润636万元，上缴增值税175万元。

公司法人代表、总经理米成群带领公司粉末冶金材料研发团队，二十年来致力于特殊粉体材料生产研究，实施一系列技术改进和自主创新。一是国内首创自制竖喷设备和技术。采用此技术的生产线比同规模横喷技术生产线增产三倍以上，且可大幅提高细粉率。二是国内首创熔炼技术，确保熔铝速度快、恒温、确保铝粉颜色好，而且每吨可降低生产成本400元。三是研制超音速雾化器及喷嘴，使细粉率大于65%(D50小于7.5微米)，国内领先。四是国内首家攻克氮气雾化铝粉易粘结难题。五是粒度控制合理，松装密度高活性铝占98%以上，水分含量极低，可长期储存。2014年11月，经湖南省质量技术监督局审定，公司生产的“群祥牌”微细球形铝基复合粉被授予年度湖南省质量金奖称号。公司拥有铝合金及铝合金粉末的雾化生产系统，一种浸没式铝基合金液体加热装置，带有余温利用换热盘管设备的电熔铝炉，油电两用型熔铝炉设备，超微细球形铝粉分散打散装置及分散、分级、收集系统，单喷多系统等6项自主知识产权。并获得中华人民共和国知识产权局颁发的实用型新专利认证证书。

公司自2014年1月投产后，获得“重点工业项目建设奖”，2015年，通过了ISO9000认证，荣获“高新技术企业”“湖南省新材料企业”等奖项。2016年，公司总经理米成群。

泸溪县武陵阳光生物科技有限责任公司 泸溪县武陵阳光生物科技有限责任公司成立于2005年5月，位于武溪工业园区。是专业从事天然植物提取、生物制品加工生产及销售、中药材植物种植推广的民营科技企业。注册资金500万元，占地 20000 平方米，在职员工 85 人，其中技术、研发人员 12 人。建有标准化研发实验室及植物提取生产线，拥有迷迭香、青蒿草等中药材种植基地 9090 亩。2007 年，与科研单位合作研发出青蒿多倍体诱导及栽培方法，并取得该研发的发明专利证书。2010 年，取得进出口经营权证，被评为州级农业产业化龙头企业。2013 年，被评为湖南省林业产业化龙头企业。公司长期实施“公司 + 基地 + 农户”的产业化运作模式，积累丰富的管理经验和优质的客户资源。与湖南林产化工实验室、吉首大学、华南农大、上海交大等高校及科研单位保持长期合作及技术交流关系，在植提行业拥有良好企业形象。依托神秘湘西得天独厚的天然植物资源优势，致力于天然产物的开发利用和实现地区经济的产业化发展。主要生产产品有：青蒿素、蒿甲醚、迷迭香精油、鼠尾草酸、迷迭香酸、熊果酸、绿原酸、白藜芦醇（虎杖）、大黄素、厚朴酚等。

公司自 2005 年 5 月成立始，坚持“公司 + 基地 + 农户”产业化经营模式，带动种植农户致富。在县境及湘西自治州其他区域建有青蒿、迷迭香等优质中药材种植基地 9000 亩，种植基地的建设既有效保证生产对原材料的需求，又确保了种植农户利益，带动农民增收致富，对增加地区绿化覆盖率，实现资源循环利用，有效保护自然环境起到带动和示范作用。通过对中药材深加工，增加产品的附加值。2013 年 6 月，公司参加在德国慕尼黑举行的 2013 年欧洲精细化工展会。在该次展会展出主要产品有：青蒿素、虎杖白藜芦醇、迷迭香鼠尾草酸、迷迭香酸、迷迭香精油、熊果酸、青蒿酸、二氢青蒿酸。上述系列产品在展会中得到了欧洲业内企业及欧洲国家有关部门认可，特别是青蒿素、迷迭香抗氧化剂产品得到国外专家肯定，认为青蒿素原料药在疟疾治疗上具有里程碑地位，迷迭香抗氧化剂产品在食品添加领域的应用对食品安全、卫生起到技术革新性作用。公司积极参加行业内植提关联展会，2014 年 6 月 26 日至 28 日，参加中国医药保健品进出口协会在上海举办的第十四届世界制药原料中国展（CPHI）。9 月 25 日至 28 日，在长沙参加湖南省商务厅及湖南省经济和信息化委员会主办的中国（长沙）国际食品展览会。10 月 28 日至 30 日，参加中国对外贸易经济合作企业协会主办的 2014 年第十三届（北京）国际有机食品和绿色食品博览会。

2014 年，公司在广州成立迷迭香天然抗氧化剂产品应用技术研发中心。与华南农业大学专家人员一起进行迷迭香提取物在肉制品、食用油、坚果类食品、膨化食品、色素及化妆品等产品中抗氧化应用研发。与广东无穷食品公司等国内知名食品企业达成合作意向。公司投资湘西迷迭香生物科技有限公司开发迷迭香旅游产品，打造湘西旅游产品“黛帕”迷迭香品牌。在德夯、凤凰旅游景区建有迷迭香种植观光带及旅游产品销售点。主要旅游产品包括：迷迭香茶叶系列、迷迭香精油系列、迷迭香家纺系列等。2014年在湘西农博会上得到消费者认可。2016年，公司总经理杨永。

泸溪县碧能矿业有限责任公司 泸溪县碧能矿业有限公司成立于2009年7月，注册资本500万元，属股份制有限责任公司，是一家专业从事电解锰生产与销售的化工企业。公司位于武溪工业园南区，占地面积60亩，地处常吉高速、319国道主要干线公路交会处。公司10000吨/年电解锰项目，是泸溪县2009年度招商引资重点项目，当年建设当年投产，实现销售收入7000万元，创税300万元。2012年，被评为州“重合同守信用企业”。2013年底，企业资产总额3639万元，现有员工130人，其中各类专业技术人才20人、具有大专以上学历员工5人、高级工程师1人。公司专业从事电解锰生产和电解金属锰生产过程中的新技术研发，拥有一支团结务实的领导班子和高素质的技术及管理团队，以“守信、创新、坚定、迅捷”为企业宗旨，致力于电解锰生产中的新技术、新工艺研发和应用，以推动电解锰产业的升级进步为己任，不断提高产品技术含量，实现公司可持续发展。2016年，公司董事长宋守强。

湖南银阁铝业有限责任公司 湖南银阁铝业有限公司是泸溪县2013年招商引资重点企业，成立于2013年6月，注册资金4000万元，法人代表李祝林。厂址位于湖南省湘西州泸溪省级工业集中区，紧靠319国道和常吉高速公路，距千吨级深水码头1公里，水陆交通极为方便。公司总投资1.5亿元，其中固定资产投资1.2亿元，注册资金4000万元，组建50000吨/年的节能隔热铝合金型材生产线，分三期投资。其中建筑铝型材40000吨，工业铝型材10000吨。年产值人民币9亿元，至2014年底，建成20000平方米钢结构标准厂房、4000平方米综合楼，2015年，实现销售收入6524万元，实现利润227万元，总资产11016万元。公司技术管理人员来自于高校机电一体化专业国外培训回国的精英团队，具有丰富的研发、生产经验、熟悉国内外市场最新需求，能满足客户特殊需求，公司引进德国先进生产工艺，是一家具有现代化生产技术力量，通过国际质量体系认证和产品质量认证的高新技术企业，是目前国内专业生产建筑铝合金型材、工业铝合金铝型材重点厂家之一。

公司产品严格按照ISO9001、2000国际质量管理体系生产，并通过了中国铝型材产品质量认证，正在申请全国工业生产许可证，主要生产设备包括：1460T、1880T、2600T、3600T、4050T铝型材挤压生产线，配套以大型型材时效炉、型材立式淬火炉及电脑控制阳极氧化、粉末喷涂、隔热断桥和电泳涂装生产线。加工设备包含：冲床、车床、钻床、铣床、磨床、线切、氩弧焊机、点焊机、气体保护焊机、剪板机、数控加工中心、切削中心。公司产品主要有门窗、玻璃幕墙等建筑行业型材、电子设备、机械装备、轨道交通等高科技行业型材、家庭普通装修装饰行业型材。为适应市场的需求，后期将研发一种新型隔热节能门窗。

公司拥有良好的市场基础，主要股东从1995起至今从事铝型材销售，拥有较多的、稳定的客户群体，年销售各类品牌铝合金2万吨左右。且湘西州周边暂无此类生产企业，与贵州、重庆、湖北、广西等省市区周边较近的地域优势，产品市场前景广阔。公司在工艺技术上，引进了德国技术的挤压成型生产线、瑞士进口的金马涂装生产线以及来自台湾的高配自动技术——氧化电泳流水线。产品品质非常稳定，表面处理能达到50年不变色不腐蚀效果。

公司自项目投产以来，优先安排园区失地农民及下岗职工140多人，对泸溪县域铝行业扩展和延伸产业链，以及促进当地劳动力就业，具有重要的社会和经济效益。展望未来，希望公司稳步成长，更好的回报社会。2016年，公司总经理李祝林。

泸溪县顺天冶化有限责任公司 泸溪县顺天冶化有限责任公司成立于2005年4月，注册地址泸溪县，注册资本500万元，属私营独资有限责任公司，公司地址位于武溪镇工业园南区，占地面积2.56万平方米。拥有固定资产3200万元，企业员工120人。2008年，公司获得税务、工商、个协颁发的“诚信纳税户”“文明诚信私营企业”称号；获泸溪县人民政府工业目标管理“三等奖”。2010年，获得泸溪县工业经济目标管理“增速奖”。2012年获得州安监局颁发的“安全标准化三级企业”证书。公司主要产品有电解金属锰10000吨/年；饲料级一水硫酸锰10000吨/年。2014年，由泸溪县万顺工贸有限公司承包生产电解锰片2827吨，销售收入3632.9万元，上缴税金70.7万元。2016年，公司总经理姚本尧。

晓园生物科技有限责任公司 泸溪县晓园生物科技有限公司成立于2007年元月，注册资本1583.33万元，属股份制有限责任公司，法人代表印家媛，公司地址位于武溪工业园北区。拥有资产6183万元，企业员工80人。银行信用等级为A+，曾先后被湘西州政府、湖南省林业厅、省林业协会等部门评为省级林业龙头企业。2007年，获得国家自营进、出口权。2010年，先后被泸溪县工商局、泸溪县个体劳动者私营企业协会、省企业质量信用等级评定委员会、科学技术局评为“文明诚信私营企业”“湖南省质量信用A级企业”“民营科技企业资格认定证书”。2011年，产品绿原酸浸膏粉、白藜芦醇、喜树碱通过ISO9001国家质量体系认证。是年5月，获得农业部杜仲绿原酸饲料添加剂认证。已荣获专利有：《一种从桑叶中速提白藜芦醇的方法》，专利号：ZL2009170070.0，《薯蓣皂素膨化发清洁工艺专利》，申请号：2013102507459，《杜仲绿原酸高纯度萃取方法》，申请号：2014100278394，《水产养殖灭菌级杜仲提取物提取中试及产业化工艺》。公司利用湘西当地丰富的自然植物资源，以“企业+农户+种植基地”的运营模式，以现代生物提取技术，从事杜仲叶系列产品研发、生产与销售。年可加工10000吨中药材原料。已完成3条植物提取物生产线，即杜仲提取物：30%绿原酸30吨/年；98%绿原酸1吨/年；虎杖提取物：50%白藜芦醇10吨/年；喜树提取物：喜树碱500公斤/年。建成100吨/年薯蓣皂素生产线，对原有生产线进行扩建改造。2014年，公司生产工业产品为30%绿原酸30吨，98%绿原酸200公斤，皂素45吨，白藜芦醇8吨，喜树碱150公斤，实现工业产值5890万元，完成销售收入3780万元，上缴税金30万元，实现利润640万元。2016年，公司董事长印家媛。

泸溪县华峰锌业有限责任公司　泸溪县华峰锌业有限公司成立于2013年10月，是泸溪县政府重点招商引资企业，注册地址泸溪县，注册资本500万元，现有员工380人，位于泸溪县武溪镇工业园南区。公司成立后与湖南金旭冶化有限责任公司签订租赁协议，承租该公司名下电解锌厂，并投入4000万元对金旭冶化有限责任公司电解锌厂进行升级改造，淘汰陈旧的机械设备和电器设备，改建部分生产车间，新建原材料和辅助材料仓库。主要产品电解锌，现有生产能力22000吨/年，生产工艺为：洗涤工序—中浸工序—酸浸工序—电解工序—熔铸工序。公司符合国家产业政策和行业准入要求，在厂区改扩建和试生产期间，环保方面，根据省、州、县各级环保部门要求，新建废水处理站、锅炉麻石除尘、废水在线监测仪器和酸雾处理塔，保证废水废气达标排放。安全生产方面，邀请当地技术监督部门对锅炉进行检测，更换不达标锅炉配件，对车间进行地毯式安全检查，将安全隐患降到最低，并配备灭火器和喷淋系统，以防范安全生产事故发生。公司于2015年通过湘西州环境保护局项目竣工环境保护验收和清洁生产验收，湘西州安监局安全生产三同时验收和职业病评价验收。公司注重技术创新与开发，与湖南省中南大学进行技术合作，保证产品质量，目前，生产技术在国内同行业处于领先水平。2015 年实现销售收入 2.68 亿元，上缴税金 480 万元。2016 年，董事长王健峰。

泸溪高阳伞业有限责任公司　高阳伞业有限公司是民营制伞企业，专致晴雨伞的研究开发和制造销售专门公司。泸溪高阳伞业有限公司于 2015 年 2 月入驻泸溪省级工业集中区（武溪工业园区），占地面积 53 亩，投入资金 3000 万元，建设晴雨伞、太阳伞、雨衣及伞具配件四个生产线，生产规模年产晴雨伞 700 万把及 500 万把伞架，年产值 8000 万元，年税收 250 万元，提供就业岗位 500 个。公司设立以长沙为主销售地销售公司，同时开发电子商务网络，建立网上电子专卖店，以最便捷方式为消费者提供服务。2016 年，公司总经理侯建生。

泸溪县亿美佳鞋业有限责任公司　泸溪县亿美佳鞋业有限公司于 2016 年 6 月 20 日在湘西州工商局登记注册，企业位于泸溪县武溪镇金天路工业区标准厂房 9 号楼。投入建设资金 2000 万元，生产规模为年产鞋 140 万双，提供就业岗位 650 个，年产值 1 亿元，年缴纳税收 80 万元。

亿美佳鞋业有限公司创建以来，坚持“诚信为本，客户至上”的宗旨，本着“品质为本”精神，为客户提供优质服务，公司拥有专业的技术团队和最好的产品、健全的售后服务，是湘西纺织、服装、鞋帽制造行业知名企业。2016 年，公司总经理张先文。

泸溪县湘亚鞋业有限公司　泸溪县湘亚鞋业有限公司于 2015 年 11 月 17 日注册成立，2016 年 1 月 10 日，入驻泸溪省级工业集中区，厂址位于泸溪工业园北区标准厂房 408 号，占地面积 9671 平方米。公司投资 5000 万元，引进建设具有业内领先水平皮鞋生产线，年产优质皮鞋 350 万双，年产值 1 亿元，年缴税收 80 万元，提供就业岗位 800 个。

泸溪县湘亚鞋业有限公司创建以来，坚持“诚信为本，客户至上”宗旨，本着“品质为本，精益求精”经营销售理念，在给客户提供全方位优质服务同时，企业得到长足发展。湘亚鞋业期待与各位业界新老客户携手共进，共创辉煌。2016 年，公司总经理贾清炎。

泸溪县富丽服饰有限责任公司　泸溪县富丽服饰有限责任公司于 2016 年 6 月 18 日入驻泸溪省级工业集中区，占地面积 3335 平方米，投资 5000 万元，建设现代化新型服装加工生产线。企业生产规模为年加工服装 200 万套，提供就业岗位 550 个，年产值 20000 万元，年缴纳税收 1000 万元。2016 年公司总经理张千满。

武溪工业园企业基本情况一览表

序号	企业名称	行业类别	入园时间	占地面积（亩）	投资金额（万元）	产　值（万元/年）	经营项目或主要产品	备注
1	湖南金旭冶化集团（湖南省泸溪县金旭冶化有限责任公司）	冶金（化工）	1992	200	40000	87852.20	5 万吨/年电解锰 5 万吨/年电解锌 3 万吨/年硫酸	高新技术企业
2	湖南金天铝业高科技有限公司	铝系列精深加工	2000	100	30000	35943.40	1 万吨/年微细球形铝粉、2 万吨太阳能用铝及铝合金粉	湖南省湘投控股集团公司 高新技术企业
3	泸溪县锰业化工厂	冶　金	2001	30	5000	3208.00	4000 吨/年电解锰	本地企业
4	湖南鑫海锌品有限公司	冶　金	2002	48	10000	40612.40	5000 吨/年锌锭 1 万吨/年超细氧化锌粉	本地企业
5	泸溪县武溪电解锰厂	冶　金	2002	30	6000	4835.20	5000 吨/年电解锰	本地企业
6	泸溪县晓园生物科技有限公司	生物制药	2005	20	3000	6123.00	年产 100 吨绿原酸、20 吨白藜芦醇、1 吨喜树碱	本地企业与江西企业合资、合作
7	泸溪县长青冶化有限责任公司	冶　金	2005	50	13000	24144.50	1 万吨/年电解锰 1.5 万吨/年电解锌	本地企业
8	泸溪县弘鑫化工有限责任公司	冶　金	2005	45	6000	4750.00	5000 吨/年电解锰	本地企业
9	泸溪县鑫兴冶化有限公司	冶　金	2006	50	12000	54253.90	1.5 万吨/年电解锰 20 万吨/年磷精矿	高新技术企业
10	泸溪县明天电力发展有限公司	电力输送	2006	30	15000	41889.80	从怀化电力集团辰溪火马冲架设线路至集中区内	本地企业

续表

序号	企业名称	行业类别	入园时间	占地面积（亩）	投资金额（万元）	产　值（万元/年）	经营项目或主要产品	备注
11	泸溪县弘顺合金有限公司	新金属材料加工	2006	30	6000	7322.56	1万吨/年中碳锰铁	本地企业
12	泸溪县安泰新材料有限公司	新金属材料加工	2006	40	2500	4825.32	合金粉末加工	浙江企业全资
13	泸溪县武陵阳光生物有限公司	生物制药	2006	20	3200	7265.20	年产500吨青蒿素、100吨迷迭香、20吨白藜芦醇	本地企业
14	泸溪县兴业冶化有限公司	冶金（化工）	2006	60	12000	49791.86	1万吨/年电解锰 6万吨/年硫酸 3万吨/年电解锌	本地企业
15	泸溪县永兴化工厂	冶　金	2006	28	6000	10625.20	5000吨/年电解锰	本地企业
16	泸溪县金利化工有限公司	冶金（化工）	2006	25	8000	43917.00	5000吨/年硫酸 8000吨/年电解锰	本地企业
17	泸溪县银晖冶金有限公司	化　工	2006	25	6000	23529.60	5000吨/年硫酸	本地企业
18	湖南金马铝业有限责任公司	铝系列精深加工	2007	30	15000	15809.90	6000吨/年微细球形铝粉	本地企业
19	湖南省汇祥矿业有限责任公司	铝系列精深加工	2007	50	20000	13550.26	30万吨/年铝土矿开发、10万吨/年氢氧化铝	浙江宁波喜丰集团全资
20	湖南省沅昊铝业有限公司	铝系列精深加工	2007	42	22000	9224.30	1万吨/年铝板带	本地企业与广东企业合资、合作
21	泸溪县金源粉体材料有限责任公司（高新技术企业）	铝系列精深加工	2007	40	18000	19039.70	1万吨/年微细球形铝粉	长沙企业收购本地企业
22	泸溪县蓝天冶化有限责任公司	冶　金	2007	60	10000	42432.50	2万吨/年电解锌 1万吨/年铜镉渣	怀化企业全资

续表

序号	企业名称	行业类别	入园时间	占地面积（亩）	投资金额（万元）	产值（万元/年）	经营项目或主要产品	备注
23	泸溪县经达化工有限公司	冶金	2007	40	12000	39523.10	1.2万吨/年一水硫酸锌、5000吨/年电解锰	本地企业
24	泸溪县顺天化工有限公司	冶金	2007	40	9000	38401.90	1万吨/年硫酸锰 1万吨/年电解锰	本地企业
25	泸溪县熙邦化工有限公司	冶金	2008	50	12000	41889.80	1200吨/年高纯电解锰 1000吨/年无铬钝化剂 1000吨/年无硒添加剂	本地企业
26	泸溪县金瑞冶化有限责任公司	冶金	2008	65	15000	37204.10	1万吨/年电解锰 1万吨/年电解锌	本地企业
27	泸溪县金益化工有限公司	冶金	2008	20	2500	4857.00	2000吨/年电解锰	本地企业
28	泸溪县众鑫化工有限公司	新金属材料加工	2008	30	8000	12011.80	1万吨/年钒氮合金	本地企业
29	泸溪县腾龙材料有限公司	新金属材料加工	2008	20	7000	9125.80	8000吨/年钒氮合金	长沙企业投资
30	湖南鑫丰合金有限责任公司	新金属材料加工	2008	30	6000	8506.00	10万吨/年锰合金	本地企业与江西企业合资、合作
31	泸溪县金星新材料有限责任公司	新金属材料加工	2008	25	6000	4906.00	5万吨/年锰合金	本地企业
32	湖南倍安自动化装备有限公司	电器设备制造	2009	15	3000	4256.20	自动门机及配件制造	广东企业与本地企业合资、合作
33	湖南省泸溪县金丰颜料有限公司	铝系列精深加工	2009	10	8000	8480.50	2600吨/年铝银浆	本地企业

续表

序号	企业名称	行业类别	入园时间	占地面积（亩）	投资金额（万元）	产　值（万元/年）	经营项目或主要产品	备注
34	泸溪县汇泉贸易有限责任公司	进出口贸易	2009	10	800	4246.00	金属材料、工矿产品的进出口	本地企业
35	湘西盛基合金钢实业有限公司	新金属材料加工	2010	100	30000	在建	40万吨/年不锈钢卷带及制品	宁波全兴实业有限公司全资
36	泸溪县和兴特钢有限公司	新金属材料加工	2010	70	25000	在建	40万吨/年不锈钢卷带及制品	宁波和兴特钢有限公司全资
37	泸溪县业兴特钢有限公司	新金属材料加工	2010	40	8000	在建	20万吨/年不锈钢酸洗	本地企业与宁波企业合资、合作
38	湖南省派斯特科技有限公司	铝系列精深加工	2010	30	12000	12032.70	3000吨/年环保水性铝颜料、1000吨/年铝银浆	惠州市派斯特实业有限公司全资
39	泸溪县金杭工贸有限责任公司	废渣回收精深加工	2010	22	1800	4506.00	工业废渣回收加工	本地企业
40	泸溪县金泉工贸有限责任公司	废渣回收精深加工	2010	20	2000	4228.00	工业废渣回收加工	本地企业
41	湘西泸溪县嘉美澄日用品有限公司（中日合资）	日用品生产	2011	20	6000	在建	750万件/年旅游休闲生活用品	浙江企业与日本企业合资
42	湖南金昊铝业有限公司	铝系列精深加工	2011	30	20000	在建	1万吨/年微细球形铝粉、2000吨/年太阳能电池背场铝导电浆料	本地企业与广东企业合资、合作
43	泸溪县群祥新材料有限责任公司	铝系列精深加工	2011	35	15000	在建	1.2万吨/年铝合金	本地企业与广东企业合资、合作

续表

序号	企业名称	行业类别	入园时间	占地面积（亩）	投资金额（万元）	产值（万元/年）	经营项目或主要产品	备注
44	泸溪县盛鑫科技有限公司	新金属材料加工	2011	30	15000	在建	1500吨/年镨钕氧化物	本地企业与广东企业合资、合作
45	泸溪县旭锐矿业有限公司	电解锰废渣精深加工	2011	25	4000	8605.00	14万吨/年综合利用电解锰废弃渣回收碳酸锰精矿及可溶性锰	湖北企业与本地企业合资、合作
46	泸溪县银阁公司	铝型材加工	2013	95	15000	5000.00	5万吨铝型材	
47	泸溪县恒裕公司	铝基材料加工	2014	52	12000	20000.00	8000吨铝基材料	
48	高阳伞业	制伞	2015	53	3000	8000.00	700万把晴雨伞	
49	海升公司	集装袋	2015	20	2000	3000.00	3500吨集装袋项目	
50	湘亚鞋业	制鞋	2016	14.5	5000	10000.00	350万双皮鞋	
51	金思旋鞋业	制鞋	2016	7.5	300	1500.00	20万双皮鞋	
52	勒丁卫浴	卫浴	2016	3	1000	10000.00	2万套卫浴	
53	富丽服饰	服装加工	2016	5	5000	20000.00	200万套服装	
54	富宇公司	假发加工	2016		6000	20000.00	250套假发	
55	恒佑公司		2016		200	2000	80万个包箱	
56	亿美佳鞋业		2016		2000	10000	140万双鞋	
57	意康鞋业		2016		300	2000	20万双鞋	

附 录

一、县委、县政府文件

中共泸溪县委 泸溪县人民政府
关于实施“工业立县”战略的决定

(2005年1月17日 泸发[2005]3号)

为进一步推进工业经济快速发展,充分发挥工业在县域经济发展中的主导作用,促进我县经济持续快速协调健康发展,实现脱贫致富奔小康的目标,县委、县政府决定实施“工业立县”战略。

一、统一工业立县的认识

1. 工业是立县之本、富县之策、强县之基。近年来,虽然我县工业经济有一定发展,但时,工业发展速度缓慢,总理偏小,结构不合理,市场竞争力不强的问题仍然十分突出。只有加快发展工业,才能扩充县域经济总量;才能增加就业岗位;才能增加群众收入。全县各级各部门要坚持“工业立县、产业富民”的发展思路,做到工作重心向工业转移,领导精力向工业倾斜,部门服务向工业倾斜,财政投入向工业倾余,切实加快工业发展。

二、明确工业立县的总体要求

2. 进一步理清工业发展的思路:按照“坚持科学发展观,突出工业立县、加快三大建设,发展三种经济,实现三个增加,建设小康泸溪”的总体要求,以扩大经济总量为首要目标,以发展民营企业为根本出路,以矿产品和农产品的精深加工为主攻方向,以招商引资为根本途径,以可持续发展为基本要求,以工业化带动农业产业化、城市化，实现财政增效、群众增收和扩大就业。

3. 进一步明确工业发展的目标：不断扩大工业总量，工业增加值增速保持在20%以上，产业结构进一步优化，2010年，第二产业占GDP的比重达到60%以上，工业企业实现税收对全县财税贡献率达到80%以上。企业各项经济技术指标达到全省平均水平。2005年工业总产值完成10亿以上，2007年，2010年分别达到16亿和20亿以上，规模工业增加值占全县GDP的比重分别达到23%、28%和36.5%，基本实现初级工业化。

三、突出工业立县的重点

4. 加大结构调整力度，实现"三个转变"。通过与科研单位、大专院校和大企业集团联合，引进先进实用技术和高新科技，改造提升我县传统的冶金、化工工业，实现产品结构由"两高一低"向"两低一高"转变；通过引导工业聚集发展，在武溪、浦市两个园区分别形成冶金工业和磷化工工业两个产业群，实现增长方式由粗放型向集约型转变；通过开发利用我县铝土矿、磷矿、石煤矿以及椪柑等优势资源，延长产业链，实现资源优势向经济优势的转变。

5. 加大优势资源开发利用的力度，着力做强四大特色产业。一是以铝土矿为依托，加快建设5—10吨的氧化铝加工能力和2—5万吨的电解铝冶炼能力，加大铝产品的精深加工力度，形成完整的铝产业链，把我县建成全省最大的铝产业基地：二是以磷矿石资源为依托，迅速突破磷矿石浮选技术，加大磷矿石的后续产品的开发和加工，做大做强磷产品加工业；三是以丰富的石煤资源为依托，加快石煤发电的开发，努力提高石煤的综合利用；四是通过对椪柑的深加工，大力发展绿色食品业。到2010年，这四大特色产业成为县域经济的主导产业。

6. 加大工业园区建设的力度，构建"两区一廊"工业发展平台。按照"政府引导，市场运作"的原则，创新工业园区建设与管理模式，努力建好武溪冶金工业园、浦市工业园和白沙至洗溪工业长廊，使之形成为具有一定规模和特色、产业关联度高、辐射带动力强的工业发展平台。切实做好园区的总体规划，积极储备工业用地，逐步完善园区内道路、供电、供水等基础设施建设，为投资者入园提供便利条件。

7. 加大招商引资的力度，又快又好地建好工业项目。把招商引资作为加快工业发展的根本途径，拓展招商引资领域，创新招商引资手段和方式，落实招商引资责任．兑现招商引资奖励制度，形成良好的招商引资氛围，力争年招商引资达1

个亿。注重工业项目库建设，动态管理项目储备，确保常年有10个以上可供招商引资的项目，以最有吸引力的项目去招商；注重调动企业积极性，引导企业走联合做大做强之路，鼓励企业用最有效益的项目去招商；注重利用自身的优势资源，以最具优势的产业项目去招商；注重加强领导，加快项目建设的进度，以最高效的办事效率去招商。

8.加大企业改革改制的力度，着力做大骨干企业。要进一步加大以产权制度改革为核心的国企改革改制工作力度，实现“今年完成，明年扫尾”的工作目标，盘活工业存量资产和存量人才。要着力推进现代企业制度建设，通过在民营企业中逐步建立以“公司治理结构”为核心的现代企业制度，实现投资主体多元化，扩大企业规模，提升企业经营管理水平和整体效益，促进企业做大做强，上档次，上水平。到2010年，建成销售收入过亿元的企业6家，过3亿元的企业2家，过5亿元的企业1家；税收过2000万元的3家，过1000万元的5家，过500万元的10家。

9.加大“五资联动”的力度，着力增加工业投入。一是通过积极争取重点工业项目进入国家和省产业引导资金和技改贴息资金支持的笼子，努力争取上级政府的投入；二是通过加大招商引资工作的力度，积极引入县外资金投入；三是积极启动民间资金和本地企业老板对工业项目的投入；四是切实加大财政对工业的投入，确保工业发展基金不少于财政总收入的2%，用于产业引导；五是鼓励金融机构增加工业投入，对金融机构贷款期限1年以上，年度给工业企业新增贷款500万元以上3000万元以内的，由受益财政按3‰奖励，3000万元至5000万元的，按5‰奖励，5000万元以上的按6‰奖励。

10.加大政策引导的力度，着力工业人才队伍建设。要提高企业家的政治待遇，在政治上关心企业家，为他们提供参政议政和办好企业的平台，加大宣传力度，在全社会营造尊重企业家氛围，激励本地和外地企业家在我县兴企办厂。要提高企业家的经济和生活待遇，切实解决他们的后顾之忧，对连续两年上交税金达200万元以上的企业法人，优先安排其子女就业，政府为其购买养老保险，使其达到退休年龄后可按月领取养老金. 鼓励行政、事业单位干部职工领办工业企业，其职级待遇和工资不变，促使其成为企业家。

四、优化工业立县的环境

11.优化基础设施环境。加快交通建设步伐，努力创造宽松环境，确保常吉高速公路泸溪段川页利施工，打通我县工业产品出人的大通道；积极争取浦市——

辰溪县级公路改造项目的审批立项建设，拉近浦市工业园区与辰溪火车站的运输距离；搞好沅江泸溪段水运码头建设，恢复水路运输，缓解陆路运输紧张压力。加快电力建设步伐，开发洗溪能滩、解放岩岩落潭和湘口溶等小水电项目，解决电源点问题；加快城乡电网改造，争取新建洗溪镇 11 万伏变电站，解决供电质量问题；坚持走发展石煤发电与引进外地供电相结合的路子，形成电力市场的竞争机制。

12.优化政策环境二对新上工业项目：在用地上，投资者主要承担按政策支付给农户的土地补偿费用和地面建筑物搬迁费用，国土三项费用（耕地开垦费、新增建设用地有偿使用费、防洪保安基金），林业、规划等部门的费用按最低标准由县财政解决。出让金经政府常务会议研究暂行缓交，待企业投产后所交税金达到土地出让金标准时再予以免交。根据需要可以提前办理土地确权手续。在税收上，耕地占用税按最低下限缴纳，所得税一律按 15%的税率计征，除酒烟外的农业产业化龙头企业，税收实际上缴地方财政部分三年内全额返还。鼓励企业用利润扩大再生产和新上其他项目，其固定资产投入总额以税务机关正式票据为准，可在税前列支。在行政事业性收费上，建设期间涉及相关部门的行政事业性收费，属县内的一律免收，属国家和省里的，在规定的幅度范围内从低收取。在基建税费上，工程建设过程中的各种税费按基建总投资的 8%包干计算，由工业项目办一次性收取（具体按《泸溪县投资项目税费“一票统收”暂行办法的通知》操作）。

13.优化政务环境。一是推行首问责任制。企业在相关部门办事，第一个接待人员必须高度负责，带领其找到主管领导和经办人员。二是推行审批代理制。对新办工业项目实行手续全程代力、制，项目经规划选址、环保评估、国土测绘，投资者在按政策补偿了农户的土地、地面建筑物搬迁费用后，即可马上开工建设，其他相关手续由工业项目办全程代办。三是推行限期办结制。凡需到省、州审批的手续，国土、林业、环保等部门要在规定时限内办理完结，凡属县内审批的，从收到符合要求的申报材料之日起，相关部门 5 天内必须办妥手续。四是实行检查报批制。凡至工业企业开展业务检查的单位，必须事先经联系企业的县级领导批准，并报县工业主管部门备案。五是实行收费“一票制”。凡涉及工业企业行政事业性和服务性的收费，由工业项目办实行“一票制”收取，然后再按一定的比例分配给相关部门，任何单位不能进入企业收取费用。六是实行责任追究制。对违反上述五项规定的要追究当事人和领导的责任，情节严重的给予党纪政纪处分。坚决落实纳税人评议职能部门行风的有关规定。

14.优化法治环境。执法部门要树立“保护企业家就是保护生产力”的观念，严格按程序执法，严禁搞行业垄断，把严格执法与促进发展有的观念，严格按程序执法，严禁搞行业垄继，把严格执法与促进发展有机结合起来，切实保护企业和经营者的合法权益。司法部门要全面落实警务、检务、审务公开制度，提高透明度、杜绝“暗箱操作”。要加强对工业企业和重点工业项目周边环境的专项治理，让企业经营者安心生产经营。企业要按照现代企业管理机制的要求，学习和熟悉相关法律，既要做到合法经营，又要运用法律武器保护自管身的合法权益。

15.优化诚信环境。首先，各级各部门领导要强人化诚信意识。领导要带头讲诚信，切实做到“言必行，行必果”。强化为企业服务意识，县级领导要把联系工业企业的责任落到实处，经常深入企业，积极为企业排忧解难。乡镇主要领导要主动为辖区内的工业企业积极搞好服务。县直相关部门的“一把手”要经常亲自抓过问本单位人员到企业开展工作的情况，确保企业权益不受侵害。其次，要培育公众的信意识。结合实施《公众道德建设实施纲要》，广泛深入地开展信用宣传和诚信教育，增强公众的信用意识，崇尚良好的道德规范。再次，强化企业的信意识。企业要树立“信用就是资源和财富”的理念，按期还本付息，依法照章纳税，强化环保意识，注重可持续发展。

中共泸溪县委 泸溪县人民政府
关于加快推进工业园区建设的实施办法

为加快推进我县工业园区建设进程，充分发挥工业园区在县域经济发展中的主体作用，促进新型工业化较快发展，根据《中共泸溪县委、泸溪县人民政府关于实施“工业立县”战略的决定》(泸发〔2006〕28 号)精神，结合我县工业园区规划建设实际，特制定本实施办法。

一、明确工业园区发展的总体思路

1. 指导思想和基本原则。全面贯彻落实科学发展观，紧紧围绕推进新型工业化，按照“政府规划、政策引导、规范运作、合理开发”的原则，以“工业园区化、产业集群化、布局城镇化”为首要目标，以基础设施建设为中心任务，以招商引资为根本途径，以特色产业为主攻方向，大力发展循环经济，并结合本县实际，借鉴成功经验，不断创新方式、转变职能，加大政策和资金支持力度，促进工业园区健康、高效、快速向前发展，努力把我县工业园区建设成为具有一定规模、产业关联度高、辐射带动力强的工业发展平台。

2. 发展目标和远景设想。根据园区发展的指导思想，确立工业园区“一年起好步，三年打基础，五年成规模”的建设进程。到 2010 年，完成主要道路建设，功能基本配套，引进项目资金 5 亿元以上，引进入园企业 10 家以上，实现工业销售收入 20 亿元，实现税收 2 亿元以上。到 2020 年，工业园区基础设施完善，功能配套齐全，经济社会协调发展，引进项目投资 15 亿元以上，引进入园企业 20 家以上，实现工业销售收入 100 亿元以上，实现利税 8 亿元以上，就业人员达 5000 人以上，基本形成工业的集聚区。到 2030 年，我县工业园将实现高度工业化，成为吉首、古丈、沅陵、辰溪四地边区的区域性加工中心、科研中心、信息中心，与白沙县城及周边城镇高度融合，园区内部结构合理完善，生态环境良好，基础设施十分完善，适合二十一世纪文明发展的现代生态科技工业园。

二、突出工业园区发展的工作重点

3. 加速基础设施建设进程。首先要加快开发滨江大道和峒河大桥。2007 年春节前滨江大道要破土动工，年内要完成路基建设；峒河大桥年内要完成前期工作，年底要开工建设。其次要利用招商引资项目“边入园边建设”，力争 2007 年入园项目 5

个，实现以项目带动主干道等基础设施建设。第三要加快电力、自来水、通信网络、有线电视、给排水系统的设计等配套设施的建设进程。

4. 加大工业园区筹融资力度。加大融资力度是加快园区发展的关键，是推进园区建设的前提条件。一是要增加财政投入，县财政要在工业发展基金、基本建设资金、高新技术引导资金及产业专项资金等方面增加对园区的投入。二是要深化投资体制改革，组建投资开发公司，要以投资公司为平台，拓宽园区建设融资渠道：①申请银行贷款，一方面通过工业园区申报立项，力争 2007 年列入省级工业园区，并同时向政策性银行（国家开发银行）、商业银行等申请贷款；另一方面，按照“谁投资谁受益”原则，推动地方银行进行信贷；②推动社会融资，利用 3080 亩土地储备推动社会融资，采取土地回报或土地入股等多种融资方式吸纳社会资本入园；③吸引实业投资，利用平面媒体、电视广告、电脑网站及“世博会”、“珠洽会”等形式进行强势媒体推介，与一些实力雄厚、信誉度高的重点企业、优势企业建立联系，以最优惠的条件，吸引这些企业入园投资发展；④推动融资担保。工业园区要增强服务工作的针对性和有效性，鼓励园区企业加强与当地中小企业服务机构、金融部门开展灵活多样的协作，吸引社会多元投资，千方百计帮助企业缓解融资难的问题。三是要发挥好政府专项资金带动作用，要将工业园区的道路、供水、电力、电信、桥梁、土方及办公设施等工程细化、量化，依靠发改局、财政局、经济局、交通局、建设局、环保局、水利局、电信局、移民局、电力公司等相关部门上报项目，争取上级部门专项资金的支持。

5. 制定投资创业优惠政策。园区要发展，必须建立一套完善的优惠政策，激励投资者入园投资创业，就我县而言，主要是立足三特政策，即特殊的优惠政策、特别的保护政策和特有的诚信政策。①在特殊的优惠政策方面。凡固定资产投资经审核在 800 万元以上的新上工业项目，享受以下优惠：a、在征用土地上，征地补偿费用先由投资方垫付，实现税收后由财政返还；国土、林业、规划手续的办证由县政务中心协调代办，费用由县财政解决；土地出让金经政府常务会议研究实行缓交，待企业投资后所交税金达到土地出让金标准时再予以免交，同时，根据企业需要可提前给予办理土地确权手续。b、在税收上，耕地占用税按最低下限缴纳，所得税一律按 15%的税率计征，除烟、酒外的农业产业化龙头企业，前三年实际上缴地方财政的税收部分按全额返还。鼓励企业用利润在县内扩大再生产和新上其他工业项目，其固定资产投入总额经税务部门核准后，可在税前列支。c、在行政事业性收费上，按照“一票收费制”规定执行。在 800 万元以上的新上工业项目，由县政务服务中心按投资项目预算和物价部门核定的收费标准下限，行政事业性收费按30%，服务性收费按50%开出暂收单据一次性收取，再全部分解到各职能部门。②在特别的保护政策方面。一是按照泸发[2006]28号执行，将首问责任制、一票收费制、全程代办制、限时办结制、检查报批制、责任追究制“六项制度”落实到位；二是优化法治环境。执法部门要树立“保护企业家就是保护生产力”的观念，严格按程序执法，把严格热执法与促进发展有机结合起来，切实保护企业和经营者的合法权益。③在特有的诚信政策方面，要强化领导的诚信意识，县级领导及部门负责人要带头讲诚信，切实做到“言必行，行必果”。

6. 切实加快园区招商引资。加快招商引资是加快园区发展的根本途径。工业园区在招商引资手段和方式上要不断创新，秉承“亲商、安商、便商、富商”的宗旨，营造良好的招商引资氛围，力争年招商引资达1个亿。一是要统一对外宣传口径，规划对外宣传标识，制作园区开发模型和招商网站、编印招商引资指南，推进园区招商理念；二是要建立动态项目库，确保常年有10个以上可供招商引资的项目，以最有吸引力、最大效益、最具优势的产业项目去招商；三是要采取“一事一议”制，加快项目建设的进度，以最高效的办事效率去招商，切实加快招商引资进程。

7. 推动项目入园建设进程。项目入园要以本地资源优势为基础，结合南区工业发展、构筑产业集群，形成以铝、磷、生物科技、合金新材料和椪柑加工五大特色产业链为主导产业的生产基地。一是引进年产10万吨电解铝项目，接通产业链条，形成从铝土矿—氧化铝—铝锭—铝深加工产品（铝杆、铝粉、铝银浆、铝板带材、铝合金等）产业链，形成产业集群，将园区建成湖南省的铝产业基地。二是立足磷矿资源、新上磷精矿浮选项目，并延伸磷系列产品链条，形成园区湿法磷酸、磷本铵、磷酸盐等磷化工产业集群。三是提取生物制药，大力开发生物科技产品，形成薯蓣皂素、双烯醇药用芳香植物开发提取产学研基地等生物制药产业集群。四是利用椪柑资源，大力发展椪柑加工业，通过椪柑的深加工，大力发展绿色食品产业，形成绿色食品加工产业集群。五是以新合金材料为依托，大力开发新合金材料，延伸产业链条，形成电解铬、电解铁及深加工产品等产业集群。力争到2010年这五大特色产业全部入园建设，并成为工业园区的主导产业。

8. 科学合理推进开发建设。一是依照规划，合理开发。要按照总体规划推进开发。要继续加强与土地利用和城乡建设的衔接协调，按照布局集中、用地集约和产业集聚的原则，合理规划安排园区企业用地。已有园区的地区，对新建企业一般不再另行安排征用土地。注重以项目促开发，坚持节约与开发相协调，提高园区土地资源的利用率，严格控制项目占地面积，着力提高单位土地面积上的投资量。二是合理分类，优化布局。园区内产业布局要综合考虑产品卫生安全、环境污染、居民影响等因素，合理分类，优化布局。尤其是农副产品加工、食品、制药等轻工业要与冶金、化工等重化类产业分开，分别布局在不同片区中。同时，园区要注重培育特色产业，有选择地引入企业，逐步实现从"招商"到"选商"的转变。

9. 大力推行工业循环经济。工业园区是循环经济的重要载体，根据省政府《加快工业循环经济发展的决定》的要求，从2006年起，在工业园区全面实行循环经济试点。按照"减量化、再利用、资源化"的原则，以清洁生产和资源综合利用为突破口，大力推行可用废弃的资源化，提高能源、矿产等资源开发深度，实现资源的高效循环利用，鼓励建成"零排放"企业。在园区建设和企业布局时，提前安排园区企业废水、废气、废弃物的集中处置，实现园区工业与节约资源、生态环保的协调发展。

三、强化工业园区发展的服务措施

10. 加强组织领导，明确工作责任。一是县政府要加强对园区的直接管理，为确保政策的一致性、直接性和连续性，工业园管委会要接受县政府垂直管理，除县委、县人大、县政府、县政协外，其他县直部门不得对园区管委会下达任何指令计划；二是继续实行园区企业和产业项目县级领导挂点责任制；三是推动日常议事制度，定期召开县委常委会议和政府常务会，听取园区汇报，决策重大事项，解决重大问题，同时，根据园区发展需要，不定期召开县委书记和县长办公会议。通过现场办公，及时排解园区建设过程中突发的各种矛盾。四是成立工业园区开发建设协调领导小组，加强工业园区在开发建设进程中的协调服务工作。

11. 积极协调服务，强化部门合作。各相关部门要把园区建设作为落实科学发展观、转变增长方式、创新职能、改进服务的重要工作，积极协调服务，主动进行合作。一是要加强对园区的业务指导，认真研究，理清思路，及时了解园区涉及投资、劳动、规划、土地、城建、环保、安全生产、工商、税务等方面存在的问题，加强业务指导；二是要加强各部门间的协作，在园区规划、环评、征地和拆迁过程中，建设局、环保局、国土局、林业局、移民局、武溪镇等相关部门要多沟通、多协作，做到目标相同，标准一样，口径一致；三是园区在项目建设过程中涉及相关职能部门办证，各有关职能部门要积极协调服务，确保渠道畅通，严禁拖延、推诿，切实加大协调服务力度。

12. 改进监管机制，确保运行实效。一是县委、县政府督查室要及时收集和分析园区经济信息，了解园区工作进展。工业园区要按照要求，每月向政府上报园区主要工作情况及经济指标表；二是政府要加强对职能部门协调服务情况的检查监督，两办督查室要将相关部门协调服务工作按园区要求进行细化、量化。年终将协调服务工作纳入部门目标管理考核范围，作为干部绩效考核的重要依据。三是实行定期检查和不定期抽查，及时通报部门协调服务工作情况。

13.加强内部管理，建立长效机制。一是要建立公开公正的工作机制。要按照社会主义市场经济体制的要求，加强园区政纪、法纪教育和廉政建设，坚持依法办事，增强工作的规范性、科学性、民主性，鼓励采用市场化方式，提高工作的透明度和公众参与度。二是建立重大问题的决策机制，园区重大事项要及时上报当地政府研究决策；在软环境和基础设施建设中，要按照国家有关规定及机关程序严格执行，在土地征用、资源配置等重大问题决策时，要充分征求行政相对人、相关利益群体的意见。三是提高工作人员的整体素质。要加强交流，强化培训，加大人才培养力度，健全人才激励机制，全面提高园区工作人员的素质，建设一支服务意识好、责任心强、业务能力精、整体素质高的园区管理服务队伍。

四、严格工业园区发展的奖惩制度

14.建立招商引资激励机制。①奖励金额。按招商引资不同来源，由县政府分别给予到位资金总额一定比例的奖励。属于无偿投资，按到位资金总额20%兑现奖励。引进有偿建设资金，按到位资金总额2%兑现奖励。属于对外招商项目，资金总额在300万元以上至1000万元人民币以下的，按到位资金的2%予以奖励；1000万元以上按到位资金的5%予以奖励；对金融机构贷款期限1年以上，年度给工业企业新增贷款500万元以上3000万元以内的，由受益财政按3%奖给行长，3000万元至5000万元的，按5%奖给行长，5000万元以上的按6%奖给行长。②奖励程序。首先由申请方出具引资证明，提供银行到位资金证明，填写《招商引资项目引荐人登记表》，符合条件的由招商引资工作部门发放《招商引资奖励承诺书》。其次对引荐成功的项目，进行审核验收，经审核无异议，由招商引资部门发放《招商引资奖励证明书》。县政府每年召开一次表彰奖励大会，单位或个人依据《招商引资奖励承诺书》和《招商引资奖励证明书》到财政部门兑现奖励。

15.推行协调服务奖励制度。①奖励标准：协调服务工作先进单位除授予奖牌外，还给予一定数额的奖金，具体标准为：乡镇10000元，县直单位5000元。②奖励方式：半年通报一次，年底考核评比，年终总结表彰。

泸溪县武溪工业园征地拆迁补偿安置暂行办法

(2007年4月12日印发)

第一章 总则

第一条 为保障被征地户和被拆迁户的合法利益,维护征地拆迁工作的正常秩序,根据有关法律法规和政策,结合武溪工业园实际,制定本办法。

第二条 泸溪县武溪工业园总体规划范围内的征地拆迁补偿安置执行《湘西自治州人民政府关于印发〈湘西自治州征地拆迁参偿安置办法〉的通知》(州政发[2003]5号文件)以及《湖南省人民政府办公厅关于发布湖南省征地年产值标准的通知》(湘政办发[2005]47号文件)和本办法。

第三条 泸溪县人民政府土地管理部门负责征地拆迁补偿安置管理工作,成立园区征地拆迁安置办公室。泸溪县人民政府国土资源管理局设武溪工业园分局具体组织实施征地拆迁补偿安置工作。

第二章 征地补偿和安置

第四条 树木补偿办法。(一)零散桂花、红木、紫微、松、杉等苗高在3米以下,蕊经在12cm以下的苗木参照州政发[2003]5号文件中规定的楠木标准补偿。成片1亩以上按其邻近水田平均年产值的3-5倍补偿。(二)零散树木超过前款规定胸径和苗高的不予补偿,只补偿砍伐工资,其标准为胸径在12cm-20cm之间、树高在3米至5米之间的成林每株补偿砍伐工资30元,胸径超过20cm、树高在6米以上的每株补偿砍伐工资60元。1亩以上成片林木只付砍伐工资每亩1000元。(三)树木补偿后,被拆迁人应在限期内将树木移栽它处或砍伐,超过期限不移栽或不砍伐的由拆迁人自行处理。

第五条 自然寨村民饮用的生产、生活水井分三类给予补偿。

第六条 各类违法违章建筑物、构筑物不予补偿。

第七条 自征地公告发布之日起，不得在征地范围内抢种农作物和抢栽林果、苗木、花卉及修建构筑物(如大棚、灌溉水渠、保坎等)，违者不予补偿；对于改变土地用途(如修建鱼塘、蓄水池、粪池、砖瓦窑等)的，按改变前的土地用途补偿。对已征土地，被征地户不予腾地又改种的，或已腾地又抢种的，一律不予补偿。

第八条 县国土管理部门对被征用的土地安置补偿费用和上述树木补偿费等，以各被征地拆迁户名登记造册予以公示，在确认无误后，按规定发放到户。

第九条 被征地户全部或大部分耕地被征用后，按户籍管理有关规定，失地人口逐步从农村居民登记为城镇居民。

第三章 房屋拆迁补偿安置

第十条 由拆迁方委托具有房地产评估资质的机构，按国家有关法律法规政策规定，依据泸溪县武溪工业园管理委员会登记地址进所在地政府所发布或执行的基准指导价，评估确定房屋拆迁补偿金额。

第十一条 拆迁补偿应以 2006 年泸溪县人民政府组织的实物清点登记和农户签名盖手印的登记表为依据。在武溪工业园总体规划出台后，未经有关部门批准新建、改建、扩建的建筑物、构筑物，视为违章建筑。

拆除违章建筑和超过批准期限的临时建筑物，不予补偿；拆除未超过批准期限的临时建筑，应当给予适当补偿；拆除淹没线以下建筑物且已获得移民补偿构筑物，不予补偿。

第十二条 房屋建筑面积计算方法。(一)属砖混结构，依据建筑物建筑面积按各层建筑面积之。和计算，其首层建筑面积按外墙勒脚以上结构的外围水平面积计算，二层及二层以上按外墙结构的外围水平面积计算。有柱走廊的按柱外围水平面积计算，有围护结构的阳台、挑走廊的按其围护结构外围水平面积计算，无围护结构的阳台、挑走廊的按其水平面积的一半计算。经墙出檐，出墙出檐、悬挑雨蓬不计算建筑面积。(二)属砖木、土木、纯木结构的，依据国家发布的房屋测量规范计算办法执行。(三)房屋层高按室内地面至楼面或前后经墙(柱)的平均高度计算。层高不满 2.2 米的，减半计算建筑面积。

第十三条 房屋拆迁补偿方式可以实行一次性货币补偿，也可以实行房屋产权调换。实行产权调换的，拆迁人和被拆迁人应当依据本办法第十二条、第十四条之规定，计算被拆迁房屋的补偿金额和置换的房屋价格，结清产权调换的差价。拆迁人应提供符合国家质量安全标准的房屋，用于拆迁安置。

第十四条　拆迁公益性房屋原则上实施货币补偿，需重建的，在不突破原补偿金额和规模的前提下协商重建，突破规模和补偿金额的部分由被拆迁方负责。

第十五条　被拆迁人确因特殊情况需要过渡安置的，过渡房由被拆迁户自行安排，拆迁人按每月200元标准（包括房屋租金、搬运费、物资保管费）支付被拆迁户过渡期内的临时安置补助费，从拆迁之日起，拆迁人按时提供宅基地的临时安置补助费，时间不超过6个月；拆迁入不能按时提供宅基地的，过渡安置补助费补至提供宅基地之后再顺延6个月。拆迁人按时提供宅基地，但被拆迁人因自身原因不能搬进新房的，临时安置费不能顺延。

第十六条　被拆迁户宅基地安置办法，分为现金补偿和按规乏标准分宅基地两种办法。（一）被拆迁户自选宅基地，集体土地按500元/m2标准以现居住宅基地面积进行计算补偿；国有土地按800元/m2标准，凭泸溪县国土资源管理局办理正式国有土地宅基地使用权证为依据进行计算补偿。（二）被拆迁户需要拆迁人提供宅基地，则按被拆迁人现居住的基地面积进行安置，每宗为80m2。（三）在符合法律、法规规定农村及居民宅基地面积范围内，宅基地安置可以面积换面积；原宅基地面积多于现安置地面积的，少安置的面积由拆迁人按每平方米120元标准补偿给被拆迁户；多安置的面积由被拆迁人按每平方米120元标准补偿给拆迁人。（四）进安置区内建房必须符合规划要求。

第十七条　进安置区的被拆迁户按签订拆迁协议先后顺序，选择安置地，两户以上同时选择同一宗宅基地的，采用抽签方法确定。

第十八条　被安置拆迁户的“建设规划用地许可证”“建设工程规划许可证”“国有土地使用权证”“房屋可用权证”实行统一办理，只收取办证工本费，由持证者支付。

第十九条　拆迁付款方式。被拆迁户与拆迁单位签订拆迁协议时，拆迁方付拆迁补偿总金N30%资金，实施拆迁且拆除房屋主体后再付拆迁总金额40%资金，清场完毕付完剩余资金。

第二十条　房屋拆迁程序。（一）房地产行政主管部门发布拆迁公告并发放拆迁许可证。（二）按泸溪县武溪工业园管理委员会登记地所在政府或房屋补偿标准基准指导价格，对被拆迁户（人）房屋进行预算，并将补偿价公示。（三）对预算结果没有异议的签订拆迁协议，对预算结果有异议的参照《城市房屋拆迁管理条例》和《城市房屋拆迁行政裁决工作规程》的规定处理。(四)按拆迁协议实施拆迁。

第四章 安置区标准及管理

第二十一条 安置区的选择应符合武溪工业园总体规划，建 局合理。环境优美的新型居住区。

第二十二条 安置区应具备“户外五通一平整”(通电、通水、通路、通电视、通电话、场地平整)的标准。

第二十三条 安置区拟作整体规划，集中安置。

第二十四条 安置区的宅基地不得私自买卖，一经发现依法收回并按有关规定严肃处理。

第二十五条 违反本暂行办法的，根据我国相关法律、法规处理，对责任人将依法予以追究。

第五章 附则

第二十六条 本规定从公布之日起执行。

中共泸溪县委　泸溪县人民政府
关于加快推进全面建成小康社会的实施意见

（2013 年 12 月 15 日）

为深入贯彻落实党的十八大和十八届三中全会精神，按照《中共湖南省委湖南省人民政府关于分类指导加快推进全面建成小康社会的意见》（湘发〔2013〕6 号）和《中共湘西自治州委湘西自治州人民政府关于加快推进全面建成小康社会的实施意见》（州发〔2013〕12 号）要求，结合我县实际，现就加快推进全面建成小康社会提出如下实施意见。

一、坚持把全面建成小康社会作为经济社会发展的核心任务。

全面建成小康社会是党的十八大提出的“两个一百年”奋斗目标之一，是推进经济社会发展的强劲动力，事关社会稳定、民族团结和民生福祉，是全县各族人民的殷切期盼，是我们必须不懈奋斗的最大政治任务、最现实目标和最中心工作。近年来，我县认真贯彻落实中央、省委、州委决策部署，全县上下齐心协力，大力推进经济社会又好又快发展，加快推进全面建成小康社会，取得了明显成效。2012 年全县全面小康实现程度达到 68.2%，比 2000 年提高 26 个百分点，年均提高 2.16 个百分点，但与全国、全省经济发展领先的县市区相比，差距较大，存在的问题和矛盾也较多。目前，我县正处于产业结构战略调整和经济转型升级发展的关键期、攻坚期，面对困难和差距，我们唯有迎难而上，增强责任感、紧迫感和使命感，必须要有“攻坚克难”的准备和“钉钉子”的精神，提振信心，迅速行动，抢抓机遇，奋发赶超，把全县各方面的积极性引导到全面建成小康社会的轨道上来，凝聚全县力量，铆足劲头干事业、奋力开拓促发展，全力推进小康泸溪建设，努力实现富民强县。

1.指导思想。坚持以党的十八大、十八届三中全会精神为指导，大力实施“工业强县、产业富民、环境创优、民生改善”发展战略，按照“推进五大工程、打造五个泸溪”的发展思路，抢抓机遇，奋力开拓，为全面建成小康泸溪而努力奋斗。

2.基本原则

——以人为本、科学发展。认真落实科学发展观，始终以改善人民生活、促进全面发展为根本目的，坚持以经济建设为中心，着力改善经济社会发展环境和人民群众生产生活条件，努力让全县人民享有更好的教育、更稳定的工作、更满意的收入、更可靠的社会保障、更高水平的公共服务、更舒适的居住条件、更优美的环境、更幸福的生活。

——重点突破、特色发展。抓住西部大开发和武陵山片区区域发展与扶贫攻坚试点等重大战略机遇，加快新型工业化、农业产业化、新型城镇化“三化进程”，走泸溪特色发展之路。重点在经济发展、城镇建设、人民生活等薄弱环节上增强力度，在人均 GDP、城镇化率、居民人均可支配收入等关键指标上实现突破，加快推进全面建成小康社会。

——发挥优势、创新发展。根据省、州全面建成小康社会考评指标体系要求，结合县情实际，深入挖掘和充分发挥自身的自然资源、民族文化、科技人才、政策环境等方面的优势，加快推进管理创新和机制创新，大力推进科技创新和科技进步，着力提升自主创新能力，推动县域经济跨越发展、创新发展。

——统筹协调、和谐发展。坚持统筹区域发展，统筹城乡发展，统筹经济、政治、文化、社会和生态文明“五位一体”建设。协同全县上下各方力量，共同参与全面小康建设，充分发挥广大干部群众的积极性、主动性与创造性，把广大干部群众的思想和行动引导到想发展、议发展、求发展、快发展上来，破解发展瓶颈，增强发展动力。

3.奋斗目标。立足县情，分三个阶段推进全面小康建设。第一阶段：从现在到“十二五”末，为全面打基础阶段，力争人均 GDP 达到 15000 元左右，人均财政收入达到 1600 元左右，固定资产投资达到 24 亿元左右，城镇化率达到 45%左右，居民人均可支配收入达到 8500 元左右，全面小康实现程度达到 80%左右。第二阶段：从 2016 年到 2017 年，为重点跨越阶段，力争人均 GDP 达到 20000 元左右，人均财政收入达到 2300 元左右，固定资产投资达到 35 亿元左右，城镇化率达到 50%左右，居民人均可支配收入达到 10000 元左右，全面小康实现程度达到 90%左右。第三阶段：从 2018 年到 2020 年，为全面提升阶段，力争人均 GDP 达到 30000 元左右，人均财政收入达到 3400 元左右，固定资产投资达到 60 亿元左右，城镇化率达到 60%左右，居民人均可支配收入达到 15000 元左右，各项指标基本达到小康标准。

二、坚持把“推进五大工程”作为全面建成小康社会的重要抓手

1.加快推进新型工业化这个核心工程，着力打造实力泸溪。大力发展以铝粉、铝

型材、镨钕合金、铬基合金、钒氮合金为主的新材料产业，做大做强新材料产业集群。进一步深化生物制药、农产品加工结构调整，积极开发新产品，大力发展绿色、环保型产业。着力推进铝土矿、磷矿石、石煤等优势资源综合开发利用，积极培育新兴产业；做好锰锌产业整治整合，实现资产重组、产能优化，促进锰锌传统产业转型升级。加快推进泸溪工业集中区基础设施建设，完善园区招商引资机制，优化园区产业布局，着力构建泸溪工业集中区、新材料产业园、农产品加工和生物制药产业园、锰锌产业园、物流产业园“一区四园”的格局，提升产业集约化水平。

2.加快推进农业产业化这个亮点工程，着力打造特色泸溪。进一步做强椪柑、烤烟、特色经作、畜牧等特色产业，着力构建“一乡一业、一村一品”产业格局，重点建好“六大基地”：以峒河沿线乡镇为核心，辐射白羊溪、梁家潭、八什坪等地的万亩椪柑科技示范基地；以浦市为核心，辐射达岚、合水等地的万头铁骨猪养殖基地；以兴隆场为核心，辐射小章、永兴场等地的万亩玻璃椒生产基地；以合水为核心，辐射达岚、石榴坪等地的万亩油茶开发基地；以解放岩为核心，辐射兴隆场、小章等地的万亩生姜种植基地；以浦市、兴隆场为核心，辐射合水、永兴场等地的万亩烤烟生产基地。实施农业特色品牌经营战略，着力叫响泸溪椪柑、浦市铁骨猪、兴隆场玻璃椒、合水茶油、解放岩生姜、洗溪豆腐“六大品牌”。创新农业经营机制，加快推进农村土地流转，积极发展农民合作组织，提升农业产业化水平。大力推进水利、能源、交通、生态环保等基础设施建设，着力夯实农村发展基础。

3.加快推进新型城镇化这个重点工程，着力打造魅力泸溪。突出高速公路进县城连接线、G319绕城线、县城大环线和杨柳溪、屈望城市开发综合体“三线一体”抓扩容，突出城管数字化、城区主次街道“白改黑”、背街小巷提质改造、地下管网改造以及亮化改造“一化四改”抓提质，提升县城建设水平。突出河街、太平街“两线”和吉家大院、李家祠堂、吉家头百亩荷花园、陆军监狱、万寿宫“五点”，推进浦市古镇改造。突出市场、门面、广告、卫生、车辆“五大管理”，推进城乡同建同治；着力巩固“国家卫生县城”、“全国文明县城”创建成果，抓好县城白沙沅江风光带管理，积极申报国家风景名胜区，确保省级、国家级园林县城创建成功。围绕“一城、一镇、一江、一山”，加快推进旅游产业发展，精心策划包装白沙休闲生态游、浦市历史文化游、沅江自然风光游、天桥山宗教文化游等特色旅游项目，适时启动“泸溪一日游”；抓好菊花石雕、踏虎凿花、苗族数纱等非物质文化遗产产品开发，实现文化与旅游融合发展。

4.加快推进社会事业发展这个民生工程，着力打造幸福泸溪。突出办好“十件实事”，着力保障和改善民生，让发展成果惠及于民。坚持把全面建成小康社会的落脚点放在民生改善上，积极为民办好“十件实事”，即：做好就业援助工作、提升社会保障水平、真情关爱特困人群、保障城乡饮水安全、改善农村交通条件、解决群众住房困难、抓实教育帮扶工作、提升公共医疗服务、关心群众文体生活、开展计生优质服务，切实增进民生福祉，凸显社会公平正义，不断提高人民群众幸福指数。

5.加快推进社会治理这个保障工程，着力打造平安泸溪。突出打好“三大战役”，努力实现“五无目标”，狠抓社会治理，营造稳定的社会环境。打好信访维稳“持久战”、安全生产“攻坚战”和社会治理“大会战”，建立健全社会稳定风险评估机制，畅通群众利益诉求渠道，推行矛盾纠纷“三调联动”和“五排五调”机制。狠抓安全生产隐患排查整改，扎实推进“打非治违”和安全生产专项整治。加强综治基层基础建设，广泛开展群防群治，深入开展严打整治，努力实现无枪害、无毒害、无赌害、无邪教、无重大群体性事件“五无目标”。

三、坚持把跟踪考评监测作为全面建成小康社会的有效举措

1.完善考评指标体系。为确保完成省、州目标任务，针对薄弱环节和重点指标，将全面建成小康社会考评指标任务分解到各乡镇、县直相关部门，各乡镇、县直相关部门要按照年度目标、阶段任务和总体要求，出台相应的工作方案，落实推进措施，解决突出问题，共同推进全面建成小康社会各项工作。

2.强化考评监测和结果运用。建立考评监测台账，及时掌握工作动态，定期公布考评监测情况。县委、县政府将全面小康建设工作纳入对乡镇、县直相关部门绩效考核的重要内容，有效整合其他同类考核项目和力量，强化全面建成小康社会考评工作的权威性，每年对任务完成情况组织考评，将考评结果作为对各乡镇、各部门工作绩效评价与奖罚的重要指标，并作为干部考核任用的重要依据。

四、坚持把完善综合措施作为全面建成小康社会的根本保障

1.强化组织领导。成立由县委主要领导任组长，县委、县人大、县政府、县政协有关领导任副组长，县直相关部门主要负责人为成员的全面建成小康社会推进工作领导小组。领导小组下设办公室，由县委办牵头，县政府办、县委组织部、县发改局、县经信局、县农办、县财政局、县统计局等部门共同参与，实行联合办公。各乡镇、县直相关部门相应成立推进全面建成小康社会工作班子，形成上下联动的

推进机制和工作格局。

2.深化改革创新。推进政府职能转变，强化社会管理和公共服务职能，精简行政审批事项，提升行政效能；推进开放发展，加强与经济发达地区的对接与合作，扩大招商引资；深化科技体制改革，坚持产学研结合，深化县校合作，鼓励企业加快自主创新，推进创新驱动发展；深化融资体制改革，加快做实政府融资平台，破解资金制约瓶颈；加强人才队伍建设，大力实施人才培育和人才引进战略，为全面建成小康社会提供坚强的人才支撑和智力保障。

3.强化项目带动。树立“发展靠项目支撑，工作靠项目推进，面貌靠项目改变”的理念，抢抓西部大开发、武陵山片区区域发展与扶贫攻坚试点等重大战略机遇，重点在基础设施、产业建设、民生事业、生态保护等方面，集中力量规划、争取和实施一批事关全县长远发展的重大项目，认真抓好60个在建项目建设、60个前期项目包装，提升发展动力，增强发展内力，推动经济大发展和民生大改善。

4.夯实基层基础。加强各级领导班子和基层组织建设，推进基层组织和干部队伍“三力”建设，完善“一个保障、六个创先争优”机制，大力实施社区联建共创“1415”工程，加快党建示范社区、平安社区、文明社区、同心社区和幸福社区“五型社区”创建步伐，不断提升基层党建工作水平。深入开展群众路线教育实践活动，大力整治形式主义、官僚主义、享乐主义和奢靡之风“四风”问题。严格执行中央“八项规定”、省委“九条规定”、州委“七条规定”和县委“六个一律”规定，加快完善廉政建设“三项制度”，扎实开展“510”行动，加强作风整顿，规范行政行为。

5.优化发展环境。加强服务型机关创建活动，大力推行“六制”服务，提高行政效能。进一步健全县级领导“四联”责任制，及时解决群众生产生活困难问题。深入开展重大项目、重点企业、周边环境专项整治行动，依法维护市场经济正常秩序，为经济发展保驾护航。加强生态环境建设，严格落实工业废弃物达标排放制度和项目建设“三同时”制度，加大农业点源、面源治理力度，继续推进生态造林，着力打造良好的生态环境。

6.加强宣传引导。加大宣传力度，创新宣传载体，丰富报道内容，加强政策解读，强化舆情监测，以群众喜闻乐见形式宣传各乡镇、各部门加快推进全面建成小康社会的好经验、好做法，充分发挥典型示范作用，进一步把干部思想、行动统一到县委、县政府的决策部署和工作要求上来，在全县上下营造集中智慧促发展、凝聚力量奔小康的浓厚氛围。

泸溪工业集中区招商引资优惠政策

(2014 年 5 月)

为鼓励投资者在泸溪工业集中区投资兴业，加快工业集中区发展步伐，推进“五个泸溪”、“五大工程”建设，特制定如下优惠政策。

一、土地优惠政策

集中区工业用地实行招标、拍卖、挂牌等市场方式出让。凡符合我县产业政策、园区发展方向和环保要求，投资强度达 200 万元 / 亩以上且年税收达 500 万元以上、安置就业人员 50 人以上的项目，按其投资规模分别享受以下优惠政策：1、固定资产投资经审核在 2000 万元—5000 万元（不含 5000 万元）的新上工业项目，投资方只需支付农户和集体土地补偿费用及相关税收，上交州、省国土部门的五项费用（耕地开垦费、水土流失防治费、征地管理费、防洪保安基金、新增建设用地有偿使用费）由县财政承担。2、投资在 5000 万元（含 5000 万元）—1 亿元的新上工业项目，财政不仅承担项目用地的州、省国土部门五项费用，还负责承担农户的征地补偿费用。3、凡固定资产投资经审核在 1 亿元以上，对我县工业产品结构调整具有战略意义的新上高新技术或产业转移工业项目，由园区按土地出让“收支两条线”的管理办法奖励项目建设用地 100 亩。4、对特别重大的战略投资企业项目除奖励建设用地外，还可根据“一项一策”原则再给予适当的优惠政策。

二、税收优惠政策

1.新办企业可根据国家有关规定免征、缓征、减征有关税收。

2.执行武陵山片区税收优惠政策。

3.企业所得税优惠税率。进入工业集中区符合国家和西部地区鼓励政策项目并获得国家证书或认证的投资企业，耕地占用税按最低下限缴纳，企业所得税实行 15%的税率。

三、财政扶持政策

1. 新入园项目建设用地“三通”（水、电、路）等基础设施由集中区负责。

2. 企业签定协议后，按期建成投产奖励 50 万元。

3.企业办理土地证时按国土政策缴纳土地出让金，缴纳土地出让金后，由财政按项目建设进度分期给予资金扶持：项目基础设施开工后返回30%的土地出让金，工程建设完成50%时返回土地出让金的30%，项目投产后返回剩余的40%土地出让金。

4.入园企业各类行政事业性收费县内部分按最低标准收取。

5.对进入集中区符合湖南省西部开发产业项目条件的，优先申报列入全省西部开发产业项目贷款计划，可申请省财政贴息和 “二民”(民族企业、民族贸易)企业贴息。

6.对部分带动性强、效益好的高科技重大项目，县人民政府可为其申报争取引导资金。

四、吸引人才政策

1.受聘于集中区的高级专家可不受原单位人事关系限制，实行双职双薪或多职多薪。

2.回国留学人员投资兴办高新技术企业的，除享受高新技术优惠政策外，经认定为外商外资企业后，可同时享受外商投资企业的优惠政策。

3.将引进人才的技术职称评定和成果鉴定奖励纳入县内管理，其人事档案由县人社部门免费管理。

4.外来企业高管及技术骨干可由园区免费提供住房，其子女可优先就近入学。

5.对入园企业负责人发放警民联系卡，确保其人身财产安全。

五、招商引资奖励政策

1.引进无偿建设资金奖励。为工业集中区引进无偿建设资金，集中区按实际到位金额3%兑现奖励。

2.引进有偿建设资金奖励。为工业集中区引进有偿建设资金，由集中区按该项目资金使用年限一次性兑现1%的奖励。

3.本地民营企业、单位和个人在为工业集中区引进重大项目方面有突出表现的，由县政府按招商引资政策予以奖励。

泸溪县被征地农民社会保障暂行办法

（泸政办发〔2015〕41 号）

第一章 总 则

第一条 为妥善解决我县被征地农民的基本生活和长远生计问题，贯彻落实被征地社会保障政策，促进规范管理，维护被征地农民合法权益，根据《中华人民共和国社会保险法》、《国务院办公厅转发劳动保障部关于做好被征地农民就业培训和社会保障工作指导意见的通知》（国办发〔2006〕29 号）、《湖南省人民政府办公厅转发省人力资源和社会保障厅关于做好被征地农民社会保障工作的意见》（湘政办发〔2014〕31 号）和《湘西自治州人民政府办公室关于印发〈湘西自治州被征地农民就业培训和社会保障暂行办法〉的通知》的文件精神，结合我县实际，特制定本暂行办法。

第二条 本暂行办法所称被征地农民，是指农民集体所有土地由国家依法征收为国有，且在征地时依法享有农村集体土地承包经营权的 16 周岁以上在册农业人口。

第三条 本办法适用的对象为符合条件的被征地农民。

第二章 保障对象和范围

第四条 纳入社会保障对象的被征地农民为家庭联产承包责任制以来继续依法享有农村土地承包经营权，且人均承包耕地面积不足 0.3 亩的农业人口。确定被征地农民社会保障对象的年龄以土地补偿安置方案公布日为基准日。

第五条 土地征收时，下列人员纳入被征地农民社会保障对象统计：（一）户口在农村集体经济组织、依法享有农村土地承包经营权并承担相应义务的常住人员；（二）入学、入伍前符合本条第一项规定条件的在校大中专学生、现役义务兵及一、二级士官；（三）服刑、收容前符合本条第一项规定的服刑、劳教等人员；（四）户籍虽然发生变化，但在集体经济组织中的权利、义务管理未发生变化的人员。

第六条 土地征收时，下列人员不得纳入被征地农民社会保障对象统计：（一）历次征收土地中已进城安置或撤组改居的人员；（二）户口在农村集体经济组织的国家机关或事业单位在编工作人员;(三)因其他原因将户口迁入本农村集体经济组织而未享受土地承包经营权的寄住人口;(四)法律法规规定不得纳入的其他人员。

第三章　保障对象的确认程序

第七条　被征地农民社会保障对象按以下程序确认:(一)符合条件的被征地农民个人申请;(二)所在农村集体经济组织、村民委员会或村小组讨论通过并公示;(三)乡镇人民政府组织乡镇国土、经管等部门进行初审;(四)乡镇人民政府将符合条件的人员送县国土资源部门和农经管理部门审核;(五)乡镇人民政府将已通过县国土资源部门和农经管理部门审核人员名单报县人民政府审定;(六)村民委员会或村民小组依法将县人民政府审定结果公示七天;(七)乡镇人民政府将公示无异议人员报县人力资源和社会保障部门,统一办理登记和参加社会保障相关手续。

第四章　养老保险

第八条　符合参保条件的被征地农民自愿选择参加城镇职工基本养老保险或城乡居民基本养老保险,政府和集体经济组织为被征地农民参加上述社会养老保险提供参保缴费补贴。

第九条　参保缴费补贴标准。被征地农民参加社会养老保险的缴费补贴额=被征地农民一次性缴纳城镇职工基本养老保险费时上一年度全省在岗职工年平均工资的60%×12%×X年(最高15年),补贴标准的缴费基数以符合参保对象的被征地农民土地征收补偿安置方案批准公告之日的上一年度全省在岗职工年平均工资为缴费基数。同一被征地农民选择参加城镇职工基本养老保险或城乡居民基本养老保险所享受的补贴标准一致。被征地农民自愿选择不参加城镇职工基本养老保险或城乡居民基本养老保险以及不符合参保条件的,均不享受参保缴费补贴。

第十条　参加城镇职工基本养老保险及缴费补贴。符合参保条件被征地农民选择按灵活就业人员参保政策参加城镇职工基本养老保险的,一次性缴纳基本养老保险费,建立养老保险关系。一次性缴纳养老保险费的基数按被征地农民一次性缴费时上一年度全省在岗职工月平均工资的60%确定,一次性缴纳的起始时间不得早于被征地农民本人年满16周岁的时间,截至被征地农民参保缴费时止，缴纳年限不超过15年。一次性缴纳养老保险费的被征地农民可按上述规定的标准享受缴费补贴。被征地农民一次性缴纳城镇职工基本养老保险费后尚未达到法定退休年龄，被用人单位招聘的，用人单位和个人应当按城镇职工基本养老保险政策规定继续缴纳基本养老保险费；从事个体经营或灵活就业的，个人应继续缴纳基本养老保险费。继续缴纳基本养老保险费年限与一次性缴纳基本养老保险费的年限合并计算。

第十一条 参加城乡居民基本养老保险及缴费补贴。被征地农民选择参加城乡居民基本养老保险，按照参保缴费补贴标准公式计算参加缴费补贴总额。征地农民参加城乡居民基本养老保险可选择以下两种方案中的一种进行补贴。

方案一：被征地农民参加城乡居民基本养老保险，对其缴费进行补贴，在其个人账户增加被征地农民社会保险缴费补贴项目，记录缴费补贴情况。未达到待遇领取年龄的被征地农民，已参加城乡居民基本养老保险的，将缴费补贴逐年均等划入其个人账户，补贴年限和被征地农民参加城镇职工基本养老保险缴费补贴年限一致，个人不缴费的年份，不享受缴费补贴；距离待遇领取年龄的年限小于缴费补贴年限的被征地农民，到待遇领取年龄时应享受的缴费补贴尚未全部划入个人账户，则在到达待遇领取年龄前一个月内将剩余的缴费补贴一次性划入个人账户，每年划入的金额＝缴费补贴金额÷缴费补贴年限，也可将缴费补贴一次性划入其个人账户。原未参加城乡居民基本养老保险的，县城乡居民基本养老保险管理服务局为其办理城乡居民基本养老保险参保登记，个人按规定档次补缴启动实施城乡居民基本保险以来应缴养老保险费，建立养老保险个人账户，并按上述规定将缴费补贴划入其个人账户。已领取城乡居民基本养老保险待遇的被征地农民（含没有个人账户人员，这类人员先补建个人账户），将缴费补贴一次性划入其城乡居民基本养老保险个人账户，并从次月起增发个人账户养老金，增发的个人账户养老金月标准＝缴费补贴÷城乡居民基本养老保险个人账户养老金计发月数（参照现行城镇职工基本养老保险个人账户养老金计发月数，不同的年龄对应不同的计发月数）。被征地农民死亡的，个人账户中的被征地农民缴费补贴余额可以依法继承。

方案二：被征地农民参加城乡居民基本养老保险，达到待遇领取条件时，增发被征地农民政府补贴养老金。政府补贴养老金月标准＝缴费补贴总额÷139，由县人民政府发放终身。

第十二条 制度衔接。原已参加城乡居民基本养老保险的农民征地后参加城镇职工基本养老保险，可按上述被征地农民参加城镇职工基本养老保险的规定一次性缴纳城镇职工基本养老保险费并享受缴费补贴，其城乡居民基本养老保险与城镇职工基本养老保险的衔接按人力资源和社会保障部财政部《关于印发〈城乡养老保险制度衔接暂行办法〉的通知》(人社部发〔2014〕17号)规定办理。原已参加城镇职工基本养老保险的农民被征地后也可按规定享受缴费补贴。未达到退休年龄的，如果其城镇职工基本养老保险的已缴费年限大于按上述规定一次性缴纳城镇职工基本养老保险费年限，将不再按上述规定一次性缴纳城镇职工基本养老保险费，其按规定可享受的缴费补贴额用于补贴其以后参加城镇职工基本养老保险个人缴费或按灵活就业人员参保缴费，凭年度缴费凭证领取缴费补贴；其已参保缴费年限小于上述规定一次性缴纳城镇职工基本养老保险费年限，则按差额年限一次性缴费，缴费补贴用于补贴其一次性缴费后，仍有剩余的，可用于补贴其继续参加城镇职工基本养老保险的个人缴费或按灵活就业人员参保缴费，凭年度缴费凭证领取缴费补贴。已享受城镇职工基本养老保险养老金的，可将缴费补贴发给其本人。

第十三条 社会救助。符合城乡居民最低生活保障条件的被征地农民，可按规定享受最低生活保障待遇。符合其他社会救助条件的，按规定享受相应待遇。

第四章 资金筹集和管理

第十四条 被征地农民可用发给其本人的征地补偿费缴纳个人应缴纳的社会保险费，被征地农民社会保障资金(用于被征地农民参加社会保险的缴费补贴)主要来源于用地单位缴纳、政府补贴和集体补助。(一)用地单位缴纳。用地单位征收农村集体所有的土地，应当将被征地农民社会保障费用列入工程概算，计入用地成本，本着“谁用地谁负责”的原则，足额安排社会保障费用，不得减免和缓缴。被征地农民社会保障费按每平方米30元一次性提取。高速公路和铁路建设项目社会保障费标准按《湖南省人民政府办公厅关于进一步做好高速公路和铁路建设被征地农民社会保障工作的通知》(湘政办发〔2010〕63号)规定执行。被征地农民社会保障费标准随着征地补偿标准和全省在岗职工平均工资标准调整而适时调整。(二)政府划拨。县人民政府按照《国务院办公厅关于规范国有土地使用权出让收支管理的通知》(国办发〔2006〕100号)要求，根据土地出让收入情况和被征地农民社保资金的实际需要，提取一定比例的土地出让收入用于被征地农民社会保障。县财政局要在国有土地使用权出让收入到位的同时，将从国有土地使用权出让收入中计提的被征地农民社会保障资金划入财政专户。（三）集体补助。一次性提取10%的征地补偿费用于被征地农民社会保障。县国土资源局应在征地补偿安置方案批准之日起3个月内，将10%的征地补偿费直接划入被征地农民社会保障财政专户。（四）被征地农民社会保障资金的利息及其增值收入。以上资金来源不足以支付缴费补贴的，由县财政负责解决。

第十五条 社会保险经办机构按县人民政府确定的参加被征地农民社会保障人员名单，发给《泸溪县被征地农民社会保障登记证》。被征地农民凭此证件，持有效身份证件，到社会保险经办机构办理参保手续，按规定缴纳基本养老保险费、享受社会保险缴费补贴。

第十六条 被征地农民社会保险缴费补贴实行同缴同补。享受社会保险缴费补贴的被征地农民，在补贴期限内凭有关证件只需缴纳个人应
缴纳的部分，补贴部分从被征地农民社会保障资金中划缴。

第十七条 被征地农民社会保障资金实行收支两条线管理，县社会保险经办机构应开设被征地农民社会保障资金收入、支出户，县财政部门应开设被征地农民社会保障资金专户。被征地农民社会保障资金、基本养老保险基金、基本医疗保险基金分开运行。

第十八条 被征地农民社会保障资金要专款专用，独立核算，任何部门、单位和个人都不得挤占、截留、挪用、转借或擅自将资金用于任何形式的直接投资。造成被征地农民社会保障资金未能足额到位或未及时发放的，要追究有关人员的责任。国家工作人员在被征地农民社会保障资金管理工作中玩忽职守、滥用职权、徇私舞弊的，要依照有关规定追究行政责任；构成犯罪的，依法追究刑事责任。

第十九条 建立台账管理制度。县国土资源部门对辖区范围内农用地实行动态管理，建立农村集体经济组织耕地面积数量变化台账，并做好相关统计工作；县人力资源和社会保障部门建立被征地农民社会保障台账；县公安部门建立被征地农民户籍台账，并做好相关户籍管理工作。

第五章 组织机构及职责

第二十条 县人民政府是被征地农民社会保障工作的责任主体。建立人力资源和社会保障、国土资源、财政、民政、农业、公安、卫生和计划生育、监察、审计、移民等部门各司其职、分工协作的工作机制，成立被征地农民社会保障工作联

合办事机构。县城乡居民社会养老保险管理服务局为被征地农民社会保障办事机构。

县直各有关部门要按照职责做好相应的工作落实。县人力资源和社会保障局负责参加社会保险的被征地农民的参保缴费以及社会保障资金的发放,会同县财政局根据上年度被征地农民社会保障资金使用结余、本年度被征地农民社会保障资金提取和支出计划,编制本级财政被征地农民社会保障资金支出预算,确保所需资金足额到位;县国土资源局负责补偿方案的制定报批和征地补偿费的计算及被征地农民社会保障基金的解缴工作,并按程序协助经管部门确定被征地农民的范围及对象;县公安局负责按月给人社部门提供城乡居民死亡销户信息;县农业局负责被征地农民符合参保对象的核定工作,根据相关部门提供的资料配合做好被征地农民名单的审核工作;县财政局负责被征地农民社会保障资金筹集和管理工作,并设立资金专户;县民政局负责符合条件的被征地农民相关社会救助工作;县监察局负责被征地农民社会保障工作的监督以及违法违纪行为的查处;县审计局负责对被征地农民社会保障费用收支情况的审计工作;乡镇人民政府负责本地区内被征地农民社会保障的宣传发动、身份认定、申报、审核、统计等工作。各有关部门要根据职能制定被征地农民社会保障配套实施细则和办法。

第六章　附　则

第二十一条　本暂行办法所指被征地农民因户籍制度改革发生变化的,从其变化,本办法不再另外行文。

第二十二条　本暂行办法自发布之日起施行。国家、省、州出台被征地农民社会保障政策另有规定的,从其规定。

泸溪县招商引资工作管理规定(试行)

(2015 年 2 月 9 日)

第一章 总则

第一条 为进一步促进对外开放,扩大招商引资规模,提高招商引资工作水平,加快"推进五大工程,打造五个泸溪"战略步伐,根据国家有关法律法规和政策,并结合我县实际,特制定本规定。

第二条 全县招商引资工作由县招商引资工作领导小组统一领导。县商务局负责日常指导、综合协调、跟踪服务等工作。

第三条 县直相关部门及相关乡镇依据各自职能,共同做好项目建设和企业落户服务工作。

第二章 项目管理

第四条 招商引资项目应符合国家产业政策要求,符合我县产业布局的规划,避免低水平重复建设。凡落户我县的招商引资项目,由县政府根据投资总额、投资强度、建设进度、税收贡献等因素,实行"一事一议",由县政府常务会议讨论决定。

第五条 进一步规范招商引资项目的洽谈、备案、论证、审批、落户工作程序。项目落户选址应当遵循产业集聚、合理布局、统筹规划的原则。拟落户县工业集中区的项目由县政府统筹安排,确定落户地址。

第六条 引进工业项目用地实行定额指标管理。落户在县工业集中区的项目建设用地容积率指标按国土资源部《关于发布和实施〈工业项目建设用地控制指标〉的通知》的相关规定执行。

第七条 签订招商引资合同必须遵守本办法的规定,不得违反有关法律、法规及政策规定。

第八条 县商务局负责制作招商引资示范合同文本,并根据相关法律、法规和政策及时进行修订完善。招商引资合同签订前，除按本办法的相关规定进行预审外，县政府法制办还应组织政府法律顾问对合同进行法律论证。

第九条 招商引资合同实行分级管理。纳入县级招商引资项目的，由县政府审核同意后签订；纳入乡镇招商引资项目的，由项目落户乡镇政府审核同意后签订。

第十条 招商引资合同生效后，应对合同履行情况进行督查。发现合同相对方违反约定的，应及时督促其履行合同义务。经督促后在合理限期内仍未履行的，依照合同约定追究相应违约责任。纳入县级招商引资的项目，落户县工业集中区的由县工业集中区会同相关单位进行履约情况检查；落户县工业集中区之外的由县商务局会同相关单位进行履约情况检查。检查情况应及时报告县政府。

第十一条 任何单位或个人在招商引资工作中有下列行为之一的，取消当年评先评优资格或由其所在单位或监察部门给予行政、纪律处分，情节严重构成犯罪的，移送司法机关追究其刑事责任：(一)严重干扰投资企业生产、经营秩序的；(二)利用职权向投资企业索要钱物的；(三)故意推诿、拖办审批手续，给投资商造成重大损失的；(四)违规进入企业检查、擅自增加收费项目和提高收费标准的；(五)核实招商引资合同履约情况的相关工作人员失职、渎职的；(六)骗取奖励资金的；(七)其他应当查处的行为。

第三章　投资准入

第十二条 除国家法律、法规明确禁止以外，投资者可根据各自意愿和实际选择自己的投资方式。

第十三条 投资者可采用多种方式出资：(一)以现金投入；(二)以自有的机器设备、原料和其他物料作价出资；(三)以投资企业所需的产权、专有技术及其他无形资产等作价出资。

第十四条 投资者可以在国家法律、法规允许的任何领域进行投资及开发。

第十五条 进一步放开投资领域并鼓励投资者进入的行业：(一)凡符合国家法律、法规规定，不违反产业政策的行业、领域，均允许各类投资者进入；(二)凡对外开放的行业、领域，均对非公经济开放；(三)凡是投资者参与能源、交通、环保、市政基础设施、基础产业建设及农、林、水等农业综合开发的，比照享受国有企业的有关优惠政策;(四)对投资者投资实行与国有投资一视同仁的政策待遇。在项目审批、土地使用、税费征收、银行贷款获得、财政贴息、股票上市、债券发行等政策制定和执行上,不以所有制性质的不同而区别对待,而是根据产业政策和项目的优劣,使非公经济资本通过公平竞争获得资源配置的机会;(五)鼓励投资者参与交通、水利、电力等基础设施建设;(六)鼓励投资者进入市政公用行业。在统一规划和规范管理的前提下,鼓励非公经济采取独资、合资、合作等多种方式投资开发旅游景区、供水、供气、公共交通、厕所、污水及垃圾处理等市政公用基础设施建设和经营管理;采取公开招标的形式选择供水、供气、公共交通、污水处理、垃圾处理等市政公用企业经营单位,由政府授权特许经营;鼓励非公经济投资成片开发工业园区,参与盘活、经营管理城市现有国有资产和服务项目,市政公用企业通过合法经营获得的利益受法律保护;(七)鼓励投资者资本投资农业资源开发和农业产业化经营。政府以贷款贴息、补助等多种方式,鼓励和吸引非公经济资本以独资、合资、合作等多种形式,参与投资开发和经营农产品深加工、农产品批发市场建设,组建各种形式的专业合作经营组织和股份合作制企业,符合国家及省、州龙头企业条件的,可享受农业产业化龙头企业的扶持政策; (八)鼓励投资者投资高新技术产业。允许外资参与学校和科研院所的研发中心、实验室建设。对投资者符合国家产业政策的重大技术改造项目,予以贴息扶持。鼓励有条件的外资企业设立创业投资公司;(九)鼓励投资者通过联合、兼并、租赁、承包经营和股份合作制、收购等多种形式,参与国有经济的改组、改造。鼓励投资者通过产权交易,受让已改制企业的股权; (十)鼓励投资者投资社会事业。鼓励投资教育、文化、卫生、体育以及信息咨询、中介服务、社区服务等,并按规定享有经营权和收益权。现有社会事业设施和资源,可采取有偿转让经营、合作经营等方式转由投资者经营。

第十六条 投资者凭营业执照和税务登记证在用水、用电、就医、落户和子女入托、入学、就业等方面,与本县公民享有同等待遇。

第四章 优惠政策

第十七条 本优惠政策适用于在泸溪县投资的各类企业、经济组织、个人等投资者。

第十八条 建立"四公开一承诺"制度(公开办事政策、公开办事内容、公开办事程序、公开办事人员、承诺服务标准和服务时限),实行行政公示制、行政问责制、服务承诺制、首问责任制和限时办结制。

第十九条 建立服务平台，实行一站式服务。对于落户项目县行政审批服务中心严格按有关时限要求和费用优惠标准统一办理有关手续。

第二十条 建立投资企业投诉保护制度。设立招商引资投诉电话和意见箱，严肃处理侵害投资者利益的行为。对经营常设机构设在本县的投资在1000万元以上或年纳税额在50万元以上的非公有制企业，实行挂牌保护制度。

第二十一条 推行优惠的土地政策。工业用地实行招标、拍卖、挂牌等市场方式出让。凡符合我县产业政策和环保要求，投资强度达200万元／亩以上且年税收达500万元以上、安置就业人员50人以上的项目，按其投资规模分别享受以下优惠政策：(一)固定资产投资经审核在2000万元—5000万元(不含5000万元)的新上工业项目，投资方只需支付农户和集体土地补偿费用及相关税收，上交州、省国土部门的五项费用(耕地开垦费、水土流失防治费、征地管理费、防洪保安基金、新增建设用地有偿使用费)由县财政承担。(二)投资在5000万元(含5000万元)—1亿元的新上工业项目，财政不仅承担项目用地的州、省国土部门五项费用，还负责承担农户的征地补偿费用。(三)凡固定资产投资经审核在1亿元以上，对我县工业产品结构调整具有战略意义的新上高新技术或产业转移工业项目，由园区按土地出让"收支两条线"的管理办法奖励项目建设用地100亩。(四)对特别重大的战略投资企业项目除奖励建设用地外，还可根据"一项一策"原则再给予适当的优惠政策。

第二十二条 实行优惠的税收政策。新办企业可根据国家有关规定免征、缓征、减征有关税收。(一)执行武陵山片区税收优惠政策。(二)企业所得税优惠税率。进入工业集中区符合国家和西部地区鼓励政策项目并获得国家证书或认证的投资企业，耕地占用税按最低下限缴纳，企业所得税实行15%的税率。

第二十三条 兑现优惠的财政扶持政策。(一)新入园项目建设用地"三通"(水、电、路)等基础设施由集中区负责。(二)企业签定协议后，按期建成投产奖励50万元。(三)企业办理土地证时按国土政策缴纳土地出让金，缴纳土地出让金后，由财政按项目建设进度分期给予资金扶持：项目基础设施开工后返回30%的土地出让金，工程建设完成50%时返回土地出让金的30%，项目投产后返回剩余的40%土地出让金。(四)入园企业各类行政事业性收费县内部分按最低标准收取。

第二十四条 吸引人才政策。(一)受聘于集中区的高级专家可不受原单位人事关系限制，实行双职双薪或多职多薪。(二)回国留学人员投资兴办高新技术企业的，除享受高新技术优惠政策外，经认定为外商外资企业后，可同时享受外商投资企业的优惠政策。(三)将引进人才的技术职称评定和成果鉴定奖励纳入县内管理，其人事档案由县人社部门免费管理。(四)外来企业高管及技术骨干可由园区免费提供住房，其子女可优先就近入学。(五)对入园企业负责人发放警民联系卡，确保其人身财产安全。

第二十五条　协调金融信贷支持政策。(一)对于信用等级高、符合信贷条件的优质企业，县政府可优先帮助协调金融机构贷款支持；(二)泸溪县中小企业担保中心可对符合条件的企业进行融资支持；(三)根据企业在行业中的地位和优势，县政府可协调帮助采用信用方式向金融机构申请贷款；(四)对符合湖南省西部开发产业项目条件的，优先申报列入全省西部开发产业项目贷款计划，可申请省财政贴息；少数民族贸易和民族特需用品定点生产企业（以下简称"两民企业"），由县民族事务局和县人民银行对符合条件的企业实行一年期流动资金贷款基准利率低 2.88%的优惠利率政策。(五)对部分带动性强、效益好的高科技重大项目，县人民政府可为其申报争取相关引导资金。

第二十六条　及时兑现奖励政策。引进无偿建设资金，按实际到位金额 3%兑现奖励。引进有偿建设资金，按该项目资金使用年限一次性兑现 1%的奖励。本地民营企业、单位和个人在为引进重大项目方面有突出表现的，由县政府按招商引资政策予以奖励。

第五章　经费管理

第二十七条　根据工作需要，县级财政预算每年专门安排一定的招商引资工作专项经费。对于在开展招商引资工作中发生的费用，原则上予以据实列支。使用招商引资工作专项经费的部门或个人，应严格遵循勤俭节约、量入为出、注重实效的原则，充分发挥资金使用效益，不得随意改变资金用途，确保资金使用安全。

第二十八条　招商引资专项经费用于开展下列招商引资活动。(一)全县性的国内外大型招商引资活动；(二)重大招商引资项目的考察、论证、洽谈等活动；(三)对招商引资工作成绩突出的相关部门、单位和人员进行奖励；(四)重点招商项目及泸溪县投资环境在国内外主流媒体的整体宣传和推介活动；(五)国内外重要投资商来泸溪县考察、洽谈及接待活动；(六)招商引资政策法规汇编及招商引资人才培训；(七)县委、县政府决定的其他招商引资活动。

第二十九条　招商引资专项经费按照“一事一请示”的要求，由相关部门和单位拟定经费使用方案，经县政府分管招商、财经工作的领导批准后列支。(一)上级要求参加的大型招商引资活动，经县主要领导签批同意后，由县商务局拟定参加活动方案并组织实施。(二)县委、县政府举办的招商引资活动，由县商务局拟定活动方案及经费使用方案，经县主要领导审批同意后组织实施。(三)各驻外招商组联系到的可信度高、预计投资大、对县内产业带动力强的招商项目，在进入项目洽谈阶段后，经县主要领导同意安排外出考察洽谈或约请客商来本县洽谈签约的，作为全县重大招商项目，由项目承办单位拟定工作方案，报请县主要领导审批同意后，由县商务局拟定经费使用方案并组织实施。

第六章　附则

第三十条　本规定自发布之日起施行。涉及法律法规的从其规定。县内与本规定不一致的，以本规定为准。

二、武溪工业园发展规划

武溪工业园总体规划

第一章 规划背景

1.和谐社会的构建。2006年10月8日至10月11日召开的党的十六届六中全会，审议通过了《中共中央关于构建社会主义和谐社会若干重大问题的决定》。这次会议标志着我党把关于和谐社会的理念上升到制度化水平，构建和谐社会将成为指引未来我党和我国发展的重要理论基础。“构建和谐社会”的核心是建立在“五个统筹”基础上的“科学发展观”，“和谐发展”不仅将为相关行业的发展带来重大机遇，也将为企业的可持续发展提供良好的外部经营环境。从构建社会主义和谐社会本身的要求来看，只有通过发展社会生产力，才能够不断增强和谐社会建设的物质基础。从泸溪县的实际情况来看，只有实施“工业立县”发展战略，加快工业化进程，搞好工业园区的建设才能为加快构建“和谐泸溪”提供坚实的经济基础。

2.国家西部大开发战略。实施西部大开发，加快中西部地区发展，是党中央从我国社会主义现代化建设全局出发做出的重大战略决策。六年来，国家在规划指导、政策支持、资金投入、项目安排等方面加大了对西部地区的支持力度，取得了明显成效。“十一五”期间将是西部大开发和西部地区特色优势产业发展的十分有利时机。正在编制的《西部大开发“十一五”总体规划》强调要在西部大力发展特色产业，特别是重点鼓励和支撑能源及化工、重要矿产开发及加工、特色农牧业及加工、重大装备制造、高技术产业和旅游产业六类特色优势产业健康发展。2006年5月22日，为加快西部地区特色优势产业发展，优化产业结构和布局，增强西部地区自我发展能力，实现西部地区又快又好发展，国家西部开发办、国家发改委、财政部、中国人民银行、中国银监会、国家开发银行制定了《关于促进西部地区特色优势产业发展的意见》，共16条，该文件明确提出西部地区要走新型工业化道路，要加快建设一批具有国际国内影响的特色资源加工和优势产业发展基地。作为进入西部大开发“笼子”的泸溪县，西部大开发的推进将有力促使相关产业的发展。

3.国家中部崛起战略。促进中部地区崛起，是党中央、国务院所作出的继鼓励东部地区率先发展、实施西部大开发、振兴东北地区等老工业基地战略后，从我国现代化建设全局出发作出的又一重大决策，是落实促进区域协调发展的总体战略的重大任务。中部指山西、河南、湖北、湖南、安徽、江西等六省。湖南在中部崛起战略中提出了“做强长株潭城市群，建设湘中经济走廊，发展湘西经济带”的发展部署。作为连接“中部”和“西部”的泸溪县，同时享受两大国家战略政策覆盖，未来必将迎来重要的跨越式发展机遇期。

4.社会主义新农村建设。党的十六届五中全会提出了建设“生产生展、生活宽裕、乡风文明、村容整洁、管理民主”的社会主义新农村的目标和要求，并明确指出“社会主义新农村是我国现代化进程中的重大历史任务”。社会主义新农村建设的出发点和着眼点是发展农村经济、增加农民收入、改善农村生活方式、改善农村人居环境为目标。社会主义新农村建设为工业园区内农村居民点的整合、优化用地布局、人居环境改善提供了有利政策环境。

5.省委省政府湘西开发战略的进一步推进。2006年6月28日，为了深入贯彻党的十六届五中全会精神，抓住国家实施中部崛起和西部开发战略的机遇，根据省委、省政府《关于加快湘西地区开发的决定》(湘发[2004]12号)的总体部署和新形势要求，湖南省人民政府颁发了《湖南省人民政府关于进一步推进湘西地区开发的意见》(以下简称《意见》)，该意见在产业项目建设、完善各项政策措施加强生态环境建设、落实责任保障措施等方面对在新形势下如何进一步推进湘西地区开发提出了意见。《意见》提出的突出产业深度开发和集约发展为泸溪工业园产业发展、布局指明了方向，意见提出的“加大财政转移支付力度，酌情降低地方配套资金和进一步下放经济建设管理权限”等政策措施，为泸溪工业园发展营造了一个良好的政策背景。

6.长渝高速公路通车在即。长渝高速公路横跨湖南、重庆两省市，东起长沙，西至重庆，是连接我国中西部地区的一条重要纽带，预计该高速将于2007年通车，届时将有利于泸溪的对外经贸联系，给泸溪的发展带来新契机。

7.泸溪县委、县政府对工业发展的重视。近年来，泸溪县委、县政府高度重视工业发展，坚定不移地实施“工业立县”战略，制定并印发了《关于实施“工业立县”战略的决定》，从统一认识、明确总体要求、突出重点、优化环境四个方面制定了

15条政策措施。同时还出台了《关于加快发展工业强乡强镇的意见》、《关于推行六项制度进一步优化经济环境的通知》等文件，有力推动了“工业立县”战略的实施。

8.武溪镇辖区内工业企业初具规模。武溪镇辖区内工业企业近年发展非常迅速，招商工作成果显著，现有各类企业26家，固定资产投资约3.6亿元，2005年完成工业总产值8.19亿元，实现销售收入7.83亿元，上交税金3508万元，成为“工业立县”战略的有力支撑，且发展势头良好。

但由于武溪镇辖区内工业企业集聚区所处的武水河武溪一段南侧建设用地发展空间不大，不能承载工业企业更高层次，更大规模的发展，需再择址新建新园区，并使成为有机的一体。

第二章 现状概况

第一节 区域概况与园区选址分析

一、泸溪县概况。泸溪县位于湖南省西部，湘西土家族苗族自治州东南部，沅水中游，沅麻盆地西缘，属武陵山脉向雪峰山脉过渡地带。地理坐标介于北纬27° 54’-28° 28’，东经109° 40’-110° 14’之间。最大跨度东西宽57.4公里，南北长60.7公里，总面积1565.5平方公里，约占全省总面积的0.74%。本县东与怀化市的沅陵、辰溪接壤，南与怀化市的麻阳毗邻，西与自治州吉首市、凤凰县相连，北与自治州古丈县相接。至2005年底，全县辖白沙、浦市、达岚、合水、兴隆场、潭溪、洗溪和武溪8个建制镇，上堡、李家田、长坪、石榴坪、踏虎、永兴场、解放岩、小章、白羊溪、梁家潭、八什坪等11个乡。合计19个乡镇，240个村(居)民委员会，1240个村(居)民小组。

泸溪县境春秋战国时期属楚，秦属黔中郡，梁萧铣鸣凤三年(619，唐武德二年)，分沅陵县建卢溪县，民国初，属湖南辰沅道，民国29年(1940)，属湖南省第九行政督察区。中华人民共和国建立后，1949年11月成立泸溪县人民政府，属湘西行署沅陵专区。1952年属湘西苗族自治区，1955年属湘西苗族自治州，1957年属湘西土家族苗族自治州，至今未变。

泸溪地处云贵高原东端，武陵山南支余脉，为雪峰山北之沅(陵)麻(阳)盆地地带，属华夏系与新华夏系构造运动的强烈隆起西南段，地势从西北向东南倾斜。泸溪属湘西土家族苗族自治州，2005年总人口28.84万人，县域聚居着土家、苗、汉、回等12个民族,其中少数民族人口16.52万人,占总人口数的57.3%。历史文化源远流长,境内的旧石器、新石器时期和春秋时期人类活动遗址,屹立在沅江边的辛女赤壁、辛女庙、盘瓠洞、箱子岩悬棺等构成了以县城白沙为中心的盘瓠文化区。

改革开放以来,泸溪的经济建设步伐加快,成效显著。全县国内生产总值已由2003年的77577万元增长到2005年的99790万元;工农业总产值由2003年的116246万元增长到2005年的151104万元　,其中工业总产值由2003年的78792万元增长到2005年的106770万元。农民人均年纯收入由1978年不足一百元增长到2005年的1561元。各项社会事业也得到了长足发展。

但就总体而言,泸溪是一个以农业经济为主体的县,经济发展仍然较为落后,是国家重点扶贫县。

二、武溪镇概况。武溪镇位于泸溪县的东中部,地处沅江、峒河交汇处,东邻沅陵县,西部、南部与本县的洗溪镇、李家田乡相接。

武溪镇建于隋末萧铣鸣凤三年,距今有1300多年的悠久历史,自唐宋以来至1996年,一直为泸溪县治,是湘西州最古老的县城。

武溪镇于2006年初与上堡乡合并,组建了新的武溪镇,现辖23个村(居)民委员会,总户数8642户,总人口23931人,其中女性人口11817人,非农业人口7443人,少数民族人口13873人。土地总面积119.76平方公里,耕地面积786.6公顷,林地面积10031.5公顷。国内生产总值22221万元,农业总产值4002万元。

三、武溪镇辖区内工业企业概况

(一)现状。

武溪镇辖区内工业企业集聚区位于武溪镇峒河南部,东部、北部濒临沅江和峒河,中部有常吉高速公路和319国道横穿而过,区内设有高速公路互通立交,水陆交通极为便利。区内现有股份、合资、民营等各类规模企业31家,固定资产投资3.5866亿元(其中今年新增固定资产0.7075亿元),职工3124人。

武溪镇辖区内工业企业集聚区是全县工业最集中的区域之一,主要以金属铝、锰、锌的冶炼以及铝材板、铝杆、铝管、微细铝粉、铝浆深加工、制药等为主。2005年完成工业总产值8.19亿元,占全县规模工业91%,上交税金3508万元,占全县规模工业的92%。

(二)工业集聚区规划简况

1. 规划建设目标:实现区域协调发展,做到经济、社会、环境三大效益的统一。

2. 用地功能布局：工业集聚区规划建设用地面积 4.2 km2，依山就势、因地制宜，以发展一、二类工业为主。规划以常吉高速公路、319 国道、金天路和规划干道为骨架，根据各自功能，形成一类工业用地区、二类工业用地区、居住区、公共服务中心区、仓储物流区等。

四、武溪工业园选址分析

（一）用地的基本情况。

该用地位于武溪镇西侧，峒河北岸，常吉高速公路东侧，东西宽约 2.82km，南北宽约 2.53km，总控制面积 3.21km2，建设用地约 2.58km2，包括上堡村、大溪村、城郊村、北正街等四个村（居）委会的部分或全部用地。场地地形起伏较大，地貌多变、自然生态环境优美，为典型的丘陵山地，地形高程一般为 120-150 米，不属供水淹没区（除极少部分用地外）。

（二）用地分析

1.不利因素。①用地内大部分用地为丘陵山地，地形高程为 107-185 米，地形高程较大，基础设施薄弱，开发建设对自然环境有影响。②用地内有部分自然村落，有一定的拆迁安置量。③用地与 319 国道、常吉高速公路互通的联系有峒河相隔，且武溪镇峒河大桥桥面太窄（桥面宽 11 米），对外联系不便。

2.门槛的跨越。①对自然山水采取保护与利用相结合的原则，充分利用其有利的资源条件，形成资源优势，大力加强生态环境保护，形成有山有水，山水相承，自然生态环境良好的新型园区，促进社会经济和城镇建设的发展。②以武溪镇现有设施为基础，大力加强城镇基础设施建设，水、电力、电讯等基础设施从武溪镇延伸，同时新建与之配套的公用设施，使之成为基础设施完善的新园区。③加强对外联系，特别是与区域对外交通设施的联系。新建峒河大桥和园区至码头的通道，充分利用沅江航运条件和常吉高速公路，形成便捷的对外交通联系。

第二节　武溪工业园现状概况

（一）地理位置。武溪工业园地处武溪镇，常吉高速公路从西侧穿过，东侧为武溪镇镇北区，南面为峒河，北面自然山体构成天然屏障。本区距泸溪县城白沙镇 10km，距吉首市 60km。本区东（北）西（南）长 3.48km，南北宽 1.06km，总控制用地面积 3.21km^2。

（二）园区现状分析

1.地形条件。园区现状基本为丘陵、山地，地形起伏较大，高程位于 107-185m

之间，中部大溪两侧地势相对平缓，高程一般为 110-115m。南侧为峒河，北侧背靠群山，整个园区地形格局为靠山面水，地势由西、北向东、南倾斜。

通过对园区场地坡度分析，大部分用地以坡度小丁 25%的用地为土，经局部改造可以进行开发建设。

用地坡度分析表

坡度值	面积(hm²)	百分比(%)
＞25%	116.77	36.4%
20%-25%	14.86	4.6%
10%-20%	95.81	29.8%
5%-10%	21.03	6.6%
＜5%	62.36	19.5%
其它	10.37	3.1%
合计	321.2	100

2.气候条件。泸溪属中亚热带季风湿润性气候，气候温和，四季分明，雨季明显，酷热和严冬期不长。历年平均气温 16.9℃，最高气温 40.6℃，最低气温 -12.3℃，年平均降水量 1326 毫米(967.0 毫米 -1948.1 毫米)，无霜期 278 天。

3.水体和自然植被。园区水资源丰富，除南、东部有峒河、沅水外、中部有大溪等溪河多条，园区北部有团结水库、群力水库等水库，另外区内还有大小不等的多处鱼塘。

由于本区气候、水资源条件较好，植被基本保存完好，未出现水土流失现象。泸溪盛产椪柑，本区亦分布了多处椪柑园。

4.用地评定。根据对园区地形的坡度、高程等因素的综合分析，将本区用地分成三大类。①一类用地：即适宜建设的用地，地形坡度在 10%以下，较平坦、规整、地质条件较为优越，占总用地 26%。②二类用地：即经采取一定的工程措施，改善其条件后，才适宜建设的用地。地形坡度一般在 10%-25%之间，需动用土石方工程，占总用地 34.5%。③三类用地：即不适宜建设的用地，包括地形坡度大于 25%以上的用地，占总用地 36.4%。

用地评定一览表

用地名称		面积(hm²)	百分比(%)
一类用地	适宜建设用地(坡度 5%-10%)	29.13	9.1%

续表

一类用地	适宜建设用地(坡度<5%)	54.26	16.9%
二类用地	经改造可建设用地(坡度10%-20%)	95.81	29.9%
	经改造可建设用地(坡度20%-25%)	14.86	4.6%
三类用地	坡度>25%的用地	116.77	36.4%
其他	水库	6.37	1.9%
	灌溉渠	1.7	0.5%
	机耕路	2.3	0.7%
合计		321.20	100%

5.景观条件。①峒河自然风景线,以自然山水观赏为主,搞好绿地景观建设,形成沿河风光带。②中部柑桔园,保留现状,以桔园为特色,为园区中生态公园;大溪沿河搞好绿化种植,形成沿河风景线。③北部群力水库、团结水库,与绵延山体共同构筑山水交融的自然风光。

6.现状土地利用概况。规划编制过程中,泸溪县人民政府已完成工业园范围内的土地储备工作,工业园范围内用地已转换成可开发的建设用地。

规划区涉及上堡村一、二、三组、大溪村一、二组、城郊村三组、北正街四组,现状用地中作耕地用途的土地138.28公顷,村民住宅用地24.91公顷,总户数521户,总人口1999人,房屋栋数701栋,其中正房346栋,偏房90栋,杂房265栋。各村民小组分布相对集中,公共配套设施除武溪镇区有武溪小学、上堡中心小学、五里洲小学及五中外,另还有大溪和上堡两所村小,其余有部分小商铺零星设置于村庄内村道边。整个区域基本属于自然的原始状态,各类用地详见现状土地利用统计表。

现状用地统计表

名　　称	面积(hm^2)	占点用地比例(%)
合计	321.20	100%
村民住宅用地	24.91	7.8%
公共配套设施	6.67	2.1%
工业用地	3.94	1.3%
水田	62.3	19.4%
旱地	35	10.9%
山林地	63.1	19.7%
果园	109.22	34.0%

续表

道路	3.3	1%
水系	12.67	3.9%

注:经上级有关部门批准,规划区内农用地已正式转变为可供开发的建设用地。

7.道路交通现状。规划区内现状均为低等级的机耕路,线型弯曲,不成系统,总长度 4.5km,宽度 4m 左右,大部分为碎石路面,路况较差。

对外联系主要是靠桥面宽度只有 11m 的武溪镇峒河桥,内外交通联系不是很顺畅。

第三章 规划依据、指导思想、原则、范围和目标

一、规划依据

1.《中华人民共和国城市规划法》(1990 年 4 月 1 日);2. 建设部《城市规划编制办法》(2006 年 4 月 1 日起施行);3. 建设部《城市规划强制性内容暂行规定》(2002 年);4. 国土资源部《工业项目建设用地控制指标(试行)》(2004 年 11 月 1 日);5. 泸溪县国民经济和社会发展"十一五"规划纲要(草案)2006 年 3 月 21 日;6.《泸溪县域城镇体系规划 (2003-2020 年)》;7.《泸溪县城总体规划(2003-2020)》;8.《泸溪县武溪镇总体规划(1997-2015 年)》;9. 泸溪县武溪工业园地形图及有关资料;10. 其他国家有关法律、法规、规范及泸溪县政府规划设计要求。

二、规划指导思想

1.协调统一、合理结合。从可持续发展的高度,将发展工业与发挥区域比较优势、提高市场竞争力相结合,与引进高科技、提高经济质量相结合,与资源利用和产业结构调整相结合,与生态保护和区域环境综合整治相结合。

2.科学布局、综合开发。工业园区以发展二类工业为主,有选择性地接纳部分三类工业,规划合理布局工业、仓储、居住、服务、公共设施用地,协调健康的开发创造最高的经济效益、社会效益及环境效益等综合效益。

3.统一规划、分步建设。规划充分注重实施的可操作性。在统一规划的前提下,适应市场经济规律的特点,规划有较强的弹性和应变力,有利于滚动开发,达

到开发一片，建成一片，获效一片。

4.生态环保，可持续发展。坚持可持续发展思想。充分考虑到工业园发展的阶段性和时序性，使建设持续、有机地进行。生态环保是其规划的一条重要指导思想，从选址、建设、及“三废”的排放，都应得到合理组织和处理。

三、规划原则

1.立足现实、长远着眼原则。规划力求站在全县发展和整体布局的角度上来看待远景与现实之间的问题，兼顾未来发展与现实需要，在重视宏观控制、综合引导的前提下，充分结合现有实际条件和既有状况，使规划具有更好的可操作性，这是本次规划的基本原则。

2.综合效益最佳原则。规划重视经济效益、社会效益、生态效益并重的原则，力求去塑造一个具有幽雅环境和鲜明个性的特色空间，并在此基础上充分注重开发建设的投资效益，力求增大投资吸引力，促进而不是限制工业园建设的展开。

3.尊重自然现状，保持生态环境特色原则。尽量保留原有地形地貌，避免过多使用人工手段大挖大填，合理利用地形，减少填挖方量，减少工程造价。

4.与自然和谐共存原则。园区应与区域自然生态系统相结合，保持尽可能多的生态功能。应充分考虑当地的生态环境容量，最大限度地降低园区对局部景观和水文背景、区域生态系统环境造成的影响。

5.区域发展原则。尽可能将园区与城镇发展和地方特色经济相结合，将园区建设与区域生态环境综合整治相结合。要通过培训和教育计划、工业开发、住房建设、城镇建设等，加强园区与城镇间联系。要将园区规划纳入当地的社会经济发展规划，并与区域环境保护规划方案相协调。

四、规划范围

工业园南至峒河，东至移民村，北至大溪群力、团结水库所依托的连绵高山，西至上堡村。工业园控制面积约3.21平方公里，其中建设用地面积2.57平方公里。

五、规划设计目标

1. 品质高并具特色的工业园形象。规划以营造品质高的环境为目标，特别强调与周边山水自然、文化环境的关系。规划根据园区地形地貌特征，塑造具有时代特征并独具地方风貌特色的园区形象。精心塑造生动和谐的建筑群体与开放空间，构筑优美、舒适的绿化环境。通过科学规划、精心管理和用心建设，形成一个品味高、竞争力强和产出高的工业新区和创业的乐园。

软环境:政府大力度的扶持;优惠的入园条件;良好的社会秩序;质量高、全方位的园区服务。

硬环境:完善的基础设施配套;快捷、高效的交通条件;便捷完善的公共服务设施配套;优良的工业区厂房建设;足够的滨水绿地和多类型的休闲娱乐场所;良好的生态环境。

2.完善的建设控制指标体系。通过对工业园用地、交通、景观等方面的规划控制,建立包括各类用地指标控制、建筑退界控制、建筑高度控制、开发强度控制、地块适建性控制、城市景观控制等在内的一整套完善的指标体系,将工业园建设规范化、有序化。

六、工业园区近期和远期的发展目标

近期发展目标:经过3-5年的时间,构筑工业园区的基本框架,形成以本地资源转化和深度加工工业以及生物制药为主的工业园区,并注意培植其研发能力,为后续发展和产业升级奠定基础。实现工业总产值25亿元,利税1.5亿元。使其成为泸溪县全面建成小康社会、实现跨越式发展的经济技术高地。

远期发展目标:经过10—15年左右的时间,将工业园区建设成基础设施配套完善、功能配套齐全资源转化和深度加工生产基地,湖南省工业园区体系的重要组成部分。实现工业总产值100亿元,利税8亿元。

第四章 发展条件与机遇和挑战

一、发展条件和机遇

资源优势——泸溪矿产资源极其丰富。在全国已发现的140个矿种中,泸溪已发现45种,其中能源矿产4种,金属矿产14种,非金属矿产28种。磷、铝、石灰石、白云石、石煤、菊花石储量丰富,位居全省前列。磷矿石储量已探明1.5亿吨,铝土矿远景储量1060万吨,已探明512万吨,占全省铝土矿储量的73.7%,居全省之首,全县60%的地方都有石灰石,储量达1亿吨以上,菊花石储量1000万立方米,均居全省第一。另外,沙金、金刚石等储量亦很大。泸溪县主要矿产资源分布情况见表4—1。

泸溪的优势矿产有:磷矿石、白云石、铝土矿和菊花石。目前泸溪矿产资源的

开发利用还处于起步阶段，除磷、石灰石初步利用外，由于受资金和技术水平的制约，大部分矿产还埋藏在大山之下，没有得到开采和利用。

泸溪县矿产资源分布情况表

主要矿产名称	主要分布地点	主要矿产名称	主要分布地点
磷	五金坡、黄水坳、高山坪、广皮冲、李岩、仲溪等	钒	洗溪、上堡、李家田、白羊溪、浦市、长坪等
铝	李家田岩头山、灰洞坳、楠木洞	铁	李家田、白沙、灰洞坳、明珠坳等
石灰石	沅江沿岸及岩坡等	钾	铁柱潭、上堡、洗溪
白云石	万口、大坪、利略、洗溪、永兴场等	硅石	上堡、红土溪、洗溪、仲溪、苏木溪等
石煤	上堡、洗溪、李家田、浦市、长坪、达岚、合水、兴隆场等	萤石	豆家山、坪木沱、彭总管、宝泥田、得堡等
菊花石	高山坪、岩头河、岩坪等	锰	合水木垅、洗溪

地理、交通条件优越——尽管园区位于湖南省西部的泸溪县，但水陆交通均较便利。319 国道横跨园区南侧擦身而过，枝柳铁路从县境西部纵向通过。沅水、峒河流经武溪镇，货运码头齐备，水路可从沅水入洞庭湖通长江达东海。特别是连接我国中西部地区的一条重要纽带，横跨湖南、四川两省的长渝高速公路的建设，构成了泸溪与开发热点西部地区、中部地区乃至东部沿海地区便捷快速的交通通道， 有利于泸溪加强对外经贸联系，给泸溪特别是给工业园区的发展带来新的契机。

国家、地方政策支持——国家实施西部大开发、扶贫攻坚、促进“中部崛起”战略、支持少数民族地区经济发展和省委、省政府实施湘西地区开发战略，制定了一系列优惠政策，有利于继续向国家争取更多的政策和项目支持；为湘西自治州及泸溪县营造了优良的招商引资环境，为泸溪县经济和社会发展提供了有利条件。中共中央关于制定国民经济和社会发展第十一个五年规划的建议指出，实现国民经济持续快速、协调健康发展和社会全面进步，积极推进区域、城乡统筹发展，建设社会主义新农村，加快发展先进制造工业等。随着国家提出了国民经济和社会发展的第十一个五年规划，泸溪县政府充分落实规划精神，制定的泸溪县国民经济和社会发展第十一个五年规划中提出：坚持“工业立县，产业富民”发展战略，并强调加快建设工业区，固定资产投资向工业区集中。

二、挑战

1.第二产业的发展相对落后。泸溪县工业经济总量小，结构层次和水平偏低，从规模上看，2004 年，全县工业增加值约占全州的 11.1%，为花垣县 40%，保靖县 68.3%。从结构上看，规模化、集约化程度不高，企业技术水平不高，产品档次偏低，初级产品仍占主要地位，高能耗，高污染的产品较多，高附加值的产品较少。今后工业的发展任务十分艰巨，加快工业的发展将是今后的一项艰巨任务。

2.资源优势如何转化成产业优势。虽然在某些方面有丰富的资源，但如何将这部分资源优势转化为产业优势，转化成泸溪县经济建设的原动力仍然是泸溪县以及本工业园需要认真思考和推进的目标。

3.治理污染与保持生态环境。治理污染与保持生态环境是严峻的现实问题和规划目标，也是可持续发展的重要前提，而高标准的治理污染同时也将造成企业的高成本运营，市场竞争下降。

4. 园区村宅拆迁改造有一定难度。规划区范围内的用地除少部分是现有企业、单位的用地外，还有部分用地是村民居住地，农民的拆迁安置将是工业顺利开展建设的又一影响因素。

第五章　功能产业定位及就业岗位测算

一、功能定位的原则

1.立足泸溪矿产资源优势。泸溪矿产资源类型多、储量大，主要有磷、铝、铅、金、锰、锌、铜、铁、石煤等，以磷铝矿、石煤、铝矿为最富。现状武溪工业园（南区）20 多家各类企业中，有 90%左右的工业企业为矿产资源加工企业，可见矿产资源优势对泸溪工业经济的影响。矿产资源中磷矿资源探明储量近（亿）吨，是我省最大的磷矿带铝土矿资源 500 多万吨占全省铝土矿储量的 73.7%，石煤探明储量 2 亿吨。

2.立足存量优势。泸溪县是湘西州的老工业基地，曾经拥有大批国有企业。近年来，为了适应市场经济体制，泸溪大力推行国企改制改革，加速推进了全县的工业化进程，成功打造了部分明星企业。就武溪镇辖区内来看，至 2005 年底，武溪镇辖区内集聚的企业 50 万元资产以上的已有二十多家，民营企业综合竞争力明显增强，逐步形成了铝、锰、锌系列产品的优势特色产业，成为泸溪县财政税收的主要来源，创造了良好的社会效益和经济效益，为武溪工业园的发展打下了坚实的基础。

3.立足环境优势。泸溪县工业环境氛围非常浓郁，从县委、县政府提出的“工业立县、产业富民”的发展战略便可见一斑。在工业发展问题上，县委、县政府高度重视，部门协作服务意识、能力也很强，并采取了扎实有力的措施，在全县形成了浓郁的工业发展环境，为工业园区的招商引资创造了良好条件。

4.立足文化生态优势。泸溪文化底蕴深厚，旅游资源丰富。县内众多的自然景观、人文景观与浓郁的民族风情构成一幅绚丽的画卷。天桥山风光绮丽、武水拖蓝、景色别致，能滩吊桥令人叹为观止，悬棺、盘瓠洞、辛女岩遗址使人遐想无限，踏虎凿花五十年代已走出国门，“三月三”“六月六”歌会，龙舟竞赛，苗寨山歌等民族风情让人流连忘返。另外，泸溪全县森林覆盖率达65%，县内山丘、林地连绵不断，郁郁葱葱，生态价值甚高，生态优势明显。

二、总体定位。

综合分析泸溪县及武溪工业园现有产业基础及发展条件，规划武溪工业园的总体定位为：武溪工业园是全省铝、磷产品的重要加工基地，全州新型工业化的重要依托，泸溪县“工业立县”战略实施的主要载体，是以增加县财政收入、构建“和谐泸溪”为目标的环境友好的工业园区。

三、功能定位。

是以低污染，高附加值的新型工业为主导，配套建设必要的物流、居住、公共设施的城镇产业组团。

四、产业定位。

根据国家标准《城市用地分类与规划建设用地标准》，一类工业用地指对居住和公共设施等环境基本无干扰和污染的工业用地，如电子工业、缝纫工业、工艺品制造工业等用地；二类工业用地指对居住和公共设施等环境有一定干扰和污染的工业用地，如食品工业、医药制造工业、纺织工业等用地；三类工业用地指对居住和公共设施等环境有严重干扰和污染的工业用地，如采掘工业、冶金工业、大中型机械制造工业、化学工业、造纸工业、制革工业、建材工业等用地。

武溪工业园以发展以二类工业为主，有选择性地发展三类工业。工业发展方向为重点发展铝产品加工、磷产品加工、锰、锌产品深加工，大力发展生物制药，绿色食品加工业，坚持劳动密集型产业与资金、技术密集型产业相结合的原则，走资源节约型、环境友好型的新型工业化道路。

五、就业岗位测算。

武溪镇辖区内工业企业集聚区 2005 年工业产值为 8.19 亿元，安排就业岗位 3124 人，人均创造工业产值 26 万元。随着将来工业企业资金与技术含量的提高，人均创造的产值将上升，预计 2010 年人均创造工业产值达 30 万元，远期将达 40 万，则近期武溪工业园产生的就业岗位为 0.8 万人，远期产生的就业岗位为 2.5 万人。

第六章 规划区与周边区域的协调及外围重大设施的规划选址

一、规划区与武溪镇辖区内工业企业集聚区、武溪镇、白沙的协调关系。

1.与武溪镇辖区内工业企业集聚区的协调。武溪镇辖区内工业企业集聚区占地约 4.2km2，目前已有股份、合资、民营等各种类型企业 26 家，已基本形成铝、锰、锌、制药等 5 大工业产品加工链条，2005 年完成工业总产值 8.19 亿元。工业企业集聚区已经初具规模，且发展势头较好，为泸溪工业经济发展奠定了规模效益、聚集效益的基础，但武溪镇辖区内工业企业集聚区发展用地不多。规划武溪镇辖区内工业企业集聚区与武溪工业园的协调主要表现为产业水平的级别协调，工业企业的合理布局方面。即武溪工业园主要以发展资金、技术密集型，附加值高、财政贡献度大的集约型工业企业，如磷产品、铝产品的精深加工，及上下游产品工业企业，绿色食品加工企业等；工业企业集聚区则是在现有产业基础上对已经形成的工业企业生产方式的改造升级和生产规模的扩大，相对来讲、新型工业化程度低些。

2.与武溪镇区的协调。武溪工业园与武溪镇区的协调主要体现为功能的有机互补，基础设施的统筹考虑。武溪工业园主要为工业及必要物流仓储功能，而武溪镇区的主要功能为居住、商业、休闲及公共服务功能，在相当程度上承担工业园区的服务基地角色。一方面，武溪工业园可以为武溪镇区乃至泸溪县域内及周边地区提供大量工作岗位，解决就业，也可为武溪镇、泸溪县带来可观的财政收入，它的建设可促进武溪镇区城镇建设的发展提升；另一方面武溪镇区可为武溪工业园配套建设就业工人的居住、服务用地，使工业园内最大化地利用土地进行工业企业建设。两者在功能上是互补的协调关系。武溪工业园与武溪镇区的协调还体现在基础设施的统筹考虑上，由于两者事实上连为一体，因此，相关的基础设施如给水、排水、对外交通、污水处理等基础设施的建设需统筹考虑，而不应各自为政。

3.与县城白沙的协调。武溪工业园与武溪镇区、白沙的协调主要在功能方面。武溪工业园与武溪镇区（相当程度上是工业园的服务基地）一体将成为泸溪县域内最重要的工业重镇之一，是县域工业经济的重要增长点，武溪工业园与武溪镇区的建成，将有力地促使白沙镇——浦市工业走廊的形成。白沙则是泸溪县的政治、经济、文化、科教中心，其重点发展以商贸业为主的第三产业和科技含量高、污染低的工业。其发展目标是规模合理、布局协调、设施配套的以度假、休闲为特色的山水园林城镇。

二、工业园外围重大设施选址方案及确定

（一）重大设施选址方案

1. 千吨级码头选址及与工业园的交通联系。武溪工业园东临沅水，常年可通航800吨级，现武溪码头航运船只全线载重吨位8944吨，总吨位为7883吨。船只数量：州航运公司有五组船，个体有59艘船，船只载重级别为最大的可走1000吨（1台）、600吨（2台）和若个台300—400吨，现状水运条件基础较好，且正向国家、省有关部门申建1000吨级深水码头。

水运具有运量大、污染小、价格相对低廉等特点，其在工业企业的原材料运输方面较公路运输有一定的优势。武溪工业园应充分利用建设武溪1000吨级码头的有利时机，前瞻性地做好与千吨级码头的规划衔接，打通工业园与码头之间的交通通道，为工业园交通条件的改善奠定坚实的基础。

规划在码头现址扩建千吨级码头。工业园与码头之间的运输联系通道有三个线型方案，线型一是结合防护林内现有道路，将其改造升级、拓宽；线型二是沿峒河河边；线型三为镇区北部山脚下。

线型一的特点是：第一，可利用现有的道路作基础，在现状道路上拓宽、硬化、升级，路宽8米，长度为1400米；第二，不能为该段居民提供滨水休憩空间，工业园滨水风光带到现大桥处终止。

线型二的特点是：第一，能将工业园的沿河滨水风光带延伸至码头，保持沿河风光带的完善性，为武溪镇区峒河以北地区的居民提供滨水休憩空间；第二，该段

路现状无基础，需设全部新建，路宽 20 米，长度为 1400 米。

线型三的特点是：第一，需拆一定数量的村民住宅；第二，与工业园北部连接较直接，但与现在的大桥及武溪镇区南部联系不够顺畅。

2.污水处理厂选址及与工业园的联系。武溪现无污水处理厂，随着工业企业的增长，工业污水排放量的增加，以及镇区规模的增多，必须为污水处理厂预留选址地，工业园污水排放干管的走向、布局与污水处理厂的选址关系密切，因此，本次规划需对污水处理厂的选址进行分析。

根据规划原则要求，污水处理厂选址时应考虑以下因素：(1)设在地势较低处，便于城镇污水自流入厂内，厂址选择应与排水管道系统布置统一考虑，充分考虑城镇地形的影响。(2)污水厂宜设在水体附近，便于处理后的污水就近排入水体，尽量无提升，合理布置出水口，排入的水体应有足够环境容量，减少处理水对水域的影响。(3)厂址应设在集中给水水源和城镇的下游，厂址与城镇、工厂和生活区应有一定的卫生防护距离，规范要求 300m。(4)厂址应在地质条件较好的地段，便于施工，降低造价，应尽可能少占农田，尽可能不拆迁建筑。(5)厂址不宜设在雨季易受水淹的低洼处，靠近水体的污水处理厂要考虑不受洪水的威胁。(6)厂址宜靠近公路和河流，便于污泥的运输和处置。(7)选址应注意城镇近、远期发展，满足周边重大设施预留发展用地的需要，厂地本身也要考虑有扩建的可能。根据武溪现状地形及用地特点，本次规划中武溪镇污水处理厂有两个规划选址，选址一位于千吨级码头南部，原老县城靠沅水与峒河交汇处，选址二为濂溪与沅水交汇处，污水处理厂的控制用地面积约 5ha，两个选址方案有以下几个特点：

污水处理厂选址方案对比表

	选址一	选址二
与镇区的关系	与镇区距离较近，离镇区北部约 100 米之内，与镇区南部最小距离约 700 米。	与镇区距离较远，离镇区北部最小距离约 1000 米，与镇区南部最小距离约 1600 米。
和镇区、工业区之间的卫生隔离防护	与镇区北部之间主要靠绿化隔离，与镇区北部之间主要靠河流水面水域的空间距离防护。	与镇区北部之间主要靠山体、绿化隔离，与镇区现部之间主要靠山体、水域、绿化防护。
地质、地貌、地形、地势	在老县城原建设用地基础上，地质条件较确定，地形较平坦，地势较低，高程为 110 左右，而防洪标准为 113，建污处理厂需局部抬高 1~4 米。	在泸溪造纸厂附近，工程地质条件应该可以，但需进一步确定，地形较平缓，且有一定坡度，高程为 110，但西侧山坡地地势高于 113。

续表

工业园东侧(现大桥)至污水厂干管、道路距离	长度为930m，道路可以与工业园至码头的联系道路结合建设。	长度为1950m,较选址一需多修建约1km的道路和干管。
对周边重大设施的影响及自身的扩建用地	①位于千吨级码头上游； ②对千吨级码头向南扩建有较大影响； ③与千吨级码头之间防护距离不大100米； ④污水厂扩建只能往靠近镇区的方向扩建。	①位于千吨级码头下游； ②对千吨级码头扩建无影响； ③与千吨级码头之间防护距离有1km; ④污水厂自身扩建不受限制。
近远期建设	近期建设启动难度小,前期干管投资,道路投资较小，远期污水处理厂扩建后与镇区的隔离距离更小,远期扩建有限制。	近期建设启动难度较远，前期干管投资,道路投资较大,远期污水处理厂扩建与镇区的发展无影响。
对武溪镇区景观的影响	距武溪镇区较近，在武溪镇区的视域范围内,对武溪镇区景观有一定影响。	距武溪镇区较远，在武溪镇区视域范围外,对武溪镇区景观基本无影响。

3.工业园区与319国道联系的跨河桥。现状武溪镇区北部与南部及与319国道、常吉高速联系只有一座桥,该桥宽11米,且镇区北部的过境公路交通车辆从镇区南部中间穿过,将来随着武溪工业园入园企业的增多,千吨级码头的建成而吸引的陆、水转运货物量的增多,工业企业原材料、产品的运进运出而导致物流量的加大,现状仅有的一座桥将难以满足将来的需要,也不能保障峒河南北交通的安全,因此武溪工业园应考虑在适当位置规划一座跨河桥,且园区内主要道路应做好与桥梁的协调与对接。

本次规划有三个桥梁位置选址方案,即常吉高速公路桥上游360米处,常吉高速公路桥下游80m米处和王家岭处(桥墩可设在鲇鱼洲,对岸是下唐家排)。三个桥梁位置选址方案有以下特点:

跨河桥选址方案对照

比较类型	桥位一 (高速公路桥上游)	桥位二 (高速公路桥下游)	鲇鱼洲上
河面宽	约282米	约273米	约457米
与现有大桥之间的距离	约2650米	约2150米	1440米
与高速公路桥之间的距离	约360米	约80米	约800米

续表

与工业园区的关系、联系	①位于规划区的端头，可适当兼顾工业园向西扩展； ②工业园过境交通须下穿高速公路，且从居住用地中间穿过，对居民有一定影响； ③工业园两端交通优势均好性较强，中间用地可选择性较强。	①位于规划区的南部，可一定程度上兼顾园区向西扩展； ②不需与高速公路交叉，也不从中穿居住区； ③工业园两端交通便利均好性均强，中间用地可选择性较强。	①位于工业园的中部，按等距预测，工业园向西扩展有可能须建第三座大桥； ②不需与高速公路交叉，也不从中穿居住区； ③工业园西端用地交通便利性相对较差，而工业园中部用地交通较便利。
桥两端现状地形标高	峒河北部 130，峒河南部 130-135 米之间。	峒河北部 130，峒河南部 130-135 之间。	峒河北部 140 左右，峒河南部 140 左右。
峒河南端与 319 国道的联系	峒河南部与 319 国道相接时，回旋余地不大。319 国道标高约 115 米。	峒河南部与 319 国道相接时，回旋余地不大。319 国道标高约 115 米。	桥梁直接与 319 国道相接时，桥梁端头回旋余地较大。
备注	①表中所量距离为图上量算； ②表中标高按 1:5 万地形图得出； ③桥梁选址还应充分考虑行洪安全、工程地质条件等因素，本表中桥位选址仅从规划角度出发。		

（二）重大设施选址确定。2006 年 11 月 19 日，项目组在泸溪县人民政府 2006 年第 13 次县长办公会上就以上工业园外围重大设施选址方案向县政府主要领导进行了汇报，会议对以上方案进行了充分的讨论，并形成了会议纪要。根据会议纪要，工业园外围重大设施选址确定如下：

千吨级码头与工业园的交通联系道路走峒河边；污水处理厂选址于现纸厂旁的位置（岩龙头），用地规模控制 5 公顷；工业园与 319 国道联系的跨河桥选址在常吉高速公路桥下游 80 米处，且直接与 319 国道对接。

第七章　用地总体布局规划

一、规划布局原则

1.集约用地、工业用地最大化原则。泸溪县地处云贵高原东端，武陵山南支余脉，境内山丘较多，特别是地武溪地段，可供建设的用地不多，因此规划要遵循集约用地的原则，尽量将规划范围内可以用来建设的用地充分利用和规划布局。在可以利用地中，要紧紧把握工业园工业用地占主要地位这根主弦，尽可能多地安排工业用地。

2. 环境优先原则。现状工业园周边生态环境较好，南、东部有峒河、沅水，北部有郁郁青山，规划范围内还有潺潺溪水，生态基础较好。在规划布局时应充分利用现有生态环境基础，将周边自然景观有机地引入到工业园内部，与园区内的工业景观、水景相互交融、有机结合，构成生态宜人的良好环境格局。另外在规划时还要将不同类型企业，按照对生态环境影响程度不同将其进行合理分区布局，以免相互干扰，对于影响严重的工业用地与其周边用地，应规划好卫生防护隔离用地。

3. 个性塑造原则。规划范围内低丘连绵，田园景观与山水风光、坡地交相辉映，有利于塑造工业园的个性特征。规划布局时应充分结合现有地形地貌及山势走向，结合滨水空间，处理好工业厂房外观的"标准化"特色与现有个性特征的关系，避免工业园区与其他园区"千城一面"，从而塑造出具有泸溪特色、可供人们记忆识别的示范工业园区。

4. 弹性规划的原则。工业园建设最显著的特点即为招商引资划地块出让建设，而投资工业的市场特点却是土地需求的不定量性，有的大，有的小，为了适应企业投资方对土地需求不定量性的特征，就需要规划应保持一定的弹性，在非主要道路组织和地块大小布置上，有利于配合不同类型、不同规模企业的入园。同时还应为工业园的有机生长提供可能。

二、影响规划方案布局的关键因素分析及确定

1.开发模式——"梳子型"。也称"山"字型，即园区主干路位于主要工业用地的一侧，按照先主干路再向工业用地一侧延伸支路，完成工业用地的开发。

2.居住、服务配套用地布局——"两端型"。即充分依托现跨河大桥北侧的城镇居住区和峒河以北、高速公路以南的上堡村，充分布局工业园区内必要的工人居住用地、服务设施用地，形成两端服务中心的态势。

3.普通仓储用地的布局——端侧型。将普通仓储用地布局在高速公路北侧与规划的跨河桥和常吉高速公路相邻。

4.工业用地的布局—"三类工业居中，二类工业分布两端"。为了满足与居住

用地的影响最小化，符合高速公路两侧景观等要求，规划将二类工业用地布局在工业园东侧靠油厂处，西侧靠常吉高速公路，三类工业用地布局在两端的二类工业用地之间。

三、规划结构——“一轴三区”。

规划强调功能的多元性，土地利用的复合性，功能运营的高效性和街坊开发的整体性，达到社会效益、环境效益和经济效益的有机统一。规划形成“一轴三区”的功能结构，“一轴”即工业发展与滨江景观轴，“三区”即东端、西端的配套服务区，以及中部的工业仓储用地区。

四、用地总体布局

1.工业用地。工业用地布置在工业园的中部，东侧以油厂、敬老院以西约150米为界，西侧以常吉高速公路为界，分为二类工业用地区和三类工业用地区。二类工业用地区主要发展生物制药，绿色食品加工业，三类工业主要发展铝产品加工、磷产品加工、锰、锌产品深加工。二类工业用地布置在东侧靠油厂处，西侧靠常吉高速公路。三类工业用地布局在两端的二类工业用地之间。规划工业用地面积为139.59公顷，占工业园建设用地面积的54.2%，其中二类工业用地(M2)面积为91.19公顷，占工业园建设用地面积的35.4%，三类工业用地(M3)面积为48.4公顷，占工业园建设用地面积的18.8%。

2.仓储用地。普通仓储布置在高速公路北部，并与规划跨河桥毗邻。规划仓储用地面积为8.12公顷，占工业园建设用地面积的3.2%。仓储用地布置在规划跨河桥北侧，交通较便捷，易形成集物流、仓储一体的综合调配储运中心。

3.居住用地。工业园居住用地包括保留的村庄建设用地、部分拆迁村民的安置和工业园内工业企业的单身职工的住宅用地。居住用地基本上是保留上堡村和油厂后面、敬老院周边的住宅区并适当扩大，规划将敬老院后面花果山一带现状约5.0公顷的用地布置居住。规划保留居住用地内的五中和联民小学。工业园区内其余村宅根据工业园区开发进度逐步予以搬迁。通过以上居住用地的布局，将形成两端服务中间的格局，规划配套居住用地面积为37.52公顷，占工业园建设用地面积的14.6%。

4.公共设施用地。工业园公共设施用地包括工业园管委会办公的行政办公用地(C1)、为工业园范围内居民和单身职工服务的商业用地(C2)、文化娱乐用地

(C3)和其他公共设施用地(C9)。规划公共设施用地(C)面积为6.8公顷,占工业园建设用地面积的2.6%。规划将行政办公(工业园管委会办公用地)用地布置在常吉高速公路以南,这里靠山面水,且交通方便,与周边用地性质也协调。规划行政办公用地(C1)面积为0.83公顷,占工业园建设用地面积的0.3%。

规划将商业金融用地布置在联民小学以南,紧挨滨江主干路,以及现有武溪镇区跨峒河大桥北端。沿河是美丽而婀娜的风光带,是居民休闲、锻炼的经常去处,商业金融布置在此,与居民的对外交通、休闲作息主方向一致。规划商业金融用地(C2)面积为3.98公顷,占工业园建设用地面积的1.5%。

规划将文化娱乐用地布置在联民小学东侧,高速公路以南。保留现有的水塘,改善居民区的小气候,也有利于丰富文化娱乐环境。规划文化娱乐用地(C3)面积为1.65公顷,占工业园建设用地面积的0.6%。

规划其他公共设施用地(C9)面积为0.32公顷,占工业园建设用地面积的0.2%。

5.绿地。工业园内绿地包括峒河风光带的公共绿地(G1)和高速公路两侧、工业用地和居住用地之间的防护绿地(G2),以及保留地形十分陡峭不能利用的山体。高速公路两侧各控制不低于30m的防护带,工业用地与居住用地之间设置不低于20m的防护带。规划绿地(G)面积为37.12公顷(不包括规划控制范围内北部的陡峭山体用地)。

6.道路广场用地。工业园内道路广场用地包括主、次干路,支路以及广场用地,用地面积为27.9公顷,占总建设用地的10.8%。其中广场用地布局在高速公路南侧工业园管委会南,用地面积为0.6公顷。

7.市政公用设施用地。规划在普通仓储用地北部联盟路与第七大道交会处布置一处货运停车场,面积约0.5公顷,占总建筑用地的0.2%。

五、用地指标

规划范围内用地汇总表

序号	类别名称		面积(ha)	占用地比例(%)
1	总用地		321.2	100%
2	建设用地		257.5	80.2%
3	水域和其他用地		63.7	19.8%
	其中	水域	10.06	3.1%
		林地	53.64	16.7%

规划建设用地统计表

序号	用地性质		用地代号	用地面积(hm2)	占建设用地比例(%)	备注
1	居住用地		R	37.52	14.6	包括村庄建设田地。其中学校用地2.84hm2。
2	公共设施用地		C	6.8	2.6	
	其中	行政办公用地	C_1	0.83	0.3	
		商业金融用地	C_2	3.98	1.5	
		文化娱乐用地	C_3	1.65	0.6	
		其他公共设施用地	C_9	0.32	0.2	
3	工业用地		M	139.59	54.2	
	其中	二类工业用地	M_1	91.19	35.4	
		三类工业用地	M_2	48.4	18.8	
4	绿地		G	37.12	14.4	
5	道路广场用地		S	27.9	10.8	
	其中	道路用地	S_1	27.3	10.6	
		广场用地	S_2	0.6	0.2	
6	仓储用地		W	8.12	3.2	
	其中	普通仓库用地	W_1	8.12	3.2	
7	市政公用设施用地		U	0.5	0.2	
	其中	交通设施用地	U_2	0.5	0.2	
小　　计				257.5	100.0	

第八章　用地控制

用地控制是对建设用地上的建设内容、位置、面积和边界范围等方面做出的规定。其具体控制内容包括用地使用性质、用地兼容性、用地边界、用地面积等。

一、工业用地控制

1. 地块划分。用于发展工业的地块划分，很大程度上决定于所建设的工业种类和企业生产规模。由于在规划阶段无法准确预知入园企业的规模，加上本工业园区地势为山地，在工业园内修建道路也受到一定的限制，需依山就势。本次规划结合现状入园企业的性质和规模，同时考虑入园企业的发展趋势，结现状地形，进行地块划分，并且在控制主次干路的走向的条件下，支路可以根据入园企业的具体要求作适当调整，使规划在实施中具有一定的弹性。本次规划工业用地地块面积大多控制在5—10公顷之间。

2. 规划控制指标（详见工业园区规划地块控制指标一览表）(1)容积率与建筑密度、建筑高度控制。规划加强工业项目建设用地管理、促进建设用地的集约利用。根据不同的工业项目确定不同的容积率控制指标，铝产品加工≥0.5、磷产品加工≥0.5、锰、锌产品深加工≥0.5，生物制药≥0.5，绿色食品加工业≥0.8。建筑密度按不高于45%控制，但最低不得低于35%。为防止土地投机、开发地块必须同时满足上述最低容积率要求以及地块控制指标表中的要求。　规划采取分区进行高度控制，其中工业仓储区建筑限高20米。

(2)建筑物后退。建筑物后退道路红线。在园区主干道沿线，工业建筑后退道路红线的距离：后退主干路红线不小于5米，后退次干路红线不小于3米，后退支路红线不小于2米。建筑物后退用地边界。考虑到通风、日照和消防要求，工业建筑必须与用地边界有适当的退让，当建筑物面向用地边界时，建筑物后退用地边界的距离为房屋高度的0.55倍，但最低不能小于6m，其中，沿用地边界一侧最少要有2m绿化带。当建筑物山墙朝向用地边界时，建筑物后退边界的距离应不小于3m。后退范围内的用地可布置绿地，内部道路、停车场等，但涉及可燃性物质的工业必须遵守当地的防火条例。

(3)绿地率。根据省国土厅修订后的《建设用地定额指标》，工业生产企业用地绿地率不突破30%，因此武溪工业园区内的工业项目建筑要严格控制厂区绿地率，每个工业地块内的绿地率按不高于30%控制，最低不得低于20%。

(4)工业项目非生产性配建设施。工业项目所需行政办公及生活服务设施用地面积不得超过工业项目总用地面积的 7%，严禁在工业项目用地范围内建造成套住宅、专家楼、宾馆、招待所和培训中心等非生产性配套设施，工业园区非生产性配套设施由城区和工业园配套服务区统一配置。

二、工业园内其他用地控制

1. 地块划分。为了实现工业园区内工业用地的最大化，工业园区内工业用地以外的其他用地的设置坚持“必需”原则，可设可不设的用地一律不设在工业园内。配套用地的地块划分综合考虑周边用地性质的完整性、服务的便捷性、利用的高效性等因素，统筹确定。

2. 规划控制指标(1)容积率、建筑密度、建筑限高。居住建筑容积率不高于 1.5，公共建筑容积率不高于 1.8，居住建筑密度不高于 32%，建筑限高 24 米，公建建筑密度不高于 40%，建筑限高 24m；仓储用地容积率不高于 1.2，建筑密度不高于 45%，不低于 35%，建筑限高 24 米。(2)建筑物后退。居住建筑日照满足大寒日满窗日照 3 小时。住宅侧向间距：低层最小间距 6 米；多层最小间距设通道的为 8 米，不设通道的为 6 米。

公共建筑主要朝向间距：低层最小间距为 6 米，多层最小间距为 10 米。建筑间距除应满足以上规定，还必须符合消防、卫生、环保、工程管线等方面的要求。为了满足市政管网埋设，人流集散，绿化景观，消防应急等多方面的需要，沿城市道路、河流，建筑应退让道路红线及用地边界。其退让距离除必须符合消防、防汛和交通安全等方面要求外，必须符合规划文本及分图图则规定。相邻地块之间无道路分隔时，建筑退让用地界线距离应不少于按自身高度计算与相邻地块建筑之间应取间距的一半。建筑物临河流、水体、绿地时必须退让其规划控制线，退让距离应符合分图图则的规定。建筑后退道路红线指标：退主干路红线不小于 4 米，后退次干路红线不小于 3 米，后退支路红线不小于 2 米。

(3)绿地率。居住及公共建筑绿地率不低于 30%，仓储用地绿地率不低于 20%。

三、工业园内各类土地使用兼容性控制

规划适当采用弹性控制原则，只要在保证规划用地布局合理的前提下，可以适当调整部分用地性质，但须向规划行政主管部门申请。规划行政主管批准用地调理申请时，应符合土地使用兼容性有关规定。

第九章 环境保护规划

一、环境保护规划

(一)规划原则。

1. 坚持经济建设,城市建设和环境建设同步规划。坚持实施同步规划,从实际出发,遵循经济规律和生态规律,坚持经济效益,社会效益和环境效益的统一。2. 坚持“预防为主,防治结合,综合治理”等方针。坚决摒弃“先污染、后治理,先破坏、后恢复”的模式,力求从源头控制污染,搞好合理规划布局,突出重点,兼顾一般,搞好环境综合整治,改善生态环境质量。3. 坚持可持续发展战略和“三同时”制度。4. 加强环境管理,运用法律、经济和行政手段对环境进行管理。

(二)工业园环境规划目标。

在进行经济开发的同时,全面开展环境建设,使环境质量基本保持稳定。维持现状,确保自然生态不受工业破坏。工业园的空气质量执行 GB3095-96 二类区控制,达到《环境空气质量标准》三级标准。园区企业厂界噪声执行《工业企业厂界噪声标准》(GB12348—90)中三类标准,生活区达到二类标准。工业废水处理率达 100%,处理达标率达 100%,垃圾无害化处理率达 100%。确保境内的自然山体、植被绿化等不遭破坏,实现环境与社会、经济协调发展。

(三)环境保护措施

1. 水污染综合防治:①严格按规划确定的园区功能定位和产业定位要求,把好产业准入关。即积极引导二类工业入园,有选择性地接受三类工业。②严格实行规划和环境管理,严格把关,建立入园企业审批环境“一票否决”制度。

可采取以下技术措施:①制定排水管网系统规划,实行清污分流。②设立工业园污水处理厂,对园区产生的污水通过截污管道引入污水处理厂进行集中处理,达到《城镇污水处理厂污染物排放标准》(GB18918-2002)一级 B 排放标准后排放。③入园企业严格实行“三同时”制度,工业废水应先在各企业预处理,水质达到 CJ3082-1999《污水进入城市下水道水质标准》后才能排入园区污水处理系统。④科学组织企业生产,积极开展生产废水的综合利用,提高工业用水重复率,以有效地利用水资源和降低生产成本,减少污水排放。⑤加大对环境保护的投入,采用科学先进设备和工艺,减少污染量。⑥两河(峒河、沅江)流域上游种植防护林,保持水土,涵养水源,改善生态环境,提高河流径流量,从而改善水体自洁能力。

2. 固体废弃物污染防治：建立工业园工业垃圾和生活垃圾分类收集处理制度。生活垃圾在县城白沙垃圾填埋场进行卫生填埋，一般工业固体废物在武溪镇区南面高速公路北侧工业垃圾填埋场进行安全填埋。有毒有害的固体废弃物严禁直接倾倒于城市垃圾站，应送有处理资质的处理厂集中统一处理。

3. 大气污染防治：工业园位于白沙、武溪镇区的北端，处于泸溪常年主导风向的侧风向，采取以下措施。①对入园企业实行排污监控，下达大气污染物总量排放指标，并纳入泸溪县整体控制规划。有主要大气污染物总量控制任务的单位，必须按照核定的主要大气污染物排放总量和许可证规定的排放条件排放污染物。②推行清洁燃料，逐步减少直至取消燃煤炉灶，提高用气普及率。③严格控制机动车尾气污染，在交通干道控制绿化用地，建好防护林带，积极推广液化气、天然气等替代燃料，控制农用车辆进入园区，淘汰超期服役车辆。

4. 噪音防治：工业噪音应结合工业技术改进减小噪音值，同时加强与居住区之间的绿化分隔；交通噪音一方面组织好过境交通与工业园内部交通，另一方面严禁工业园区内鸣笛，使噪音控制在国家《城市区域环境噪音标准》范围内。

环境分区	功能区及范围	昼噪声	夜噪声
一类环境控制区	以居住、文教、机关为主的区域	55	45
二类环境控制区	居住区、商业、工业混合区	60	50
三类环境控制区	工业区	65	55
交通噪声控制带	交通干线两侧区域	70	55

(四)综合整治措施

1. 环境监测网，坚持全年常规监测，为环境管理提供基础资料。

2. 控制煤烟大气污染，改变燃料结构，尽量不选择那些大气污染严重的工业项目。

3. 对机动车尾气的控制和管理，推广使用机动车尾气净化装置和通风装置。

4. 整治交通噪声和生活噪声，开展创建噪声达标区工作。

第十章　道路系统控制

一、园区周边交通现状。园区位于峒河以北，319 国道在峒河南部穿过，常吉高速公路在园区西南侧穿过，园区离常吉高速公路互通(经武溪镇峒河大桥)3.5 公里，园区内另有一些乡村道路。

园区距规划的沅江深水码头2公里，该码头为1000吨级码头，由此装船可航运洞庭湖、长江各深水码头。2007年贯通的常吉高速公路可连接各地快速交通网络。

二、对外交通规划。水路运输：武溪沅江深水码头距本园仅1公里，货物运输可通过修建1.1km专用公路抵达园区，可以满足园区部分货物依靠水路运输的需要。

公路运输：主要交通干线都位于峒河南侧，现仅有武溪峒河大桥（桥面宽仅11米），不能满足园区对外的交通运输。规划修建园区峒河第二大桥，桥址选在峒河高速公路桥下游80m处，园区的物质将依靠峒河东西两座大桥，把工业园与319国道、常吉高速路连接起来。

三、园区内道路交通规划

1.路网结构。根据园区的地形地貌特征，规划园区道路系统以相对自由式布局为基础的主干路、次干路、支路三级路网结构。

构成以滨江大道为东西主干路的"梳子型"的一横四纵的园区主干路网，"一横"为滨江大道，"四纵"第二大道、第三大道、第五大道、第七大道。

园区次干路主要是开发组团间联系的主要道路，形成以大溪环路、联盟路为东西向，以第一大道、第四大道、第六大道、第八大道和第九大道为南北向的次干路网。

支路是地块之间和地块内部交通的路线，根据具体需求依山就势建设，构筑有序而自然的道路系统。

园区内道路的线型主要是结合地形地貌，相对自由式布置，多为流线型，两侧或以缓坡草地相夹，或以山岭相邻，依山就势。园区道路网规划详见道路交通规划图和道路规划一览表。

道路规划一览表

序号	道路名称	道路起讫	道路长（m）	道路宽（m）	道路面积（m^2）	备　注
1	滨江大道	码头—大溪环路	3369	20	67380	主干路
2	大溪环路	城北东路—滨江大道	4322	12	51864	次干路
3	联盟路	第一大道—大溪环路	3298	12	39576	次干路
4	第一大道	滨江大道—大溪环路	448	12	5376	次干路
5	第二大道	大溪环路—滨江大道	600	（12）	12000	主干路
6	第三大道	大溪环路—滨江大道	418	12	5016	次干路

续表

7	第四大道	大溪环路—滨江大道	408	(12)	8160	主干路
8	第五大道	大溪环路—滨江大道	470	12	5640	次干路
9	第六大道	大溪环路—滨江大道	620	12	7440	次干路
10	第七大道	大溪环路—滨江大道	739	(12)	14780	主干路
11	第八大道	常吉高速南侧—滨江大道	330	12	3960	次干路
12	第九大道	大溪环路—联盟路	199	12	2388	次干路

备注：表中带括号数据表示该条路首次修建的宽度。

2.道路断面形式。根据园区用地形状呈东西向带状，东西向较长(3.48km)，南北向较窄(1km 左右)的特点和规划用地面积，道路断面采用合适合理相对较窄的断面布局处理方式，从道路设计的角度来看，双向四车道是最经济最高效率的车行道断面形式，而后每增加一条车道，该车道的效率将呈大幅度下降，故园区主干路滨江大道红线 20m、四车道，其他主干路首次修建时按 12m 路幅，但两侧建筑退让时应按 16m 道路红线控制。次干路为 12m，两车道为主。另根据工业园内以货流比重大为出行目的地特点，人行道的设置也相对较窄，一般一侧为 2—2.5m。

四、静态交通规划。规划在工业园管委会用地南侧设置广场 1 处，广场占地约 0.6hm²，规划在蛇形山公园西侧设置货运停车场 1 处，占地约 0.5hm²，规划要求各工业企业和仓储设施按 100m² 占地面积 0.2—0.6 个车位标准设专用停车场。

五、竖向规划。竖向规划综合以下因素进行道路竖向设计：

规划滨江大道的高程以历年具体洪水位发生情况，并以武溪峒河大桥为参照，确定其标高控制在 116.6m 以上，其他道路高程与其合理衔接。

在保证道路工程技术要求的前提下尽量尊重场地地形条件，有效减少土石方工程量，并努力保持原来的场地景观特征。

1.道路竖向设计。规划道路高程基本顺应地形落差，道路坡度控制在 8%以内，绝大多数控制在 3-5%，滨江大道根据路线位置确定其标高，最低控制在 116.6m，在大溪一带地形标高比较低，规划路面适当填高，道路将高于这一场地标高。

2.场地竖向设计。场地的竖向设计本着减少土方量的原则，尽可能地接近场地现状高程，规划根据不同的坡度、高程形成不同高程的台地，在大溪一带则主要考虑抬高场地标高，使场地不至形成洼地，不受洪水威胁和便于排水。

3.土方工程量计算。规划对园区进行了土方量计算，园区北侧栗木界一带地形相对平整，不需大动土方，西侧上堡村一带为居住用地，土方平整量较少，其余均需进行一定填挖，经计算园区总土方量约 650.3 万 m^3，其中挖方为 323.6 万 m^3，填方为 326.7 万 m^3（土方平衡计算见表 10-2）。

土方平衡计算表

序号	填方量(-)（万 m^3）	挖方量(+)（万 m^3）	剩余土方量（万 m^3）	填方面积（万 m^2）	挖方面积（万 m^2）
01	74.9	80.8	+5.9	16.9	18.9
02	28.8	3.0	-25.8	8.4	1.2
03	26.2	43.4	+17.1	8.0	9.4
04	45.8	57.2	+11.4	13.6	14.6
05	56.8	50.2	-6.6	16.4	10.8
06	45.4	49.0	+3.6	9.9	10.0
07	48.8	40.0	-8.7	14.7	10.2
总　计	326.7	323.6	-3.1	87.9	75.1

第十一章　绿地系统与景观控制

一、绿地系统规划

1.规划指导思想。从现代人们生态意识的增强和对城市生态系统研究的深入出发，结合自然生态学、景观生态学、社会学、自然科学的理论知识，确定工业园绿地系统规划的指导思想为：①体现生态的思想，人工系统与自然系统相和谐，实现真正意义上的工业区自然生态功能；②体现可持续发展的思想，强调生态平衡的延续性；③体现以人为本的思想，给居住、工作、生活、休息提供舒适空间。

2.规划原则。①加强对周边生态环境的保护控制，结合工业区地形、地貌及工业区用地布局的特点，将外围大面积生态绿地作为城区的绿色背景。②强调工业区规划绿地与自然环境的有机联系，形成点、线、面、圈相结合的绿地系统。③充分利用工业区内保留山体、现状河流及周边绿地，创造工业区内部环境与周边环境间相互联系、相互渗透的绿色体系，将周边优美的自然景观引入工业区。

3.规划建设目标。到 2020 年，建成功能完备的山体、河流水体、工业区绿化三道绿色生态屏障，形成点、线、面相结合的绿化系统。

4.规划布局。规划根据区内地形、地貌，充分利用工业园附近的山体和峒河，结合工业园布局形成点、线、面相结合的绿化系统。点为工业区内街头小块绿地和住区、厂区内部散点绿地，线为长3500m 的滨江绿带和高速公路两侧以及工业用地与居住用地、公共设施用之间的防护绿带，面为工业区周边的生态绿地。其滨江绿带分为两个标高不同的台地，20年一遇洪水位(113.2m)以上为一台地，以下为另一台地。绿化主要布置在前一台地，植物配置考虑景观和使用的双重需求，可布置疏林草坪、密林、水滨绿带、花径等。

二、景观组织

1.规划原则。①结合区内地形、地貌，充分利用区内山体和河流，塑造自然生态景观。②以四周山地为背景，结合区外环境，使区内景观与区外景观和谐呼应。③利用滨水绿带等公共绿地，给居民以舒适的生活空间，并结合城市设计对外展现工业园优美的景观。

2.景观组织。①周围山体景观背景。工业园北部为地势相对较高的连续山体，作为区内景观规划的背景，在具体的城市设计中应充分利用这一优势，利用借景等手法，将区外自然环境引入区内，成为城市景观的重要组成部分。规划保护现有山体景观，进一步加强对山体宜林地的植被绿化，营造起伏连绵、葱茏苍翠的林冠线，禁止建设破坏山体景观的任何建筑，严格控制山体周围的建设，以保证北部山体为工业区提供开敞空间。②滨水景观建设。滨水区是工业区的自然风貌主轴线，规划严格保护峒河、沅江的现状水质，保持其碧水清澈的景观特色，利用沿河绿化带，采取局部加固河道等工程设施。结合滨水步行道、秀水平台、亲水广场等给市民提供舒适优美的休闲生活空间。滨水区内应点缀部分精致小品，附设供市民免费使用的康健设施，并适当扩大水面，保证一定的水体等。③工业园街道景观的塑造。沿工业园主干道布置厂区公建，建筑形象简洁，立面设计追求透明和有层次感，建筑群高低错落，形成富有现代城市特色的天际轮廓线。各个工厂入口均利用厂前区的建筑围合设小广场，充分满足人的视觉要求，建筑、道路绿化交相辉映，形成富有时代感和生气的道路景观。其他街道宜结合道路性质和道路两旁的用地性质，以工业区山水体系为背景创造人工环境与自然环境相和谐统一的特色景观。④观景点与景观区域。观景点、景观点二者之间所形成的景观轴线及景观视角构成了城市景观的骨架，良好的位置选择与巧妙的造型设计可以使这一景观构架中的重要节点既是景观点又是观景点。规划以王家山公园、蛇形山公园为中心景观，携两河(峒河和沅江)而观西北部群山，使其自然既是景观点又是观景点。区内峒河景观风光带等主要景观亦是如此。这样，以区周边山体为背景，区内景观与区外景观达到了自然融合。在具体景观设计中宜结合景观环境，有意识的创造一批具有地方特色的高品质的新景点，如在山体公园地势较高、视野开阔处建设亭、台等，在滨水区公园建设水榭、主体雕塑等。同时，在工业园出入口的合适位置设置进入工业园的标志。在常吉高速公路以南结合广场布置工业区管委会大楼，大楼采用现代气息与民族特色相结合的建筑设计手法，成为工业区的标志性建筑。⑤景观节点。节点指行为的提示和目的地段，它是塑造韵律感，展现城市特色的主要据点。规划分为两类进行控制。

标志性入口节点：是进入园区的入口，在视觉上应着重体现城市意向，规划主要设在现武溪镇区跨峒河大桥以及规划的跨河桥北端，应体现武溪工业园环境友好型特色。

交通性节点：主要指主次干道的交叉口，规划要求对滨江大道与第二大道、第五大道、第七大道的交叉口作重点景观处理，形成现代化城市交通节点景观。

⑥严格高度分区管理。结合工业园西北部、西南部高、东南部沿河低的特征和山水相融的风貌特点，规划进行高度分区管理，使工业园整体形态与自然空间形态相一致，以构建视线通廊，显山亮水，与自然和谐共生。

第十二章　配套设施控制

第一节　公共服务设施控制

根据工业园的区位条件和武溪镇总体规划，园区主要公共服务设施依托武溪镇现有公共服务设施逐步建设。

规划将根据园区建设实际情况，在园区建设达到一定规模之后，在园区西侧上堡村依据上堡村相对集中的村庄配套建设为园区服务的生活服务设施，主要包括园区办公设施、技术服务中心、商业设施、工业展览、文化娱乐休闲设施、教育、卫生设施等。

第二节　市政设施控制

一、给水规划

1.城市供水现状。泸溪县城以沅江为城市供水水源。1995 年五强溪电站蓄水发电，县城由武溪镇搬迁到白沙新城，建设白沙水厂。白沙水厂一期工程 1 万

m^3/d，目前供水能力为 2 万 m^3/d；采用絮凝、沉淀过滤、消毒工艺。沅江泸溪段年平均流量 1132.6m^3/s，最枯流量 138m^3/s，水量充沛。县城城区高差大，县城采用分压供水。县城设有高位水池（服务高区），池底标高 180 米。泸溪县城供水不能满足城市发展用水要求，正在筹备扩建白沙水厂，扩建规模为 6 万 m^3/d，供水范围为县城、武溪镇、武溪工业园。白沙水厂地面标高 116～118 米，高区出厂压力 7.5MPa.（水压标高 190m 左右）。扩建工程设计水压标高 173m，工业园距白沙县城 10km.，地面标高 116～158，高差 42 米。规划区目前不属于县城给水范围。

2.供水量预测。根据国家标准《城市给水工程规划规范》(GB50282-98)，县城为一区小城市。考虑泸溪县城市政供水的现实情况，按照规划确定的用地性质，采用相应的用水量指标，用水量预测如下：

用水量计算表

序号	用地性质	用地代号	用地面积(hm^2)	用水量指标(万 $m^3/km^2\cdot d$)	用水量(m^3/d)
1	居住用地	R	37.52	1.2	4500
2	公共设施用地	C	6.8	0.65	440
	行政办公用地	C_1	0.83		
	商业金融用地	C_2	3.98		
	文化娱乐用地	C_3	1.65		
	其他公共设施用地	C_9	0.32		
3	工业用地	M	139.59		
	二类工业用地	M_1	91.19	1.8	15440
	三类工业用地	M_2	48.4	3.0	14520
4	绿地	G	37.12	0.1	370
5	道路广场用地	S	27.9	0.2	560
	道路用地	S_1	27.3		
	社会停车场库用地	S_2	0.6		
6	仓储用地	W	8.12	0.3	240
	普通仓库用地	W_1	8.12		
7	市政公用设施用地	U	0.5	0.5	30
	其中 交通设施用地	U_2	0.5		
小计			257.5		36100

按用地的用水量指标计算，用水量为 3.6 万 m^3/d。用水量指标达到 1.4 万 $m^3/km^2 \cdot d$。一区城市单位建设用地用水量指标为 0.4～0.8 万 $m^3/km^2.d$，本区为工业园，用水量指标高于其他建成区，水量指标为 1.2 万 $m^3/km^2.d$ 为宜，工业园用水量为 3 万 m^3/d。其中工业用水 25000m^3/d，综合生活用水 5000m^3/d，食品加工、制药、酿造等工业用水质量要求必须满足生活饮用水卫生标准，以自来水为水源。

3.给水系统布置。武溪工业园生活给水由县城供水，319 国道铺设两条输水干管。接入武溪工业园的供水干管为两根 DN500。西北高东南低，坡向武水。地面高差较大，130 米标高以上为高区，加压供水。高速公路以北、第七大道以南为高区，面积 27.75 公顷，综生活用水量为 2000m^3/d。加压泵房选址联盟路以北、第七大道以东，占地 700～1000 平方米。其他地段为低区，干管沿第一大道、第三大道、第六大道、滨江大道、大溪环路布置，管径 DN300~DN400，其他道路为次干管或配水管，管径 DN200~DN250。工业区形成环状管网，以提高供水系统的安全性。道路沿线布置消火栓，消火栓间距不大于 120 米，并应尽量靠近路口布置。城市消防给水为低压消防体制。

工业给水系统，由取水泵房、水处理厂、管网系统构成，取水泵房位于深水码头上游 300 米处，规模 20000m^3/d，控制用地 0.5 公顷。工业给水处理厂位于深水码头上游 300 米处，规划 20000m^3/d，控制用地 1.2 公顷。输水干管为两根 DN400，沿滨江大道布置。干管沿滨江大道、大溪环路、第一大道、第六大道布置，管径 DN400～DN350，其他大道根据建设项目用水量确定管径。

二、排水规划

1.排水现状。规划区内目前没有建成区，没有大用水单位，没有污水、雨水系统，雨水排放沿上堡村溪、　曾家溪、大溪、仙人溪接入武水。

2.排水制度。泸溪县城总体规划确定工业园为分流制排水区，工业园排水规划采用采用分流制排水制。

3.排水量。工业园区污水量按 80%预计，平均日供水量为 2.4 万 m^3/d。污水量为 2 万 m^3/d。

雨水排水量按吉首市的暴雨强度公式进行推算。

$$i=\frac{7.46(1+0.572\lg P)}{(t+3.476)0.601}$$

Q=q•i•F

Q 设计雨水量(升/秒),径流系数0.5-0.7;F集雨面积(公顷)P重现期1年;

4.污水系统。规划区污水自流排水。干管沿第一大道、第三大道、第四大道、第六大道、滨江大道、大溪环路布置,管径d400~d600~d800,滨江大道布置主干管管径d800。武溪镇和武溪镇南部工业企业集聚区污水接入本区污水处理厂(具体方案未定),干管管径计算确定。

5污水量与污水处理厂选址。污水量为2万m^3/d,武溪镇污水量5000~10000m3/d。工业园与武溪镇污水一并处理,污水处理厂选址濂溪北岸与沅水交汇处,工业园下游1000米处,控制用地为5公顷。工业园应提高工业用水重复利用率,减少污水排放量,降低污水处理成本,保护环境。

6.雨水系统。规划区雨水利用保留溪沟,就近自流排水。南端就近上堡村溪和武水,自流排水;第九大道至第五大道雨水就近排入曾家溪,设置上燕子尾雨水泵站;第五大道至第二大道雨水就近排入大溪,设置虎头桥雨水泵站干管,第二大道至大溪环形路雨水就近排入仙人溪沿现状雨水渠排入武水,自流排水。

7.排洪系统布置。沿规划区西北的山脚,布置截洪渠。山洪经截洪沟汇集后,经由排洪渠排上堡村溪、曾家溪、大溪、仙人溪。

三、电力工程规划

1.现状及问题分析:泸溪县现有220kV变电站一座(枇杷冲变,主变容量1×120MVA)。110kV变电站3座,主变4台(容量131.5MVA),110kV线路4条,总长122.87km。拥有35kV变电站6座,总容量33.45MVA,拥有35kV线路16条,总长165.3km。

规划区由南侧的110kV武溪变供电,武溪变占地面积3000平方米,装机容量2*40MVA。规划区现有3路高压走廊穿过。规划区主要用电为工业用电和居民生活用电,且工业主要为冶金化工等,用电量很大。各个企业均安装专用变压器,目前基本能满足用电要求。

2.负荷预测:(1)规划区内各地块用地性质和地块面积:见表1。(2)预测方法:根据规划的用地性质和地块面积,采用单位负荷指标法预测,其结果作为规划区内部至10kV变电站及开关站依据S=Kt(D*M)/cosΦ

式中:S——计算视在容量(kVA),Kt——同时系数,D——单位建设用地负荷指标(kW/ha),M——建设用地面积(ha),cosΦ——平均功率因数。其中单位建设用地负荷指标参照《城市电力规划规范》和《建筑电气专业设计技术措施》，以及国内其他工业园区用电标准，并结合规划区实际情况取定（见表 1）：

表 1　　　　规划总负荷表

建设用地类别	占地面积(ha)	单位负荷指标(kW/ha)	同时率	负荷(kW)
居住用地	37.52	200	0.26	1951
工业用地	139.59	350	0.5	24428
仓储用地	13.5	150	0.4	810
公共设施用地	6.8	300	0.5	1020
市政公用设施用地	0.5	350	0.5	87.5
道路广场用地	27.9	20	0.4	223.2
绿地	37.12	10	0.4	148.5
总　计	257.5			28668

按照上述标准，规划区预测总负荷同时系数取 0.7，平均功率因数取 0.8，则总负荷为 20068kW，总计算容量为 25085kVA。根据《城市电力网规划设计导则》，35kV 至 10kV 交电所高峰负荷时功率因数应达到 0.9 至 0.95，则规划区要求电源提供的负荷容量至少应为 26405kVA 至 27872kVA。

3.电源。根据《泸溪县“十一五”电网规划》及实际情况，规划区由 110kV 武溪变供电。能够满足规划区的用电要求。由于规划区大部分为一、二类负荷，故可直接从 110kV 武溪变引出 10kV 电源至各个用户。大工业用户可以从变电站直接引 35kV 线路。考虑到出线间隔不足，故新建两个 10kV 开关站（近远期各一个），再从开关站引出 10kV 线路到各个用户。其中近期的油厂开闭所已立项，位于油厂附近，规划用地 500 平方米，由 110kV 武溪变引双回 LGJ-300 的 10kV 电力架空线（大桥走电缆）进开闭所，规划出线 8 回。

4.10kV 配电网：规划区内 10kV 配电网主要采用环网供电，10kV 电源先进开闭所，再从开闭所引出线路到各个配电所，各配电所根据用电负荷及地块分布情况组成环网。规划区内共规划设置 2 个 10kV 开闭所，要求其与 10kV 配电所联体建设；规划 3 个 10kV 路灯变电站，采用公用箱式变形式。2 个开闭所转供容量达到为 16000kVA，路灯变电站容量为为 200kVA，另根据需要设置一些 10kV 用户配电专变。10kV 变电站供电半径控制在 350m，其具体位置见《电力电信规划图》。

5.高压走廊及线路敷设：根据《泸溪县“十一五”电网规划》，规划区范围内不会新增35kV以上电力线路，原有的高压线路保留，并保证足够的高压走廊。110kV高压线路规划高压走廊宽度为20m，35kV高压线路规划高压走廊宽度为15m。规划区内10kV主干线路近期可部分架空，远期全部入地。支路原则上全部采用电缆，穿电缆排管埋地敷设，敷设在道路的南侧和东侧，主干道预留管孔8孔，管径160mm，且每隔350m预留横穿道路的排管。规划区内路灯采用独立的供电系统，在道路旁设置独立的路灯变电所(箱变)。低压线路原则上采用电缆直埋方式敷设。线路敷设及管道预埋应与城市道路建设同步进行，逐步实施，分期建成。

四、电信工程规划

1.现状及问题分析。武溪镇现有一个电信模块局，沿319国道引入农话和国防两路通信光缆。模块局位于镇政府旁，占地400平方米，建筑面积200平方米，交换机容量2606门，实装1500门。从模块局出4路主干通信电缆分别至武溪镇区、青架山、洗溪、李家田。武溪镇现有固定电话用户1500户，移动电话用户200户。武溪镇区现有六个电信交接箱，其中规划区范围现有油厂交接箱，容量1800门。武溪镇现有一个邮政所。服务范围为武溪镇区。武溪镇现有一个有线电视机房，位于政府大楼旁边，有3路有线电视光缆进机房。再从机房引光缆至各个光节点，全镇区共有16个光节点，其中规划区范围有3个光节点，分别位于油厂大门口、县五中、桔园新村。镇区现有有线电视用户3000户，入户率达95%。

2.电信规划

(1)用户预则：参照国内其他工业园区电信用户规划标准，并结合规划区实际情况取定：

表2　　　　规划电信用户表

建设用地类别	占地面积(ha)	单位用户指标(部/ha)	用户数(部)
居住用地	37.52	80	3000
工业用地	139.59	25	3490
仓储用地	13.5	10	135
公共设施用地	6.8	100	680
市政公用设施用地	0.5	10	5
道路广场用地	27.9	10	279
绿地	37.12	/	/
总　计	257.5		7589

经预测并采用普及法做校验和修正，确定本区远期预测用户7589对主线。取可用率0.8,则工业园区需要装机容量为9486门。

(2)电信网规划:近期规划区用户可直接由南侧电信端局引光缆线或电缆到户。规划远期,在规划区用户较集中的区域新建一个电信模块局,交换机容量达到10000门。在电话比较集中,内部电话较多的单位及建筑物内考虑一些用户交换机。在街道旁设置一定数量的IC卡电话机。

(3)交接方式:规划区交接方式采用交接箱,交接箱的容量主要采用600对,1200对两种。

(4)线路敷设:规划区的电话线路和有线电视等弱电线路,原则采用管道敷设,敷设在道路的西侧或北侧。规划的管孔数除电信公用网外,还需考虑电信专用网,有线电视网,计算机宽带网等。主要道路均布置8孔电信管块,其余道路考虑4到6孔电信管块。线路敷设建设应与城市道路建设同步进行,逐步实施,分期建成。

3.邮政规划:规划区考虑新建1个邮政所,满足规划区用邮要求。

4.广播电视规划:有线电视线路实行HFC双向网传输,光节点用户控制在500户以下,完善设备配置,提供多媒体服务,线路可与其他弱电线路共同采用管道敷设。规划区新增光接点2个,具体位置详见《电力电信规划图》。

五、环卫设施。

园区内一般固体废物,对其进行无害化处理后,可在武溪镇区以南常吉高速以北地段的填埋场进行安全填埋,有毒有害的固体废弃物严禁直接倾倒于城市垃圾站,送有处理资质的处理场进行集中统一处理。

园区内生活垃圾环卫部门统一收集,外运到县白沙垃圾处理场处理。在园区中部和西部(居住区内)设生活垃圾转运站两处,在第二大道、第四大道、第六大道靠滨江大道一侧及上堡居民区设置公共厕所四处，公厕的占地面积应大于80平方米,建筑面积一般为30—40平方米。废物箱沿园区主要道路每100—200米设置一个。

六、工程管线综合

1.平面综合。园区地下工程管线包括给水管道、雨水管道、污水管道、电力电缆、燃气管道、路灯线7种。路灯线一般布置在灯杆附近的路缘石旁,规划重点是其余6种管线,其布置原则是:(1)工程管线在道路下面的规划位置宜相对固定,从道路红线向道路中心线方向平行布置的次序宜为：电力电缆、电信电缆、燃气、给水、雨水排水、污水排水。(2)电力电缆、给水一般布置在道路南侧或东侧，污水、电信、燃气一般布置在道路北侧或西侧，雨水布置在中线。(3)管线平面间距执行《城市工程管线综合规划规范》(GB50289-98)。

2.竖向控制。上述6种地下管线在竖向上的位置自下而上为污水、雨水、供水、燃气、电信、电力。规划具体安排了雨水、污水两种自流管道。雨水管覆土一般在1.5—1.7m之间，其上部安排其他压力管或可弯曲管线，交叉发生困难时可采用套管或其他工程措施。规划电力线基本上采用架空敷设。

第十三章　综合防灾

一、防洪规划

1. 防洪标准。根据五强溪水库108m水位方案进行设防，20年一遇洪水淹没线为113.2m，根据多年洪水发生情况，以武溪峒河桥为参照，确定园区防洪标准为116m(百年一遇洪水位为117.3米)。

2.防洪措施。根据园区自然条件，防洪采取对场地低洼地段填高的措施，重点是结合滨江大道的修建提高沿河用地的标高至116m以上。对大溪、燕子尾一带相对较低的地段适当填高至113.2m以上，同时对大溪和曾家溪进行治理和修建排涝工程。周边山洪通过截洪沟建设和水库加固，同时加大水土保持的力度，防止山洪对园区的威胁。

二、消防规划

1.规划目标。充分贯彻“安全第一，预防为主”和“生产必须安全，安全为了生产”的思想，对生产中的易燃、易爆装置和物品设置防范措施，并实施有效的控制，以减少和防止火灾事故的发生。

2.消防措施。在园区内建立一个高效实用、安全可靠的消防体系和先进的消防通信网络，做到安全生产、经济合理、方便适用。沿道路设置消火栓，间距不大于120米。并根据各企业设置其他灭火措施，预防和减少火灾危险。

3.消防体系。园区消防体系为两级管理，即园区专职公安消防队和企业兼职消防队，前者负责园区内公用设施消防、区内企业火灾联防，后者负责企业内部火灾预防和火灾消防。

4.消防站。园区与武溪镇合建二级普通消防站一座。消防站设水罐消防车、水罐或泵消防车、水罐或泡沫干粉消防车和举高消防车各一辆。

5.火灾救灾中心。在武溪镇或白沙镇选择合适医院设立火灾救灾中心，以对火场受伤人员进行紧急送护与抢救。

三、安全规划

1.规划目标。园区建成后，生产技术先进，空气中有害物质的浓度达到我国卫生标准，其余工业卫生指标，如操作环境中的温度、湿度、噪声、振动等也能达到国家的卫生标准。生产安全和人身安全有可靠的保证。一旦出现中毒、火灾等重大事故，通过各种防范设施，也能及时控制事故蔓延。

2.控制措施

(1)火灾、爆炸、有毒有害物质防范措施。采用先进、成熟、可靠的工艺技术和设备，严防“跑、冒、滴、漏”，实现全过程密闭化生产。减少火灾和爆炸的可能性。总平面布置中，充分考虑总体布置的安全性，装置区内外道路保持畅通，以利消防及安全疏散。总平面布置在符合安全、消防要求的前提下，力求优化。为防止布置在厂房内的生产装置产生的易燃、易爆、有毒有害物质的积累，厂房内设计可靠的通风系统。有火灾爆炸危险现场所的建构筑物的结构形式以及选用材料符合防火防爆要求。

(2)噪声防治措施。对新增的噪声较大的设备，如压缩机、风机、泵等采取消声、隔声措施。对蒸汽放空、气体放空均设置消音器。

(3)机械及坠落意外伤害防范措施。对高速旋转或往复运动的机械零部件设计可靠的防护器、防护罩、挡板或安全围栏。传动运输设备，皮带运输线设计带有栏杆的安全走道，爬梯平台设有扶手和护栏等。装置区内有发生坠落危险的操作岗位按规定设置便于操作、巡检和维修作业的扶梯、平台和围栏等附属设施。凡容易发生事故或危及生命安全的场所和设备，以及需要提醒操作人员注意的地点，均按标准设置各种安全标志。凡需要迅速发现并引起注意以防发生事故的场所、部位均按标准涂安全色。

(4)职业安全劳动防护措施。在操作人员可能接触有毒有害物质的地点，就近设置事故淋浴和洗眼器，以便及时冲洗。对高温设备和管线进行保温，并合理配置蒸汽和冷凝液的管道接头，以防物料喷出而造成烫伤或冻伤。各装置根据工作环境特点配备补充各种必需的防护用具和用品。包括眼面防护面具、防护手套、防毒面具、耳塞、耳罩等。

(5)职业安全卫生教育、管理机构。在园区管委会所在地设环境监测站,设置安全卫生管理机构,配备专门人员和必要的仪器设备。安全卫生检测有环境监测人员负责完成。

四、抗震规划。

抗震规划坚持"预防为主、平震结合、常备不懈"的原则,加强对地震灾害的预防、抗御和救灾工作,最大限度地减少地震损失。根据国家地震局颁布的《中国地震烈度区划》,泸溪县地震动峰值加速值为0.05g;地震基本烈度为6度。因此,在园内的建构筑物的抗震按6度设防,个别可能产生次生灾害的重要构筑物或装置应依据相关建筑规范提高设防标准。具体建筑抗震设计按《建筑抗震设计规范》(GBJ11-89)进行。园区入驻企业在建设前应做详勘,并按照《建筑抗震设计规范》要求进行设防。

第十四章　分期建设规划

园区建设是长远而复杂的过程,涉及到多方面的需求和利益,不可能一蹴而就,需要分步发展,逐渐完善,力争最终达到规划目标。

一、分期建设策略

1.一次规划、分片建设、滚动发展。成片开发建设可以相对集中资金,成熟一片、开发一片,滚动一片,形成园区建设的良性循环。

2.环境先行的原则。园区建设首先搞好环境建设,包括市政基础设施条件,交通环境及绿化景观环境,以进一步吸引建设投资,有利于园区开发和经济运作,确保园区建设的高起点,促进园区的可持续发展。

3.集中精力建设部分重点工程,展现园区面貌和园区发展成果,以集聚人气、吸引资本、就业。

二、一期建设。

一期建设将滨江大道从武溪峒河桥头修建至大溪、长度约1.2公里,开发园区东部约0.7平方公里的用地。重点建设工业企业以及配套的道路和市政公用设施。

三、二期建设。

二期建设是园区迎来大发展的时期，建设园区峒河大桥，完成园区管理、技术服务区、工业用地区，同时建设园区西部上堡生活服务配套设施。

四、远期建设。

规划继续完善设施配套，在完成工业园区的绝大部分建设后，筹划向西部发展。

第十五章　规划实施的措施与建议

一、实行分期开发，避免盲目建设。本工业园是在一片无建成区的基础上建设的，为了使规划蓝图成为现实，就必须实行分期开发的战略，有计划有步骤地安排建设项目，形成一定的增长点，从而吸引资金和企业入驻。

二、突出机制创新，建立精简高效的园区管理机构。一是要按照“精干、统一、效能”的原则，成立工业园管委会，二是要建立能够吸引人才、留住人才的薪酬机制和激励机制。打破平均主义，鼓励多劳多得。特别要向一线招商引资工作人员倾斜，真正体现招商引资是加快发展的生命线。加强人才队伍建设，要充分发挥各类人才对园区发展的促进作用，加大人才培养、培训和引进的力度，打造一支结构合理的人才队伍。

三、坚持“谁投资，谁受益”的原则，广辟融资渠道。要采取财政、金融、企业、民间、外资等多种融资渠道，扩大投融资规模，要强化经营园区理念，通过存量资产和无形资产运营、基础设施建设 BOT 经营各类贷款和专项资金等多种形式聚集建设资金。在起步建设阶段，县财政要安排一定贷款贴息资金，支持园区基础设施和社会事业建设项目。

四、严格把握综合开发、统一配套和基础设施先行。工业园区建设中应避免传统的划地分散开发的模式，杜绝企业办社会的浪费资源和服务水准较低的社会配套方式，实施社会综合开发统一配套。基础设施建设是园区正常运转的保证，在园区建设中，往往会忽视基础设施的统一建设和先导作用，基础设施容量的准确估算和先期投入建设可以避免以后的重复建设和大规模翻修重建等浪费。

五、突出社会、经济与环境的统一可持续发展。在追求经济利益的同时，应保护园区的城市环境，注重社会公平，是城市（也是园区）可持续发展的前提。在园区建设中应注重园区的环境建设，为园区可持续发展创造良好条件，重点做好对环境污染的防治工作，切实保护好园区及周边地区的环境。

武溪工业园控制性详细规划

第一章 总 则

第 1.01 条 为贯彻落实"工业立县"的战略决策，推动全县工业化、城镇化进程，大力发展新型工业，走新型工业化道路，进一步推动泸溪经济的提质扩容，顺利实施《泸溪县国民经济和社会发展"十一五"规划》、《泸溪县域城镇体系规划(2003-2020)》、《泸溪县城总体规划(2003—2020 年)》、《武溪镇总体规划(1997-2015)》，有效地引导工业园的启动、建设与发展，特编制《泸溪县武溪工业园控制性详细规划》(以下简称规划)。

第 1.02 条 规划的规划范围

南至峒河，东至移民村，北至大溪群力、团结水库所依托的连绵高山，西至上堡村，工业园区规划控制面积约 3.21 平方公里，其中建设用地面积约 2.58 平方公理。

第 1.03 条 规划适用于泸溪县武溪工业园规划范围内各地块以及各类用地建设的规划管理工作，并作为工程项目设计的依据，但不能作为工程项目施工的依据。

第 1.04 条 本文本与控制性详细规划的分图图则(规划图纸)，具有同等的法律效力，两者应同时使用，不可分割。

第 1.05 条 泸溪县武溪工业园规划范围内各类建设项目，均应符合本文本和分图图则(规划图纸)的规定和要求。

第 1.06 条 本文本和分图图则(规划图纸)未涉及的指标，应符合国家、湖南省及湘西洲的有关法规、条例、标准、规范和技术规定。

第 1.07 条 规划编制的依据。

1. 《中华人民共和国城市规划法》(1990 年 4 月 1 日)；
2. 建设部《城市规划编制办法》(2006 年 4 月 1 日起施行)；
3. 建设部《城市规划强制性内容暂行规定》(2002 年)；

4．国土资源部《工业项目建设用地控制指标(试行)》(2004 年 11 月 1 日)；

5．泸溪县国民经济和社会发展“十一五”规划纲要(草案)2006 年 3 月 21 日；

6．《泸溪县域城镇体系规划(2003-2020 年)》；

7．《泸溪县城总体规划(2003-2020 年)》

8．《泸溪县武溪镇总体规划(1997-2015 年)》；

9．泸溪县武溪工业园地形图及有关资料；

10．其他国家有关法律、法规、规范及泸溪县政府规划设计要求。

第 1.08 条 规划建设目标。经过 10—15 年左右的时间，将武溪工业园建设成基础设施配套完善、功能配套齐全的资源转化和深度加工生产基地，湖南省工业园区体系的重要组成部分。实现工业总产值 100 亿元，利税 8.0 亿元。

第 1.09 条 规划指导思想

1．协调统一、合理结合。从可持续发展的高度，将发展工业与发挥区域比较优势、提高市场竞争力相结合，与引进高科技、提高经济质量相结合，与资源利用和产业结构调整相结合，与生态保护和区域环境综合整治相结合。

2．科学布局、综合开发。规划合理布局工业、仓储、居住、公共设施用地，协调健康的开发创造最高的经济效益、社会效益及环境效益等综合效益。

3．统一规划、分步建设。在统一规划的前提下，适应市场经济规律的特点，有利于滚动开发，达到开发一片，建成一片，获效一片。

4．生态环保，可持续发展。坚持可持续发展思想。充分考虑到工业园发展的阶段性和时序性，使建设持续、有机地进行。

第 1.10 条 规划原则

1．立足现实、长远着眼原则。在重视宏观控制、综合引导的前提下，充分结合现有实际条件和既有状况，使规划具有更好的可操作性。

2．综合效益最佳原则。规划重视经济效益、社会效益、生态效益并重，注重开发建设的投资效益，力求增大投资吸引力，促进而不是限制工业园建设的展开。

3．尊重自然现状，保持生态环境特色原则。尽量保留原有地形地貌，避免过多使用人工手段大挖大填，合理利用地形，减少填挖方量，减少工程造价。

4．与自然和谐共存原则。园区应与区域自然生态系统相结合，充分考虑当地的生态环境容量，最大限度地降低园区对局部景观和水文背景、区域生态系统环境造成的影响。

5. 区域发展原则。尽可能将园区与城镇发展和地方特色经济相结合，将园区建设与区域生态环境综合整治相结合。加强园区与城镇间的联系。

第 1.11 条 规划经泸溪县人民政府批准后实施，解释权属泸溪县规划行政主管部门。

第二章 用地规划

第 2.01 条 规划结构。规划形成“一轴三区”的功能结构，“一轴”即工业发展与滨江景观轴，“三区”即东端、西端的配套服务区，以及中部的工业、仓储用地区。

第 2.02 条 用地布局。在规划区 257.5hm2 建设用地范围内，主要有工业用地，仓储用地，居住用地，公共设施用地，绿地，道路广场用地，市政公用设施用地等 7 类用地，各类用地布局如下：

1.工业用地。工业用地布置在工业园的中部，东侧以油厂、敬老院以西约 150 米为界，西侧以常吉高速公路为界，分为二类工业用地区和三类工业用地区。三类工业用地布局居中，二类工业用地分居两侧。规划工业用地面积为 139.59 公顷，占工业园建设用地面积的 54.2%，其中二类工业用地(M_2)面积为 91.19 公顷，占工业园建设用地面积的 35.4%，三类工业用地(M_3)面积为 48.4 公顷，占工业园建设用地面积的 18.8%。

2.仓储用地。普通仓储布置在高速公路北部，并与规划跨河桥毗邻，利用交通便捷有利条件，形成物流中心。规划仓储用地面积为 8.12 公顷，占工业园建设用地面积的 3.2%。

3.居住用地。工业园居住用地包括保留的村庄建设用地、部分拆迁村民的安置和工业园内工业企业的单身职工的住宅用地。规划形成“两端服务中间”形态的居住用地布局，规划居住用地(R2)面积为 37.52 公顷，占工业园建设用地面积的 14.6%。

4.公共设施用地。规划公共设施用地(C)面积为 6.8 公顷，占工业园总用地面积的 2.6%。行政办公用地(工业园管委会等办公用地)布置在常吉高速公路以南，面积为 0.83 公顷，占工业园建设用地面积的 0.3%。商业金融用地布置在联民小学以南，紧挨滨江主干路，面积为 3.98 公顷，占工业园建设用地面积的 1.5%。文化娱乐用地布置在联民小学东侧，高速公路以南，面积为 1.65 公顷，占工业园建设用地面积的 0.6%。规划其他公共设施用地(C9)，面积为 0.32 公顷，占工业园建设用地面积的 0.2%。

5.绿地。工业园内绿地包括滨江风光带的公共绿地(G1)和高速公路两侧、工业用地和居住用地之间的防护绿地(G2),以及保留地形十分陡峭不能利用的山体。高速公路两侧各控制不低于 30m 的防护带,工业用地与居住用地之间设置不低于 20m 的防护带。规划绿地(G)面积为 37.12 公顷(不包括规划控制范围内北部的陡峭山体用地)。

6. 道路广场用地。工业园内道路广场用地包括主次干路,支路以及广场用地,用地面积为 27.9 公顷,占总建设用地的 10.8%。其中广场用地布局在高速公路南侧工业园管委会南,用地面积为 0.6 公顷。

7. 市政公用设施用地。规划在普通仓储用地北部联盟路与第七大道交汇处布置一处货运停车场,面积约 0.5 公顷,占总建设用地的 0.2%。

第三章　土地使用性质分类及控制

第 3.01 条　规划范围内土地使用性质分类和分类代号采用国家标准《城市用地分类与规划建设用地标准》(GBJ137—90)的规定。

表 3–1　**武溪工业园规划建设用地统计一览表**

序号	用地性质		用地代号	用地面积(hm^2)	占建设用地比例(%)	备　注
1	居住用地		R	37.52	14.6	包括村庄建设用地。其中学校用地 $2.84hm^2$。
2	公共设施用地		C	6.8	2.6	
	其中	行政办公用地	C_1	0.83	0.3	
		商业金融用地	C_2	3.98	1.5	
		文化娱乐用地	C_3	1.65	0.6	
		其他公共设施用地	C^9	0.32	0.2	
3	工业用地		M	139.59	54.2	
	其中	二类工业用地	M_1	91.19	35.4	
		三类工业用地	M_2	48.4	18.8	

续表

4	绿地		G	37.12	14.4	
5	道路广场用地		S	27.9	10.8	
	其中	道路用地	S	27.3	10.6	
		广场用地	S	0.6	0.2	
6	仓储用地		W	8.12	3.2	
	其中	普通仓库用地	W_1	8.12	3.2	
7	市政公用设施用地		U	0.5	0.2	
	其中	交通设施用地	U_2	0.5	0.2	
小　计				257.5	100.0	

第3.02条　地块编号按其空间分布秩序用英文字母和两位数字表示。其中英文字母表示所在大街区号;两位数字表示在街区内的地块序号。

第3.03条　当地块为整体成形开发时，地块用地界线和支路可根据实际开发建设需要在修建性详细规划中做适当调整,但其项目规模必须符合分图图则中提出的总体控制指标要求。

第3.04条　在开发过程中,由于现实原因或特殊要求,确需变更规划用地性质时,按《城市用地分类与规划建设用地标准》(GBJ137—90),大类性质禁止变更;中类性质变更需要有相关分析论证,经专家评审和规划主管部门核准后方可变更;小类性质变更必须经规划主管部门核准。

第3.05条　土地使用性质的变更,宜在同类别范围内调整;变更解释文件应附在报告规划文件内(包括审批文件、变更说明及相应的图纸)。

第3.06条　建设的改造、扩建和新建,其使用性质应同所在地块的土地使用性质相符。如与所在地块的土地使用性质不符时,必须经规划主管部门批准。

第四章　用地控制

第4.01条　规划范围内所有建筑物、构筑物新建、改建扩建后建筑高度、建筑密度、容积率、绿地率等指标应符合下表和分图图则的规定。

地块控制指标一览表

地块编号	用地性质代码	用地性质名称	总用地面积(M^2)	净用地面积(M^2)	容积率	建筑密度(%)	绿地率(%)	建筑限高(M)	主出入口方位
A-01	R2	二类居住用地	63404	60440	1.50	30	30	21	SW
A-02	G1	公共绿地	5368	3261	0.00	0	80	0	
A-03	C9	其它公共设施用地	3905	3210	1.50	30	40	15	N
A-04	R2	二类居住用地	93916	88560	1.50	30	30	21	EWN
A-05	R22	中小学托幼	21416	21416	0.80	30	40	15	S
A-06	C2	商业金融业用地	9357	6595	1.80	40	25	16	S
A-07	C2	商业金融业用地	11511	8495	1.80	40	25	16	N
A-08	C2	商业金融业用地	11011	8185	1.80	40	25	24	SN
A-09	R2	二类居住用地	33749	31363	1.50	30	30	21	SN
A-10	G2	生产防护绿地	9850	9516	0.00	0	80	0	
A-11	M2	二类工业用地	108141	98888	1.00	40	25	20	SWN
A-12	R2	二类居住用地	13827	11938	1.50	30	30	21	ES
A-13	G2	生产防护绿地	9063	7467	0.00	0	80	0	
A-14	M2	二类工业用地	89016	82294	1.00	40	25	20	SN
A-15	M2	二类工业用地	72019	67421	1.00	40	25	20	SW
B-01	M3	三类工业用地	14589	13022	0.80	45	20	20	ESW
B-02	M3	三类工业用地	33295	31263	0.80	45	20	20	ESN
B-03	G2	生产防护绿地	3916	2928	0.00	0	80	0	
B-04	G2	生产防护绿地	10057	8357	0.00	0	80	0	
B-05	M3	三类工业用地	57008	51301	0.80	45	20	20	SWN
B-06	M3	三类工业用地	142439	131934	0.80	45	20	20	ESWN
B-07	M3	三类工业用地	50141	43528	0.80	45	20	20	ESWN
B-08	M3	三类工业用地	38107	36106	0.80	45	20	20	ESWN
B-09	G2	生产防护绿地	4632	2129	0.00	0	80	0	
B-10	G2	生产防护绿地	1057	580	0.00	0	80	0	
B-11	M3	三类工业用地	17691	15763	0.80	45	20	20	ESWN
B-12	M2	二类工业用地	47800	41880	1.00	40	25	20	ES
B-13	M2	二类工业用地	12693	12184	1.00	40	25	20	W
B-14	M3	三类工业用地	41833	38562	0.80	45	20	20	ESW
B-15	M3	三类工业用地	89221	81744	0.80	45	20	20	ESWN
B-16	M3	三类工业用地	54930	45278	0.80	45	20	20	ESN
C-01	M3	三类工业用地	73284	64915	0.80	45	20	20	ESW
C-02	M3	三类工业用地	122316	114924	0.80	45	20	20	ESWN
C-03	G2	生产防护绿地	13706	11692	0.00	0	80	0	

续表

C-04	M3	三类工业用地	55458	52285	0.80	45	20	20	S
C-05	M2	二类工业用地	71216	61955	1.00	40	25	20	ESN
C-06	G2	生产防护绿地	47866	47866	0.00	0	80	0	
C-07	M2	二类工业用地	130521	119205	1.00	40	25	20	ESWN
C-08	G2	生产防护绿地	37000	36081	0.00	0	80	0	
D-01	M2	二类工业用地	42616	37198	1.00	40	25	20	SWN
D-02	U2	交通设施用地	6525	5452	0.05	5	20	5	N
D-03	W1	普通仓库用地	82121	78352	1.20	35	20	20	E
D-04	M2	二类工业用地	95368	91082	1.00	40	25	20	WN
D-05	M2	二类工业用地	66296	59600	1.00	40	25	20	ESWN
D-06	M2	二类工业用地	11070	7806	1.00	40	25	20	ES
D-07	M2	二类工业用地	17609	13951	1.00	40	25	20	EN
D-08	G2	生产防护绿地	20375	19130	0.00	0	80	0	
D-09	G2	生产防护绿地	2390	2211	0.00	0	80	0	
E-01	G2	生产防护绿地	50052	46750	0.00	0	80	0	
E-02	R2	二类居住用地	4642	4008	1.50	32	30	21	S
E-03	R2	二类居住用地	26809	22777	1.50	32	30	21	ESN
E-04	R2	二类居住用地	21251	18427	1.50	32	30	21	ES
E-05	R2	二类居住用地	34024	28088	1.50	32	30	21	SN
E-06	R2	二类居住用地	18083	15538	1.50	32	30	21	ESWN
E-07	R2	二类居住用地	45065	41824	1.50	32	30	21	ESWN
E-08	R22	中小学托幼	7326	6978	1.50	30	30	21	E
E-09	R2	二类居住用地	25839	21828	1.50	32	30	21	ESN
E-10	C2	商业金融业用地	19525	16342	1.80	40	25	24	ESWN
E-11	S3	社会停车场库用地	6794	5650	0.05	5	50	5	S
E-12	C1	行政办公用地	12422	10391	1.80	40	30	24	EN
E-13	C3	文化娱乐用地	22986	16509	1.80	40	30	24	SWN
E-14	G2	生产防护绿地	6794	5650	0.00	0	80	0	

备注：

1. 表中容积率，建筑密度，建筑限高的控制值为上限值，实施时应低于表中标定值，并应满足文本第 4.02 条的规定。

2. 表中各地块主出入口方位为允许机动车出入口。

3. 表中绿地率的控制值为下限值，实施时应高于标定值。

第 4.02 条　容积率与建筑密度、建筑高度控制。为提高工业用地的开发集约度，工业用地开发强度在满足第 4.01 条规定的前提下，还必须符合本条规定。根据不同的工业项目确定不同的容积率控制指标，铝产品加工≥0.5、磷产品加工≥0.5、锰、锌产品深加工≥0.5，生物制药≥0.5，绿色食品加工业≥0.8。工业建筑密度按不高于45%控制，但最低不得低于35%。为防止土地投机、开发地块必须满足最低容积率要求。地块控制指标表中，各用地控制指标为上限指标，不得突破。规划采取分区进行高度控制，其中工业仓储区建筑限高20米。居住建筑容积率不高于1.5，公共建筑容积率不高于1.8，居住建筑密度不高于32%，建筑限高24米，公共建筑密度不高于40%，建筑限高24米；仓储用地容积率不高于1.2，建筑密度不高于45%，不低于35%，建筑限高24米。

第4.03条 建筑物后退

1.建筑物后退道路红线。在园区主干道沿线，建筑后退道路红线的距离：后退主干路红线不小于5米，后退次干路红线不小于3米，后退支路红线不小于2米。

2.建筑物后退用地边界。考虑到通风、日照和消防要求，工业建筑必须与用地边界有适当的退让，当建筑物面向用地边界时，建筑物后退用地边界的距离为房屋高度的0.55倍，但最低不能小于6m，其中，沿用地边界一侧最少要有2m绿化带。当建筑物山墙朝向用地边界时，建筑物后退边界的距离应不小于4m。居住建筑日照满足大寒日满窗日照3小时。住宅侧向间距：低层最小间距6米；多层最小间距设通道的为8米，不设通道的为6米。公共建筑主要朝向间距：低层最小间距为6米，多层最小间距为10米。后退范围内的用地可布置绿地，内部道路、停车场等，但涉及可燃性物质的工业必须遵守当地的防火条例。

第4.04条 绿地率。工业项目建筑要严格控制厂区绿地率，每个工业地块内的绿地率按不高于30%控制，但最低不得低于20%。居住及公共建筑绿地率不低于30%，仓储用地绿地率不低于20%。

第4.05条 工业项目非生产性配建设施。工业项目所需行政办公及生活服务设施用地面积不得超过工业项目总用地面积的7%，严禁在工业项目用地范围内建造成套住宅、专家楼、宾馆、招待所和培训中心等非生产性配套设施，工业园区非生产性配套设施由城区和工业园配套服务区统一配置。

第4.06条 建筑的形式与色彩应符合不同地段的使用功能和景观要求进行综合设计，需以规划分图图则的相关规定为参考。

第4.07条 各地块内配套设施项目，数量、位置等要求应符合分图图则的相关规定，如有调整需经规划主管部门批准。

第4.08条 任何建筑的间距必须符合国家有关日照、消防、卫生、管线埋设和建筑设计规范的要求。

第五章 环境保护规划

第5.01条 工业园环境规划目标。在进行经济开发的同时,全面开展环境建设,使环境质量基本保持稳定。维持现状,确保自然生态不受工业破坏,工业园的空气质量执行GB3095-96二类区控制,达到《环境空气质量标准》三级标准。园区企业厂界噪声执行《工业企业厂界噪声标准》(GB12348—90)中三类标准,居住用地区达到二类标准。工业废水处理率达100%,处理达标率达100%,垃圾无害化处理率达100%。

第5.02条 水污染综合防治

1. 制定排水管网系统规划,实行清污分流。

2. 设立工业园污水处理厂,对园区产生的污水通过截污管道引入污水处理厂进行集中处理,达到《城镇污水处理厂污染物排施标准》(GB18918-2002)一级B排放标准后排放。

3. 入园企业严格实行"三同时"制度,工业废水应先在各企业预处理,水质达到CJ3082-1999《污水进入城市下水道水质标准》后才能排入园区污水处理系统。

4. 科学组织企业生产,积极开展生产废水的综合利用,提高工业用水重复率,以有效地利用水资源和降低生产成本,减少污水排放。

5. 加大对环境保护的投入,采用科学先进设备和工艺,减少污染量。

6. 两河(峒河、沅江)流域上游种植防护林,保持水土,涵养水源,改善生态环境,提高河流径流量,从而改善水体自洁能力。

第5.03条 固体废弃物污染防治。建立工业园工业垃圾和生活垃圾分类收集处理制度。生活垃圾在县城白沙垃圾填埋场进行卫生土地填埋,对于一般工业固体废物,对其进行无害化处理后,可在武溪镇区以南常吉高速公路以北地段的填埋场进行安全填埋。有毒有害的固体废弃物严禁直接倾倒于城市垃圾站,送有处理资质的处理场进行集中统一处理。

第5.04条 大气污染防治

1. 对入园企业实行排污监控,下达大气污染物总量排放指标,并纳入泸溪县整体控制规划。有主要大气污染物总量控制任务单位,必须按照核定主要大气污染物排放总量和许可证规定的排放条件排放污染物。

2. 推行清洁燃料，逐步减少直至取消燃煤炉灶，提高用气普及率。

3. 严格控制机动车尾气污染，在交通干道控制绿化用地，建好防护林带，积极推广液化气、天然气等替代燃料，控制农用车辆进入园区，淘汰超期服役车辆。

第 5.05 条 噪音防治。工业噪音应结合工业技术改进减小噪音值，同时加强与居住区之间的绿化分隔；交通噪音一方面组织好过境交通与工业园内部交通，另一方面严禁在工业园区内鸣笛，使噪音控制在国家《城市区域环境噪音标准》范围内。

环境分区	功能区及范围	昼噪声	夜噪声
一类环境控制区	以居住、文教、机关为主的区域	55	45
二类环境控制区	居住区、商业、工业混合区	60	50
三类环境控制区	工业区	65	55
交通噪声控制带	交通干线两侧区域	70	55

第 5.06 条 综合整治措施

1. 建立环境监测网，坚持全年常规监测，为环境管理提供基础资料。

2. 突出控制煤烟大气污染，改变燃料结构，尽量不选择那些大气污染严重的工业项目。

3. 加强对机动车尾气的控制和管理，推广使用机动车尾气净化装置和通风装置。

4. 综合整治交通噪声和生活噪声，开展创建噪声达标区工作。

第六章 道路交通控制

第 6.01 条 对外交通规划

水路运输：修建 1.1km 专用公路抵达千吨级码头。

公路运输：规划修建园区峒河第二大桥，桥址选在峒河高速公路桥下游 80m 处，依靠峒河东西两座大桥，把工业园与 319 国道、常吉高速路连接起来。

第 6.02 条 园区内道路交通规划

1. 路网结构

规划园区道路系统以相对自由式布局为基础的主干路、次干路、支路三级路网结构。

主干路：滨江大道、第二大道、第三大道、第五大道、第七大道

次干路：大溪环路、联盟路、第一大道、第四大道、第六大道、第八大道、第九大道。

支路是地块之间和地块内部交通的路线，根据具体需求依山就势建设，构筑有序而自然的道路系统。

园区道路网系统控制详见道路交通规划图和道路规划一览表。

道 路 规 划 一 览 表

序号	道路名称	道路起讫	道路长（m）	道路宽（m）	道路面积（m²）	备　注
1	滨江大道	码头—大溪环路	3369	20	67380	主干路
2	大溪环路	城北东路—滨江大道	4322	12	51864	次干路
3	联盟路	第一大道—大溪环路	3298	12	39576	次干路
4	第一大道	滨江大道—大溪环路	448	12	5376	次干路
5	第二大道	大溪环路—滨江大道	600	（12）	12000	主干路
6	第三大道	大溪环路—滨江大道	418	12	5016	次干路
7	第四大道	大溪环路—滨江大道	408	（12）	8160	主干路
8	第五大道	大溪环路—滨江大道	470	12	5640	次干路
9	第六大道	大溪环路—滨江大道	620	12	7440	次干路
10	第七大道	大溪环路—滨江大道	739	（12）	14780	主干路
11	第八大道	常吉高速南侧—滨江大道	330	12	3960	次干路
12	第九大道	大溪环路—联盟路	199	12	2388	次干路

备注：表中带括号数据表示该条路首次修建的宽度。

2．道路断面形式。园区主干路滨江大道红线20m、四车道，其他主干路首次修建时按12m路幅，但两侧建筑退让时应按16m道路红线控制。次干路为12m，两车道为主。另根据工业园内以货流比重大为出行目的地特点，人行道的设置也相对较窄，一般一侧为2—2.5米。

第6.03条　竖向规划。规划滨江大道标高控制在116.6米以上，其他道路高程与其合理衔接。在保证道路工程技术要求的前提下尽量尊重场地地形条件，有效减少土石方工程量，并努力保持原来的场地景观特征。

1.道路竖向设计。规划道路高程基本顺应地形落差，道路坡度控制在8%以内，绝大多数控制在3%—5%，滨江大道根据路线位置确定其标高，最低控制在116.6米，在大溪、曾家溪一带地形标高比较低，规划路面适当填高，道路将高于这一场地标高。

2.场地竖向设计。场地的竖向设计本着减少土方量的原则，尽可能地接近场地现状高程，规划根据不同的坡度、高程形成不同高程的台地，在大溪一带则主要考虑抬高场地标高，使场地不至形成洼地，不受洪水威胁和便于排水。

第 6.04 条　静态交通规划。规划在工业园管委会用地南侧设置广场 1 处，广场用地占地约 0.6 公顷。规划在蛇形山公园东侧设置货运停车场 1 处，占地约 0.5 公顷。规划要求各工业企业和仓储设施按 100 平方米占地面积设 0.2—0.6 车位要求设专用停车场。

第 6.05 条　道路红线内用地为道路及道路绿化专用，任何与道路交通无关的建筑和构筑物的改建、扩建及新建均不得占用道路用地。

第 6.06 条　地块机动车出入口的设置应符合以下规定

1. 道路交叉口不允许开口。

2. 原则上规划确定的城市道路交叉口，沿路缘线转角切点位置向道路延伸 70m 范围，严禁开设机动车出入口。

第 6.07 条　经批准的园区道路红线宽度未经原审批机关批准不得调整或修改。

第七章　绿地系统与景观控制

第 7.01 条　绿地系统规划布局

规划形成点、线、面相结合的绿地系统。点为工业区内街头小块绿地和住区、厂区内部散点绿地，线为长 3500m 的滨江绿带和高速公路两侧以及工业用地与居住用地、公共设施用之间的防护绿带，面为工业区周边的生态绿地。

第 7.02 条　水系、水域整治。在维持水系自然原生特性前提下，最大程度地开发与利用，有利生态景观的组织和土地利用率的提高，对曾家溪和大溪以及规划范围内的水塘进行整治，维护水系网络的贯通，加强大溪团结水库、群力水库的除险加固以及周边生态环境的保护，并将水系网络有机纳入工业园区的绿地系统之中。

第 7.03 条　景观组织

1.周围山体景观背景。规划保护现有外围山体景观，进一步加强对山体宜林地的植被绿化，营造起伏连绵、葱茏苍翠的林冠线，禁止建设破坏山体景观的任何建筑，严格控制山体周围的建设，以保证北部山体为工业区提供开敞空间。

2.滨水景观建设。滨水区是工业区的自然风貌主轴线，规划严格保护峒河、沅江的现状水质，保持其碧水清澈的景观特色，利用沿河绿化带，采取局部加固河道等工程设施。结合滨水步行道、秀水平台、亲水广场等给市民提供舒适优美的休闲生活空间。滨水区内应点缀部分精致小品,附设供市民免费使用的康健设施,并适当扩大水面,保证一定的水体等。

3.工业园街道景观的塑造。沿工业园主干道布置厂区公建,建筑形式简洁,立面设计追求透明和有层次感,建筑群高低错落,形成富有现代城市特色的天际轮廓线。各个工厂入口均利用厂前区的建筑围合设小广场,充分满足人的视觉要求,建筑、道路绿化交相辉映,形成富有时代感和生气的道路景观。其他街道宜结合道路性质和道路两旁的用地性质,以工业区山水体系为背景创造人工环境与自然环境相和谐统一的特色景观。

4.观景点与景观区域。规划以王家山公园、蛇形山公园为中心景观,在地势较高、视野开阔处建设亭、台等,在滨水区公园建设水榭、主体雕塑等。同时,在工业园出入口的合适位置设置进入工业园的标志。在常吉高速公路以南结合广场布置工业区管委会大楼,大楼采用现代气息与民族特色相结合的建筑设计手法,成为工业区的标志性区域。

5.景观节点。标志性入口节点:规划主要设在现武溪镇区跨峒河大桥以及规划的跨河桥北端,应体现武溪工业园环境友好型特色。交通性节点:规划要求对滨江大道与第二大道、第五大道、第七大道的交叉口作重点景观处理,形成现代化城市交通节点景观。

6.严格高度分区管理。规划进行高度分区管理,使工业园整体形态与自然空间形态相一致,以构建视线通廊,显山亮水,与自然和谐共生。

第 7.04 条 图则中规划确定的绿地,为法定永久性非建设用地,除园林建筑、绿地生产管理的少量建筑、构筑物及必要的配套设施外,严禁建设其他性质的建筑,严禁任何单位以任何理由改变用地性质。

第 7.05 条 规划确定的公共绿地、防护绿地的规划设计和实施建设,应与周边地块和城市道路景观需求等有机结合,用地周边严禁设置封闭围墙建筑,应设置园林式栏杆、绿篱等。

第八章 配套设施控制

第一节 公共服务设施控制

第 8.01 条 公共服务设施控制。园区主要公共服务设施依托武溪镇进行逐步配套。当园区建设达到一定规模之后,在园区西侧上堡村配套建设必需的生活服务设施,主要包括园区办公设施、技术服务中心、商业设施、工业展览、文化娱乐休闲设施、教育、卫生设施等。

第二节 市政设施控制

第 8.02 条 给水工程规划

1.用水量标准:规划区建设用地面积 257.5hm2,按用地性质预测规划区用水量为 3 万 m3/d。建设用地综合用水指标为 1.2 万 m3/km2·d。其中工业用水 2.5 万 m3/d,综合生活用水 5000m2/d,食品加工、制药、酿造等工业用水水质要求须满足生活饮用水卫生标准,以自来水为水源。

2.供水设施:武溪工业园生活用水及特殊用水要求的工业用水由县城供水,工业园内 130 米标高以上为高区,加压供水。高速公路以北、第七大道以南为高区,面积约 27.75 公顷,用水量为 2000m3/d。加压泵房选址联盟路以北、第七大道以东,占地 700—1000 平方米。

3.生活给水系统:319 国道铺设两条输水干管。接入武溪工业园的供水干管为两根 DN500。干管沿第一大道、第三大道、第六大道、滨江大道、大溪环路布置,管径 DN300~DN400,其他道路为次干管或配水管,管径 DN200—DN250。工业园形成环状管网,以提高供水系统的安全性。

工业给水系统:工业给水系统以沅江为水源,规划为 20000m3/d,水源位于深水码头上游 300 米,控制给水泵房用地 1.2ha。给水干管沿滨江大道、大溪环路、第一大道、第六大道布置管经 DN400—350。市政供水为环状管网,市政供水压力为 0.3MPa,满足多层建筑用水要求。

4.市政消防给水为低压消防给水体制。配水管管径 DN200—250,室外消火栓间距 120 米。并应尽量靠近路口布置。

第 8.03 条 雨水工程规划

1.规划区为分流制排水体制。

雨水排水量按吉首市的暴雨强度公式推算。

$$i=\frac{7.46(1+0.572 lgP)}{(t+3.476)0.601}$$

2.山洪经截洪沟汇集后,经由排洪渠排上堡村溪、曾家溪、大溪、仙人溪。南端就近排入上堡村溪和武水，自流排水；第九大道至第五大道雨水就近排入曾家溪，设置上燕子尾雨水泵站；第五大道至第二大道雨水就近排入大溪，设置虎头桥雨水泵站干管，第二大道至大溪环形路雨水就近排入仙人溪沿现状雨水渠排入武水，自流排水。

第 8.04 条 污水工程规划

1. 污水干管沿第一大道、第三大道、第四大道、第六大道、滨江大道、大溪环路布置，管径 d400—d600—d800，滨江大道布置主干管，管径为 d800。

2. 综合污水排水系数为 0.8，规划区污水量为 2 万 m^3/d。

3. 污水向北排入污水处理厂。污水处理厂选址濂溪北岸，与沅水交汇处，控制用地面积约 5ha。

第 8.05 条 规划区最大负荷为 20068kW。

第 8.06 条 规划区供电电压等级的选择：110kV、35kV、10kV 和 0.38/0.22V。

第 8.07 条 电源：规划区 10kV 电源由现有的 110kV 武溪变电站供电，容量 2*40MVA。

第 8.08 条 10kV 配电网：规划设置 2 个 10kV 开闭所，3 个 10kV 路灯箱式变。开闭所转供容量达到 16000kVA，路灯箱式变为 200kVA，另根据需要设置一些 10kV 用户配电变。10kV 变电站供电半径控制在 350m。

第 8.09 条 高压走廊及线路敷设：规划区 110kV 高压走廊两个（宽度为 20m），35kV 高压走廊一个（宽度为 15m）。规划区内 10kV 主干线路可架空，支路原则上全部为电缆，采用穿电缆排管埋地敷设，敷设在道路的南侧和东侧，主干道预留管孔 8 孔，且每隔 350m 预留横穿道路的排管。

第 8.10 条 电信交换机容量总容量为 9486 门。

第 8.11 条 电信局所规划：近期规划区用户可直接由南侧的电信端局引光缆线或电缆到户。规划远期，在规划区用户较集中的区域新建一个电信模块局，容量为 10000 门。在电话比较集中，内部电话较多的单位及建筑物内考虑一些用户交换机。在街道旁设置一定数量 IC 卡电话机。

第 8.12 条 交接方式：规划区交接方式采用交接箱，交接箱的容量主要采用 600 对，1200 对两种。

第 8.13 条 线路敷设：规划区的电话线路和有线电视等弱电线路，原则采用管道敷设,敷设在道路的西侧或北侧。规划的管孔数除电信公用网外,还需考虑电信专用网、有线电视网、计算机宽带网等。主要道路均布置8孔电信管块,其余道路考虑6到4孔电信管块。

第8.14条 邮政局所规划:规划区新建一个邮政服务所。

第8.15条 广播电视规划:按照每个光节点服务500户的原则,则规划区需新设置2个有线电视光节点。有线电视线路实行HFC双向网传输,线路可与其他弱电线路共同采用管道敷设。

第8.16条 环卫设施。园区内一般固体废物,对其进行无害化处理后,可在武溪镇区以南常吉高速以北地段的填埋场进行安全填埋。有毒有害的固体废弃物严禁直接倾倒于城市垃圾站,送有处理资质的处理场进行集中统一处理。园区内生活垃圾环卫部门统一收集,外运到县白沙垃圾处理场处理。在园区中部和西部(居住区内)设生活垃圾转运站两处,在第二大道、第四大道、第六大道、上堡居民区设置公共厕所四处,废物箱沿园区主、次干路每100—200m设置一个。

第8.17条 工程管线综合

1.平面综合。园区地下工程管线包括给水管道、雨水管道、污水管道、电力电缆、燃气管道、路灯线7种。路灯线一般布置在灯杆附近的路缘石旁,规划重点是其余6种管线,其布置原则是:

(1)工程管线在道路下面的规划位置宜相对固定,从道路红线向道路中心线方向平行布置的次序宜为:电力电缆、电信电缆、燃气、给水、雨水排水、污水排水。

(2)电力电缆、给水一般布置在道路南侧或东侧,污水、电信、燃气一般布置在道路北侧或西侧,雨水布置在中线。

(3)管线平面间距执行《城市工程管线综合规划规范》(GB50289-98)。

2.竖向控制。上述6种地下管线在竖向上的位置自下而上为污水、雨水、供水、燃气、电信、电力。规划具体安排了雨水、污水两种自流管道。雨水管覆土一般在1.5—1.7m之间,其上部安排其他压力管或可弯曲管线,交叉发生困难时可采用套管或其他工程措施。规划电力线基本上采用架空敷设。

第九章 防灾规划

第9.01条 防洪规划

1. 防洪标准。根据五强溪水库108m水位方案进行设防,20年一遇洪水淹没线为 113.2m，根据多年洪水发生情况，以武溪峒河桥为参照，确定园区防洪标准为 116m。（百年一遇洪水位为 117.3m）

2. 防洪措施。根据园区自然条件，防洪采取对场地低洼地段填高的措施，重点是结合滨江大道的修建提高沿河用地的标高至 116m 以上。对大溪一带相对较低的地段适当填高至 113.2m 以上，同时对大溪进行治理和修建排涝工程。周边山洪通过截洪沟建设和水库加固，同时加大水土保持的力度，防止山洪对园区的威胁。

第 9.02 条 消防规划

1.规划目标。充分贯彻“安全第一，预防为主”和“生产必须安全，安全为了生产”的思想，对生产中的易燃、易爆装置和物品设置防范措施，并实施有效的控制，以减少和防止火灾事故的发生。

2.消防措施。在园区内建立一个高效实用、安全可靠的消防体系和先进的消防通信网络。沿道路设置消火栓，间距不大于 120 米。各企业设置其他灭火设施，预防和减少火灾危险。

3.消防体系。建立由园区专职公安消防队和企业兼职消防队两级管理的园区消防体系。

4.消防站。园区与武溪镇合建二级普通消防站一座。消防站设水罐消防车、水罐或泵消防车、水罐或泡沫干粉消防车和举高消防车各一辆。

5.火灾救灾中心。在武溪镇或白沙镇选择合适医院设立火灾救灾中心，以对火场受伤人员进行紧急送护与抢救。

第 9.03 条 抗震规划。园内的建构筑物的抗震按 6 度设防，个别可能产生次生灾害的重要构筑物或装置应依据相关建筑规范提高设防标准。具体建筑抗震设计按《建筑抗震设计规范》(GBJ11-89)进行。园区入驻企业在建设前应做详勘，并按《建筑抗震设计规范》要求进行设防。

第十章 分期建设规划

第 10.01 条 分期建设策略

1.一次规划、分片建设、滚动发展。成片开发建设可以相对集中资金，成熟一片、开发一片，滚动一片，形成园区建设的良性循环。

2.环境先行。园区建设首先搞好环境建设，确保园区建设的高起点，促进园区的可持续发展。

3.集中精力建设部分重点工程，展现园区面貌和园区发展成果，以集聚人气、吸引资本、就业。

第 10.02 条　　建设时序

1.一期建设。一期建设将滨江大道从武溪峒河桥头修建至大溪，长度约 1.2 公里，开发园区东部约 0.7km2 的用地。重点建设工业企业以及配套的道路和市政公用设施。

武溪工业园一期主要基础设施投资估算表

类别号	序号	项目名称	项目概况	投资估算（万元）	备　注
一		道路工程	84200 平米	1684	
	1	滨江大道	1190 米 *20 米 =23600 平米		道路造价按 200 元 / 平米估算
	2	大溪环形路	1230 米 *12 米 =14760 平米		
	3	第二大道	600 米 *20 米 =12000 平米		
	4	第三大道	1000 米 *12 米 =12000 平米		
	5	联盟路	1270 米 *12 米 =15240 平米		
二		给排水工程		960	
	1	给水工程管道	6300 米	320	
	2	雨水工程管道	4200 米	210	
	3	污水工程管道	6950 米	280	
	4	截洪沟	1350 米	150	
三		电力、电信工程		1312	
	1	10kV 开闭所	1 个	200	
	2	10kV 路灯变	1 个	12	
	3	10kV 市政电缆管道	50 孔 /km	700	
	4	电信模块局	1 个	80	
	5	邮政所	1 个	20	
	6	市政弱电管道	50 孔 /km	300	
四		土方工程	84 万方	1176	14 元 / 方
		小计		5132	

2.二期建设。二期建设是园区迎来大发展的时期，建设园区峒河大桥，完成园区管理、技术服务区、工业用地区，同时建设园区西部上堡生活服务配套设施。

3.远期建设。规划继续完善设施配套，在完成工业园区的绝大部分建设后，筹划向西部发展。

第十一章　规划实施的措施

第 11.01 条　实行分期开发，避免盲目建设。近期重点是建好滨江大道、第二大道、第三大道，根据入驻项目的情况有计划地沿滨江大道由东向西逐步推进。

第 11.02 条　突出机制创新，建立精简高效的园区管理机构。一是要按照"精干、统一、效能"的原则，成立工业园管委会，二是要建立能够吸引人才、留住人才的薪酬机制和激励机制。

第 11.03 条　坚持"谁投资，谁受益"的原则，广辟融资渠道。要采取财政、金融、企业、民间、外资等多种融资渠道，扩大投融资规模，要强化经营园区理念，通过存量资产和无形资产运营、基础设施建设 BOT 经营各类贷款和专项资金等多种形式聚集建设资金。

第 11.04 条　严格把握综合开发、统一配套和基础设施先行。实施社会综合开发统一配套，准确估算基础设施容量和先期投入建设，避免重复建设和大规模翻修重建等浪费。

第 11.05 条　突出社会、经济与环境的统一可持续发展。注重园区的环境建设，为园区可持续发展创造良好条件，重点做好对环境污染的防治工作，切实保护好园区及周边地区的环境。

第十二章　附　则

第 12.01 条　规划自泸溪县人民政府批准之日起生效。

第 12.02 条　规划由文本、图则、规划图纸和附件（说明书和基础资料汇编）组成，规划文本、图则和规划图纸具有同等法律效力。

第 12.03 条　本文中划下划线部分条款为强制性条文，实施过程中必须遵从。

附　录：名词解释

1.容积率：地块建筑面积毛密度，即地块内总建筑面积与用地面积之比值。

2.建筑密度：地块内所有建筑基底总面积与用地面积之比率。

3.绿地率:地块内各类绿地的总面积(含绿化内硬地)与用地面积之比率。

4.建筑限高:地块内建筑物地面部分最大高度限制值。

附表一：　城市用地分类和规划建设用地代号简表

类别代号			类别名称	范　围
大类	中类	小类		
R			居住用地	包括村民住宅用地、居民住宅用地和单身宿舍用地
C			公共设施用地	
	C1		行政办公用地	园区管理机构用地
	C2		商业金融用地	商业、服务业用地
	C3		文化娱乐用地	展览、游乐等设施用地
	C9		其他公共设施用地	如社会福利院等用地
M			工业用地	工矿企业的生产车间、库房及其附属设施等用地
	M2		二类工业用地	对居住和公共设施等环境有一定干扰和污染的工业用地
	M3		三类工业用地	对居住和公共设施等环境有较大干扰和污染的工业用地
W			仓储用地	
	W1		普通仓库用地	以库房建筑为主的储存一般货物的普通仓库用地、物流用地
S			道路广场用地	
	S1		道路用地	主干道、次干道和支路用地,包括其交叉路口用地;不包括居住用地、工业用地等内部的道路用地
	S3		社会停车场库用地	公共使用的停车场和停车库用地，不包括其他各类用地配建的停车场库用地
U			市政公用设施用地	
	U2		交通设施用地	货运交通设施等用地
G			绿地	
	G1		公共绿地	向公众开放、有一定游憩设施的绿化用地,包括其范围内的水域
	G2		防护绿地	用于隔离、卫生和安全的防护林带及绿地

泸溪县武溪工业集中区发展规划

（2011~2020）

前　言

工业是国民经济的命脉，县域经济的快速飞跃离不开工业又好又快的发展。泸溪县地处湖南省西部、湘西州南大门，属典型的"老、少、边、穷、库"地区。近几年来，泸溪县委、县政府认真贯彻落实科学发展观，大力实施"工业强县、产业富民、环境创优"的发展方略，突出工业主导地位，主攻招商引资，狠抓项目落地，优化服务环境，泸溪县工业经济发展迅猛，取得令人瞩目的成绩，有力地推动了县域经济发展。但由于受世界经济衰退和国内经济政策性调整的影响，泸溪工业经济运行的矛盾也日益显现。经过国有企业改制的阵痛之后，泸溪的民营企业如雨后春笋，茁壮成长，通过几年的努力，进行了第二次工业创业，工业成为泸溪立县之本、发展之基和财富之源。尽管当前工业经济面临着诸多矛盾和困难，但壮大工业经济仍然是泸溪县域经济发展的主导取向，工业兴，则泸溪兴；工业强，则泸溪强。

泸溪县武溪工业集中区是泸溪县工业生产基地和对外窗口，是全县招商引资营造外向型、科技型工业的有效载体。统一规划、合理布局，加快基础设施建设和完善配套设施，使工业集中区成为功能齐全，生态环境优美的工业生产基地对加速推进新型工业化和新型城市化进程，全面提升泸溪县经济实力有着十分重要的意义。

泸溪县武溪工业集中区管理委员会委托湖南省国际工程咨询中心编制《泸溪县武溪工业集中区发展规划(2011－2020)》。本次规划是泸溪县国民经济和社会发展规划体系中的重点专项规划，是引导泸溪县工业集中区持续、快速、协调、健康发展的指导性纲领。

第一章　总论

1.1 集中区概况

泸溪县武溪工业集中区位于湘西州泸溪县武溪镇境内，筹建于 2005 年元月，是泸溪县推进新型工业化的主要平台。集中区以峒河为界分为南北两区，南区是正式成立集中区以前形成的工业企业聚集区，主要为冶金产业；北区主要为铝系列精深加工、新金属材料加工及生物制药产业。南区发展已饱和，本次规划仅针对北区。北区近期规划用地3.13平方公里，截至2011年，已开发面积2.29平方公里，其中工业用地面积1.95平方公里。

武溪工业集中区自创建以来，认真贯彻落实科学发展观，积极发挥全县工业经济建设的主阵地和招商引资的主窗口作用，积极推进“工业强县”战略，切实加快工业经济发展，近年来，累计投入建设资金近5亿元，配套完善了一横五纵的路网体系和水、电、讯等基础设施，已落户企业近百家，其中规模以上企业51家，年产值过亿元的企业21家，年产值高于5000万元的企业31家，高新企业4家，2010年实现工业总产值60.1亿元，实现工业增加值20.52亿元，上缴税收3.07亿元，初步形成了以铝系列为主的金属材料加工、新金属材料加工两大主导产业和农林产品深加工辅助产业。

1.2 规划目的

1.2.1 打造产业集群。通过规划编制，整合泸溪县内的优势资源，打造一定规模产业集群，形成产品和技术关联，完善产业链条，突出集群优势，增强工业集中区对全县经济的引导、辐射能力。

1.2.2 推动结构优化升级。通过规划编制，将资源优势、产业基础优势转化为经济优势，增加农林产业化和工业化的支撑，有效地推动泸溪县工业集中区产业结构优化升级。

1.2.3 指导工业集中区发展。泸溪县现有工业基础较为薄弱，要实现工业集中区的大发展，必须大力招商引资。吸引区内外优势企业入驻集中区，推动集中区发展。本次规划在科学规划的基础上，结合泸溪县的资源特征和区域优势条件和发展基础，明确集中区未来的发展思路、选定产业发展方向，有计划、有针对性地开发建设。

1.2.4 明确工业集中区发展目标。通过规划编制，明确目标、提供依据，形成政府主管部门、行业、企业和社会公众之间对湖南工业集中区未来发展的共识和思路，集中力量，抓住重点，共同努力，使集中区发展有的放矢、有章可循，提高决策科学性，推动泸溪县工业集中区的有序发展。

1.3 规划期限。本次规划的年限为2011年至2020年，其中近期为2011年—2015年；远期为2016年—2020年。

1.4 规划范围。 泸溪县工业集中区位于泸溪县城总体规划(2011－2030)范围之内,北至大溪村群力、南至涟渔溪、西至上寨村、东至黑塘村,总规划面积 4.14 平方公里(不包含南区的老工业企业聚集区)。

近期(2015 年)规划面积 3.13 平方公里,其中工业及仓储用地面积 2.19 平方公里;

远期(2020 年)规划面积 4.14 平方公里,其中工业及仓储用地面积 3.05 平方公里。

1.5 总体目标。 泸溪县武溪工业集中区发展的总体目标是:以科学发展观为指导,以打造湖南省知名的、湘西州一流的省级工业集中区为目标,坚持以“工业新城、城市新区”的理念,按照“工业集中、产业集聚、土地集约、功能完善、管理科学”的建设思路,以现有产业为基础,整合优势,主动吸纳发达国家、东部发达地区、珠三角地区的技术产业转移,重点扶持引导发展铝系列精深加工、新金属材料加工、生物制药产业。按照高起点规划,高标准建设的要求,形成一批产业定位明确、比较优势明显、经济效益显著、生产技术先进的产业集聚群。

铝系列精深加工、新金属材料加工产业的主导作用明显,产业结构不断升级;通过相同产业的资源整合、不同产业的产品对接实现工业集中区与外部产业的对接、融合;工业集中区形成以物质循环流动为特征的循环利用产业体系,形成不同企业之间生态耦合共生和资源共享、物质和能量多级利用、高效产出和持续利用,实现工业集中区经济效益、人文效益、社会效益与环境效益的协调发展。

泸溪县武溪工业集中区的发展能极大地推动泸溪县的经济发展,同时对周边经济特别是农村经济建设的辐射作用明显,形成资源共享、优势互补的城乡一体化发展格局。

第二章　区域位置及自然禀赋条件

2.1 区域位置

泸溪县是古老的盘瓠文化发祥地,位于湖南省西部、湘西自治州的东南方,东邻沅陵、辰溪两县,西连吉首市,北接古丈县,南界麻阳县,西南与凤凰县毗连;境内有常吉高速、G319 国道通过,在湘西地区有较明显的区位优势。

泸溪县武溪工业集中区位于原泸溪县治武溪镇内,与县城所在地白沙镇相距 9km。集中区用地基本为丘陵、山地,地形起伏较大,北侧背靠群山,中部大溪两侧地势相对平缓，高程一般为 110-115m。通过对园区场地坡度分析，大部分用地以坡度小于 25%的用地为主，经局部改造可以进行开发建设。本次规划的集中区范围位于大溪村群力以南、涟渔溪以北、上寨村以东、黑塘村以西的区域，规划至 2020 年集中区总用地面积 4.14 平方公里，其中工业及仓储用地面积 3.05 平方公里。

2.2 自然资源禀赋条件

2.2.1 地形地貌。泸溪县武溪工业集中区规划区域内基本为丘陵、山地，地形起伏较大，高程位于 107-185 米之间，中部大溪两侧地势相对平缓，高程一般为 110-115 米。整个集中区地形格局为靠山面水，地势由西、北向东、南倾斜。通过对集中区场地坡度分析，大部分用地以坡度小于 25%的用地为主，经局部改造可以进行开发建设。

2.2.2 地质条件。泸溪县武溪工业集中区位于武陵山及雪峰山弧形褶皱带之间，即沅麻拗陷盆地中部，主要断裂构造有沅陵—麻阳断裂带，该断裂带为一系列的北东向压性—压扭性断裂。褶皱构造位置属沅陵—泸溪向斜的南东翼，出露地层均为白垩系地层，岩层总体倾向北西 340～350°，倾角 23～31.9° 所处的地形地貌类型主要为白垩系地层形成的侵蚀、剥蚀山地缓坡丘陵沟谷地貌。

2.2.3 气候特征。泸溪县属中亚热带湿润季风气候区，气候温和，四季分明，雨季明显，酷热和严冬期不长。县境内东部、中部和西部为偏暖地区，西南、东北属偏冷地区。历年平均气温 16.9℃，最高气温 40.6℃，最低气温 -12.3℃，年平均降水量 1326 毫米(967.0 毫米 -1948.1 毫米)，无霜期 278 天。

2.2.4 水文特征。泸溪县武溪工业集中区附近地表水主要为沅江、峒河等 127 条溪河，地表水年径流总量为 11.66 亿立方米。沅江发源于贵州省云雾山，自銮山进入湖南省境内，由南向北流经泸溪县东部，境内长 45 公里，流域面积 455.6 平方公里，占全县总面积的 29%，为泸溪县境内最大的地表水系。沅江白沙镇至浦市镇河段平均河宽 404 米，平均河深 3.56 米，枯水期平均流量为 212 立方米 / 秒。峒河发源于湖南省花垣县，在泸溪县武溪镇汇入沅江，全长 145 公里，流域面积 3574 平方公里。

根据五强溪水库 108 米水位方案进行设防 20 年一遇洪水淹没线为 113.2 米，根据多年洪水发生情况，以武溪峒河桥为参照，确定集中区防洪标准为 116 米。(百年一遇洪水位 117.3 米)。根据集中区自然条件，采取了对场地低洼地段填高的措施，重点是结合滨江路的修建提高沿河用地的标高至 116 米以上，对大溪一带相对较低洼的地段适当填高至113.2米以上，同时对大溪进行治理和修建排涝工程。周边山洪通过截洪沟建设和水库加固，同时加大水土保持的力度，防止山洪对园区的威胁。

2.2.5 动植物资源。泸溪县位于湘南丘陵地区，境内山丘丛错，地貌多样，土壤气候适宜林木生长，野生动植物资源丰富。全县森林面积28.37千公顷，林木蓄积量74.13万立方米。用材林木286种，有松、杉、樟、楠等优良木材和银杏、杜仲、香果、黄连等珍贵树种。经济林木20余种，以油桐、油茶、椪柑、板栗为大宗。

2.2.6 特色农业。泸溪县空气和水质均较优。泸溪被称为"中国椪柑之乡"，土地肥沃，生产条件较好，现有耕地31.5万亩，主要农作物有稻谷、油菜、辣椒、荸荠、莲藕、大蒜、椪柑等。通过定方向、转观念、创环境、育龙头、农业产业结构调整成效明显，逐步建成椪柑支柱产业。种植椪柑面积达30万亩，总产量6.5万吨，为全国之冠，并连续三年荣获全省优质水果评比金奖。

2.2.7 矿产资源。泸溪县境地质构造比较复杂，矿产资源分布较为广泛，根据地质部门调查资料，目前已发现45种矿产，其中石煤、磷矿石、铝土矿等储量位居全省前列。

第三章 环境条件和环境容量

工业集中区的设立规模、产业结构等重点内容与所在地的环境条件和环境容量息息相关。摸清工业集中区所在地的环境条件和环境容量，成为工业集中区发展规划的先决条件。

3.1 环境条件

3.1.1 土地要素。泸溪县位于沅水中下游，湖南省西部、沅麻盆地西缘、湘西土家族苗族自治州的东南部，属国家西部开发覆盖区域。泸溪地处武陵山脉向雪峰山脉过渡地带，是"八山半水一分田，半分道路和村庄"的山区县。地形自东北向西南排列，成"川"字形构造地貌，浦市镇至县城白沙镇一带为典型的喀斯特地貌。西部属于低山区，中部属于燕山运动隆起的中低山区，东部为沅江流域冲积地带。全县地形分为山地、丘陵、岗地、平原、水域五大类型，其中山地占66.04%，丘陵占25.3%，岗地占2.31%，平原占3.43%，水域占2.92%。受自然条件和社会经济条件的综合影响，县域土地利用类型存在着明显的地域差异。耕地多集中分布在沅水西岸、武水两岸的河谷平地及西南部丘岗地带；林地则主要集中在北部和中部地区；园地主要分布在社会经济技术基础好的地势平坦地区；而城镇及工矿用地主要分布在交通条件较好的河流溪谷两旁宽敞地带。

根据地形地貌和水文地质分析，县境自然灾害频繁。境内夏秋少雨而多干旱，有“十年九旱”之说。又处于沅水中游，溪河纵横，土质松散，故遇上大雨或上游暴雨，易造成河水陡涨、山体滑坡，形成洪涝灾害。自然灾害主要有干旱、洪涝、农作物病虫害及气象灾害等四种。根据县城周边地区的地形坡地和用地条件，将用地划分为四类：1.适宜建设用地：主要分布在泸溪县县城区的中部和北部局部地区，地势平坦，基本为低缓丘陵地带，用地以现状建设用地和耕地为主。2.可建设用地：主要分布在泸溪县县城区的北部和西北部，地势略有起伏，多为高丘陵地带，主要是石灰岩及第四纪松散堆积物等组成。3.不宜建设用地：主要分布在泸溪县县城区东部地区及点状形式分布中部、西部局部地区，地势起伏较大，多为山地，相对高差基本在50米左右。4.不可建设用地：主要指位于洪水淹没线以下，工程地质条件较差的地区和东部地势起伏大，多为山地，相对高差在50米以上的地区。

根据工程地质条件及现状建设情况分析，泸溪县县城周边除了老城以东地区外，南、西、北三个方向地势平坦，用地条件优良。经初步统计，县城附近可供城市建设用地18.58平方公里，可满足约20万人城市用地之需。近期规划面积为3.13平方公里，泸溪县工业集中区远期规划面积4.14平方公里。用地类型均为适宜建设用地和可建设用地。土地成本较低，企业用地规划空间大、潜力大，完全能够满足入驻企业的用地需要。

3.1.2 能源要素。泸溪县能源蕴藏量不丰富，仅有少量煤炭资源，没有石油、天然气等资源；泸溪境内有大、小溪河127条，分属沅水、武水、辰水和西溪四大水系，包括地表水、地下水和客水在内，全县水资源总量年均为239.718亿立方米。中型水库1座、小1型水库19座，小二型水库107座，山塘1342口，筑溪坝1088道，电灌站76处/93台/2900千瓦，引、蓄、提总水量1095亿立方米，水电资源丰富。

泸溪县城工业企业的能源以原煤、电力为主。全县建有220KV变电站1座，主变2台，容量30万KVA；110KV变电站5座，主变8台，容量28.3万KVA；35KV变电站5座，主变5台，容量12.75万KVA；35KV线路182.9KM；10KV线路1639.6KM；专变235台，容量24.11万KVA；公变712台，容量52.03万KVA，年售电量达6亿千瓦时。

泸溪县的能源、电力供应可满足一般工业发展的要求，但不适宜发展高能耗的工业类型。

3.1.3 矿产资源要素。泸溪县境内地质构造比较复杂,矿产资源分布较为广泛,根据地质部门调查资料,目前已发现45种矿产,其中石煤、磷矿石、铝土矿等储量位居全省前列。其中磷1.5亿吨、铝512.3万吨、全县60%的地方都有石灰石,白云石1亿吨以上,开发利用潜力很大。

3.1.4 人力资源要素。泸溪是典型的农业县,截止2011年底,泸溪县共有人口28.52万人,其中非农业人口4.56万人、农业人口23.96万人,农业人口占总人口的84%。

由于人均耕地少,本地就业容量相对不足,每年都有大批农村剩余劳动力外出务工,基本上每年保持在5万人左右。自2008年6月以来,特别是在金融危机爆发后,相当一部分农民工陆续返乡还家。据统计,截止2010年1月,返乡农民工已增至2万余人,占全部外出务工人员的40%,农民工回流现象日益明显。

这些返乡农民工为工业集中区的发展提供了充足的产业工人和较低的劳动力成本,可适当发展一些劳动密集型的产业类型。

3.1.5 交通、物流要素。"十一五"期间,泸溪县交通路网建设取得重大突破。"十一五"完成固定资产投资70.8亿元,是"十五"的1.6倍,以交通、水利、电力为重点加快基础设施建设,常吉高速公路建成通车,使泸溪县融入全省4小时经济圈。完成县到乡公路硬化工程193公里,实现乡乡通油路,村道硬化近100公里,农村行路难问题明显缓解。由此可见,泸溪县区域交通条件日趋完善。

3.1.6 水资源要素。泸溪县境内沟壑纵横,水系发达,全县共有大小河流127条。其中沅江流经县境45.2公里,武水流经县境49.5公里,陀江流经县境8公里,酉溪流经县境29.8公里。全县水能资源理论蕴藏量为20.08万千瓦,可开发的水能资源3.2万千瓦。

3.1.7 城市基础设施条件。(1)给水设施条件。现状建成区设有较完善的市政给水管网,给水管道工程总设计规模为35000立方米/日,生活给水系统主干管总长20.48公里,工业给水系统主干管总长13.93公里。集中区生活用水由县城供水,沿G319国道设两条输水干管接入集中区,区内形成环状管网,以提高供水系统的安全性,道路沿线布置消火栓。工业给水系统由取水泵房、水处理厂、管网系统构成;取水泵房位于航运码头上游300米处,工业给水处理厂位于航运码头上游300米处,输水干管为两根DN400,沿滨江大道布置,干管沿滨江大道、大溪环路、第二大道、第六大道布置，管径DN250～DN400。(2)排水设施条件。集中区污水管道工程总设计规模为28000立方米/日。污水主干管总长18.79公里，雨水主干管总长13.96公里，全部给排水管道总长32.75公里。污水采用重力自流排水系统。2008年，集中区管委会与县水利局共同出资组建了泸溪县污水处理厂，负责对工业集中区内企业排放的工业和生活污水进行处理。泸溪县污水处理厂设在金旭工业小区附近，污水处理厂紧靠沅江，场地地势较低，利于废水自流，这种布局，便于需要处理的污水汇流，也便于处理后的污水最终排放，具有良好的排水条件。同时，其远离居住区等人口相对密集区，最大限度地减弱了污水处理厂臭气对区域环境空气的影响，同时也便于污水处理厂日后的扩建。目前集中区正在建设污水处理厂1座，污水干管沿第二大道、第三大道、第四大道、第六大道、滨江大道、大溪环路布置，管径DN400～DN800；主干管沿滨江大道布置，管径DN800。集中区污水汇集后接入沅江下游武溪污水处理厂，污水干管管径DN1000。雨水采用重力自流排水系统，按就近排放原则自北向南排入峒河。雨水干管沿第二大道至第九大道自北向南布置，就近排入峒河，其余道路上布置的雨水管道就近接入雨水干管，雨水干管管径D500～D1000。(3)垃圾处理设施建设情况。2009年，集中区管委会与县环境保护局共同出资组建了泸溪县汇金资源综合利用有限公司，建立了公共渣场，并聘请环保专家，负责集中区工业废渣等生活垃圾的处置处理和综合利用。该处理场于2008年11月开工建设，2010年10完工，总投资3400万元，占地187亩，库容量为120万立方，主坝长120米、高28米，坝底宽160米，坝顶宽28米，排水盖板涵高2米、宽1.5米，总长度为900米，为四面钢筋混凝土结构，场内盲管渗水接入坝前净化池。(需要修改)处理场采取坝前倒渣、加土碾压的方式向库内推进，场内的放矿工作人员随时保持道路清洁，保证倒渣车辆的出入安全，巡坝工随时对大坝进行观察，对坝内排水设施进行检查，发现隐患及时汇报，及时处理，确保安全运营和不污染环境。(4)电力设施建设情况。集中区现有直供电220千伏变电站2座，110千伏变电站4座，主变7台，110千伏线路4条，总长122.87公里，拥有35千伏变电站6座，总容量33.45兆千伏安，拥有35千伏线路16条，总长165.3公里。(5)道路建设情况。集中区现已建成宽20米、长3500米的滨江大道；宽12米，长分别为600米、418米、408米、470米、735米的第二、第三、第四、第五、第七大道，正在建设第六大道、大溪环路、联盟路，一横五纵的集中区道路互通网络已投入使用。

3.2 水环境容量与污染物排放总量

3.2.1 水环境容量估算。规划水环境容量指能满足区域水环境功能，即评价河段水质达到《地表水环境质量标准》(GB3838-2002)Ⅲ类水质标准时，水域中可容纳污染物的最大负荷量。根据集中区排水特征及环境保护部"十二五"总量控制要求，容量计算因子选择 COD、NH3-N。根据泸溪沅江水文特征，选择 90%保证率最枯流量为边界条件，计算出沅江县交接断面 13 公里河段 COD、NH3-N 水环境容量。

主要污染因子水环境容量

水体	项目	环境容量(吨 / 年)
排放口至沅陵县交接断面 13 公里河段	COD	50440
	NH_3-N	1992

3.2.2 水污染物排放量估算。泸溪县武溪工业集中区污水和县城生活污水全部进入泸溪县污水处理厂处理。预测规划远期泸溪县城最高日用水量 14.6 万立方米 / 日，平均日用水量 11 万立方米 / 日；污水最高日排放量 12.5 万立方米 / 日，日均排放量。

泸溪县城污染物排放总量评价结果

指标 / 选项	COD	NH_3-N
规划水平年污染物排放量(吨 / 年)	3197	800
泸溪河水环境计算容量(吨 / 年)	50440	1992
水环境容量评价结果	足够	足够

3.2.3 水环境功能保护目标可达性分析。在现有的泸溪县城总体规划的框架下，总规确定的城市人口规模、工业集中区发展规模、产业结构类型较为合理。工业集中区及县城生活污水污染物排放量小于泸溪河水环境容量控制要求，COD、NH3-N 排放总量占泸溪河水环境容量的比例分别为 6.3%、40.16%，水环境容量足够。在集中区现有规划控制规模的前提下，集中区污染物排放不会改变纳污水体的现有环境功能区划，且影响较小。但应确保泸溪县污水处理厂污水处理能力能够跟上集中区的发展要求，做到达标排放。

3.3 大气环境容量与污染物排放总量控制

3.3.1 大气污染物容量估算。泸溪县工业集中区远期规划占地面积 4.14 平方公里，一次作为该区域总量控制基础面积，环境空气质量按《环境空气质量标准》(GB3095-1996)二类区控制，其总量控制系数 A 的取值根据《制定地方大气污染物排放标准的技术方法》(GB/T3840-1991)，考虑到集中区为经济集中区，系数 A 取值为 4.0×104 平方公里／年。

现状监测结果表明，SO2、NOx 年均浓度值分别为 0.035 毫克／立方米、0.015 毫克／立方米。根据《制定地方大气污染物排放标准的技术方法》(GB/T 3840-1991)“A-P 值法”，计算出集中区大气污染物允许排放总量限值如下。

集中区大气污染物环境容量

区域	项目	环境容量(吨／年)
集中区规划占地面积 4.14 平方公里	SO_2	1384
	NO_x	5290

3.3.2 大气污染物排放量估算。根据集中区大气污染物排放量预测、区域环境空气质量功能区划，泸溪县城及集中区环境保护要求，以及区域经济发展对环境容量的需求，同时考虑到集中区一次能源(原煤)的使用现状，在泸溪县武溪工业集中区规划的发展规模、产业结构类型的基础上，估算集中区用煤量为 2.9 万吨／年。预计 SO2、NOx 排放量分别为 210.6 吨／年、265.1 吨／年。

3.3.3 大气环境功能保护目标可达性分析。本集中区地处泸溪县城西面及西南面，集中区现有直供电 220 千伏变电站 2 座，110 千伏变电站 4 座，规划集中区内新建 220 千伏变电站及配套工程，区内电力资源丰富，供电设施较为齐备，泸溪县城生活能源主要以天然气和电能为主。

预测表明，集中区贯彻能原规划、实施污染治理、坚持达标排放原则的前提下，产出的大气污染物可以得到有效控制。通过控制燃煤含硫量(含硫量≤1.0%)、污染源治理(燃煤设施脱硫率≥65%时)，集中区大气污染物排放量及大气环境容量评价结果如下。

集中区大气污染物排放总量评价结果

指标 选项	SO_2	NO_x
工业集中区污染物排放量(吨／年)	210.6	265.1
工业集中区环境容量(吨／年)	1384	5290
大气环境容量评价结果	足够	足够

SO_2、NO_x 排放量远低于总量控制建议指标。在泸溪县武溪工业集中区规划的

发展规模、产业结构类型的基础上，泸溪县武溪工业集中区大气污染物排放总量小于大气污染物总量控制要求，大气环境容量足够，大气环境功能保护目标可以实现。

第四章 工业集中区发展现状

4.1 集中区基本情况

泸溪县武溪工业集中区位于湘西州泸溪县武溪镇境内，筹建于2005年元月，是泸溪县推进新型工业化的主要平台。集中区以峒河为界分为南北两区，南区是正式成立集中区以前形成的工业企业聚集区，主要为冶金产业；北区主要为铝系列精深加工、新金属材料加工及生物制药产业。南区发展已饱和，本次规划仅针对北区。北区近期规划用地3.13平方公里，截止2011年，已开发面积2.29平方公里，其中工业用地面积1.95平方公里。

武溪工业集中区自创建以来，认真贯彻落实科学发展观，积极发挥全县工业经济建设的主阵地和招商引资的主窗口作用，积极推进"工业强县、产业富民、环境创优"经济发展战略，切实加快工业经济发展，武溪工业集中区取得了又好又快的发展。已落户湖南金天铝业高科技有限公司、金源粉体材料有限公司、明天电力发展有限公司、湖南倍安自动化装备有限公司、泸溪县晓园生物科技有限公司等企业近百家，主要产品有锰、锌、磷加工、铝系列精深加工、新金属材料加工和生物制药等6大集群近30个品种。其中规模以上企业51家，年产值过亿元的企业21家，年产值高于5000万元的企业31家，高新企业4家，2010年实现工业总产值60.1亿元，实现工业增加值20.52亿元，上缴税收3.07亿元，初步形成了以铝系列为主的金属材料加工、新金属材料加工两大主导产业和以农业产品深加工为依托的生物制药的辅助产业。

近年来，累计投入建设资金近5亿元，配套完善了一横五纵的路网体系和水、电、讯等基础设施。工业集中区基础设施一应俱全，配套完善，区位优越，交通便捷，环境优良，政策优惠，已通过省环保厅的区域环评，配套建有较为完善的环保设施，产业准入符合环保要求，产业布局符合环保功能区划要求，企业排放达到环保标准。园区实行封闭式管理，为企业提供"一站式"办证、"代办制"服务、"一费制"收费，严格落实检查准入制度，对重点企业实施挂牌保护和县级领导联系制度，不断优化经济发展环境，确保企业持续健康快速发展。工业集中区是承接沿海产业转移的最佳平台和基地，是泸溪县乃至湘西自治州对外经济开放的窗口，是县域经济新的经济增长点。

按照规划武溪工业集中区范围为：北至大溪村群力、南至涟渔溪、

西至上寨村、东至黑塘村，总规划面积4.14平方公里（不包含南区的老工业企业聚集区），近期（2015年）用地规划面积3.13平方公里，其中工业及仓储用地2.19平方公里，占规划总面积的69.96%。按功能分区划分为农林产品深加工区、金属材料加工区、新金属材料加工区、公共服务区等区域。

武溪工业集中区已成为湘西地区具有一定规模、产业关联度高、辐射带动能力强的经济技术高地和新型工业化平台，成为一方投资兴业的沃土。武溪工业集中区现有项目基本情况见附件1。

4.2集中区发展成效

4.2.1园区经济实力显著增强。“十一五”期间，园区经济保持持续快速增长态势，累计实现工业产值171.01亿元，为“十五”期间的3.2倍。2010年，实现工业总产值60.1亿元，实现工业增加值20.52亿元。

4.2.2基础设施日趋完善。目前，集中区建设累计完成基础设施投资4.95亿元，完成了第二、第三、第四、第五、第七大道的建设，“一横五纵”集中区互通路网已形成；给、排水管网工程（生活给水供水规模10000立方米/日，工业给水供水规模为25000立方米/日，污水排水规模为28000立方米/日，全部给排水管道总长67.16公里）已全部完工；修建了20000平方米的廉租房（德政园）和50000平方米的楠木洲安置区（新月城）。正在修建和施工的有滨江大道延长线、千吨级航运码头工程、220千伏变电站一期工程（110千伏）、第六大道。大溪环路、联盟路已完成设计，预计2012年底即可开工建设。集中区内道路、绿化、给排水、电力、通讯设施基本建成配套，消防设计、安全生产、环保设施均达到相关要求。

4.2.3商引资成效显著。园区基础设施的日趋完善，为企业发展搭建了良好平台，为招商引资提供了优良环境。目前，园区已入驻各类企业近百家，其中“十一五”期新增入园及技改项目27个；其中已建成投产的项目10个，正在建设的项目8个，技改项目9个，共计完成投资24.2亿元。同时，自2008年以来，园区在县委县政府安排下，与发改、经济、商务等相关部门多次奔赴“珠三角”、“长三角”等地，成功引进了中日合资企业湘西泸溪县嘉美澄日用品有限公司的750万件/年旅游休闲生活用品项目；铝系列精深加工产业的湖南省金天铝业高科技有限公司1

万吨/年微细球形铝粉及2万吨/年太阳能用铝及铝合金粉项目、湖南金昊铝业有限公司1万吨/年微细球形铝粉及2000吨/年太阳能电池背场铝导电浆料项目、泸溪县金源粉体材料有限责任公司1万吨/年微细球形铝粉项目、泸溪县群祥新材料有限责任公司1.2万吨/年铝合金项目、湖南金马铝业有限责任公司6000吨/年微细球形铝粉项目、湖南省派斯特科技有限公司3000吨/年环保水性铝颜料及1000吨/年铝银浆项目、湖南省泸溪县金丰颜料有限公司2600吨/年铝银浆项目;新金属材料加工产业的泸溪县众鑫化工有限公司1万吨/年钒氮合金项目、湖南鑫丰合金有限责任公司10万吨/年锰合金项目、泸溪县盛鑫科技有限公司1500吨/年镨钕氧化物项目,湘西盛基合金钢实业有限公司40万吨/年不锈钢卷带及制品项目,泸溪县和兴特钢有限公司40万吨/年不锈钢卷带及制品项目,湖南省泸溪县飞跃不锈钢有限责任公司的20万吨/年不锈钢卷带及制品项目,泸溪县业兴特钢有限公司的20万吨/年不锈钢配套酸洗退火项目;生物制药产业的泸溪县晓园生物科技有限公司年产100吨绿原酸20吨白藜芦醇1吨喜树碱项目、泸溪县武陵阳光生物科技有限责任公司的年产500吨青蒿素100吨迷迭香20吨白藜芦醇项目、湖南省超人柑橘产业有限公司及泸溪县富泰生物科技有限责任公司的椪柑深加工和椪柑提取物辛弗林、橙皮甙项目。这些项目的落户,巩固了武溪工业园在全州承接沿海地区产业转移方面的领先优势。

在融资方面,经过几年的努力,工业园以泸溪县富强农业综合开发有限公司为承贷主体,由县财政为担保,分别于2009年6月和2010年11月获得中国农业发展银行一期3000万元和二期4800万元的固定资产中长期贷款;2010年5月,获得县信用联社400万元固定资产贷款;现正在申报农发行三期4600万元贷款。贷款资金的注入,有力的缓解了园区建设资金的不足,并加快了园区基础设施建设的速度,为项目入园提供了良好的硬件服务。

4.2.4 发展环境进一步优化。为加快园区发展,县委、县政府出台了《关于加大招商引资力度推进工业强县战略的实施办法》,从入园条件、土地政策、税费政策、用工政策、服务政策等方面明确了支持政策。近年来,县委、县政府积极简化办事程序,提高办事效率,努力为企业提供优质服务。如改革行政审批制度,推行行政审批权相对集中改革,实行并联审批和行政审批告知承诺;推行年检年审制度改革,减少年检年审项目;落实优化经济发展环境监督员制度;建立损害经济发展环境突发事件应急制度等。

4.3 集中区发展优势

4.3.1 有利的宏观发展环境。国家区域经济发展战略重点逐步向中西部转移,实施两个转变和可持续发展战略,关注粮食问题、东中西部发展水平的差距、科技体制转化、生态环境建设等发展面临的难题,还有两型社会的建设,这些都将提升湖南省在国家发展格局中的地位;而泛珠三角区域合作发展的提出也将促使东部发达地区的部分产业向中西部地区转移,为湖南的发展带来更加广阔的前景。而作为湖南西部门户之一的泸溪县,必将从这一有利的区域发展背景中获取较大的发展机会。

泸溪县属湖南省武陵山区,是典型的“老、少、边、穷”地区。为促进湖南省武陵山区发展和推动区域合作,2004 年以来,湖南省委、省政府提出了“五年打基础,十年上台阶”的湘西地区大开发战略,因地制宜了财税、信贷、土地、投资等政策,设立产业发展专项资金,建立了经济、干部、人才、科技等全面对口支援湘西地区的机制。湘西大开发战略的实施,是泸溪县加快工业发展,实行“工业强县、产业富民、环境创优”战略的基本保障。

4.3.2 区位交通条件正在改善。从自然条件看,泸溪县位于湖南省西部、湘西自治州的东南方,东邻沅陵、辰溪两县,西连吉首市,北接古丈县,南界麻阳县,西南与凤凰县毗连;境内有常吉高速、G319 国道通过,在湘西地区有较明显的区位优势。

武溪工业集中区交通优势比较明显,常吉高速公路和 319 国道横穿而过,沿沅江而下经洞庭可通江达海,交通便利。

4.3.3 资源优势突出。全县矿产资源比较丰富,现已探明境内各种矿藏资源有 30 种,其中:金属矿产有 13 种,主要如金(含砂金)、铝、铁、铅锌、硫铁等;非金属矿产为 17 种,主要是磷、硅石、石灰石、菊花石、金刚石、白云石、石煤、莫来石等。在各种矿藏中,曾经开采和正在开采的有 18 种。其中石煤、磷矿石 1.5 亿吨、铝土矿 512.3 万吨、白云石 1 亿吨以上,储量居全省之冠。境内沅水河畔的金刚石远近闻名。矿产资源开发利用潜力很大。

4.3.4 生态良好、环境优美、可再生能源资源丰富。泸溪山水毓秀,神奇的辛女岩叙说辛女的传奇;悠悠沅水绕城而过,绘就了县城白沙“水在城中,城中有水”的神笔。县城白沙以其清新独特的自然风光被誉为“中国最年轻的氧吧之城”,是全国生态建设示范县、国家级卫生县城、全国文明县城。“神山神水出神果”,勤劳淳朴的泸溪人，大挥产业之笔，躬耕山水之间，育出椪柑神果（泸溪富硒椪柑），享誉全球，泸溪县因此被国家农业部命名为“中国椪柑之乡”。泸溪人杰地灵、自然环境优美，人文景观众多，有：盘瓠庙、辛女祠、悬棺、绝壁仙舟、盘瓠文化民俗村、屈原村、能滩吊桥、浦市“小南京”等。自然风光秀丽，有马嘴岩、辛女岩、箱子岩、盘瓠洞、天坑群、十里画壁、天桥山等。

4.3.5 服务设施齐全。武溪工业集中区管委会与县环境保护局共同组建了泸溪县汇金资源综合利用有限公司，并聘请环保专家，负责治理集中区工业废渣的倾倒及综合循环利用；组建了泸溪县污水处理厂，负责对集中区内企业排放的工业和生活污水进行循环净化处理）；建立了产、学、研基地（泸溪县铝精深加工检测研发中心、泸溪县武溪网络信息服务中心、泸溪县投资贸易促进中心、泸溪县武溪物流服务中心、泸溪县武溪人才孵化培训中心、泸溪县武溪创业服务中心、泸溪县中小企业服务中心）；泸溪境内矿产资源丰富，铝、磷等多种矿产资源居全省前列，为集中区资源深加工型企业的发展提供了广阔的空间。同时，作为湘西州老工业基地，工业管理及技术人才储量较大；创业环境优越，对入园企业实行一系列特殊优惠政策。

4.4 集中区存在的不足。由于历史、自然、资源、区位等原因，泸溪县武溪工业集中区进一步发展仍面临不少困难与问题，主要如下：

4.4.1 贫困面广、贫困程度深，经济基础薄弱。泸溪县乃至整个武陵
山区生产总值比重较低，贫困人口较多。近年来虽然发展速度快，但基
础差，所以从经济总量、人均国内生产总值、综合经济社会发展水平与全省相比都落后。

4.4.2 产业结构不合理。主业结构不合理表现为三方面。一是主导产业不突出，泸溪县的椪柑、茶叶等农产品有一定特色，但规模不大，且初级产品多，深加工不到 10%；其次，企业的科技水平偏低，集中区内一部分企业存在着资源消夏大、环境污染重、能源消耗高等突出问题，不符合可持续发展要求；再次，第三产业所占比重较低，主导产业和支柱产业不明显。

4.4.3 政策落实不够，生态补偿不到位。武陵山区是国家重要生态功能区，有不少地方为军事禁地，从整体上是限制开发和禁止开发，但与之相配套的利益补偿机制尚未建立和运行。武陵山区面临保护生态与发展经济的双重压力。湘西自治州 8 县市是国家纳入比照享受西部大开发政策范围，但由于未制定相关实施细

则，该项目优惠政策并未很好落实。

4.4.4 城乡市场经济体系不完善。泸溪县产业集约化程度较低，尚未形成规模化、专业化名特优产品的城乡贸易体系。县城和各乡镇建设发展基础较差、规模小、发展缓慢，区域带动作用不强。

第五章　发展机遇与挑战

5.1 发展机遇

5.1.1 沿海发达地区产业梯度转移带来发展新机遇。后金融危机时代，全球经济在波动中回暖复苏，呈恢复性增长。危机形成的倒逼机制加速了产业转移。还有沿海发达地区，迫于土地、劳动力等要素成本上升的压力，纷纷把工业尤其是工业的加工环节向中西部地区扩散，为园区在承接加工制造业上将有很大的拓展空间。

建园以来，武溪工业集中区先后完成了集中区总体规划和控制性详细规划的修编，完成了环境影响评价和可研报告的编制，并均已得到省相关主管部门批复；完成了 3080 亩工业用地的土地储备工作；制定了一系列招商引资优惠政策；实现了“一站式审批”，企业办事可不出集中区；搭建了工业园融资平台，市场融资已全面展开。

5.1.2 宏观政策带来发展新机遇。国家中部崛起战略的实施，全省加速推进“四化两型”建设、湘西大开发都为集中区带来了一系列优惠政策和巨大的体制创新动力，也加快了技术、人才、资金等生产要素的汇聚。2010 年 8 月 31 日，国务院正式下发了《国务院关于中西部地区承接产业转移的指导意见》。“十二五”期间，国家将采取一系列措施，保持经济平稳较快发展，解决社会分配差距和基本民生等问题；继续推进新一轮扶贫开发和西部大开发，加快实施中部崛起战略，湖南省深入实施湘西地区开发，将进一步加大基础设施、生态环境和社会事业发展的投入，增加财政转移支付。

生产要素和产业转移加快，这为泸溪从更宽领域、更高层次上扩大开放，承接产业转移和培育新兴产业带来了新的机遇。难得的政策机遇为泸溪加快发展营造了良好环境，有利于泸溪县全面提升新型工业化、农业产业化和城镇化水平，促进城乡协调发展。

5.1.3 区位优势不断提升带来发展新机遇。从泸溪自身看，经过改革开放三十多年的发展，特别是“十一五”的高速发展，综合经济实力显著增强，产业发展具备一定的基础，为加快发展奠定了坚实基础。泸溪县在交通方面坚持水陆并进，基本形成以高速公路为骨架，国省干线和县乡公路为支撑、乡村公路为支线的路网格局。交通瓶颈制约得到有效缓解，为加快发展提供了可靠保障。武溪工业集中区离319国道仅一江之隔，常吉高速穿园区而过，一条新建的城市道路（双向六车道）连接园区与县城白沙，交通十分便利。

5.2 面临挑战

5.1.1 招商引资竞争激烈。目前，区域、县市之间的招商引资竞争日趋激烈。从国内来看，外商投资出现了截流现象，沿海发达省市致力于全区域的协调发展，将其产业转移在内部消化。从湘西州内来看，各县加大政策优惠力度，加大了招商引资力度，招商引资竞争加剧。周边县市强劲的发展势头，给泸溪县带来了巨大的竞争压力。

5.1.2 资源环境压力增大。泸溪县受用地环境限制，可开发利用土地较少，资源环境的承载力不强，给经济持续发展和环境保护带来压力也愈来愈大。

5.1.3 高层次人力资源短缺。科技人才、管理人才、高层次技术工人短缺，用人留才机制不活，无法吸引和留住高层次人才，人力资源状况难以满足园区经济发展的需求。

第六章　产业和经济社会发展水平

2011年，泸溪县坚持以科学发展观统领经济社会发展全局，认真贯彻落实中央及省市县经济工作会议精神，加快转变经济发展方式，全面推进“四化两型”建设，按照“抓项目、强基础、调结构、兴产业、惠民生、促和谐”的要求，抢抓机遇，积极作为，全县经济运行保持了良好的发展态势，实现了“十二五”的良好开局。

6.1 经济社会发展概述

6.1.1 现状概述。泸溪县位于湖南省西部，湘西州东南方，是国家重点工程五强溪电站库区县、国家扶贫工作重点县、中国优质椪柑基地重点县、省政法综治平安县、全省县域经济发展先进县。全县辖15个乡镇、150个村（社区），总面积1565平方公里，总人口30万人，其中少数民族人口占总人口数的57%。县城白沙是著名的旅游休闲居住城市，被称为“中国最年轻的氧吧之城”，同时也是国家级卫生县城、全国文明县城。

经济总量稳步增长，产业结构持续优化。2010年全县生产总值(GDP)完成39亿元，比2005年增长138.6%，年均递增19%，为“十一五”规划的177%。农林牧渔业总产值达到7.97亿元，比2005年增长34.9%，年均递增6.1%。第三产业生产总值比重上升，服务业、旅游业发展良好。全县三大产业结构从2005年26:39:35调整到2010年12∶57∶31。

为民办实事，建设和谐社会。2010年，新田县积极贯彻落实省、市为民办实事各项任务，全力推进和谐社会建设步伐。“十一五”完成固定资产投资70.8亿元，是“十五”的1.6倍，以交通、水利、电力为重点加快基础设施建设，常吉高速公路建成通车，使我县融入全省4小时经济圈。完成县到乡公路硬化工程193公里，实现乡乡通油路，村道硬化近100公里，农村行路难问题明显缓解。完成各类水利工程17650处，27座病险水库得到彻底根治，新建农村饮水安全工程37处，解决饮水困难及不安全用水共4.05万人，兴建各类水土保持工程5500多处。22万伏、11万伏变电站投入运营，全县农村电网建设改造完成。实现89.3%的行政村通电话。开通了3G移动网络，移动电话普及率达到77.8%。

“十一五”期间，在泸溪县委、县政府的正确领导下，在上级党委、政府的精心指导、各部门的关心支持和国土资源部对口大力支援下，泸溪县全县上下深入学习实践科学发展观，艰苦奋斗，众志成城，战胜了百年不遇的冰灾、水灾和全球金融危机的冲击，较好地完成了“十一五”规划的各项目标任务，为“十二五”经济社会又好又快发展打下了坚实的基础。

6.1.2“十二五”经济社会发展目标。泸溪县“十二五”国民经济和社会发展目标是：实现四大跨越，即在经济总量、社会建设、人民生活质量、生态建设等方面实现新跨越。具体发展目标为：

(1)综合经济实力迈上新台阶。国内生产总值年递增16%以上，2015年GDP达到100亿元(现行价)，人均GDP达到33000元(按30万常住人口计算)；三次产业结构调整为10∶60∶30左右，财政总收入年递增20%，2015年达到7.5亿元；全社会固定资产投资年递增20%以上，五年累计完成140亿元以上；社会消费品零售总额年递增14%，2015年达到14亿元；价格总水平基本保持稳定。

(2)社会建设发展寻求新突破。使人民群众关注的就业、社保、医疗、教育、住房和收入分配等问题得到明显改善，普遍享有大致均等的发展成果和基本公共服务。全面普及九年义务教育和高中阶段教育，适龄青年接受高等教育机会显著增加。科技进步对经济增长的贡献率超过48%。社会保障体系进一步健全，五年新增城镇就业1.5万人，城镇登记失业率控制在4.5%以内；转移农村剩余劳动力8万人。新型农村合作医疗和农村养老保险覆盖率达到100%。城镇从业人员医疗、养老等五项基本保险覆盖率达到95%。城乡居民收入较快增加，城镇居民人均可支配收入达到1.76万元，年均增长10.7%；农村人均纯收入达到4100元，年均实际增长6%。

(3)人民生活质量实现新跨越。2015年城镇人均住宅建筑面积增加到30平方米，基本实现人均一间房和户均一套房，城镇生活污水集中处理率达到70%，饮用水源水质达标率100%，地面水质达标率96%。城市空气质量达标率100%。城镇生活垃圾无害化处置率达到100%，农村生活垃圾收集、处理率达到50%。人均公共绿地达到11m2以上，城市绿地率达到40%，主要道路绿化普及率达到90%以上。城镇化率达到45%，城镇人口达到15万人左右，非农产业从业人员占全部从业人员比重达到58%，城镇建成区面积15平方公里。

(4)生态环保建设力争新成效。经济增长的科技含量明显提高。加快资源节约型和环境友好型社会建设。“十二五”时期，人口自然增长率控制在8‰以内。耕地保有量保持在22万亩以上。万元生产总值能耗五年累计下降18%，主要污染物排放总量累计减少10%，全县森林覆盖率稳定在67%左右。资源循环利用率、废弃物处理率分别达到60%和90%，资源综合利用水平大幅提高，农村生活能源逐步以煤、电、沼气、太阳能等清洁能源取代薪柴等低质低效能源。

6.1.3“十二五”工业发展主要任务。积极引导、鼓励和支持电解锰生产企业合并重组，组建成为规模在5万—10万吨/年的集团，打造锰产业产值达8亿元的龙头企业，实现电解锰总产能20万吨、涉锰产品产能15万吨，年产值过20亿元；积极引导和抓好锌产业整合工作。电解锌及涉锌产品产能整合15万吨，年产值达18亿元；加大浦市李家田和楠木溪铝土矿采冶力度，接通现有铝产业链条，铝新材料产业年产值突破30亿元；重点落实好湘西盛基合金钢实业有限公司40万吨/年不锈钢卷带及制品及泸溪县和兴特钢有限公司40万吨/年不锈钢卷带及制品项目的建设，新金属材料加工产业年产值过30亿元；立足本地生物医药资源优势，力争到2015年，生物医药产业产值达到2亿元以上。

6.2产业发展水平。工业化进程加快，工业主导作用日渐突出，对经济增长的贡献率达到86%，以锰、锌、硫酸、铝粉及生物制药为主导的产业集群初步形成，工业园区化、集约化程度提高，实施了武溪工业园、金旭工业小区建成，工业总产值由2005年的10.8亿元增加到2010年的63.5亿元，年均递增42.1%；规模工业增加值由2.9亿元增加到20.5亿元，年均增长39.1%。以椪柑为主导产业的农业产业化、标准化水平不断提高。农林牧渔业总产值达到7.97亿元，比2005年增长34.9%，年均递增6.1%。第三产业生产总值比重上升，服务业、旅游业发展良好。6.3总体评价。综上所述，泸溪县进入了一个健康发展时期，其良好的产业和社会经济基础为武溪工业集中区的快速发展打下了坚实的基础，提供了有力保障。

第七章　指导思想和发展原则及发展目标

7.1 指导思想。高举中国特色社会主义伟大旗帜，以邓小平理论和“三个代表”重要思想为指导，深入贯彻落实科学发展观，以“产业扶贫、富民强县、绿色发展”为主题，坚持“绿色发展、产业集聚、用地集约、布局合理、高新特色”的原则，以“上规模、上水平、创特色”为重点，突出抓好招商引资、土地集约、产业集群、科技创新、环境建设等关键内容，抓住省市加快建设国家级承接产业转移示范区的机遇，重点发展以铝系列为主的金属材料加工、新金属材料加工的主导主业和以农林产品深加工为主的辅助产业。努力把园区建设成承接产业转移的前沿区、富民强县的创业区、科技创新的试验区、“四化两型”建设的示范区、经济转型的先导区、现代企业的聚集区。

7.2 发展原则

7.2.1绿色发展。碧水为路，青山作营。生态是湘西最大的优势，而经济欠发达又是湘西不可回避的问题，如何将生态优势转化成经济特色，是泸溪县乃至湘西州发展的一大难题。“绿色生态是湘西第一形象”在产业发展方面，应加快发展特色产业，实现产、学、研融合，加快湘西生态优势的经济转化：决策围绕生态定，产业围绕生态转，百姓围绕生态富。泸溪县产业发展应该树立可持续发展的观念，从技术、管理、观念同时入手，引入循环经济的发展理念，积极做好上下游产业的研发与生产，尽可能将生产产品作为另一生产企业的原材料，逐步形成循环经济产业链。工业企业要发展生态型无污染或少污染的企业，搬迁和关闭重污染企业和排污不达标企业。全面推广清洁生产，将武溪工业集中区建设成为一个高效、低耗、低碳、清洁的花园式工业基地。武溪工业集中区的建设应全面贯彻落实科学发展观，充分考虑资源环境承载能力，通过切实转变发展方式，产业结构向深加工、高附加值为主导调整，向节能型、清洁型方向调整，探索一条科技含量高、经济效益好、资源能耗低、环境污染少的新型工业化道路。同时，集中区的发展应坚持绿色发展，严格环保准入门槛，不断加大环境保护投入，开展资源综合利用，减少废弃物的最终排放量，推进企业清洁生产，引导企业走绿色制造发展之路。认真落实各项环境保护措施，扎实推进节能减排，不断完善环保基础设施。大力发展循环经济和低碳经济，积极构建有利于资源循环利用的产业链，实现资源共享高效利用，鼓励企业实施零排放，建设循环经济工业园区。

进一步调整投资结构，严格投资管理，坚决遏制部分行业过剩落后产能盲目发展。积极推进企业清洁生产和 ISO14000 环境管理体系认证，加大现有企业污染治理力度，强制企业完善污染治理设施，依法淘汰落后工艺设备，关闭污染大、能耗高的企业，切实降低消耗，减少废气、废水、废物排放。

7.2.2 产业集聚。充分发挥泸溪县资源、区位比较优势，促进产业结构的优化升级，突出抓好以铝系列为主的金属材料加工、新金属材料加工的主导主业和以农林产品深加工为主的辅助产业。积极引导主导产业企业向园区聚集，促进主导产业集群化发展。结合主导产业引进配套企业，加速产业扩展，延伸产业链。

7.2.3 用地集约。湘西自治州位于湖南省西北部，云贵高原东侧的武陵山区。武陵山区是国家重要生态功能区，还有不少地方为军事禁地，从整体上来看是限制开发和禁止开发。泸溪县地处湖南省西部，湘西自治州的东南方，武陵山脉向雪峰山脉过渡地带，大部分属低山地区，可开发用地有一定限制。集中区应科学制定园区土地总体利用规划、分区规划和详细规划，合理布局土地空间。加强项目建设用地管理，提高单位面积工业用地的投入和产出水平，鼓励建设使用多层标准厂房，严格控制厂区绿地面积，提高土地利用率，实现土地利用集约化。企业用地规模必须根据项目建设规模、建设内容、用地定额指标和单位面积投资强度等因素合理确定，对超过定额的用地，予以相应核减。

7.2.4 布局合理。根据产业发展要求，合理划分各功能分区，按照规划合理、产业集聚的原则，合理安排入园企业落户位置和用地面积。依托城区基础设施，尽量减少公用基础设施。

7.2.5 高新特色。广泛应用先进适用技术、信息技术和先进工艺设备改造提升传统产业。切实加大信息技术在产品研发设计、生产过程控制、企业管理、市场营销、人力资源开发、新型业态培育、企业技术改造等环节的推广和应用力度。鼓励和支持企业加强新技术、新工艺、新产品研发，开发具有自主知识产权、附加值高的产品。坚持差异化发展战略，着力培育特色集群、特色品牌，形成各具特色、优势互补的产业发展格局，加快构建具有湘西特色、富有竞争力的现代产业体系。

7.3 发展目标

7.3.1 总体目标。以邓小平理论和"三个代表"重要思想为指导，深入贯彻落实科学发展观，以打造湖南省知名的、湘西一流的省级工业集中区为目标，坚持"工业新城、城市新区"的理念，坚持"绿色发展、产业集聚、用地集约、布局合理、高新特色"的原则，按照"工业集中、产业集聚、土地集约、功能完善、管理科学"的建设思路，以现有产业为基础，整合优势，主动吸纳发达国家、东部发达地区、珠三角地区的技术产业转移，重点扶持引导发展以铝系列为主导的金属材料加工、新金属材料加工两大主导产业和农林产品深加工辅助产业。按照高起点规划，高标准建设的要求，形成一批产业定位明确、比较优势明显、经济效益显著、生产技术先进的产业集群。

7.3.2 近期发展目标

(1)经济发展目标。到2015年，集中区实现工业总产值105亿元，工业增加值达到41亿元，税金达到6.8亿元；集中区经济总量在县内工业经济中所占比重达到85%以上，每年新增规模工业企业1家以上。

(2)土地开发利用目标。集中区开发用地面积3.13平方公里，工业及仓储用地面积5.09平方公里(包含老工业基地(南区)的工业用地约2.9平方公里)，每公顷投资强度为1800万元，每公顷产出强度2000万元以上。

(3)节能减排目标。工业固体废弃物的综合利用率达到85%；工业污水处理率达到85%；万元GDP能耗(吨标煤)降低15%；SO2、NOx排放量较2010年累计降低1.39%、0.21%；COD、NH3-N排放量较2010年累计降低2.4%、4.6%。

(4)科技创新目标。国家和省级高新技术企业5家以上，高新技术产品种类达到5个以上，高新技术产业占GDP比例为20%。

7.3.3 远期发展目标

力争到2020年，泸溪县武溪工业集中区完成集中区4.14平方公里、工业及仓储用地面积5.95平方公里(包含老工业基地(南区)的工业用地约2.9平方公里)面积建设，发展成为基础设施完善、湖南省知名、湘西一流的工业集中区，两大主导产业、一辅助产业的产业链较为完整，产业集群效应开始显现。实现工业总产值185亿元，工业增加值达到73亿元，税金争取达到13.6亿元。

集中区近期、远期发展目标表

项目	序号	指标	2010年	2015年	2020年	性质
经济发展目标	1	工业总产值(亿元)	60.1	105	185	预期性
	2	工业增加值(亿元)	20.52	41	73	预期性
	3	税收(亿元)	3.07	5	11	预期性
	4	企业数(个)	41	55	80	预期性
	5	年新增规模以上企业(个)	2	1	5	预期性
	6	产值过亿企业(个)	21	25	30	预期性
土地开发与利用	7	用地面积(平方公里)	3.13	3.13	4.14	约束性
	8	每公顷土地投资强度(万元)	1600	1800	2500	引导性
	9	每公顷产出强度(万元/年)	1800	2000	3100	引导性
	10	固定资产投入(亿元/年)	4	5	5	引导性
节能减排与环境保护	11	工业污染物达标排放率(%)	92.39	94	96	约束性
	12	工业固体废物综合利用率(%)	75	85	90	约束性
	13	危险废物处理处置率(%)	100	100	100	约束性
	14	生活污水集中处理率(%)	55	85	90	约束性
	15	生活垃圾无害化处理率(%)	60	90	95	约束性
	16	单位GDP能耗降低(%)	5.4	15	30	约束性
	17	SO2排放量累计降低(%)	—	1.39	8.3	约束性
	18	NOx排放量累计降低(%)	—	0.21	9.0	约束性
	19	COD排放量累计降低(%)	—	2.4	7.2	约束性
	20	NH3-N排放量累计降低(%)	—	4.6	9.8	约束性
科技创新能力	21	高新技术企业(个)	4	5	10	预期性
	22	高新技术产品(个)	4	5	10	预期性
	23	高新技术占工业比重(%)	10	20	35	预期性

注:节能减排与环境保护指标减排量均以2010年数据为基准

第八章　产业定位和发展方向

8.1 产业定位。集中区发展按照统一规划、分步实施的原则,以武溪工业集中区现有的产业为基础,以有优势、有特色和带动性强的产品为发展重点,提高集中区土地资源利用率,不断优化产业结构,加大劳动密集型企业招商引资力度,注重配套和关联企业的引进和产业链的延伸，完善产业服务体系，以高新技术的铝系列深加工、新金属材料加工为支柱主业，生物医药等为辅助产业，将武溪工业集中区建设成为承接发达地区转移的前沿区、城市发展的新区、富民强县的创业区，打造成为湖南省县域科技创新的试验区、经济发展的示范区和新型工业化的先行区。

发展高新技术产业，是省政府对湘西地区发展的要求，也是泸溪县发挥本地特色资源优势、区位交通优势，加快突破发展的必然选择。2009 年以来，泸溪县委、县政府提出"工业强县、产业富民、环境创优"的战略思想，明确"以资源为依托，以项目为载体，以集中区为平台，以技术为支撑"，打造高新技术为主导产业，建设泸溪县武溪工业集中区高新技术产业基地。

8.1.1 承接产业转移的前沿区。以机制体制对接为先导，大力推进产业对接，把工业集中区建设成为泸溪县对外开发的重要窗口、招商引资的重要平台、出口创汇的重要基地，开放型经济发展动力的主要源泉。

8.1.2 农林产品深加工基地。利用泸溪县的农林资源优势，高起点建设、高水平管理，大力发展农林产品深加工产业，延伸产业链，增加产品附加值。

8.1.3 城市发展的新区。充分发展现代服务业，大力完善集中区公共设施，建设基础设施一流、人居环境优良、社会治安良好、社会保障健全的城镇新区，使集中区成为泸溪县现代化城市的示范区和人居工程的样板区。

8.1.4 富民强县的创业区。按照"低成本、回报快、信誉好、效率高"的要求，不断完善工业集中区的软硬环境，搭建创业平台，使集中区成为泸溪县全民创业、返乡创业的福地，催生投资"洼地效应"。

8.1.5 县域科技创新的试验区。鼓励和支持工业集中区在体制改革、科技创新、制度变革等方面先行先试，力争在重点领域、关键环节取得突破，为集中区持续健康快速发展提供强大动力，使泸溪县武溪工业集中区成为湖南省县域提质、改革和科技创新的先行实验区。

8.1.6 县域经济发展的示范区。发展壮大一批龙头企业，引进培育大量中小企业，形成产业集群，做大做强集中区的产业基础。同时，拉伸城镇框架，完善城镇功能，扩大城镇规模，实现工业化和城镇化的良性互动，为县域经济发展提供持久动力，为湖南省县域经济发展做出示范。

8.1.7 县域新型工业化先行区。工业集中区建设要转变发展观念，创新发展模式，提高发展质量，走出一条科技含量高、经济效益好、资源消耗低、环境污染少、人力资源优势得到充分发挥的新型工业化路子，使工业集中区成为湖南省发展县域经济、发展循环经济和建设节约型社会的先行区。

8.2 产业发展方向

8.2.1 产业选择依据。集中区的产业选择和产业发展方向将依据集中区的产业发展现状和未来发展趋势，结合泸溪县“十二五”发展规划，以集中区现有产业为基础，发挥集中区的产业基础优势、资源优势、市场优势，并遵循“主次分明，循序渐进”的发展原则，选择合适的产业选和产发展方向。集中区主导产业选择符合“湖南省十二五战略性新兴产业发展规划”以及经信委关于发展战略性新兴产业的相关要求。

(1)产业基础。集中区成立之前已形成的工业集聚区主要以锰、锌产业为主；集中区在“十一五”期间，形成以湖南金天铝业高科技有限公司、泸溪县县金源粉体材料有限责任公司为龙头核心的金属加工产业集群；以湘西盛基合金钢实业有限公司、泸溪县和兴特钢有限公司、湖南省泸溪县飞跃不锈钢有限公司为重点的新金属材料加工产业集群；以湖南省超人柑橘产业有限公司、泸溪县晓园生物科技有限公司等为重点的农林产品深加工产业集群。初步形成了以铝系列为主的金属材料加工、新金属材料加工和农林产品深加工等产业基础。

(2)资源优势。泸溪县矿产资源丰富，是椪柑、杜仲的种植产地。集中区依托泸溪县的农林、矿产资源，着力在金属材料深加工、新金属材料加工和农林产品深加工产业上做文章，形成具有资源优势的主导产业和辅助产业。

8.2.2 产业发展规划

(1)以铝系列为主的金属材料加工产业。①发展前景。铝系列精深加工是全球资源配置、国际化程度高的产业，从“十一五”产业发展趋势看，主要具有四个特点：一是企业并购重组加快，产业集中度不断提高。二是技术创新步伐加快，更加注重资源综合利用、节能新技术、清洁生产工艺和循环经济推广应用。三是注重节约资源，加快利用国外资源。提高国内铝土矿利用效率和勘探开发水平成为当务之急。四是更加注重发展铝的深加工，产业链条完整性成为区域铝工业竞争的关键。②发展目标。争取到2015年，金属材料加工产业年总产值突破68亿元。其中：铝材料产业年产值突破30亿元，锰产业产值过20亿元，锌产业产值突破18亿元。③发展重点。改造、提升、整合以锰、锌为主导的两大传统优势产业，以技术改造为抓手，以精深加工、拉长链条为主攻方向，实现规模扩张和结构优化升级。

加快建设铝深加工高新技术产业化基地，大力发展铝精深加工，重点发展铝带材、微细铝粉、铝浆颜料、锰铝合金、铝钛合金等产品。重点支持金天铝业公司太阳能铝粉，支持派斯特公司扩建铝颜料等项目建设，增强在新材料产业中的竞争力，将泸溪打造成为中南地区新金属材料基地。

(2)新金属材料加工产业。①发展前景。新金属材料产业是高新技术产业，创新能力是新金属材料产业的核心竞争力所在，要加快提升新金属材料企业的技术创新能力和管理创新能力。利用泸溪县及附近地域的黑色金属资源和有色金属资源发展下游的不锈钢、合金材料及其制品；利用非金属矿产资源和初级产品发展下游的非金属高科技新金属材料；利用以上两类现代材料的产业基础，形成的合金材料、金属基复合材料、不锈钢材料、功能基复合材料，以及沿以上材料产业链的纵向和侧链发展集群化的制品产业。②发展目标。争取到2015年，新金属材料加工产业年产值达30亿元。③发展重点。重点落实好湘西盛基合金钢实业有限公司40万吨/年不锈钢卷带及制品及泸溪县和兴特钢有限公司40万吨/年不锈钢卷带及制品项目的建设，继续加强与浙江省宁波余姚市政府联系，就产业转移事宜制定出相关规范协议和具体实施方案，进一步确立企业在技术创新中的主体地位，鼓励企业加大研发投入。

(3)农林产品深加工产业。①发展前景。泸溪县农林资源较丰富，野生植物有616种，其中药用植物188种、林木286种、水果7种、竹类11种、野菜14种、牧草类110种。园区生物制药产业目前主要涉及到绿原酸、喜树碱、青蒿素、白藜芦醇、猕猴桃等原料。绿原酸是一种广泛使用的抗菌、利胆、降脂降压，抗病毒原料；喜树碱是一种植物抗癌药物，对肠胃道和头颈部癌等有明显疗效；青蒿素是从中药青蒿中提取的有过氧基团的倍半萜内酯药物，是一种高效、速效的抗疟药；白藜芦醇是一种天然的抗氧化剂，可降低血液粘稠度，抑制血小板凝结和血管舒张，保持血液畅通，可预防癌症的发生及发展，具有抗动脉粥样硬化和冠心病，缺血性心脏病，高血脂的防治作用。猕猴桃含有丰富的维生素C、E、K等，可强化免疫系统，促进伤口愈合和对铁质的吸收；它所富含的肌醇及氨基酸，可抑制抑郁症，补充脑力所消耗的营养细胞；它的低钠高钾的完美比例，可补充熬夜加班所失去的体力。②发展目标。争取到2015年，农林产品深加工产业年产值突破5亿元。③发展重点。依托农产品优势资源，引导加工企业和产能向优势农副产品产区集聚，引导企业与合作社、农户有效对接，构建产供销、工贸农、农科教一体化的产业链，发展一批起点高、规模大、带动能力强的核心骨干企业。加强技术创新和改造升级，提升农产品精深加工技术装备水平。培育知名品牌，注重保护农产品注册商标和地理标志，提高产品影响力和市场占有率。重点建设优势水果产业提升和生物制药研制开发等重大产业化工程。立足本地生物医药资源优势，鼓励外来资本参股或兼并重组，整合资源，提升企业竞争力，鼓励企业加快产品创新，研发具有高技术含量、高附加值的下游产品。重点支持武陵阳光生物科技公司大力开发青蒿素、迷迭香系列新产品；支持晓园公司大力开发绿原酸等新产品；支持富泰生物科技公司和超人公司开发椪柑落地果药物提取项目。

第九章　空间功能布局

9.1 总用地规划

武溪工业集中区位于泸溪县城西面。泸溪县属于亚热带湿润季风气候区，夏季主导风向为东南偏南风，冬季主导风向为西北偏北风。泸溪县城已建成区处于工业集中区夏季主导风向的上风向和侧风向、冬季主导风向的侧风向。工业集中区建设对县城已建成区的影响较小，但仍应注意靠近县城已建成区的工业用地，不能布置集叉气体污染的企业。集中区尽量减少公共市政设施，采取大型公共市政设施与县城建成区共用的方式，以增加工业用地面积。

规划到 2015 年，集中区总用地面积 3. 13 平方公里，其中工业用地面积 2. 19 平方公里（包括仓储用地面积）；规划到 2020 年，集中区总用地面积 4. 14 平方公里，其中工业用地面积 3. 05 平方公里（包括仓储用地面积）。经与《泸溪县土地利用总体规划（2006-2020）》及《泸溪县城市总体规划（2011-2020）》对比，集中区用地规模在土地利用总体规划确定的建设范围内，也未突破县城总体规划中工业园区建设用地规模。

泸溪县武溪工业集中区用地规模表

集中区	2015 年规模（平方公里）	2020 年规模（平方公里）
总用地面积	3. 13	4. 14
工业及仓储用地面积	2. 19	3. 05
工业及仓储用地比例	69. 96%	73. 67%

9.2 空间功能结构布局

武溪工业集中区规划结构为“一心四区”的空间结构。

一心。公共服务中心——是工业集中区的孵化器，具备金融商贸、科技开发、社会服务等功能，同时也是县城次中心区的组成部分。

四区。⑴锰、锌产业区——是现状已建成区，本区的主要任务是产业升级和技术改造，淘汰高污染、高能耗、低效益的落后产能和工艺，以锰精深加工，电解锌及涉锌产品为主。⑵金属材料加工产业区——位于工业集中区中部，以铝系列为主，进一步拓展金属材料加工产业链上下游，建设配套产业园，形成产业集群，并以建设生态化的工业集中区为目标。⑶新金属材料加工产业区——位于工业集中区北部，以不锈钢卷带及制品为主导，进一步拓展新金属材料加工产业链上下游，建设配套产业园，形成产业集群，并以建设生态化的工业集中区为目标。⑷农林产品深加工产业区——大部分位于工业集中区南部，处于县城排水下游；是工业集中区产业发展的基础，充分利用泸溪丰富的农林产品资源进行深加工，发展食品、植物制药等行业。

规划建设用地平衡表(2020年)

序号	用地性质		代号	面积(公顷)	比例(%)	备注
1	居住用地		R	26.6	6.42	
	其中	二类居住用地	R2	26.6	6.42	
2	公共设施用地		C	5.73	1.38	
	其中	行政办公用地	C1	0.83	0.20	
		商业金融业用地	C2	3.98	0.96	
		医疗卫生用地	C5	0.05	0.01	
		教育科研用地	C6	0.55	0.13	
		其它公共设施用地	C9	0.32	0.08	
3	工业用地		M	305	73.67	
	其中	一类工业用地	M2	30	7.25	
		二类工业用地	M2	91.5	22.10	
		三类工业用地	M3	183.5	44.32	
4	仓储用地		W	4.00	0.97	
5	道路广场用地		S	31.96	7.72	
	其中	道路用地	S1	30.3	7.32	
		广场用地	S2	0.60	0.14	
		社会停车场库用地	S3	1.06	0.26	

续表

6	市政公用设施用地		U	2.55	0.62	
	其中	供电用地	U12	0.20	0.05	
		货运交通用地	U22	2	0.49	
		其他交通设施用地	U29	0.10	0.02	
		环境卫生设施用地	U4	0.05	0.01	
		其它市政公用设施用地	U9	0.20	0.05	
7	绿地		G	38.25	9.22	
	总计			414.09	100	

注:部分大型市政公用设施布置在外围,可满足需求

第十章　建设重点和任务措施

10.1 建设重点

按照远期 4.14 平方公里、20 年不落后的标准，认真抓好工业集中区的规划修编。结合现有产业和企业发展需求,科学规划产业布局和功能分区,以产业分区建设推进集中区建设,推进集中区扩规模、上水平、创特色。加强集中区“七通一平”工作,预征一定数量项目用地,以提升集中区的承载能力,加快项目建设推进速度。

按照“量力而行、适度超前”原则,加大集中区基础设施配套建设。近期基础设施建设重点为完善现有道路,构建集中区开发的大骨架,扩建供电、供水、排水工程。

基础设施建设项目表详见附表 2- 泸溪县武溪工业集中区基础设施建设项目表。

10.2 主要任务

10.2.1 培育引进龙头企业。培育地方优势企业。集中区根据产业准入要求和区域产业基础,以符合发展趋势、具有高成长性的一些产业为突破口,选择一批地方优势企业,引导企业兼并重组、强强联合,推动龙头骨干企业做大做强,提高产业集中度、增强核心竞争力。通过掌握核心技术、创立自主品牌和争取国际、国内流通渠道主动权、终端市场控制权等途径,向产业链的高端延伸升级。

10.2.2 引进培育大型企业和项目。坚持开放政策,立足优势,明确特色,加强产业链招商,加快与国内、省内大企业开展战略合作,积极引进大中型企业集团尤其是中央企业落户到集中区,充分利用国家战略资源促进集中区发展,优化集中

区产业结构和企业结构，加快推进集中区经济转型升级。园区积极扶持入园企业上档次、上水平、上规模，引导和帮助现有企业拓宽思路，对原有产品升级换代，从而提高经济总量，提高企业利润，形成共赢局面。

10.2.3 提升项目建设水平。遵行高投资、高收益、高税收、低污染、低能耗标准，切实加大项目引进和建设推进力度，确保每年固定资产投资 5000 万元以上企业建成投产三个以上。集中区管委会做好企业落户服务工作，以服务型姿态配合企业完成国土、规划、环保、发改等部门的项目申报、审批工作，促成签约项目尽快开工建设，在建项目尽快建成投产。

10.2.4 着力招商引资。建立健全招商引资工作制度，整合资源、形成合力，抢抓产业转移机遇，营造招商引资工作良好氛围。在招商引资工作方式上主攻长三角、珠三角两个沿海发达地区，针对集中区规划的主导行业，主动寻找、承接产业转移项目。

10.2.5 加强经济环境建设。以提升全社会整体工业文明素质为目标，进一步增强服务意识、法治意识，努力营造良好的政务环境、人文环境、治安环境、舆论环境，为工业发展营造宽松的发展氛围。健全扶持工业集中区发展政策体系建设，适时对政策措施进行调整完善。着力健全项目推进工作制度，工业项目从签约引进、前期筹备、征地拆迁、报建审批，到建成验收整个过程，建立规范工作流程，进一步明确各部门单位服务职责和首问负责制，提供一条龙便捷式服务。同时，以工业发展环境建设为重点，建立处理突发事件应急处理机制，对工业项目建设过程中的强行参工参运、非法阻工等行为，快速严厉予以打击。

10.2.6 大力发展循环经济和企业精细管理。⑴以科学发展观为指导，按照走新型工业化道路的要求，把做大园区规模和可持续发展有机结合起来，以优势资源的高效和循环利用为核心，以“减量化、再利用、资源化”为原则，鼓励和引导园区企业走“资源—产品—废弃物—再生资源”的循环经济发展模式。⑵支持和鼓励园区企业在内部推行清洁生产和精细管理，改善企业的内部环境，保证企业单位产品能耗、物耗、水耗及污染物排放量低于湖南省平均水平，增强企业可持续发展能力。力争以最小的资源消耗、最小的环境代价实现园区经济的健康、快速、可持续发展。⑶鼓励引进和支持以改善环保、节能降耗、资源综合利用的技术改造和可循环利用资源的建设项目入驻园区，将园区内一系列彼此关联的产业链整合成生态工业网络体系，形成生态产业链，争取建成湘南地区循环经济示范工业园区。

10.3 保障措施

10.3.1组织领导措施。(1)内部组织体系建设措施。泸溪县武溪工业集中区应在泸溪县委、县政府的领导下,建立以集中区管委会为中心,“一室三部”(即综合办公室、综合招商部、规划建设部、企业服务部)分工负责的组织体系,并在工作开展中不断完善组织机构。同时,泸溪县武溪工业集中区领导小组要不断提高领导经济社会发展的水平,探索和建立高效运作的领导经济社会的方式,研究和解决全局性、战略性、前瞻性的重大问题,正确判断经济社会发展面临的形势,确定集中区发展的基本思路和工作重点;负责编制方案实施的年度发展计划,并负责组织实施,以及研究各产业的上下游相关企业在集中区内发展的可行性,大力促进集中区产业集群化和集约化发展;负责协调企业与有关职能部门、中介机构的关系,为企业提供优质、高效的服务,为企业提供投资政策、投资环境、市场信息以及其他方面的咨询。(2)创新运行机制。集中区应通过深化行政审批改革,进一步简化和规范行政审批,完善“一站式”服务体系,为集中区内企业代(协)办国有土地使用权证等相关手续与证照。通过加快政府职能转变,强化政府的社会管理和公共服务职能,坚持“以人为本”的政府管理思想,形成行为规范、运转协调、公开透明、廉洁高效的行政管理体制。建立决策、执行、监督相协调的政府运行机制,做到公众参与、专家论证和政府决策相结合;建立健全决策跟踪、反馈和责任追究制度;切实转变作风,提高政府行政效能和服务质量;深化政务公开,即公开职责权限、办事程序、办事时限、收费标准、办事结果、重要决策、廉政规定、监督方法、责任追究、行业禁令。在集中区管委会的统一领导下,发挥综合办公室、综合招商部、规划建设部、企业服务部的职能,对集中区所辖村组、社区开展管理、社会事务工作;负责集中区征地拆迁、安置补偿、土地办证工作;负责集中区建成区内城市管理工作。同时,通过市场化运作模式,进一步确定企业的主体地位,用发展的思路强化市场手段,用改革的办法强化制度建设,用切实的措施强化监管体系,创新运营机制,在更深层次、更大程度、更广领域实现资源配置市场化。(3)提高规划意识。规划是建设的龙头和指南,要坚持“高起点规划、高标准建设、高效能管理”的理念,按照立足实际、着眼长远、适度超前的原则,把集中区作为一个整体、一个系统来进行规划,使规划覆盖整个集中区,实现集中区有步骤、有重点的发展。加强集中区总体规划、规划管理法律和法规的宣传,提高规划意识,增加规划的透明度,建立公众参与机制。集中区规划实施情况要定期向社会公布,接受社会各界的监督。在下一阶段的工作中，泸溪县武溪工业集中区管理委员会应依据规划尽早编制下层次规划，规划管理部门应会同土地管理部门将规划划定的集中区建设用地、村镇建设用地与非建设用地进一步落实，以坐标形式确定边界，未经法定程序批准，任何单位和个人不得以任何理由和借口在非建设用地范围内进行城镇开发建设；在非建设用地范围内，严格划定各类保护用地的范围，并以法规或规章的形式明确其保护措施。(4)健全土地储备制度。完善政府主导型的土地储备制度，由政府垄断城市土地一级市场，树立经营集中区的观念，规范土地投放方式，适当控制土地投放量。加强建设用地的收购与闲置地的回收，对于集中区规划调整、企业外迁置换涉及的土地由政府统一调控。(5)加强产业规划引导。按照泸溪县城市总体规划、武溪工业园总体规划和产业发展规划的有关要求，加强招商引资和产业规划管理。对招商引资落户集中区的项目，统一纳入集中区产业规划布局进行规范管理，并享受集中区的各项优惠政策；对拟选址安排在集中区的产业项目，有关部门要统一协调，严格审批，避免产业雷同，防止重复建设。同时，集中区要进一步依托资源优势和产业基础，逐步完善产业配套环境，力推铝系列精深加工和新金属材料加工主导产业的发展，培植特色鲜明的高新技术产业集群，使其成为支撑集中区经济发展的重点。(6)强化监督机制。集中区在发展过程中，管理委员会必须强化规划执行法定理念，建立规划实施督促检查机制，加强对规划实施的监测、预警和协调，定期发布规划实施情况和重大变动情况，主动接受社会监督，确保规划执行的坚定性、持续性和约束性。组织好规划实施的阶段性评估，多角度分析评价规划实施效果、政策落实情况以及贯彻执行规划后集中区的产业集聚、投资密度、产出效益、资源消耗和环境保护等方面，检验集中区发展定位和目标，审视集中区履行社会管理和公共服务职责的效果和效率，及时查出问题、分析问题、解决问题，并提出修改意见，保障规划目标实现，促进集中区和谐、健康、有序地发展。

10.3.2 政策保障措施。建立、健全集中区发展规划的政策保障措施，使集中区内各产业项目在宽松的政策环境下得以实施建设。努力将集中区的发展规划内容纳入整个泸溪县社会经济发展规划，大力争取国家、省、市、县的政策与资金支持，促进规划中的项目尽早开工建设并投产。(1)财政扶持政策。泸溪县政府应制定针对入驻企业的税收鼓励政策。对外商投资企业，执行国家规定的相关税收优惠政策；对内资投资新建的工业项目，在年入库税金达到一定额度以上的，设定一定年限的税收返还；引进特殊项目及重大项目的扶持政策，采取县委、县政府集体研究，“一事一议”的办法确定。(2)建设规费政策。集中区内的固定资产投资项目，采用建设工程报建规费包干制，根据项目投资额度，具体标准由县委县政府讨论制定，以文件形式下发执行；为节约工业用地，鼓励企业建多层生产厂房，所建厂房为两层的，建设工程报建规费在实际缴纳基础上再减20%缴纳；所建厂房为三层的(含三层)以上的，建设工程报建规费减半。(3)行政事业性规费政策。实施行政事业性收费公示制度，收费部门使用财政部门统一印制的“行政事业性收费专用收据”；由泸溪县县级各部门办理的所有证照，一律免收工本费用；对年销售收入5000万元以上的企业，各项行政事业性收费按最低标准收取；企业技改项目固定资产投入在5000万元以上的，各项行政事业性收费全免。(4)价格政策。集中区负责在企业开工前按规划将企业所需的水、电、道路、电视、电讯等基础设施完善至企业所在区域的主干道，不向企业收取水、电、通讯开户费，保证企业有一个正常的生产经营环境。在企业进驻集中区进行建设、投产后，进一步完善环境资源有偿使用机制，建立环境价格体系，实行排污总量有价分配制度、排污许可证制度和污水处理按质收费制度，用经济杠杆促进循环经济发展。通过水价、电价、气价等价格政策调整，严格工业企业取水条件，合理调整工业企业供水价格；实行峰谷计时电价，引导用户转移高峰负荷；进一步完善工业垃圾、排污收费政策。(5)融资担保政策。协助投资方融资贷款，成立泸溪县中小企业信用担保有限责任公司。融资贷款用于固定资产投资的，在支付全部土地款且厂房主体工程开建后，可由泸溪县中小企业信用担保有限责任公司为项目进行融资担保，有效地为企业融资提供优质服务。(6)土地集约利用政策。鼓励企业建设高层厂房、标准厂房的节地模式。为了充分利用集中区有限的土地资源，提高投入产出效率，鼓励建设多层厂房和引进能在多层标准厂房生产的工业项目，严格审定工业项目的投资强度、建筑密度和建筑容积率。加强集中区规划范围内的用地管理，禁止违规建房，控制集中区道路两厢的民房建设，防止拆迁障碍。(7)技术扶贫措施。泸溪县属于国家级贫困县，经济发展水平较低，企业的科学技术实力较低。集中区在发展过程中，可通过对口相关科研院所、大专院校等研究机构，输入先进的生产技术、经营管理理念、高级技术管理人才等，促进集中区的产业升级，提升集中区企业的经营管理水平。

10.3.3 加强基础工作。(1)完善基础设施，构建经济发展平台。坚持把建设资源节约型、环境友好型工业集中区放在工业化、现代化发展战略的突出位置，本着

“高起点规划、高强度投入、高质量建设、高水平管理”的总体方针，进行工业集中区的规划和建设，实行规划一张图、建设一盘棋、审批一支笔，严格“先规划、后建设”的程序，坚决禁止违规建设。泸溪县武溪工业集中区管理委员会要加快基础设施的建设，改善工业企业发展硬环境。基础设施是集中区工业企业快速发展的前提和保障，可以为区内企业之间、区内外企业之间的分工与协作创造条件，为生产活动的顺利进行提供保证，为提高集中区经济效益奠定基础。集中区要进一步加快基础设施建设步伐，全面完成区内道路网络建设，配套完善近期3.13平方公里区域自来水、电力、天然气、道路、通讯、光纤、排污“七通”，加快污水收集管网系统建设步伐，规划雨污分流、清污分流建设；启动集中区远期4.14平方公里区域建设，拓展开发区发展空间，增强开发区承载能力。(2)完善公共服务平台建设。建立、健全集中区公共服务保障制度，以企业为主体，以小企业创业服务中心为重点，以科技公共服务平台建设为突破口，围绕食品安全打造食品检验、检测服务平台；推动小企业创业基地建设，健全完善企业贷款的担保体系、信用体系和技术保障体系；提高园区的承载能力、孵化功能和公共服务保障能力。重点支持建设技术研发、咨询培训、信息服务、融资担保等公共服务平台和支撑体系，打造区域品牌，形成规模经济效应。建立了产、学、研基地(泸溪县铝精深加工检测研发中心、泸溪县武溪网络信息服务中心、泸溪县投资贸易促进中心、泸溪县武溪物流服务中心、泸溪县武溪人才孵化培训中心、泸溪县武溪创业服务中心、泸溪县中小企业服务中心)。(3)注重环境保护。泸溪县武溪工业集中区管理委员要加大对集中区内企业的宣传教育和培训，使企业充分认识到，传统的生产过程末端治理模式的极大局限性，使节能减排、循环经济、环境保护观念深入人心。结合集中区控制性详规的要求，严格遵守国家及地方的环境保护法规与标准，严格实行污染物排放总量控制制度、建设项目环境影响评价制度和环保设施“三同时”制度。在各装置设预处理单元时，对其难以完全就地处理的污染物先进行预处理，收集后统一处理或回收，加强集中区的“三废”治理。在部分工厂内应建设油水分离池和化粪池，使车间中可能带出的油污和食堂生活排出的污水通过油水分离池和化粪池处理后，再排放到集中区市政污水管网，最终排入泸溪县城污水处理厂。鼓励企业内部实施清洁生产和资源利用，从源头削减污染，提高资源利用效率，减少或避免生产、服务和产品使用过程中污染物的产生和排放。在各装置设预处理单元时，对其难以完全就地处理的污染物先进行预处理，收集后统一处理或回收，加强集中区的“三废”治理。管委会要找准自己的定位，着力于集中区内生态链和生态网的建设，最大限度提高资源利用率，使废弃物资源化、减量化和无害化，实现区域的清洁生产，并做好环境监督投诉工作，为工业集中区内企业提供一个符合循环经济理念和工业生态学原理的与环境和谐共存的新型工业集中区。(4)提供人才保障。要紧紧抓住人才培养、吸引、使用三个环节，尽快形成与经济发展相适应的人才培育架构，创新人才工作机制，优化人才队伍结构，强化人才激励机制，努力营造优秀人才脱颖而出和人尽其才、才尽其用的良好环境。首先，集中区应消除体制障碍和政策壁垒，建立分工合理、方式多样的人才综合培养体系。既培养实用型技能人才，也进一步加强企业经营管理人才队伍建设，造就高素质的企业家队伍。其次，要树立人才不求所有，但求所用的理念，紧紧依靠已经形成的技术转化能力，引进和培养高级技术专家、高级工程人才和科技创新管理人才，提高高级技术工人的培养能力，培养一大批高素质的技术工人。最后，完善激励机制。对有突出贡献的优秀人才给予物质奖励和精神认可，定期公开向对集中区发展有特殊贡献的优秀人才颁奖，鼓励企业培养和敢于使用富有潜力的人才，倡导一种能上能下，鼓励新人成长的人才观和人才使用机制。(5)提升技术装备与产品质量。工业集中区入驻项目首先必须符合《产业结构调整指导目录(2011 年本)》(国家发改委第 9 号令)的相关要求。对于不符合国家及地方产业政策导向要求的项目，采取一票否决制，严禁入园。集中区招商部门要准确把握国家产业政策方向，随时了解国家产业政策的细节要求，防止引入生产工艺或装备落后、产品质量低劣的企业，以及有污染的项目，以保证工业集中区的持续健康发展。对于现有的不符合集中区主导产业定位的建材类、化工类企业，采取逐步引导、逐步退出的措施。首先，集中区应构筑行业准入门槛，以提升企业技术水平和产品竞争力为目标，大力实施技术标准战略。今后凡新进集中区企业，鼓励采用国际标准和国外先进标准，产值达 5000 万元以上的企业必须通过 ISO9000 体系认证。扶持铝系列精深加工龙头企业制定行业标准。引导现有企业制定企业标准。通过标准的制定和实施，促进产品质量的稳定、优质，扩大产品和服务贸易的范围，充分发挥技术标准提高产业经济核心竞争力的作用。其次，应积极推进名牌发展战略，强化区域品牌建设，围绕铝系列精深加工、新金属材料加工和生物制药等优势高新技术产业培育发展一批全国名牌和省级名牌，形成名牌产业集群，带动整个集中区经济整体质量水平提高。再次，加强对获得生产许可证和强制性产品认证获证企业的后续监管，督促企业建立和完善质量保证体系，严把原材料进厂和产品出厂检验关，严格生产过程质量控制。着力解决产品质量存在的突出问题，开展区域性产品质量整顿工作。扶持提高一批骨干优势企业，规范一批中小企业，淘汰一批生产条件差、生产工艺落后的生产企业，使集中区所有生产企业具备生产合格产品的生产条件，企业规章制度进一步健全，确保产品质量整体水平的提升。最后，拓宽融资渠道，在积极争取省技改专项资金投入的同时，更多地采取市场化的融资方式破解资金难题，支持企业上市融资。加快发展租赁、风险投资、发行债券等融资方式。对符合政策、市场前景好的重大技改项目，集中区要积极向金融机构推荐，促进银企合作，争取贷款支持。认真贯彻落实国家、省、州关于加大投入、税收激励、金融支持、政府采购、知识产权保护、人才队伍培养等多方面优惠政策，全面落实企业增值税转型和进口设备免税政策，鼓励企业技术创新，支持企业技术提升。

⑹安全生产。集中区管委会设立了安全生产监督管理办公室，明确了安全生产的责任、程序和工作机制，与各企业签订了安全生产目标责任书，形成了管委会、重点企业安全生产工作联动机制，强化了管委会对安全事故和隐患处理的综合协调手段，建立了突发安全应急处理机制。在危险化学品保管运输、特种设备、交通安全等方面全方位开展安全监督检查，深入开展安全生产法律法规的宣传贯彻，促使管委会各部门、集中区各企业安全生产责任意识的提升，督促重点企业建立安全生产管理制度，继续保持安全生产稳定的态势。

结束语

规划是泸溪县武溪工业集中区未来发展的指导性文件，是制定集中区相关产业规划、项目策划、年度计划的重要依据，是工业集中区发展的行动纲领。在《规划》的基础上，泸溪县人民政府将根据实际情况对《规划》进行适时调整、补充和完善，县各级部门将积极推进和配合落实。

泸溪县武溪工业集中区是泸溪县实现工业强县、经济跨越式发展和规模扩张的主要支撑点，是加快建设中西部经济发展高地的重要载体，工业集中区将抓住发展的有利时机，坚持贯彻科学发展观，加快发展、科学发展、又好又快发展，不断提升工业化水平，切实推进工业强区进程，高起点搞好规划建设，培育形成现代工业产业集群，实现产业集中发展、土地集约经营、基础设施集中利用，使集中区成为湖南发达地区的产业转移、促进经济社会发展的重要产业平台。

三、调研文章

全力推进新型工业化，建设富民强县新泸溪

刘时进

湖南泸溪是国家扶贫重点县，近年来，泸溪县把推进新型工业化作为富民强县第一抓手，推动了县域经济又好又快发展。与2004年比，2008年全县工业总产值增长35.8亿元，年均增幅44.6%；规模工业总产值增长28.18亿元，年均增幅48%；工业经济对GDP贡献率由65%提升到89%。连续两年被省委、省政府评为“全省县域经济发展先进县”“全省加快推进新型工业化先进单位”。今年1-6月，规模工业完成总产值18.3亿元，同比增长12.63%；完成工业增加值5.99亿元，同比增长40.5%，增速位居湘西自治州之首。

一是加大投入，扩充经济总量。建立了多渠道投入机制，近三年，共投入技改、扩建、新建项目资金12亿元，新上了5万吨氢氧化铝、40万吨磷精矿浮选、6万吨锰合金及3个高附加值植物提取等项目。加快工程扩改，提高生产能力，通过扩改，电解锰、电解锌、硫酸、微细铝粉生产分别由四年前的4万吨、1万吨、5万吨、0.3万吨发展到20万吨、18万吨、30万吨、3.2万吨。

二是引入竞争机制，提高科技含量。投入300多万元与科研院所、高等院校合作，完成了铝、磷、石煤等优势资源采选与综合利用项目中试，通过资源竞拍，引进了新加坡喜丰、宁波天平、中冶集团进行优势资源开发。创新电解锰生产技术，提高核心竞争能力。采用了无硒添加剂、无铬钝化剂技术新工艺，二氧化锰替代碳酸锰，提高了电解锰纯度及吨产品市场价格，解决了金属污染问题，降低了每吨电解锰生产的电能耗和生产成本。综合利用，用硫化锌矿铜镉渣、熔铸炉锌灰、锌焙砂等原料进行生产，回收利用工业废渣，创造出了“几个原料生产一种产品，一种原料生产几个产品”的先进生产方式，增大了利润空间。

三是搭建聚集平台，发展产业集群。借鉴浙江宁波不锈钢集群化发展经验，打造中南地区最大的金属材料基地。建设了占地7.33平方公里的武溪工业园，围绕锰锌产品的深加工、引进了20万吨不锈钢、40万吨不锈钢配套项目、10万吨

锰合金项目。新建了占地700亩的金旭工业小区，项目6个，已建成2个。通过园区建设和招商新上关联产品，自主消化电解锰15万吨、电解锌3万吨、硫酸30万吨。

四是实施政府补贴，确保企业利润。对建设项目进行补贴，征地费用政府付，进厂道路政府修，标准厂房政府建。技改项目政府资助引导。近三年，政府投入企业技改资金6000万元，今年又安排工业发展资金1000万元。在市场疲软，价格下跌，企业举步维艰时，积极实施补贴，政府每年安排500万元对主导产品进行了补贴。

五是破解发展瓶颈，维持企业生产。调优生产要素，形成贫困地区办企业的可比优势，确保企业利润实现最大化。破解人才瓶颈，通过进行多方式的职业技术培训，提高劳动力的技能和效率。破解资金瓶颈，加速资金周转，创立中小企业投资担保公司，为企业提供融资担保，引导金融部门对企业给予贷款支持。针对缺原材料的劣势，积极寻求辅助材料的优化，降低生产成本。

六是强化服务支撑，营造良好环境。为项目建设提供全方位服务，凡新上项目需到州以上主管部门办理手续的，由县相关部门全程代办，费用由县财政承担。成立“经济110”，第一时间现场为企业解决问题，让业主安心、舒心发展。提供人性化服务，县财政出资给企业家买养老保险，优先安排有重大贡献的企业主子女在财政供养单位就业。重大招商项目，主要领导亲自上门，用诚心感召老板。同时，优化发展环境，留住了本地老板，召回了外出老板，引进了外地老板。

（作者系时任中共泸溪县委书记，此文发表于《湖南日报》）

推进泸溪新型工业化的战略思考

杜晓勇

泸溪目前工业发展的阶段性特征主要体现为：工业发展速度较快，但总量依然偏小；资源型工业优势明显，但结构比较单一；发展工业的氛围良好，但态势必须保持。因此，站在新的起点上谋划，抓住当前承接产业转移的好机遇，把工业经济作为泸溪县域经济发展的第一方略、第一要务、第一责任、第一财源，再次掀起工业发展新的高潮。

大力实施园区兴工、特色兴园战略。各地实践证明，工业园区是承接产业转移、培育产业集群、实现集约发展主要载体。加快推进新型工业化，必须按照"规划合理、定位准确、配套完善、优势突出、特色鲜明"的要求，建设一批生态工业园区。就泸溪来讲，要建设矿产品加工、农产品加工、生物制药三大园区，以特色园区为平台，加速产业集聚。

破解融资瓶颈，新上一批工业项目。"大投入大发展，小投入小发展，不投入不发展"。当前，资金困难一直是制约县域工业发展的重要因素，融资瓶颈不破解，工业难以大发展。一是以招商引资破解融资瓶颈。要始终解放思想、敢于让利，以优势资源、优势项目、优惠政策抓招商，将招商引资作为推进新型工业化的第一动力。二是以建设融资平台破解融资瓶颈。进一步加大财政资金投入力度，不断壮大担保公司资本金，充分发挥财政资金的"杠杆"调控作用；引导银企对接，着力搭建政银企合作互动平台，加快村镇银行建设，形成政府引导、公司担保、银行贷款、企业守信的信用担保体系。加快发展地方性经营银行，优化金融竞争机制，破解企业融资、项目贷款难问题。

创优发展环境，形成政策"洼地"效应。一是打造开明开放的政策环境。在坚持国家产业政策、投资强度、环保底线的前提下，实行"一项一策、一事一议、特事特办"，提供"人无我有、人有我优、人优我特"的优惠政策。对重大战略项目，可实行建设用地免费提供，环境容量优先调剂。二是打造优质高效的政务环境。切实转变政府职能，努力提高执行力、办事效率和公共服务水平，认真落实"首问责任制、全程代办制、限时办结制、一票收费制、检查报批制、责任追究制”六项制度，切实保证各部门对企业和项目主动服务、超前服务、优质服务；做到全方位、全过程、全天候。三是打造诚实守信的人文环境。认真开展“诚信泸溪”创建活动，严格执行和落实各项招商引资优惠政策，做到“一诺千金”，确保“项目落地、政策落实、承诺兑现”。四是打造和谐安定的社会环境。切实保护投资者的权益，增强投资者的安全感；营造浓厚的亲商氛围，打造安定有序的社会环境，提升泸溪形象，增强外来投资者的投资信心；开展创建“国家级卫生县城”和“中国宜居城市”创建工作，建设优美的生态城市，营造和谐的人居环境；大力推进“全省社会治安综合治理先进县”和“平安泸溪”创建活动，强化“经济 110”作用，对涉企矛盾纠纷做到闻报即动，对破坏经济发展环境案件一律追查处罚到位。

（作者系中共泸溪县委书记，此文发表于《湖南日报》）

关于泸溪县推进新型工业化的几点思考

向恒林

近年来,泸溪县坚定不移地实施“工业强县、产业富民。环境创优”发展战略,坚持把主攻工业作为第一方略、作为第一要务、作为第一责任来抓,强力推进新型工业化,实现了工业经济又好又快发展。但今年以来,受全球经济大环境以及县内多数工业企业自身防风险能力较弱等因素影响,工业经济发展面临前所未有的困难与挑战。因此,笔者为进一步揭示泸溪县工业发展规律,更好地指导工业经济发展,特对推进泸溪县新型工业化作一些简单的思考。

一、认清形势,把握泸溪新型工业发展特征

1. 工业发展速度较快,但总量依然偏小。从速度上来看,近4年来,泸溪规模工业增加值年均增长50%。其中,2009年实现规模工业总产值42.4亿元,增长245%;2010年实现规模工业总产值60亿元,增长38.5%;2011年实现规模工业总产值84.5亿元,增长38%;但这仅仅是低基数的高增长、低水平的快发展。从总量上来看,虽然全县规模工业总产值超过80个亿,但与发达地区比,还不到1户企业的规模。全县56家规模企业,产值过亿元的仅有24家,税收过千万元的仅有7家。特别是今年以来,工业经济全线下滑,因此,当前和今后一个时期,泸溪工业必须在快速发展中积极扩张经济总量,不断增强综合实力。

2. 资源型工业优势明显,但结构比较单一。这些年,泸溪工业之所以发展快,是因为在发展工业的取向上大力发展资源型产业,在发展资源型产业的过程中,充分利用县内县外两种优势资源,放大资源型产业的比较优势,从而聚集了一批资源加工型企业,但基本是以锰锌为主的加工企业,结构单一。因此,当前和今后一个时期,泸溪工业发展既要做大做强资源型产业,又要及时调整工业结构,形成多元化的工业经济体系。

3. 发展工业氛围良好,但仍然不能懈怠。虽然泸溪工业发展对扩张经济总量、增加财政收入、解决就业等成效明显,形成了“泸溪工业现象”,但发展工业的不确定因素很多,不容麻痹和懈怠。因此,站在新的起点上谋划推进泸溪新型工业化,

必须一鼓作气，乘胜前进，紧紧抓住当前承接产业转移的好机遇，坚守工业经济在县域经济中的主导地位不动摇，把工业经济作为县域经济发展的第一方略、第一要务、第一责任、第一财源，做到“领导精力倾注工业，聚集要素投向工业，配置资源优先工业，凝聚各方服务工业”，再次掀起工业发展新的高潮。

二、调整结构，提高泸溪工业经济竞争实力

1. 抓整合，提升传统产业。按照锰锌产业整合方案，进一步加强指导协调和政策支持，以资产和引电引矿为纽带，完成锰锌企业整治整合任务，将现有17家电解锰企业整合为2家，3家电解锌企业整合为1家。同时在整合中重视用新兴技术改造提升锰锌产业，提高能源资源综合利用水平，努力增强核心竞争力和抗风险能力。

2. 调结构，发展新兴产业。一要做大做强铝粉产业。抓好金天、金源、金昊、金马4家铝粉企业的发展，加快高端产品开发。二要加快开发磷、钒优势资源产业。通过集中配置资源、精深集约开发，变资源优势为经济优势。三要大力发展新能源、稀土新材料、生物医药等新兴产业。特别是要紧抓国家扶持生物科技制药的产业政策机遇，依托晓园公司、武陵阳光公司等现有药材加工企业，采取“点对点”的招商方式，引进生物制药战略投资者，培育生物制药市场主体，将生物制药打造成为“朝阳产业”。四要大力实施工业项目建设。实现金昊公司二期5000吨铝粉、群祥公司1.2万吨合金粉、盛鑫公司4000钕铁硼、派斯特2000吨铝颜料、鑫兴公司20万吨磷浮选、1000吨铬合金等项目建成投产，实现永吉公司1.2万吨漆包线、中冶集团2000吨五氧化二钒、腾飞公司10万套铝粉焊接线项目开工建设。

3. 兴园区，推进产业集群。大力开展“园区工业推进年”活动，拉通武溪工业集中区纵向第六大道，硬化滨江大道与航运码头接线段，完成土地平整300亩，力争110千伏变电站建成投运。抓好浦市经济开发区新城扩容和土地储备工作。加大承接产业转移及招商引资力度，引进一批大企业、大项目及其配套产业向园区集中，鼓励企业向产业链上下游延伸，确保园区有一批项目投产，有一批项目在建，有一批项目签约，有一批项目洽谈，实现产业聚集、企业集群。

三、破解瓶颈，形成泸溪工业发展洼地效应

1. 要着力破解能源瓶颈。电力是泸溪工业经济发展的关键元素之一。因此，要在用电上做文章、想办法。一方面要争取政策。争取省内延续的电价优惠政策，并将这些优惠政策真正落实的生产企业，帮助企业达产增效。同时，争取明天电力公司获得供电营业许可，切实解决企业“用电贵”问题。另一方面要引进电源。

积极与贵州、重庆等西部地区电力充足的省市联系，将其低价电力引进泸溪，实现多渠道供电，以缓解泸溪电力不足的现状。

2. 要着力破解环保瓶颈。严格落实节能减排各项规定和责任追究制度，大力发展循环经济，加快淘汰落后产能，强力推进结构调整减排和治理工程减排。特别是要重点抓好锰锌企业整治整合环保验收达标，确保完成上级下达的节能减排任务。同时要及时抓好新上项目的环评报批，为项目建设创造良好条件。

3. 要着力破解资金瓶颈。一方面是以招商引资破解融资瓶颈。要始终解放思想、敢于让利，以优势资源、优势项目、优惠政策抓招商，将招商引资作为推进新型工业化的第一动力。另一方面是以建设融资平台破解融资瓶颈。要进一步加大财政资金投入力度，不断壮大担保公司资本金，充分发挥财政资金的“杠杆”调控作用。要积极引导银企对接，着力搭建政银企合作互动平台，形成政府引导、公司担保、银行贷款、企业守信的信用担保体系。加快发展地方性经营银行，优化金融竞争机制，破解企业融资、项目贷款难问题。

4. 要着力破解环境瓶颈。一是打造开明开放的政策环境。在坚持国家产业政策、投资强度、环保底线的前提下，实行“一项一策、一事一议、特事特办”，提供“人无我有、人有我优、人优我特”的优惠政策。对重大战略项目，可实行建设用地免费提供，环境容量优先调剂。二是打造优质高效的政务环境。转变政府职能，提高执行力、办事效率和公共服务水平，认真落实“首问责任制、全程代办制、限时办结制、一票收费制、检查报批制、责任追究制”等“六项制度”，切实保证各部门对企业和项目主动服务、超前服务、优质服务，做到全方位、全过程、全天候。三是打造诚实守信的人文环境。认真开展“诚信泸溪”创建活动，严格执行和落实各项招商引资优惠政策，切实做到“一诺千金”，确保“项目落地、政策落实、承诺兑现”。四是打造和谐安定的社会环境。强化“经济 110”作用，对涉企矛盾纠纷做到闻报即动，对无理取闹、恶意阻工、强行参建等违法行为坚决打击，对破坏经济发展环境案件一律追查处罚到位，切实保护投资者的权益，增强投资者的安全感。在已经建成“国家卫生县城”“全国文明县城”的基础上，继续深入开展创建“国家园林县城”工作，建设优美的生态城市，营造浓厚的亲商氛围，打造安定有序的社会环境，营造和谐的人居环境，提升泸溪形象，增强外来投资者的投资信心。

（作者系中共泸溪县委副书记、县人民政府县长，此文刊载于湘西州政府《政府工作通报》第 10 期）

关于加快推进泸溪新型工业化的调查与思考

李云信

工业是县域经济的支柱。泸溪县作为典型的资源贫困小县，县域经济要实现加快发展、持续发展，必须坚定不移地走新型工业化发展道路。但受宏观环境趋紧、经济发展下行压力等因素影响，工业发展提速放缓，转型升级难度加大。新常态下，如何摆脱发展困境，在加快发展中破解难题，在破解难题中加快发展，已成为泸溪工业面临的一个重要课题。

一、从对发展的现状和趋势看，泸溪加快推进新型工业化，基础已经具备，优势逐步凸显。一是战略谋划更加科学。近年来，泸溪县大力实施"工业强县，产业富民，环境创优，民生改善"发展战略，坚持把新型工业化作为科学发展、富民强县的第一推动力，制定了《泸溪县 2015—2020 工业园区发展规划》、《关于快推进新型工业化建设的意见》等一系列文件，进一步建立健全推进新型工业化的体制机制，实现了工业经济又好又快发展。近三年，工业增加值以年均近 15%的增幅快速增长。

二是产业转型升级更加有力。大力推进工业结构调整和转型升级，新材料、生物制药、农产品加工等产业不断发展壮大，特别是以铝粉、铝型材、镨钕合金、钒氮合金为主的新材料，产值已占全县规模工业总产值的 20%，新材料已成为工业经济新的增长点；同时，积极依托电解锌资源综合利用等科研技术，大力推进锰锌企业实行技术改造，传统产业整合升级步伐加快，初步形成了泸溪工业集中区，锰锌产业园、新材料产业园、物流产业园、农产品加工和生物制药产业园的"一区四园"产业格局。三是园区带动作用更加凸显。坚持"园区引项、园区兴工"理念，先后投资 1.8 亿元，大力推进泸溪工业集中区建设，基本成形水陆配套、方便快捷的道路交通网络，工业园承载能力不断增强，升级为"省级工业集中区"。截至目前，泸溪工业集中区完成土地储备 3080 亩，园区面积达到 7.3 平方公里，入园规模企业达到 35 家，年产值达到 56 亿元，占全县规模工业总产值比重的 85%以上。四是科技支撑作用更加明显。大力发展循环经济、低碳经济，启动实施了"泸溪县科技创新引导资金专项计划",近三年共承担实施国家、省、州各类科技计划项目 50 余项,向上争取科技资金近 2000 万元,有力地促进了产业的优化升级和产品的更新换代。2014 年,全县万元生产总值能耗、主要污染物排放总量分别下降了 7.6%、2.3%。五是发展环境更加优化。始终坚持"环境创优"理念,加快转变政府职能,深入开展行政审批制度改革,提升行政效能;大力推行县级领导"六联"制度,深入开展"六制"服务,按照"一企一策,一厂一策",及时为企业搞好资源、电力、环保、土地、涉企矛盾等要素协调服务,形成了全州一流、全州最好的经济社会发展环境,吸引了大量客商前来投资兴业。

二、从已存在的问题和差距看,泸溪加快推进新型工业化,问题不容忽视,瓶颈亟待突破。一是经济总量偏小,产业发展不够充分。就 2014 年来看,县规模工业总产值为 65 亿元,但与发达地区比,还不到 1 户企业的规模;全县现有规模企业 41 家,其中年产值最高的为 6.2 亿元,5 亿元以上的只有 4 家,相对发达地区的大企业而言,我县的规模企业还属于小企业。近年来,我县工业经济虽然保持快速增长态势,但仍然是低水平的发展,企业实力不强,工业底子薄弱问题比较突出。二是工业产业结构相对单一,发展方式比较粗放。从当前工业产值结构分析来看,锰锌酸三大工业产品占比 80%,铝粉占比不到 10%,生物制药、新材料、农产品深加工不到 5%,明显呈现锰锌产业一家独大、产业结构单一的特征。特别是以铝粉为代表的新材料产业发展才刚刚起步,产品同质化情况严重,下游产品开发乏力,产业链条不长,产品附加值不高,在市场竞争中缺乏明显的核心优势,目前年总产值未超过 30 亿元。三是科技创新能力不足,产品市场竞争力不强。创新机制不够完善,科技投入不足,2014 年底全县国家高新技术企业只有 5 家,全县规模工业企业科研人员仅 70 余人,全年科技投入仅 500 余万元。特别是锰锌传统产业设备老化问题突出,生产成本居高不下,技术改造急需加快步伐。受当前经济下行和市场疲软压力,今年 1-6 月,主要产能平均开工率为电解锰 10%、电解锌 46%、铝粉 78%、硫酸全停。四是政策影响较为严峻,企业心态比较消极。面对经济发展新常态,面对新环保法越来越强的硬约束,我县工业企业受自身能力和财力局限,在困难面前显得信心不足,相当一批企业有悲观情绪,对如何转型发展没有思路、感到迷茫,抱残守缺,得过且过,一味消极等待市场好转,没有主动求变的精气神,不敢创新,不想创新。

三、从应采取的对策和方略看,泸溪加快推进新型工业化,转型势在必行,举措硬化强化

(一)依托科技创新,做强四大产业,强化工业发展基础。一要推进锰锌传统产业优化升级。要大力推进锰锌企业技改革新,认真搞好氧化锰转化生产电解锰、电解锌废弃物综合利用、超新氧化锌技术等实用生产技术的推广应用,重点抓好蓝天公司11万吨电解锌技改项目,提高能源资源综合利用水平,大力发展循环经济;要大力发展电解铁、电解铬等新产品,重点抓好鑫兴公司的电解铬生产技术,加快发展下游的铬钯产品,加快电解铬向军工、航天领域进军步伐,让传统锰锌产业"老树发新芽"。二要加快推进新材料产业发展壮大。要加快发展新材料产品精深加工,积极开发和发展碳化硅铝基复合材料、铝基合金粉、高纯铝粉、高档水性铝颜料等一批高附加值的拳头产品,延长产业链条;要积极扩大铝型材、镨钕合金、钒氮合金等新材料产业产能,形成产能优势,推动形成新的经济增长点。当前,要重点抓好恒裕公司8000吨/年碳化硅铝基复合材料、众鑫公司二期3000吨钒氮合金、1000吨钒铝合金等项目建设,促进产业优化升级。三要加快发展农产品加工产业。要加快发展以椪柑深加工为主的复合型果糖、果脯、果酒、饮料和有机茶油、辣椒酱、铁骨猪腊肉制品等系列产品,推动农产品加工由原始初级型向技术精深型转变,提高农产品附加值。四要加快提升生物医药产业。要依托晓园公司、武陵阳光公司等现有药材加工企业,搞好以皂黄素、青蒿素、绿原酸等医药中间体的生产技术创新,大力引进生物制药战略投资者,加速生物制药产业发展,将生物制药打造成为"朝阳产业"。

(二)强化项目引领,加快园区建设,夯实工业发展平台。一要加快园区基础设施建设。要依托《泸溪县2015—2020工业园区发展规划》等园区规划,持续包装储备一批工业大项目、好项目,不断完善基础设施,加快推进园区扩容,提升园区综合承载能力。当前要强力推进工业振兴的"四百工程",重点抓好"五个一"建设,即:建设好一座武溪峒河二桥、一批标准厂房、一条武溪城北滨江大道延伸路、一条武溪城北滨江大道的绿化亮化、一条武溪城南防洪堤,进一步提高园区的基础支撑能力。二要健全园区管理机制。要按照"能放则放、应放尽放"原则,理顺工业园区管理体制,赋予园区相应的管理权限,建立独立的园区行政管理体制和财政管理体制;要优化企业布局,优化产业配套,抓好园区闲置土地的清查,对闲置项目土地满两年的,一律按相关政策规定无偿收回土地使用权,提高土地的综合利用率和产出率;要严格土地征收程序,创新土地征收补偿制度,确保群众合理诉求通过制度化通道得以表达、回应和满足。三要大力开展招商引资。要以园区为平台，积极抢抓沿海地区产业转移“腾笼换鸟”的机遇，依托我县优势矿产、劳动力丰富、标准厂房等资源和优势，加强同转移地政府、园区和企业，以及相关行业协会对接，积极引进 3~5 家劳动密集型企业，确保 10 万平方米标准厂房的企业入驻达 75%以上，力促形成新的经济增长极。

（三）加强引导扶持，培育龙头企业，打造工业发展支撑。一要积极扶持小微企业发展，壮大工业发展“预备队”。要积极出台扶持小微企业成长的政策，建立中小企业公共服务平台，狠抓创业孵化基地、创新创业园区、创业一条街等创业平台建设，落实全民创业鼓励政策，落实小微企业在返税、贷款、创业补贴等方面的扶持政策，大力鼓励支持小微企业发展，不断壮大工业企业发展梯队。二要大力培育规模企业，形成工业发展“主力军”。要继续对有优势、有潜力的规模以下企业，在资金、技术、人才、项目、信息等方面加大支持力度，引导企业加大技术改造、技术创新和信息化应用力度，广泛开展中小企业管理升级活动，使其加快成长为规模企业。三要精心培育亿元企业，打造工业发展“领头雁”。对蓝天公司、银阁公司、众鑫公司等重点骨干企业，要在政策支持、要素扶持上予以倾斜，鼓励其加大投入、扩大规模，发展为标志性企业。到 2020 年，全县规模企业超过 100 户，培育销售收入过亿元 40 户，其中销售收入超过 10 亿元、5 亿元的骨干企业分别到达 5 户、10 户，力争 2—3 户成功上市。

（四）突出改革创新，优化发展环境，聚集工业发展合力。一要提升行政效能。要加快转变政府职能，深入开展“六制”服务活动，不断优化政务环境。要认真落实政府权力清单制度，大力发展电子政务、网上政务，提升行政效能。完要善招商引资优惠政策，加大政策兑现力度，始终营造开放合作的招商环境。二要破解制约瓶颈。要推进投融资机制创新，放宽市场准入，积极探索 BT、BOT、TOT、PPP 等方式筹集资金，着力破解项目融资难题。要加快健全土地“统征储备”制度，积极创新低丘缓坡等未利用土地的开发利用，保证项目用地。要积极支持明天电力加快引电平台建设，积极争取落实优待电价政策，大力破解企业用电难题。三要狠抓环境治理。要扎实推行县级领导联系重点企业制度，为企业提供优质服务，搭好企业发展平台。要建立健全环境专项整治工作机制，进一步完善经济“110”工作机制，坚决打击无理取闹、恶意阻工、强买强卖等违法违纪行为，做到“有诉必应，闻报即动”，优化经济发展环境。

（作者系中共泸溪县委副书记，此文发表于《湘西工作》）

实践工业强县　打造实力泸溪

——关于加快推进泸溪县新型工业化建设的调查与思考

向梦华

2012年以来，受全球经济大环境和企业自身抵御市场风险能力弱等影响，工业经济发展面临前所未有的困难和挑战。如何顺势而上，积极应对，全力推进泸溪县新型工业化，是一个值得认真研究和解决的问题。

一、泸溪县推进新型工业化的现状及举措

近年来，泸溪县按照“推进五大工程，打造五个泸溪”工作思路，紧抓新型工业化这个核心工程不放松，着力破解电力、资金、资源 “三大瓶颈”，不断加强特色产业、工业园区、发展环境 “三大建设”，着力打造实力泸溪，有力推动了全县工业经济发展。目前，全县规模工业企业已有42家，其中税收500万元以上的9家，主要外资、合资企业26家。初步形成了锰锌传统产业、铝粉产业、生物制药和农产品加工四大产业集群。2013年1-9月完成全县规模工业总产值51.61亿元，同比增长9.02%；完成规模工业增加值16.21亿元，同比增长14.0%。

(一)突出结构调整，加快转型发展。做优传统产业，积极向上争取了优惠电价政策，13家企业享受了0.05元至0.12元的优惠电价补贴；稳步推进锰锌产业整合，出台了锰锌生产奖补政策，生产电解锰每吨补贴150元，生产电解锌每吨补贴100元，取消公共渣库每吨80元的倒渣费用。目前全县锰锌企业开工情况良好，开工面分别达到40%、60%，产能分别达到7万吨、5万吨。大力发展铝粉、钒氮合金、镨钕合金、钕铁硼等新材料产业，发展以椪柑为主的农产品加工，以青蒿素、绿原酸为主的生物制药等新兴产业，全县微细铝粉、椪柑加工、生物制药产能分别达3万吨、2.1万吨、450吨，工业结构进一步优化，新材料成了工业经济新的增长点。

(二)突出园区建设，壮大产业集群。先后投资1.8亿元，规划建设武溪工业园，园区面积7.1平方公里，完成土地储备3080亩，骨架基本形成，设施逐步完善。同时，从土地出让、招商引资等方面出台一系列优惠政策，积极承接“长三角”“珠三角”产业转移，推进产业集聚、发展产业集群。目前，众鑫公司二期5000吨/

年钒氮合金项目，鑫兴公司1000吨／年铬合金项目和20万吨／年磷精矿浮选项目已竣工试产；群祥公司1.2万吨／年合金粉项目，力争10月份实现投产；金昊公司二期5000吨／年球形铝粉项目，力争11月份前实现投产；盛鑫公司4000吨／年镨钕合金、派斯特公司1500吨铝颜料、银阁公司5万吨铝型材等项目，力争年底投产。新引进的永吉公司1.2万吨／年铜芯线项目和海兴公司3500吨／年集装袋生产线项目，近期可实现开工建设；深圳飞宏公司3000吨／年水性金属涂料项目和台湾彤杉公司3000吨／年有色金属新材料项目已签订入园协议。2012年，武溪工业园成功升级为省级工业集中区。园区已成为全县工业经济的核心，2013年1—8月实现产值41亿元。

（三）突出科技创新，增强内生动力。组织企业申报科技计划项目，加大财政对科技项目引进的资金引导，争取国家、省、州项目资金支持，引入高新技术产业项目和创新型企业，通过项目带动，引领企业技术创新。引进了氧化锌生产油改煤气，美国电解技术开发高纯电解铁、高纯电解铬，微细球形铝粉生产等一批项目。目前全县科技型民营企业达到26家，金天铝业公司获国家标准管理委员会授权制定《氮气雾化铝粉》国家标准。2013年1-8月份，全县实施新上和技改项目20个，完成工业固定资产投资4.39亿元，同比增长13.8%。按照“企业主体、政府主导、市场运作”模式，加快推进企业与高等院校、科研院所对接，探索合作新模式，鼓励企业与高等科研院校通过成果转让、委托开发、合作开发、共建技术开发机构和科技型企业实体等多种形式组建产学研战略联盟。去年引导7户工业企业与9所高等院校、科研院所和技术中介组织在锰、锌、铝等矿产品加工和生物制药、椪柑精深加工方面建立了技术合作关系，实施战略合作项目12个。目前全县20家规模企业与高等院校、科研院所和技术中介组织建立了广泛的科技对接。积极引导企业应用新技术、新工艺、新装备，改造提升传统产业，发展循环经济。重点推广电解锰生产无硒、无铬钝化处理技术，采用了双氧水除杂工艺，发展了硫酸余热余压循环经济。近年来，60余项专利获得国家专利授权，今年实施产学研战略合作项目30余项，电解锰废渣综合利用、硫酸余热余压循环利用等技术得到进一步推广。

（四）突出节能减排，推进清洁生产。建立健全产业建设准入制，明晰准入标准，始终把环保作为承接产业转移、项目引进投资的一个重要准入标准，对不符合环保要求的项目坚决不予审批，对达不到环保要求的转移产业绝不盲目引进、坚守环保底线。建立健全企业节能减排考核机制，将国家、省州节能减排指标任务分解到规模企业，出台《规模工业企业目标管理考核办法》，把节能减排作为重要考核指标，量化指标，制定相应奖罚措施，加大工业企业环保监控和污染整治力度，严控企业排污超标；对重点对象、重点领域、重点部位的环保整治，实行严管重罚，责令限期整改。去年全县万元生产总值能耗、主要污染物排放总量分别下降了7.6%，2.3%。实现经济、环境“双赢”发展，加快了“两型”社会建设步伐。

（五）突出优质服务，改善发展环境。优化政策环境，制定出台了《关于进一步完善优化经济发展环境工作机制的意见》《关于建立健全经济调节制度的意见》、《关于建立健全政府干预机制的意见》等一系列优化政策，做到“人无我有、人有我优、人优我特”，形成了良好的政策体系。优化政务环境，转变政府职能，加强干部作风整顿，深入开展服务型机关创建活动，变过去的被动服务为主动服务、超前服务，及时为企业和重大项目建设提供全方位、全过程、全天候服务，提升行政效率；加强县政务中心建设，县内各有关行政许可、审批职能集中在政府大厅，推行首问责任制、限时办结制、责任追究制等“六制服务”；对需在州以上部门办理国土、林业、环保等手续的工业项目，一律由县内主管部门全程代办；每年按不低于财政收入2%的标准安排工业发展基金，近年兑现工业以奖代补资金848万元，支付各种审批费用2500多万元；进一步完善银企对接平台，引导金融机构加大对中小企业贷款支持，近年为企业争取金融部门贷款3.8亿元。优化法治环境，加快推进依法治县，强化依法执法，文明执法，把执法与促进发展结合起来，维护项目经营者合法权益；加强社会治安综合治理，深入开展严打整治活动，着力推进“平安泸溪”建设；组建“经济110”，加强重大项目建设周边环境整治，做到闻报即动，有诉必应，坚决打击无理取闹、恶意阻工、强买强卖等违法违纪行为，营造良好的项目施工环境。优化人文环境，县委、县政府每年为规模以上工业企业主免费进行一次体检；主要领导每年春节前都要亲自召开企业老板团拜会，并亲自到外商投资企业总部拜访；给予优秀企业家政治待遇，将优秀企业推选为人大代表、政协委员，近年有28人次被推选为省州县人大代表、政协委员。以情交商，以情待商，留住了本地老板，召回了外出老板，引进了外地老板。以人才为支撑，促进了工业经济蓬勃发展。

二、当前泸溪县新型工业化发展存在的主要问题

（一）产品结构性过剩问题突出。我县工业经济主要以矿业经济占主导，从工业产值结构分析，锰锌酸三大工业产品占比80%，铝粉占比不到20%，生物制药、新材料、农产品深加工不到10%，产品结构性过剩问题突出。传统锰锌酸企业设

备老化，技术改造投入不足，资源利用率不高，更新换代能力薄弱。铝、磷、石煤、钒等优势资源产业发展较慢，高新技术项目、高科技产品少。农产品加工、生物制药、新能源、新材料等新兴产业规模还较小、发展还较慢。

（二）制约瓶颈问题突出。一是资源受限。主导产业电解锰、锌原材料供应紧张，造成企业运行艰难，资源瓶颈制约严重。二是电价过高。我县规模企业平均电价为 0.73 元 / 千瓦时，比南方电网高 0.04—0.27 元，比周边地区电网高 0.06—0.17 元，使企业缺乏市场竞争力和价格优势。每生产 1 吨电解锰需要耗电 6700—7000 千瓦时，电解锌需要 3800—4000 千瓦时，加上矿石、硫酸等原材料费用，1 吨电解锰生产成本为 15100—15800 元，1 吨电解锌成本为 14800—15600 元。三是资金紧张。受宏观经济环境趋紧影响，企业资产负债较高，企业大部分财产都抵押给银行，导致申请新增贷款抵押不足，再加上银行贷款审批程序多、时间长，锰、锌、铝、硫酸高能耗、高污染产业入围难，企业要贷款银行不肯放，严重制约了我县工业经济转型发展。

三、加速推进泸溪县新型工业化的对策及建议

（一）优化产业结构，提升发展质量。一是提升传统产业。巩固提升锰锌整治整合成果，继续推进锰锌产业整合，围绕金瑞、兴业、蓝天、鑫海等骨干企业，加快结构调整，通过引导战略合作伙伴与先进技术工艺实施重组、兼并，组建企业联盟和产业集团，现实对锰锌产业的深度开发和利用，形成优势产业集群。二是做大资源优势产业。立足我县丰富的铝土矿、磷、石煤、钒等优势资源，加大项目建设，加快深度开发，推进铝土矿、磷、石煤、钒等优势资源综合开发利用，大力发展铝粉、铝颜料产业，延伸铝产业链，加快高端产品开发，推进铝深加工产业链和产业集群发展，使之形成规模化的铝产业基地。三是大力发展新型材料产业。重点发展铝粉、钒氮合金、镨钕合金、钕铁硼等新材料，扩大产能，壮大产业集群，把新材料培育成泸溪工业新的增长点。四是发展新兴产业。大力发展农产品加工和生物制药，围绕超人、富泰、晓园、武陵阳光等重点企业，抓好椪柑果粒、陈皮甙、绿原酸、青蒿素、迷迭香、皂素等为主的农产品加工和中药材开发，加强原料基地的规范、建设和投入，通过规模种植，精深加工，创建品牌，打造一批发展前景好、市场竞争力强的农产品与医药名优品牌。

（二）加快科技创新，推动转型升级。一是鼓励企业技术创新。以争创“全国科技进步先进县”为目标，加大科技创新引导专项资金投入，用于支持产业化关键技

术瓶颈项目、科技成果转化项目、企业研发项目和产学研合作项目。鼓励企业加大研发投入，创立企业研发中心，开发新技术、新产品、新工艺，攻克传统工业产品共性、关键性技术难题，破解电、资源、环境等发展瓶颈，支持金天、鑫海等企业争创国家级、省级技术中心。围绕矿产品精深加工、生物制药、椪柑深加工等领域，发展一批经济实力雄厚、科技基础条件好、研发能力强的高新技术企业、民营科技企业及农业产业化龙头企业。二是抓好新技术的引进推广。围绕我县工业产业发展格局，着力引进一批国内外科技成果，改造传统工业生产工艺，大力发展精深加工和开发下游产品，延伸产业链条，提高产业层次和附加值。鼓励企业推广蓝天公司、鑫海公司的湿法炼锌、废弃物综合利用技术的推广应用，从根本上破解制约瓶颈。三是健全产学研合作体系。通过加强校企合作、县校合作和利用好州、县政府专家顾问专家，开展专家技术对接活动，为企业在科技创新方面排忧解难，进一步加强与高校及科研院所的合作交流，进一步拓宽科技成果转化渠道。

（三）夯实园区平台，推进项目建设。一是加快园区基础设施建设。加快武溪工业园区水、电、路、土地平整等基础设施和公共服务配套设施建设，着力优化工业发展硬环境。二是加大招商引资力度。以武溪工业园为发展平台，立足我县优势资源产业和战略性新兴产业等重点领域，全方位、有重点地引进大企业、大项目、资金、人才、新理念、新技术、新工艺向园区集中，实现产业集聚发展，为传统产业的改造和提升，高新技术产业的培育和壮大提供有力保障。

（四）强化节能降耗，发展循环经济。一是严把项目准入机制。把能耗标准作为项目审批、核准的强制性门槛，努力遏制高耗能行业过快增长的势头。在工业园区项目引进上，要选商择项，对“高能耗、高污染”的项目必须提高门槛，限制入园，从而逐步优化工业园区产业结构，把有限的资源用好用活。二是推进企业技改升级。积极争取和实施重大节能环保工程，促进企业技改升级。鼓励通过引进技术、实施技术改造等方式提升企业装备技术水平和生产工艺，同时加大工业发展基金、项目支持资金对循环经济企业倾斜力度。提高节能降耗和资源综合利用水平，搞好锰锌酸环保整治工作，严格做到达标排放，推广氧化锰转化生产电解锰技术、清洁生产工艺和蓝天公司资源综合利用技术，降低单位能耗，大力促进清洁生产，改善城市发展环境，保证城市绿色、低碳和可持续发展。

（五）破解瓶颈制约，增强发展后劲。一方面，破解能源制约。针对当前工业电价过高形势，积极向上争取落实工业电价优惠政策，支持明天电力办好供电营业许可证手续；积极与贵州、重庆等邻近地区电力充足的省市联系，抓好引电直供工作，实现多渠道供电，以缓解泸溪电力不足的现状；积极推进我县石煤资源开发利用，加快石煤发电，变资源优势为能源优势。另一方面，拓宽融资渠道。融通银行资金。加强银企、银政合作，为银企搭建沟通平台。加强企业信用担保公司建设，采取财政补偿，鼓励企业参股、政府资产抵押等方式，扩大担保贷款额度。积极争取国家项目资金。抢抓国家西部大开发、中部崛起、武陵山片区区域发展与扶贫攻坚试点机遇，深入研究国家工业扶持政策，利用一切可以利用的方式，广泛搜集项目资金扶持信息，认真做好申报立项工作，努力争取国家项目资金的投入。用好财政资金。加大政府对工业发展的支撑力度，扩大对工业发展专项资金的投入，加强管理，严格使用，最大程度地发挥财政资金对工业发展的推动和引导作用。

（六）优化发展环境，提升服务质量。一是优化政策环境。要抓住国家优惠政策，对工业企业在用地、融资和项目报审等方面，继续实行一系列的优惠政策。同时，加强信用制度建设，及时兑现对招商引资、项目建设、目标管理等优惠政策。二是优化政务环境。在征地拆迁、办证审批、矛盾调解方面注重效率，营造一个高效便捷的环境，使投资者感到舒心不劳心，用宽松的环境留着项目，吸引投资。同时，对落实政策不力的，进行严格的责任追究。三是优化人文环境。积极帮助企业破解用电、用地、环评、融资等要素瓶颈，打造亲商、和商、安商、富商的社会风尚，营造诚实守信的人文环境。四是优化生产环境。在成立“工业企业维权中心”“经济110”的基础上，继续推行“一家企业一名联系领导一个工作队”的模式，加大对企业矛盾纠纷的调处力度，加大行政执法监督力度，确保执法部门依法行政，营造一个让投资者放心、顺心、安心、舒心的生产环境。

（作者时任泸溪县人民政府副县长，载于泸溪县《领导调研文集》）

打造一流工业园　加快新型工业化

王必好

武溪工业园管委会成立以来，按照科学发展观要求，园区建设快速发展，完成基础设施投资6310万元，新增入园项目26个，投资21.2亿元，打造出了湘西地区新型工业化的又一个新平台。

一是积极引进项目，推进新型工业化。武溪工业园相对其他地区，在交通、区位上并不具竞争优势，因此在引进项目上采用兼容并包的方式，在着力引进高新项目的同时，结合泸溪铝、磷、石煤等丰富矿藏，有选择地引进矿产加工企业，实行“新”、“旧”产业项目并存的方式，在发展中逐步扩展高新产业，支撑起了园区的发展。

二是合理布局产业，加快新型工业化。将工业园分为南北两区，南区以矿产加工产业为主，已有20个项目入园建成投产，实现了“两高一低”初级加工等产业集聚，为更科学地治污环保创造了便利的条件，成为泸溪县工业经济的主要增长极。北区以低污染、高附加值的产业为主，是新金属材料精深加工、生物制药等产业集聚区，现有2个项目建成投产，在建项目4个，是正在崛起的新兴工业区。

三是夯实基础设施，加速新型工业化。按照科学发展观要求，对影响工程建设的拆迁问题，做好统筹工作，将失地拆迁户中缺乏劳力的人口纳入农村低保，同时对青壮劳力进行职业技术培训，并要求入园企业按比例提供就业岗位，使拆迁户能就近就业，得到群众的配合，实现了文明和谐拆迁，确保了入园工程的施工进度。不等不靠，超前发展，依靠县委、县政府的支持，通过自身努力，解决制约园区建设的资金问题，整个园区基础设施正以超常速度在完善，对大项目的吸纳效应也逐渐显现。

四是科学扶持产业，实现新型工业化。武溪工业园除执行优惠政策外，还在用地、“三通一平”和厂房建设方面大力扶持，用有限的资金鼓励高新企业入园。 在这一扶持政策下，湘潭奔鑫公司10万吨锰合金项目、10万吨／年液氨等较大项目纷纷入园落户。工业园将成为中南地区最大的新金属材料基地，打造一流工业园。

（作者时任武溪工业园区管委会主任，此文发表于《湖南日报》）

四、相关链接

泸溪七头八景

“七头八景”是泸溪古代有名的风景名胜，在民间坊里流传千年。由于年代久远，物转星移，加之《泸溪县志》记载不详，致使今天大多数泸溪人对此已经淡忘，特别是年轻人对这段历史文化知之甚少。诚然，时过境迁，这早已成为过去，但泸溪之有“七头八景”，这在周边县市是绝无仅有的，从一个侧面也反映泸溪历史文明之厚重。并且“七头八景”中一些景点至今仍不失为游览胜境。因而对它进行必要疏理，不仅具有深远历史意义，而且具有重要的现实意义。

一、七头

“七头”是指老县城武溪镇周围由下至上七处带有“头”字的地名，是泸溪历史上形成的人文景观。

1. 岩龙头。岩龙头，位于泸溪老县城武溪镇北面约一公里许的白土溪汇入沅水处。白土溪自北面的军亭界与峰子岩之间流出，溪西岸从军亭界而下是连绵不断的岩山，沿途还有大小岩屋景观。岩山像一条巨龙一直倾斜延伸到沅水边。从远处看，似乎这条岩龙要将头伸进江中去饮水。所以人们把这里取名岩龙头。

2. 暮江头。暮江头，位于泸溪老县城武溪镇小北门外。原为村寨，解放后在此建湘西州船舶厂。这里地处三台山东南麓，沅水从村前经过，对面权山(秤砣山)，北面是回巷下湾，南面是县城街市。有山有水，风光优美。

3. 东门头。东门头，即老县城武溪镇新东门码头。位于武溪镇东北端沅武两水汇合口。据民国《泸溪续修县志》记载：泸溪古县治，原有老东门，清道光时，另建新东门(在原县公安局旁边)，新东门门额题“三楚雄关”。门楼有二层，上层叫小岳阳楼，次层供祀诸神，民国二十三年(公元 1934 年)被毁。新东门西南边是城隍庙，武官衙门，东仓。北边是万寿宫等建筑群，互相衬托，颇为壮观。由此渡江，可观双江汇流，可观武水拖兰，可观权山回澜。

4. 洲尾头。洲尾头，在五里洲尾，即洲尾码头。因洲南北长 5 华里，故名五里洲，据《泸溪县志》载，南宗绍兴年间，江西安福进士王庭珪因反对秦桧，被流放到卢溪，城中文人多从其游，县令为其建东州书院授徒。遗址在今五里州尾至杨家村一带，洲尾头是“武水拖兰”分流处，也是“武溪春水”观澜处。

5. 自生头。自生头，在原上堡乡车站村九甲杨附近的武水江边。这里古时有一处自生码头，即岩磴从江边一磴一磴往上自然形成一处码头。码头两旁绿树成荫，风光秀丽，居住在这里的人们都从这码头上下，去武溪内取水、洗菜、洗衣、洗澡，很是方便。后来由于水道改造、农田基本建设等，自生头便被完全毁坏了。

6. 草坪头。草坪头，位于泸溪古县城最西端。草坪头在县治西端尽头西门外。这里是一个城郊小村寨。小村寨南面是一块大草坪，连接武水下河码头。北面是接脉堤，连接三台山（即崔龙山、虎头山）麓。据《泸溪县志》记载，宋时，武溪是从今武水新大桥北端桥头，分流为二注入沅水，中间形成一大洲。因楠木甚众，故名楠木洲。南宋绍兴九年（1139），县治从洗溪口复迁卢江口，在楠木洲建治所。堪舆家说，县治的龙脉从城后的虎头山来。但此脉下到山麓被武水北支阻隔，无法到达楠木洲县治。于是，就在草坪头与虎头山南麓之间筑起一道堤坝，将武水北支切断，把龙脉从虎头山麓接到楠木洲县治，因而这堤就叫接脉堤。此堤于南宋德祐元年（1275）建成，清康熙六十一年（1722）重修。从宋时起到老城搬迁前，古堤一直是县城通往西北郊一条大路。在接脉堤不远处还修有接龙桥，也是用于接崔龙山的龙脉。小村因在城西头草坪边，得名草坪头。

7. 寨家头。寨家头，即虎头寨。据《泸溪县志》载：邑人杨天挽立寨于县城背后的山头保护居民。因这山名叫虎头山，故称这寨为虎头寨或寨家头。寨家头是县城边山峰的最高处，站在那里极目远望，山城水道，田舍村落，尽收眼底。总制官徐镕在石头上题字云“何年筑就虎头城，不费官府钱一文”，其遗址在今老县城东北军亭界林场管区内。

二、八景

根据民国《泸溪续修县志》记载，泸溪八景缘起于明成祖永乐初年。时任泸溪知县王珩命名。王君撰有《泸溪八景记》一文传世。王君对他所游历过的各景点加以命名：曰武水拖兰（武溪春水），虎头映（霜）月，白田夕照，洞口秋霞，高岩晴雪，辛女朝云，铜马松涛，三悟刹影。得八景，又于各景以诗咏之。并作《泸溪八景记》传世。这便是“泸溪八景”的缘起。

人事有代谢，往来成古今。景物亦更替，废旧又出新。几经变迁，历时数百年。到了清朝乾隆年间所修的泸溪县志，记载之景与王君所记稍异，而且胜迹稍加多。民国初年所修县志，对县中景物未作专章记载，但在古迹中提到八景。其所指为武水拖兰（武溪春水），虎头映（霜）月，崖门雪霁，香山叠翠，柳潭钓艇，长岭樵歌，石壁仙舟。而在民间流传的八景是：天桥叠翠、武水拖蓝、长岭樵歌、柳潭钓艇、江南烟树、虎头霜月、石壁仙舟、雁门雪霁。

1. 天桥叠翠。天桥山，当地人叫羊桥山。在泸溪老县城西五里武水北岸。在离山顶不远处有两峰对立，中间天然生成一座石桥，因桥面狭窄，只有野山羊才能行走，故名羊桥山。后人在两峰之间用岩石砌成石桥，仿佛行走在天上，故名“天硚”山。山上有一座灵官殿，殿东有清泉，水质细甜。向左转折，有香炉、蜡烛二峰空立，形象逼真。上有棋盘石，又名晒日台。西北过石码头，有寺庙叫华严阁。古庙前有一棵树龄1800年的古银杏树，胸围七米多。后面山更高更陡，仅可容半脚，半山腰有观音殿。向左又经过石码头百多级，旁边铁链扶手，攀铁链而上，山顶有北极宫。山上竹木葱翠，四季不凋，山顶殿阁层叠，香火旺盛，是县中游览胜地，历代文人墨客题咏甚多。

民间流传另一版本曰：香山叠翠。香炉山，位于县城楠木洲东3里许的沅江岸边，在山脊上有建于明代万历年间古刹香炉山寺，清乾隆四十二年（1777）重建，乾隆四十七年（1782）迁到现址大殿处。香炉山古树掩映、香炉叠翠，数百年来，香火鼎盛。古时，船行至香炉山下无不停舟仰望。从县城至香炉山修有石板古道，道路两旁绿树成荫、酒肆几间，是邑人休闲观光的好去处。

2. 武水拖蓝。武水源出吉首西之大龙洞，向南汇合万溶江、沱江之水进入峒河，经河溪进入泸溪县境。流经洗溪后改称武水，在县城东码头汇入沅江，在泸溪境内流程约50公里。在两水汇流处，春夏雨季常有水面奇观：沅江洪水猛涨，而武水安静平缓，且沅水洪流倒灌进入武水数里；武水洪水猛涨，而沅江无波无浪，武水洪流直入沅江；两江水位持平时，五里洲尾则涌一线清流夹在洪水中间，形成一道独特的风景。古人对此称之为二水拖兰（又叫武水拖兰）。并作诗曰：“二水拖兰环城廓，千峰叠翠拥江城”。

3. 长岭樵歌。长岭，又名鳌鱼形，横贯于泸溪老县城背后三台山下。岭上杂树丛生，草木繁茂；林间小径纵横，状如鱼鳞；林中虫鸣鸟唱，生气蒸蒸。岭后群山苍翠，高插云天；岭下城郭密集，依山层叠；城外江水如带，环抱山城；远处村落依稀，屋宇栉毗。当地农人、牧童、樵子上岭生产、放牧、采薪者四季不断。直到夕阳西下，余霞映岭时才依依而归。牧童骑牛，樵子负薪，农夫肩锄，吹短笛，唱山歌，踏鱼鳞，穿小径，好一副牧樵晚归图。

4. 柳潭钓艇。柳潭，在泸溪老城西的武水之中，潭内碧波荡漾，鱼虾穿梭；岸边杨柳依依，绿树成荫，树下卵石铺地，钓矶临水。相传明成祖永乐年间泸溪举人陈清源在潭边垂钓，遇到过路仙人向他指示隐处。此后这里便成为当地人垂钓、游玩的好去处，称之为“柳潭钓艇”。

5. 虎头霜月。虎头山，即虎头岩，又名寨家头、虎头寨，是三台山的中间山。三台山，位于泸溪老县城背后约三华里，分为上台、中台、下台的三座山峰。海拔500米，原名卢山，俗名以中台称虎头山。虎头山是老县城北面一道天然屏障。山上草深林茂，古木参天，山奇水秀，野花遍地，站在山顶极目远眺，沅江蜿蜒，城郭房舍犹如图画一般，特别是深秋霜夜在虎头山观月更美不胜收，是县人游览观光的一处好地方。

6. 江南烟树。在县城楠木州对面之九家杨，与县城隔河相望。历史上，九家杨经罗家坪至唐家排人口稠密、房舍井然，土地肥沃、阡陌纵横、古木参天，每天早晚袅袅炊烟从林间升起，与静静流淌的武水形成一道美丽的江南水乡图。明清时这里建有玉皇阁、督司庙、龙王庙、城隍庙，四座古庙每年各做三次庙会，每逢庙会信众踊跃，香火旺盛，人们打鼓起舞，说唱杂耍十分热闹。为便于两岸往来，建有两个渡口码头，一是九家杨码头，又称古码头，二是罗家坪码头，又称古渡。

7. 石壁仙舟。石壁仙舟，即沉香船（又名仙人船），在泸溪县境内沅水东岸临江的悬崖洞穴中。洞穴上下左右四面都是悬崖绝壁，无路可走，洞中的船形棺材不知是何年代，何许人，如何放置进去的。船棺悬架在陡岸半腰壁洞中，历千年未腐烂。后人称之为“石壁仙舟”，是一大奇观，也是至今未解之谜。

8. 崖门雪霁。崖门，位于泸溪老县城城西二里许的大溪口。溪两岸山盘旋陡峻，形状如门。山上树高林密，枝繁叶郁。北风从溪间吹过，雪花飘下来积存在两岸的草木枝叶间冰固。每当雪霁，初出的太阳映照在树林积雪上晶莹剔透，闪光耀眼，很是赏心悦目，县人争相前往观赏。

民间又一版本曰“红砂滤石”。唐天宝元年（742）改辰州为辰州卢溪郡，郡治设县治所地，卢溪县治所迁往洗溪口。从卢州去洗溪口县府之间有一条驿道，该驿道的洞底坪与牛轭窍中间路段有一处由紫红沙砾组成的陡峭山坡，坡上自然形成数墩砂石柱，遇到风雨天气，常有细砂滚落，发出“沙沙”之声。人们称之为红砂滤石。1937年修建的湘川公路经过该处，景观受到损坏，不复存在。

（整理：唐黎明、许世和、张宗南）

五、省州专家审定意见

关于《武溪工业园志》送审稿的批复

泸溪县史志办：

《武溪工业园志》送审稿收悉。我们组织专家对全稿进行认真审读后，兹批复如下：

一、《武溪工业园志》送审稿是泸溪县政府继承中华民族优秀文化传统，落实州委、州政府地方志工作部署，组建泸溪县《武溪工业园志》编纂领导小组和编纂工作组，克服修志工作各种困难，经两年努力完成的重大成果。

该成果是地方文化的无价之宝，是泸溪县委、县政府领导和武溪工业园领导班子很有见识，志存高远，勇于担当，为党负责，为人民负责的具体体现。总书记习近平说，要高度重视编史修志。总理李克强提出，修志问道，以启未来。编修《武溪工业园志》，是为全县新型工业化建设打造探究科学发展平台，既服务当代，又惠及子孙。

该成果是泸溪县领导集体水平高的注释性说明。《武溪工业园志》是泸溪县整个工业战线几十年实践血汗的结晶，是无数创新智慧的升华。修志是文化基础事业，而志书是文化的高水平成果。《武溪工业园志》的编成，是全县工业工作整体水平达到一个新的历史高度的标志。

该成果是武溪工业园领导集体团结、能办事的明证。先贤有云，世事皆难，莫过修志。经两轮修志证明，当今方志界认为，领导水平低、能力差、班子不团结的地方与单位，不可能搞好修志。换言之，修志工作如何，是对一个地方或单位领导强弱的具体检验。泸溪县集中精干力量修编《武溪工业园志》工作走在全州各县前列，是全州第一部县级工业专业志。这为领导和群众认识工业发展规律提供准确信息。从全州地方志而言，该志史料翔实，内容全面系统，记述一县工业发展与成就。具有很强的时代特色和民族地方特色，是全州方志宝库中新的灿烂明珠，具有其他志书志稿不可代替的资治、存史、育人价值与地方文化意义。

二、《武溪工业园志》送审稿资料翔实，内容全面系统，工业发展追溯工业历史发展进程，尤其是记述武溪工业园成立之日至2017年工业建设所取得的伟大成就，具有很强的时代特色和民族地方特色。从工业发展的一个侧面，展示泸溪县自解决以来，特别是在改革开放中发生翻天覆地的变化。也正是这些平凡真实的成就，证明中国共产党的正确伟大。也正是这些平凡真实的事实，体现中国特色社会主义制度不可替代的优势。

三、该送审稿专业性很强，详细地记述工业发展各方面、各领域建设条件、决策部署、方针政策、工作措施、规章制度等，并反映出发展变化，具有很高的政治工作和工业建设的专业水平和科学水准。《武溪工业园志》必将成为全州工业建设工作者学习提高的教科书，成为开展科研，达到新高度，获得新成果的重要资料书。

四、从全州地方志而言，该稿是一种具有新特点的部门专业志，是修志工作的一个创新型的新志种。其中的编目设置，内容记述等有专业特色、部门特色的体现。第一章建园决策、第五章招商引资、第六章新型工业化建设是专业志中少见的精品，其内容应当先行肯定，是修志工作的一种探索或创新。凡是创新，其成功与否，都应大胆地接受实践检验。

五、图照是志书的重要组成部门，现在已有的图很好，值得肯定。

六、在全面审读志稿的同时，亦从头至尾在原稿上修改志稿。按志书要求，修改从图片说明到后记的文字。有字、词、句、标题、标点、格式等多方面的修改、增删、调整与批注要求的变动。凡修改、增删、调整与变动，都属非改不可，编者要认真核实，修改到位。

七、该稿经修改完善后，可正式出版。印刷时要认真校对，要提高档次，使正式出版的志书成为湘西地方志书的精品，以无愧于时代，无愧于全县工业建设和湘西人民。

此复。

湘西州人民政府地方志办公室

2017年4月10日

后 记

2016年初，泸溪县武溪工业园管理委员会和县史志办共同决定编纂《武溪工业园志》，并成立了编纂委员会和编辑领导小组，经过全体编辑人员的共同努力，历时2年完成编纂任务。

《武溪工业园志》全书共90万字，由概述、大事记、建园决策、机构建置、园区建设、园区管理、招商引资、新型工业化建设、社会民生事业、园区企业、附录等板块组成，采用文字、图片、表格等多种形式，实事求是地记述了武溪工业园发展的历史轨迹，对促进泸溪经济和社会发展起到“存史、资治”作用。

《武溪工业园志》付梓出版，凝结着全体编辑人员的辛勤劳动和相关单位资料收集人员的默默付出，大家怀着一颗热爱泸溪、热爱工业、潜心修志的拳拳之心，边学习、边探索、边实践，克服任务重、时间紧的困难，终于付梓成书。

《武溪工业园志》的编纂，得到中共泸溪县委、泸溪县人民政府、湘西州地方志办领导和专家学者的支持指导，尤其是县委副书记、县新型工业化领导小组组长李云信的强力推进；得到县经信局、县统计局等单位及相关人士鼎力协助；工业园相关股室，为志书编纂提供了大量的文字和图片资料，编辑人员补充拍摄了部分图片资料。在此，向他们及所有关心支持《武溪工业园志》编修工作的单位和个人表示衷心感谢！

《武溪工业园志》时跨十二载，内容纷繁，由于我们编辑水平有限，疏漏和错误在所难免，恳请广大读者和方家批评指正。

编者

2017年8月

参考书目及网站资料

一、参考书目

1、《泸溪续修县志》民国版
2、《泸溪县志》1993 年版
3、《泸溪县志》2005 年版
4、《泸溪县工业志》内部刊物
5、《泸溪工业 60 年》
6、《泸溪年鉴 2015》
7、《泸溪统计年鉴》

二、网站

相关网站资料

减免税政策代码目录

纳税服务热线：12366

长沙市地方税务局

二〇一七年四月